구약, 무엇을 설교할 것인가

주여, 무엇을 설교할 것인가

초판 1쇄 찍은 날 · 2006년 1월 3일 | 초판 2쇄 펴낸 날 · 2006년 1월 10일

지은이 · 이학재 | **펴낸이** · 김승태

편집장 · 김은주 | **편집** · 박지영, 권소용, 박지연 | **디자인** · 이승희, 김규혜, 김세라 | **제작** · 한정수
영업본부장 · 오상섭 | **영업** · 변미영, 장완철 | **홍보** · 주진호 | **물류** · 조용환

등록번호 · 제2-1349호(1992. 3. 31.) | **펴낸 곳** · 예영커뮤니케이션
주소 · (110-616) 서울 광화문우체국 사서함 1661호 | **홈페이지** www.jeyoung.com
출판사업부 · T. (02)766-8931 F. (02)766-8934 e-mail: jeyoungedit@chol.com
출판유통사업부 · T. (02)766-7912 F. (02)766-8934 e-mail: jeyoungsales@chol.com

copyright ⓒ 2005, 이학재

ISBN 89-8350-384-X 03230

값 14,000원

구약, 무엇을 설교할 것인가

이학재 지음

예영커뮤니케이션

　　이 책은 구약전공자가 구약 전체주제를 쉽게 해설하고 설교한 것을, 책으로 집필한 것이다. 평신도에게는 구약을 이해하는데 도움을 주며, 신학생에게는 거시적 관점으로 구약을 강해하는 방법을 제시해 주고, 목회자에게는 구약의 설교 소재를 제공해 준다. 임상적으로 적용한 것이기 때문에, 실제 현장에서도 많은 도움이 될 줄 확신하며, 강력히 추천하는 바이다.

김인환(총신대학교 총장, 구약학)

　　말씀에 대한 열정을 가진 목회자요, 개혁신학의 보수 구약학자가 구약 전체를 빠지지 않고 설교로 쉽게 풀이한 책이다. 실제 설교임에도 불구하고 미주를 통하여 근거를 제시하였고, 하나님이라는 통일된 주제로 구약전체를 서술하였다. 구약의 맥을 잡게 하는 훌륭한 책이다.

정규남(광신대학교 총장, 구약학)

　　이 책의 저자, 이학재 교수는 이미 "구약성경에서 배우다"라는 구약개론서를 통하여 구약의 맥을 나름대로 이해하고 있는 학자이다. 평소 구약에 대한 거시적인 관점을 남다르게 가지고 있기 때문에, 구약 전체 강해 설교가 가능했다고 본다. 이 책을 통하여 미시적인 관점보다는 거시적인 관점을 독자들에게 제공해 주어, 구약 전체를 이해하는데 좋은 도구가 될 줄로 확신한다.

손석태(개신대학원대학교 총장, 구약학)

구약, 무엇을 설교할 것인가?

구약을 바르게 설교하기 위해서 당면하는 어려움들이 있다. 첫째는 구약 신학적인 주제를 파악하기 위한 어려움이며, 둘째는 본문의 세세한 지엽적인 면을 강조하다 보면, 큰 핵심적인 주제보다는 모범적, 도덕적인 접근을 전하는데 유혹 받기가 쉽다는 것이다. 이런 면에서 구약의 거시적 관점에서 전체 주제를 강해하는 책이 요구된다. 이 책은 간략한 주제와 단락을 부록에서 제시하고, 각 권의 핵심적인 신학을 중심으로 한 임상에 적용한 책이다. 각 권의 주제는 "하나님"이라는 주제로 구약 39권의 맥을 이어주었다. 그 내용은 아래와 같다.

창세기는 창조, 선택의 하나님, 출애굽기는 구원자 하나님, 레위기는 거룩하신 하나님, 민수기는 인도하시는 하나님, 신명기는 신실하신 하나님, 여호수아는 땅을 주시는 하나님, 사사기는 사사가 되시는 하나님, 룻기는 고엘이신 하나님, 사무엘상은 기름 부으시는 하나님, 사무엘하는 주권자로 삼으시는 하나님, 열왕기상하는 언약으로 보호하는 하나님, 역대상하는 겸비하기를 원하시는 하나님, 에스라는 성전재건을 원하시는 하나님, 느헤미야는 성벽재건을 원하시는 하나님, 에스더는 섭리의 하나님, 욥기는 의로우신 하나님, 시편은 찬양과 기도를 받으시는 하나님, 잠언은 지혜를 주시는 하나님, 전도서는 삶의 본분을 주시는 하나님, 아가서는 참 사랑을 주신 하나님, 이사야는 (구원을 주신) 위로의 하나님, 예레미야는 심판으로 새롭게 하시는 하나님, 예레미야애가는 긍휼이 크신 하나님, 에스겔은 영광으로 충만하신 하나님, 다니엘은 역사의 주인이신 하나님, 호세아는 구속하시는 사랑의 하나님, 요엘은 성령을 주시는 하나님, 아모스는 정의의(공의로우신) 하나님, 오바댜는 역전의(뒤집기의) 하나님, 요나는 자비로우신 하나님, 미가서는 비교할 수 없는 하나님, 나훔은 용사 되신 하나님, 하박국은 참 만족되신 하나님, 스바냐는 우리를 기뻐하시는 하나님, 학개는 영광 받기 원하시는 하나님, 스가랴는 성전을 건축하시는 하나님, 말라기는 변함없으신 하나님이시다.

이와 같이 39권 각 권의 주제는 다양하다. 언약이나, 특정 주제를 가지고 구약을 강해 할 수도 있다. 그러나 하젤이 최근의 구약 신학의 방법론을 다각적(Multiplex)이라고 제안하듯 구약은 다양한 주제가 나타나는 것이 사실이나. 이것은 구약의 각 권이 강조하는 주제를 강조한다면 자동적으로 다각적인 신학적 방법이 될 것이다. 이 설교의 초안은 1년 동안 실제로 교회에서 설교한 것이다(부산, 늘빛교회 1997). 이 기초적 내용 위에 신학 수업과 교수 사역을 통하여 구약신학적으로 보충되고 정리된 것이다.

구약은 양적으로 보면 성경의 3/4이나 된다. 즉 구약을 모르고는 성경을 설교할 수 없다는 말이다. 구약 자체의 강조점이 있음에도 불구하고 본문의 강조점은 무시하고 신약적인 선입관으로 구약을 해석하는 오류도 지양되어야 하며, 구약 자체로만으로만 해석하려는 시도도 잘못된 것이다. 정경으로서 구약의 특이성, 그리고 신, 구약성경 모두가 하나님의 정경이라는 면에서 연결되며, 신약에서 성자 하나님이 강조되었다면, 구약에서는 성부 하나님, 성령 하나님 그리고 그리스도에 대한 예표와 예언 등이 다양하게 있음을 발견할 수 있다.

이 책에도 나타난 바와 같이 모든 면에서 풍성하신 하나님을 통하여 개신대학원대학교 중심으로 학교의 모토인 "살리는 신학, 살아있는 목회"를 통하여 성령과 말씀으로 살리는 역사만이 있기를 기도해 본다. 끝으로 함께 사역 하는 선배, 손석태, 나용화, 김광채 교수님들과 동고동락하는 동료 배종열, 장영, 강정주, 최창국, 라영환 교수님들의 격려에도 늘 감사드린다. 하나님의 큰 역사와 인도하심이 모든 학생들 위에도 함께 있을 줄 믿는다.

【 차/례 】

아브라함이 이삭을 번제하려는
장면/렘브란트 작품

창세기

창조, 선택하신 하나님

"여호와께서 아브람에게 이르시되 너는 너의 본토 친척 아비 집을 떠나 내가 네게 지시할 땅으로 가라. 내가 너로 큰 민족을 이루고 네게 복을 주어 네 이름을 창대케 하리니 너는 복의 근원이 될찌라. 너를 축복하는 자에게는 내가 복을 내리고 너를 저주하는 자에게는 내가 저주하리니 땅의 모든 족속이 너를 인하여 복을 얻을 것이니라 하신지라. 이에 아브람이 여호와의 말씀을 좇아갔고 롯도 그와 함께 갔으며 아브람이 하란을 떠날 때에 그 나이 칠십 오 세였더라"(창 12:1-4).

세속화 속에서 말씀의 절대성과 적용성

하나님의 말씀인 성경은 오늘날 같이 복잡하고 개인화 되어있는 우리 삶에 표준이 되어야 합니다. 왜냐하면 우리시대가 아무리 고상하고 복잡하고, 정보화 시대에 있다 하더라도 인간은 죄라는 문제에 직면하기 때문입니다. 특히 오늘날 같이 하나님의 교회가 실용주의의 문화가 팽배해져 있는 이 시대에 복음으로 교회가 새롭게 되어져야 되고 성장해 가야 합니다. 교회는 제도나 조직을 통해서 되어지는 것이 아니라, 복음의 열정을 통해서 성장해 가야 합니다.

따라서 이 말씀, 구약 신약 성경은 오늘도 우리 생활에 적용되고 삶의 표준이 되어야 하는 것입니다. 특히 구약성경에 대해서 우리는 도외시 되고 이미 신약성경에서 다 이루어 졌기 때문에 무슨 의미가 있는가 라고 생각할 수 있지만 신,구약 성경을 통해서 하나님의 전체적인 뜻을 발견할 수 있는 것입니다. 또한 우리에 필요한 말씀을 찾는 것도 중요하지만, 하나님의 전체적인 말씀을 통하여 편식치 않고, 하나님의 뜻을 찾고 사는 것이 믿음의 본질입니다. 특히 우리는 창세기에 대한 일반적인 오해들을 가지고 있습니다.

첫째로 "창세기는 족장들의 이야기가 아닙니까? 그리고 인물들을 통해서 삶의 교훈을 배울 수 있는 것이 아닙니까?"라는 질문들입니다. 그러나 구약성경은 위인전기가 아닙니다. 창세기는 크게 1-11장 전 족장시대와 12-50장으로 나누어집니다.

전반부(창 1-11장)에서는 천지창조(창 1-2장), 인간의 타락(창 3장), 홍수와 심판(창 6-8장), 그리고 바벨탑 사건(창 11장)이 중요한 부분이며, 후반부(창 12-50장) 에서는 우리가 읽었듯이 믿음의 아브라함 기사(창

12-24장), 화목의 이삭(창 25-26장)에 대해서, 열심의 야곱의 기사(창 27-36장), 신앙의 요셉의 기사(창 37-50장)에 대해서 기록하고 있습니다. 우리는 이러한 족장들의 기사를 통하여 인물적인 교훈을 배울 수도 있지만, 창세기 본래의 기록 목적은 그 이상의 것에 있습니다.

둘째로, 창세기는 이야기이지만, 단순한 사건의 나열이 아닙니다. 역사적인 이야기이지만, 구속사(구원의 역사)입니다. 구속사라는 것은 1930년대에 화란에서 성경을 구원의 역사로 해석하자는 운동으로 시작되어 미국에서는 1960년경, 그리고 우리나라는 1980년대 말 정도에 유행하던 것이었습니다. 예를 들어 창세기 20장에서, 아브라함은 자기 아내 사라를 아비멜렉에게 누이라고 속입니다. 그러나 이러한 거짓말을 통해서도 14절에, "양과 소와 노비를 취하여 아브라함에게 주고 그 아내 사라도 그에게 돌려보내고"라고 기록하고 있습니다. 우리가 거짓말을 해도 하나님은 우리를 축복해 주신다는 모범적인 교훈이 아니라, 15장 4절에서 "…네 몸에서 날 자가 네 후사가 되리라"라고 말씀하신 것을 이루시기 위한 은혜를 발견할 수 있습니다. 만약 사라가 아비멜렉의 아내가 되었다면, 하나님의 언약은 이루지 못하고, 약속하신 이 후사(오실 그리스도)는 오지 않았을 것입니다. 이와 같이 이삭도 26장에 동일하게 리브가를 누이라고 속이는 동일한 사건이 일어납니다. 부름 받은 아브라함의 사건을 통하여 하나님은 우리가 무엇을 깨닫기 원하실까요?

1. 창조주 하나님은 사랑으로 우리를 구원하시고, 선택하셨습니다. 하나님은 우리의 갈 곳을(하란에서 떠나 가나안으로 들어가라고) 명령하시고 지시하고 계십니다(창 12:1).

창세기 12장 1절에서 하나님이 아브람에게 찾아 오셔서 본토, 친척 아비 집을 떠나고 하나님의 지시할 땅으로 가라고 명령하십니다. 본문을 통해서 볼 때 아브람이 하나님을 찾으려 한 것이 아니라 하나님께서 아브람을 찾으시고 말씀해 주신다는 사실을 분명히 볼 수 있습니다. 따라서 본문에서 성경은 계시라는 사실을 보여 주십니다. 세상의 종교를 자신을 평안하기 위해, 출세와 복 빌기 위해 사람들이 자신들이 만든 신에게 복을 비는 자신을 위한 수단이지만, 하나님의 말씀인 계시는 하나님이 우리에게 찾아 오셔서 그 분을 기쁘신 뜻을 이루도록 하시는 것입니다. 따라서 구원의 시발자(Initiative)는 하나님이십니다. 우리가 교회에 나와서 예수를 믿고 구원을 받게 되는 것 같지만, 먼저 하나님이 우리를 부르신 것입니다. 이것을 (조직신학적인 용어로) Calling 즉 "부르심"이라고 합니다.

"너희가 나를 택한 것이 아니요 내가 너희를 택하여 세웠나니…"(요 15:16).

또 예수님은 철야 기도를 하신 후 제자들을 불러 그 중에서 12명을 택하셨다고 하십니다(눅 6:12-13). 오늘 우리가 이렇게 모여 있는 것은 바로 부르심, 즉 그분의 선택에 달려 있는 것입니다.

"너는 너희 하나님 여호와의 성민이라 여호와께서 지상 만민 중에서 너를 택하여 자기의 기업의 백성을 삼으셨느니라"(신 14:2).

하나님은 우리를 불러 주시고 명령하십니다. 그분은 우리에게 사랑으로 찾아오십니다. 그리고 우리로 하란에서 가나안으로 들어가라고 명령하십니다. 우리의 모든 상황을 아셔서 찾아오시는 주님, 우리가 스스로 해결할 수 없음을 아시고 다가오시는 하나님, 바로 사랑의 하나님이십니다(요 3:16). 그분은 긍휼에 풍성하시고 우리를 사랑하신 그 큰 사랑을 인하여 우리를 부르신 바로 그 하나님이십니다(엡 2:4). 모세를 부르시고

"… 내 백성 이스라엘 자손을 애굽에서 인도하여 내게 하리라"(출 3:10). 사무엘을 부르시고(삼상 3장), 이사야를 부르시고(사 6장), 예레미야를 부르시고(렘 1:10), 핍박하던 사울도 불러 새 사명을 주십니다(행 9장). 그리고 우리에게 하란을 떠나 가나안으로 들어가기를 명령하십니다. 즉 이 세상에서 하나님 나라로 가라는 명령이었습니다. 그러므로 우리가 들어가야 하는 곳은 영원한 가나안 땅입니다. 이곳이 영원한 천국이며 주님은 우리가 그곳으로 가기를 원하십니다. 바로 구원의 초청입니다.

"죄에게서 해방되어 의에게 종이 되었느니라"(롬 6:18).

죄에서 의로 옮겨지는 과정입니다.

"그가 우리를 흑암에 권세에서 건져내사 그의 사랑의 아들의 나라로 옮기셨으니"(골 1:13).

바로 하나님께서는 우리의 죄를 사하시려 부르시고 선택하셔서, 우리가 하란을 떠나 가나안으로 들어가기를 원하십니다.

2. 하나님의 선택의 목적은 우리에게 복을 주시고자 하는 것입니다(창 12:2-3).

우리나라의 고전적인 복의 개념은 장수와 연관되어 있습니다. 성경에서는 복을 무엇이라고 가르칩니까? 아브라함이 바로 축복의 근원이었습니다. 하나님은 우리를 축복의 근원으로 삼아 주십니다. 히브리어 원문에서 이 의미는 사실상 "복이 될찌라"라는 의미입니다. 즉 내 자신이 복이 된다는 것입니다. 우리를 창조하시고, 충만케 하시고, 안식하게 하시며, 번영케 하시는 축복을 주십니다. 참으로 창세기 주제인, "창조주 하나님"은 우리에게 축복을 주시려고 창조하신 것입니다.

또한 본문에서 하나님은 모든 것을 창조하신 후에 사람들에게 복주시고, 주신 땅을 정복하게 하십니다. 그리고 안식일을 복 주셨으며, 가정을 주시고 또한 심판 가운데서도 새로운 회복을 약속하셨습니다. 이 축복이라는 단어는 동사와 명사를 합해서, 구약에서만 402번 "축복"이라는 단어가 사용되었습니다. 구약에서 이 축복은 "일시적(이 세상에서 얻는 것) 그리고 영적인 안녕"을 의미하고(창 26:12-12; 대상 4:10), 신약에서는 영적인 축복과 연관되어 있습니다(행 3:26; 갈 3:8-9; 엡 1:3). 또한 이 축복은 삼위 하나님의 택하심, 구속과 인치심을 보여 주십니다. 하나님은 우리를 창조하시고 번성케 하시며, 세상을 충만하여 정복하도록 명령하셨습니다(창 1:22, 28; 9:1). 그리고 이 하나님은 우리에게 안식을 주셨으며(창 2:3), 축복해 주셨습니다(창 5:2; 엡 1:3-4)

3. 하나님의 복은 그분의 신실한 언약에 기초해 있습니다.

아브라함에 대한 축복은 오늘 본문(창 12:1-4) 뿐만 아니라 땅과 네 자손에 대하여 약속하시고(창 13:14-16), 자손과 땅을 약속하시고(창15:4-) 영원한 기업을 약속하시며(창 17:4-16) 천하 만민의 복에 대해서 약속하시며(창18:18) "또 네 씨로 말미암아 천하 만민이 복을 얻으리니 이는 내가 니의 말을 준행하였음이니리 하였디 하리"고 말씀하십니다(창 22:15-18). 여기서 하나님의 약속을 크게 네 가지로 볼 수 있습니다. 첫째는 아브라함에게 씨를 주신다는 것입니다(창 13:14-16). 이 씨는 본문에서 단수로 쓰였으며 신약성경 갈라디아서 3장 16절을 통해서 볼 때도 오직 한 사람, 예수 그리스도를 말하는 것임을 알 수 있습니다. "이 약속들은 아브라함과 그 자손에게 말씀하신 것인데 여럿을 가리켜 그 자손들이라 하지 아니하시고 오직 하나를 가리켜 네 자손이라 하셨으니 곧 그리스도라." 둘째는 땅을 주신다는 것입니다(창 15:4). 오늘 본문에서는 "지시할 땅으로 가라"라고 하시고, "보이는 땅을 내가 너와 네 자손에게 주리니 영원히 이르리라"(창 13:15), 세대주의자들은 땅을 가나안 땅, 이스라엘로 해석함으로 이스라엘의 독립이 회복이라고 생각합니다. 그러나 바로 이 땅은 "가나안땅 일곱 족속을 멸하사 그 땅을 기업으로 주시고"라고 말씀하고 있는데(행전 13:19) 바로 가나안 땅의 하나님의 백성이 얻을 기업이며(엡 1:14), 우리가 영원히 거할 새 하늘과 새 땅을 상징합니다(히 11:16; 12:22). "저희가 이제는 더 나은 본향을 사모하니 곧 하늘에 있는 것이라…"(히 11:16).

셋째는 개인축복 "큰 민족, 네 이름 창대, 복의 근원"입니다. 신약 에베소서 1장에서는, 성부의 택하심과 성자의 구속하심과 성령의 인치심을 약속하시고 계십니다. 즉 이를 통하여 우리를 축복의 근원이 되게 하십니다. 우리가 바로 복의 근원이 된다는 약속입니다.

마지막으로 열국축복 우리자신의 축복뿐만이 아니라, 우리를 통해서 모든 열국, 천하만민이 복을 얻는다고 약속하십니다.

온 세계가 우리를 통하여 복을 얻는다는 것입니다(창 18:18). 이것이 바로 복음인 것입니다(갈 3:8). 어떤 사람들은 어찌 하나님은 이스라엘을 택하여 그 민족들에게만 그토록 많은 특혜를 베푸시는가? 라고 생각할 수도 있습니다. 그러나 우리가 하나님이 아브람을 선택하는 이 사건과 그 뜻을 이해하면 이러한 오해들을 버릴 수 있습니다. 아브라함을 선택한 것은 그 자체가 목적이 아니며, 모든 백성을 위한 하나님의 구원 계획이었습니다. 즉 아브람의 선택을 통해 하나님은 우리 또한 선택하여 구원을 주시고자 하는 목적이 담겨있는 것입니다.

4. 아브람은 하나님의 약속을 믿으며 살아갔습니다(12:4).

"믿음으로 아브라함은 부르심을 받았을 때에 순종하여 장래 기업으로 받을 땅에 나갈 새 갈 바를 알지 못하고 나갔으며"(히 11:8).

현대인들이 성경 속의 인물들을 생각할 때 환경적으로 우리와는 무엇인가 달랐거나 특별했을 것이라고 생각하는 것은 착각입니다. 우리는 흔히 족장들은 우리와는 뭔가 다르고 상황도 달랐기 때문에, 믿음으로 약속을 바라며 살 수 있었을 것이라고 쉽게 생각합니다. 그러나 우리는 창세기 전체를 통해서 족장들도 가정적인 어려움을 겪었고, 주위의 현실적인 어려움을 당했던 것을 볼 수 있습니다. 즉 그들도 우리의 삶에 나타나는 동일한 어려움 가운데 믿음을 가지고 약속을 바라보았던 것입니다.

우리의 삶도 말씀을 좇아가는 삶이 되어야 합니다. 아브라함도 하나님의 말씀을 신앙의 표준으로 삼고 좇아갔습니다. 그가 처음 부르심을 받았을 때 그의 나이는 75세였습니다. 그러나 그가 약속 받은 상징적인 자녀 이삭을 받기까지는 25년이라는 긴 세월이 필요로 했습니다(행 21:15). 우리가 생각하는 것 보다 신앙의 결과는 더 오래 걸립니다. 그리고 진정한 씨인 그리스도가 오시기까지는 그 후 수 천 년이 걸렸습니다. 기사와 표적이 항상 나타나는 것도 아닙니다. 아브라함이 하나님의 현현을 체험한 것은 몇 번 안되었고, 실제로 그는 자신의 체험보다는 말씀을 좇아 갔습니다. 결론적으로 아브라함은 수 천 년 후의 일을 믿음으로 바라보고 살았다고 한다면, 우리는 부활하신 주님을 통해서 이미 성취된 답을 가지고 살아가고 있습니다. 당장 답을 가지지 못해도 "종말론적인 선상"의 성취를 믿음으로 바라보면서 살아가는 것입니다.

또 우리가 착각하기 쉬운 것은 족장들은 무언가 우리와는 다르게 특별했을 것이라고 생각하는 것입니다. 그러나 그들은 우리와 같은 사람들입니다.

"엘리야는 우리와 성정이 같은 사람이로되"(약 5:17).

그들도 가정적인 어려움을 겪었습니다. 아브라함의 아내 사라(창 11:30; 15:2-3; 16:1), 이삭의 아내 리브가(창 25:21), 야곱의 아내, 레아와 라헬(창 29:31-32; 30:22) 등은 자녀가 없어서 오랫동안 고통을 겪었고, 미모의 아내 때문에 이웃나라 왕들에게 어려움도 당했으며(창 12장, 20장, 26장), 이스마엘과 이삭(창 21:8-21), 야곱과 에서(창 25:22-26, 29-34; 27:1-45) 등과 같이 자식들끼리 싸우고 대립하는 문제도 있었습니다. 그들은 또한 주위로부터 생활의 어려움을 당했습니다. 주위 사람들의 냉대, 기근과 흉년을 당했습니다. 오늘날로 말하면 경제적인 핍절입니다(아브라함 창 12:10; 26:1), (요셉과 야곱 창 41:56-42:2). 또 재산의 강탈(우물)도 당합니다(아브라함 창 21:25-30), (이삭 창 26:18-25, 32). 오늘날로 말하면 사기 등의 경제적인 어려움이라고 볼 수 있으며, 야곱의 딸 디나(창 34:2, 25-26)의 경우처럼 가족 간의 성폭행 등 이해할 수 없는 사건들을 만나기도 했던 것입니다. 이런 어려움 속에서도 아브라함은 믿음으로 살아갔습니다.

결론적으로 아브라함은 하나님께서 그에게 주신 복에 대한 약속의 말씀을 의지하며 믿음으로 살아갔습니다. 그 부르심의 진짜 응답이 되시는 예수 그리스도를 비록 보지 못했지만, 그는 오직 신실하신 하나님의 말씀에 의지하여 살아갔습니다.

그렇다면 오늘날 우리도 하나님께서 우리에게 주신 약속의 말씀을 굳게 믿고 이미 오신 예수 그리스도를 통해 영원한 나라를 소망하며 종말론적인 신앙을 가지고 살아가야 할 것입니다.

믿음은 끈기 있게 오랫 동안 변함없이 말씀을 의지하고 따르는 것입니
다. 이 신실하신 하나님의 말씀만을 믿고 나아갑시다.

출애굽기

구원자 하나님

십계의 모세
/ 렘브란트 작품

"모세가 하나님께 고하되 내가 누구관대 바로에게 가며 이스라엘 자손을 애굽에서 인도하여 내리이까 하나님이 가라사대 내가 정녕 너와 함께 있으리라 내가 백성을 애굽에서 인도하여 낸 후에 너희가 이 산에서 하나님을 섬기리니 이것이 내가 너를 보내 증거니라. 하나님이 모세에게 이르시되 나는 스스로 있는 자니라. 또 이르시되 너는 이스라엘 자손에게 이같이 이르기를 스스로 있는 자가 나를 너희에게 보내셨다 하라"(출 3:11-12, 14).

성화 추구의 필요성

한국교회의 가장 큰 약점 중 하나가 성화에 대한 추구가 희박하다는 것입니다. 실제로 한국 성도들의 가장 큰 문제는 설교를 들을 기회는 너무나 많은데, 말씀을 실천하는 삶이 약하다는 것입니다. 잘 아는 바와 같이 이것은 머리만 커지는 결과를 가지게 되는 것입니다. 그러나 성경에서 하나님의 구원은 넓게 신분적으로 변화되는 칭의와 실제적인 변화인 성화를 포함시켜서 보아야 합니다. 이러한 삶의 약점으로 인해서 한국교회에는 성령운동이 또한 많이 일어나고 있습니다.

감리교 창시자 요한 웨슬레는, 전통적인 교회에서 성화를 점진적으로 이루어져 죽는 날까지 지속되는 것이라 생각하는데 이것이 "거짓 안위감"을 조성한다며 그와 반대로 즉각적인 성화론(Instantaneous Sanctification)을 주장했습니다. 이러한 가르침을 두 번째 축복(Second Blessing)이라고 하며, 순복음 교단에서는 이를 "성령 세례"라고 합니다. 오늘날 전통적인 교회가 이 구원의 성화에 바르고 성경적인 교훈을 가지지 못함으로 신비적인 운동들을 추구하게 되는 것입니다.

그러나 예수 그리스도의 십자가를 통하여 죄 사함을 받은 신분적인 변화뿐 아니라 동시에 점진적인 성화를 통하여 완전 성화를 이루어 가는 것 물 나 중요한 분세입니다. 성경은 성노들에게 성화에 이를 것을 가르치고 있습니다. 바울도 이런 의미에서 "그러므로 나의 사랑하는 자들아 너희가 나 있을 때뿐 아니라 더욱 지금 나 없을 때에도 항상 복종하여 두려고 떨림으로 너희 구원을 이루라"(빌 2:12) 라고 권면하는데, 이는 우리가 구원을 예수를 영접할 때 "구원을 가지고 있는 것"(요 5:24, 6:47)으로 묘사하고 있습니다. 우리는 구원을 받아 있으나, 흠 없고, 점 없는 성화의 구원을 날마다 체험해야 하는 것입니다.

　조직신학적인 접근이 아니라, 하나님의 구원과 말씀을 이루는 것을 가르칩니다. 우리는 극단적으로, 그리고 복잡하게 "하나님의 뜻"과 "인간의 자유의지"에 연관시켜 하나님이 다 하시면, 우리가 할 일이 없는 것처럼, 또한 우리가 다 해야 하는 극단적인 견해에 치우치고 있습니다. 이런 의미에서 출애굽기는 전체적인 구조에서 볼 때, 하나님의 구원에 대해서도 말씀하시는 것을 볼 수 있습니다. 출애굽기는 모세의 영도 아래서의 구원(출 1-18장), 모세의 영도 아래서의 율법(출 19-24), 그리고 모세의 영도 아래서의 예배(출 25-40)까지 크게 세 부분으로 나뉘어집니다.

　이 출애굽기의 거시적 구조는 하나님의 구원, 말씀, 예배로 결론 지을 수 있습니다. 또한 구원의 장면에서 우리는 이스라엘이 애굽에서 유월절로 구원받고(출 12장), 또한 홍해를 건너(출 15장)는 대 역사를 경험하게 됩니다. 이어서 하나님은 이스라엘과 시내산에서 언약을 맺으시고 예배 규례에 대해 명령하고 계십니다. 하나님은 이스라엘을 그의 은혜로 구원하시고, 하나님과 언약의 관계를 맺어 주십니다. 신랑과 아내(출 19-24장) 혹은 백성(출 5:1), 혹은 아들로서 장자(출 4:22)를 삼아 주신다는 것입니다. 이는 분명히 우리로 신분적인 변화를 주시고(출 19:5-6), 하나님은 야웨(=언약적인 구원의 하나님)이시며, 언약을 맺어 말씀을 주시며 이를 통해서 우리가 구원에 이르기 원하시며, 예배하는 인격으로서 우리를 요구하십니다. 하나님의 말씀은 우리를 거룩에 이르게 하는 은혜의 수단입니다. 이것이 하나님의 의도이십니다. 구약에서 이러한 우리의 나약함을 경고하시기 위해 하나님이 하시나, 거듭 우리들의 책임과 순종을 요구하시는데 이는 우리가 구원에 이르는 데 게을리 할까 염려하시기 때문입니다.

　본문 3장의 배경은 하나님이 모세에게 호렙산에서 떨기나무 불꽃 가운데 나타나시는 광경입니다. 이 장소에서 하나님은 모세에게 이스라엘 백성을 구원하도록 사명을 부과하십니다. 이 장면을 통해서 모세가 '나는 누구인가?' 그리고 '하나님께 하나님은 누구신가?'를 묻고, 하나님께서 이에 대답해 주심을 통해 우리는 구원의 하나님에 대해 배울 수 있습니다. 본문을 보십시다. 11절에 "모세가 하나님께 고하되 내가 누구관대 바로에게 가며 이스라엘 자손을 애굽에서 인도하여 내리이까?" 즉 모세는 자기 존재의 부족함을 이야기합니다. 먼저 모세는 하나님께 자신이 누구인지 묻고 있습니다(11절). 이 질문은 인간에 대한 존재적인 질문으로 이해할 수도 있습니다. 과연 우리는 누구입니까? 나는 누구입니까? 이러한 본질적인 결론을 발견할 때 그 사명을 다할 수 있었습니다. 하나님은 모세와 함께 해 주신다고 말씀하시나, 모세는 거듭해서 하나님은 누구이신가를 거듭 묻습니다. 출애굽기 3장 13-14절을 다시 한 번 읽어 보십시다. 모세는 13절에 하나님의 이름에 대해 묻고, 하나님은 "스스로 있는 자"이심을 계시해 주십니다.

　다음으로 하나님은 누구십니까? 이름과 행동, 말과 인격이 동일하신 분이십니다. 사람들은 흔히 국회 청문회에까지 나와서 공적으로 거짓말한 것이 나중에 탄로나는 것을 보면 진실하지 않다는 것을 보여줍니다. 성경에 하나님에 대하여 "하나님은 누구신가?" 질문하는 질문을 통하여 하나님이 어떤 분이신가를 계시하고 계십니다. 하나님은 그분의 이름과 그분의 인격이 바로 일치하기 때문에 그분의 이름을 통해서 우리는 하나님은 누구신가를 알수 있는 것입니다. 그분의 이름과 그의 인격, 말 그리고 행동은 일치하는 것입니다. 이 진실하신 하나님은 이스라엘을 위해 무슨 일을 하셨습니까? 라는 질문입니다. 이런 면에서 하나님은 언약을 맺으실 뿐만 아니라 언약을 기억하시고 지켜가시는 하나님이십니다. 한 광고를 보았는데, "What it says, what it does"라고 했습니다. 즉 "말하는 대로, 선전하는 대로 약효가 있고, 그렇게 작용한다"는 의미입니다. 사실상 우리는 대부분 그렇지 못할 때가 많습니다. 그러나 하나님은 언약을 맺으실 뿐만 아니라, 그 언약을 반드시 기억하시며, 지키시는 신실한 분이십니다.

1. 하나님은 이스라엘의 고통소리를 들으시고 언약을 기억하시는 하나님이십니다(출 2:24-25).

이스라엘 자손들이 고통과 고난을 받는 것을 하나님은 들으시고 언약을 기억하여 돌아보십니다(출 2:23-25). 이 언약을 지키실 뿐만 아니라 언약을 계속 지키십니다(출 3:15; 4:5). 하나님은 자신을 향하여, "아브라함의 하나님, 이삭의 하나님, 야곱의 하나님 여호와라"(출 3:15)고 말씀하십니다. 또한 하나님은 우리들의 고통에 떨어져 계시는 분이 아닙니다. 인생들의 문제를 알고, 우리를 구원하기를 원하시는 분이십니다. 아브라함의 하나님, 이삭의 하나님, 야곱의 하나님, 엘리야의 하나님은 바로 우리의 하나님 여러분의 하나님이십니다. 한국이 한 때는 고아 수출 세계 1위를 하였는데 이는 태어나게만 했지 책임을 지지 못했기 때문이었습니다. 그러나 하나님은 그의 자녀들을 사생아처럼 낳기만 하고, 책임 지지 않는 그런 분이 아니십니다. 먼저 사랑하사 언약을 맺으시고, 지켜 이루어 가시는 분이 하나님이십니다.

2. 하나님의 이름을 통해서 계시하듯이, 하나님은 우리에게 구원을 주시는 분이십니다.

1) "우리와 함께 계시는 하나님"(예흐예 에셀 예흐예)(출 3:14)은 그의 뜻을 이룰 모세를 부르셔서 하나님 당신을 계시해 주십니다. "그의 이름이 무엇이냐?"고 사람들이 물으면 어떻게 대답하겠느냐는 모세의 질문을 통해서, 하나님은 자신을 계시하고 계십니다. 과연 하나님은 하나님의 이름과 동일하게 보아야 합니다. 요즘 우리는 이름과 인격이 전혀 관계가 없는 경우가 많습니다. 말과 인격이 전혀 상관이 없는 그런 세대입니다. 그러나 하나님은 하나님 당신이 바로 그 이름과 연관되어 있습니다. 하나님은 우리와 함께하시는 분이십니다(출 3:12). 즉 "나는 스스로 있는 자"(출 3:14)라는 표현은 철학적인 해석입니다. 이 말은 존재론적인 해석보다도, "예흐예 에셀 예흐예"(출 3:14), 우리와 함께 계시는 하나님으로 해석하는 편이 더 가깝습니다. 3장 12절에 "내가 정녕 너와 함께 있으리라"고 하시며 모세로 모든 일을 감당케 하셨던 그 하나님의 이름이 바로 "우리와 함께 계시는 분"(출 3:14) 이십니다. 이스라엘과 함께 하시겠다고 하신 하나님은 이스라엘의 모든 어려움에서 건져 주셨습니다. 함께 계시는 하나님이십니다.

즉 인간이 "나는 누구인가?"(출 3:11)라고 질문할 때, 하나님은 하나님이 누구이심을 계시해 주십니다. 인간은 하나님을 떠나 생각할 수 없는 존재입니다. 칼빈의 기독교 강요 1권에서, 하나님에 대한 지식 없이는 우리 자신에 대해 알 수 없다고 했습니다. 그렇습니다. 우리 인간은 하나님과 함께할 때 의미가 있습니다. 한 예로 청와대 건물의 의미는 대통령이 있을 때입니다. 백악관도 마찬가지입니다. 대통령이 살 때 의미가 있는 것입니다. 바로 하나님이 함께하시는 이 존재가 인간이라는 것입니다. 이 하나님은 이스라엘 백성과 함께 하시고 구원해 주시는 분이십니다.

"내가 이스라엘 자손 중에 거하여 그들의 하나님이 되리니, 그들은 내가 그들의 하나님 여호와로서 그들 중에 거하려고 그들을 애굽 땅에서 인도하여 낸 줄을 알리라 나는 그들의 하나님 여호와니라"(출 29:45-46).

"여호와께서 그들 앞에 행하사 낮에는 구름 기둥으로 그들의 길을 인도하시고 밤에는 불기둥으로 그들에게 비취사 주야로 진행하게 하시니. 낮에는 구름 기둥, 밤에는 불기둥이 백성 앞에서 떠나지 아니하니라"(출 13:21-22).

또한 이스라엘의 마지막 장면에서도 하나님의 임재가 함께 하심을 보여 주십니다(출 40:36-38).

2)하나님은 여호와(출 6:6-7)로 우리와 함께 하셔 우리를 구원해 주시는 분이십니다. 이 하나님을 보여 주시고 애굽의 종살이에서 우리를 구속시켜 주십니다. 항상 그런 것은 아니지만, 6장 3절에 "내가 아브라함과 이삭과 야곱에게 전능의 하나님으로 나타났으니 나의 이름을 여호와로는 그들에게 알리지 아니하였고," 즉 여호와, "야웨"라는 뜻은 구원의 하나님 즉 언약의 하나님입니다. 창세기에서 하나님은 "엘로힘" 즉 능력과 창조의 하나님으로 묘사되어 있고, 또 출애굽기에서 구원의 하나님으로 즉 야웨로 묘사되어 있습니다. 과연 하나님은 구원의 하나님 이십니다. 자기 백성을 구원해 주시는 하나님이십니다.

이 하나님의 구원은 애굽의 열재앙에서 백성들을 유월절로 구원해 주시는 것입니다(출 7장-11장). 애굽에 많은 재앙을 내려 이스라엘 백성에게 구원을 베풀어 주시려고 합니다. 피, 개구리, 이 파리, 악질, 독종, 우박, 메뚜기, 흑암의 재앙을 주는 데도 끝까지 바로의 마음이 강퍅하여서 이스라엘 백성들을 놓지 않자, 결국 마지막으로 11장에서 하나님은 애굽의 모든 장자들을 다 죽임으로 문제를 해결하게 하십니다. 이 때 12장에 유월절을 제정하시고 애굽 백성을 칠 때에 "흠 없고 일 년된 수양이나, 염소를 취하여(출 12:5) 문설주에 바르며(출 12:7), 집에 이 묻은 피를 볼 때 표적이 되어 너희를 넘어가리니(페샤, Passover) 재앙이 임하지 않는다고 합니다(출 12:13). 바로 이 유월절 피는 분명히 예수 그리스도의 피로 말미암은 구원을 상징하고 있습니다. 이것은 오늘날 우리에게 적용할 때, 하나님은 우리의 죄와 고집으로 죽어야만 할 우리를 예수님의 십자가의 피, 유월절 어린 양의 피로 용서해 주십니다. 고린도전서 5장 7절에 "우리의 유월절 양 곧 그리스도께서 희생이 되셨느니라"라고 해석하고 있습니다. 하나님은 여호와이십니다. 우리의 구원과 언약의 하나님이십니다. 죄를 용서해 주시는 하나님이십니다. 오늘도 우리가 나올 수 있고, 예배를 드릴 수 있는 이유는 예수 그리스도의 피가 단번에 과거, 현재, 미래의 죄를 용서해 주신 것입니다.

또한 하나님의 구원은 죽음의 홍해를 건너게 하심으로 나타납니다(출 13:17-14:31). 바로의 마음이 강퍅해져서 다시 이스라엘 백성의 뒤를 따르사(출 14:4), 이스라엘 백성들은 심히 두려워 광야에서 죽게 되었다고 합니다(출 14:11). 그러나 모세가 손을 들자 바다가 마르게 되었고(출 14:21), 결국 홍해에서 이스라엘은 오히려 구원을 받게 됩니다(출 14:30-31).

이러한 하나님은 바로 용사이신 하나님이십니다(출 15:3). 홍해를 건너서, 이스라엘 백성이 하나님에 대해 찬양한 것처럼, 이 하나님은 용사이시며, 우리를 위해 싸우시는 하나님이십니다(출 14:14). 하나님은 자신의 백성들을 보호하시고 신원하시며, 원수들을 대적하고 보복하는 하나님이십니다. 적들인 사탄과 싸우시고 우리를 신원해 주십니다. 하나님은 백성들을 인도하시면서 치료하시는, "라파"의 하나님(출 15:26)입니다. 우리의 질병과 상처 입은 심령을 치유해 주십니다. 즉 하나님은 우리를 구원하시려 치료해 주십니다. 수르 광야에서 발견한 물이 써서 이스라엘 백성들이 마라라고 하자(출 15:22-23), 한 나무를 넣게 하시어 물을 달게 만드십니다(출 15:25). 광야에서 하나님은 백성들에게 아침에는 만나와 저녁에는 메추라기로 먹이십니다(출 16:13-14). 세상에서 상처입고 난 심령을 이 예배드리는 시간에 일어나는 것입니다. 하나님이 여러분을 치료해 주십니다. 말로, 생활 가운데 상처입은 우리 심령을 치료해 주시는 것입니다. 종국적으로 하나님은 우리의 깃발로 승리를 주시는 "닛시"이신 하나님(출 17:15)입니다. 원수의 싸움에서 하나님은 우리에게 승리를 주십니다. 아말렉과의 싸움에서도 모세가 팔을 올리면 이스라엘 백성이 승리하고 내리면 패배하게 됩니다. 다윗은 시편 23편 5절에, "원수의 목전에서 내게 상을 베푸셨다"고 하십니다. 그러므로 하나님은 닛시 승리하게 하시는 하나님이십니다. 이 하나님은 거룩하게 하시는 하나님(출 31:13)으로 마침내 구원 받은 성도들을 말씀의 삶과 예배의 삶으로 인도하십니다.

"여호와로라 여호와로라 자비롭고, 은혜롭고 노하기를 더디하고 인자와 진실이 많은 하나님이로라"(출 34:6).

3. 이 구원은 우리의 성화까지 포함합니다(출 19-40장).

하나님은 우리와 언약 관계를 맺으심으로 성화의 과정을 요구하십니다. 우리는 이제 그분이 우리에게 원하시는 말씀에 순종해야 하는 것입니다. 이 은혜의 구원을 통하여 우리는 분명히 순종의 삶을 살아가야 하는 것입니다. 이러한 성화의 구원은 바로 출애굽기 19-24장에 나타나 있습니다. 구원으로, 신분의 변화로만 끝난 것이 아닙니다.

하나님은 이스라엘을 은혜로 구원하여 인도하셨습니다(출 19:4). 하나님이 구원을 이루어 주셨기 때문에 우리는 이제 성화를 통해 실제적인 구원을 이루어 나가야 합니다. 하나님이 이스라엘에게 언약을 하고 율법을 주는 것은 구원을 이루기 위해서가 아닙니다. 구원을 주시고 은혜를 베푸시기 위한 방편으로 주셨습니다. 이는 출애굽기 19장 4절에 분명하게 나타나 있습니다. "독수리 날개로 너희를 업어 내게로 인도하였다"고 말씀하시며 하나님이 이스라엘을 구원함에 대해서 설명하고 있습니다. 우리가 무엇 하나 한 것이 없습니다.

"나는 너를 애굽 땅, 종 되었던 집에서 인도하여 낸 너의 하나님 여호와로라"(출 20:2).

하나님은 이스라엘 백성들에게 10계명을 주시기 앞서서 분명하게 구원을 인도하여 주었습니다. 출애굽기의 전체적인 구조에서 볼 때도 우리는 하나님의 은혜를 볼 수 있습니다. 출애굽기는 모세의 영도 아래서의 구원(출 1-18장), 모세의 영도 아래서의 율법(출 19-24장), 그리고 모세의 영도 아래서의 예배(출 25-40장)까지로 크게 세 부분으로 나뉘어 집니다. 먼저 구원의 장면에서 우리는 이스라엘이 애굽에서 유월절로 구원받고(출 12장), 또한 홍해를 건너(출 15장)는 대 역사를 경험하게 됩니다.

이어서 하나님은 이스라엘과 시내산에서 언약을 맺으시고 예배 규례에 대해 명령하십니다. 그러므로 이스라엘에게 주신 율법은 처음부터 구원을 위한 조건이 아니며 오직 구원 받은 우리가 그분께 순종하게 하는 수단으로서 주어졌습니다. 많은 성도들이 구약은 율법, 신약은 은혜라고 하는 잘못된 분리 개념을 가지고 있는데, 이는 잘못된 것입니다. 나아가 구약을 율법적인 언약이나 행위의 언약이라 표현하고, 신약은 은혜의 언약으로 구분하는 것도 잘못된 것입니다. 총체적으로 하나님의 법은 하나님의 은혜의 도구입니다. 즉 구원을 베풀기 원하시는 은혜로운 하나님의 뜻이 외적으로 드러난 것이라고 볼 수 있습니다.

또한 신약에서는 구원을 서술하는 직설법(Indicative)과 삶에 대한 명령(Imperative)들이 동일한 구조입니다. 예를 들어, 로마서에서 바울 사도는 1-11장까지 구원에 대해 서술하고 12-16장에서는 명령에 대해 말씀하고 있습니다. 로마서 12장 1절은 "그러므로"라는 말씀으로 시작하고 있고, 에베소서에도 1-3장에 구원에 대해 서술된 후 4-6장까지 명령을 말씀하시는데, 이를 시작하는 4장 1절 말씀도 "그러므로"라고 시작하고 있습니다. 골로새서에서도 1-2장에는 구원서술, 그리고 3장 1절에서브터 "그러므로"라고 말씀하여 우리의 삶에 대한 명령을 제시하고 있습니다.

다시 말해서 전반부에서는 은혜를 제시하고 후반부에서는 은혜에 대한 책임을 강조하고 있습니다. 즉, 복음은(하나님은) 무엇을 명령하기 전에 먼저 그것을 행할 수 있는 충분한 은혜, 가능성, 당위성을 제시합니다. 이를 통해 우리에게 행함을 요구하기 전에 은혜를 받으라고 강조하시는 하나님의 뜻을 알 수 있습니다. 신자의 삶 속에는 믿음과 행함이 병행해야 합니다(요 14:21). 따라서 지킬 수 없는 율법에 메이는 것이 아니라 오히려 은혜를 받고 그에 대하여 진실한 책임을 지는 반응과 실제적인 삶, 곧 행동이 있는 삶이 성경을 바르게 이해한 신앙생활일 것입니다.

결론적으로 창세기에서 나타난 바와 같이 하나님은 우리를 선택하셨습니다. 그러나 선택하신 백성과 언약을 맺으시는 것으로 끝나는 것이 아닙니다. 우리를 창조하시고 또한 우리를 구원하셨으며 이후로 우리가 말씀을 받아 예배의 인격으로까지 이르게 하시기를 원하시는 것입니다.

하나님은 우리를 구원하셨습니다. 그러나 구원 자체만으로 끝나는 것이 아니라(출 1-18장), 율법을 받고 (출 19-24장), 그리고 예배를 드리는 사람(출 25-40장)으로까지 이를 것을 가르쳐 주십니다. 바로 말씀은 이 구원의 수단이며 우리를 성화에 이르게 하는 은혜의 수단입니다.

성도들은 "하나님의 말씀과 기도로 거룩하여 진다"고 말씀하고 있습니다(딤전 4:5). 우리는 하나님과의 관계 속에서 은혜를 받음으로 말씀의 법을 이루어 가야 합니다.

끝으로 앞에서 살펴본바와 같이 출애굽기는 신학적으로 내용이 풍부한 책입니다. 특히 하나님의 대해서(출 3, 6, 33, 34장) 보여 주시고 그의 구속하심(출 12, 15장) 그리고 그의 율법과(출 19-24장) 그가 원하시는 예배에 대해서 말씀하고 있습니다. 하나님은 야웨(출 6:2)로서, 우리를 구원하시고 우리와 함께 계시며(출 3:14), 우리의 구속자로서(출 15:3), 우리를 치료하십니다(출 15:26). 그리고 마침내 우리에게 능력를 주서서(출 17:5), 우리를 거룩하게 만들어 주십니다(출 31:13). 예수는 율법의 성취자이십니다(갈 3:19).

성막 모형도

레위기

거룩하신 하나님

"여호와께서 모세에게 일러 가라사대, 너는 이스라엘 자손의 온 회중에게 고하여 이르라 너희는 거룩하라 나 여호와 너희 하나님이 거룩함이니라"(레 19:1-2).

참다운 거룩

경건은 말에 있지 않고 능력에 있습니다(딤후 3:5). 우리는 종종 답답하거나 어려울 때 "주여!"하고 도움을 구하기도 합니다. 그러나 이런 감탄어인 "주여!"가 형식적으로 될 때, 이를 사용하는 것이 마치 우리의 거룩을 나타내는 것처럼 보이기도 합니다. 사실 주여 하는 "Lord"나 "Jesus"라는 표현이 영어에서는 나쁜 표현으로 사용됩니다. 아무 경우에나 함부로 이 단어를 사용한 나머지 빈 의미가 되었고 마침내 욕까지 된 것입니다. 이를 통해서 우리는 거룩과 경건이 어떤 말에 있는 것이 아니라, 참다운 우리의 삶 속에서 우러러 나와야 하는 것임을 알 수 있습니다. 따라서 이와 같이 바른 경건과 거룩을 이해하기 위해서는 먼저 하나님의 거룩을 배우고 적용해야 할 것입니다.

레위기의 주제가 바로 "거룩하신 하나님"입니다. 레위기는 거룩한 예배(레 1-10장)와 예배에 연관된 삶과(레 11-16장), 그리고 모든 영역에서의 거룩한 삶(레 17-27장)에 대하여 설명하고 있습니다. 레위기서의 주제절은 "너는 이스라엘 자손의 온 회중에게 고하여 이르라 너희는 거룩하라 나 여호와 너희 하나님이 거룩함이니라"(레 19:2) 입니다. 주제절에서 나타나는 바와 같이 레위기는 "하나님의 거룩"에 대해서 말씀하고 계십니다. 하나님이 거룩하시기 때문에 우리는 여러 가지 윤리적인 책임과 의무를 가집니다. 율법의 핵심인, 하나님 사랑과 이웃 사랑에 대하여 말씀하고 있는 것입니다. 즉 "이웃 사랑하기를 네 몸과 같이 하라 나는 여호와니라"라고 하십니다(레 19:18). 또한 객들을 학대하지 말고 "자기 같이 사랑하라"(레 19:34)고 하십니다.

1. 하나님이 거룩하시므로 우리도 거룩해야 합니다(레 19:2).

우리는 하나님이 거룩하다고 할 때 우리를 초월하시고, 우리의 죄성과는 구별된 분임을 알 수 있습니다. 동시에 하나님은 죄 많은 우리에게 직접 오셔서 우리를 거룩하게 하시며 우리와 함께 하시는 하나님이십니다.

그러므로 하나님의 거룩은 우리를 통해서 드러나야 하는 것입니다. 본문을 잘 살펴보면, 특히 "나는 너희의 하나님 여호와니라"라는 이 표현이 19장에서만 16번이나 사용되어 있음을 우리는 주의 깊게 보아야 합니다 (2, 3, 4, 10, 12, 14, 16, 18, 25, 28, 30, 31, 32 34, 36, 37절). 이 의미는 우리가 행하는 사회 질서나 윤리적인 기초가 바로 신자인 우리들에게는 법에 대한 의무감에서가 아니라 하나님과의 언약적인 관계 속에서 되어져야 한다는 사실입니다. 결론을 볼 때도, 36절에 "나는 너희를 인도하여 애굽 땅에서 나오게 한 너희 하나님 여호와니라"(레 19:16)고 분명히 말씀하십니다.

레위기 19장은 거룩하신 하나님에 대해서 말씀하실 뿐만 아니라, 하나님의 거룩한 공동체가 어떻게 되어야 함을 보여 주시는 것입니다. 거룩하다는 것은 우리가 산 속에 들어가 혼자서 도를 닦듯 거룩하게 되는 것을 의미함이 아니라, 우리의 실질적인 생활 속에서 거룩을 나타내는 것임을 알 수 있습니다.

죄 많은 세상에서 말씀을 좇아 세상 이들과는 다르게 살려고 노력하는 것이 거룩입니다. 거룩은 "거룩 거룩"하고 찬송만 부른다고 이루어지는 것이 아닙니다. 바로 죄 많은 세상에서 그 믿음을 보여야 하는 것입니다. 한 가지 예화가 있었습니다. 거룩한 삶을 살려고 신비한 산 속에 들어간 사람이 있습니다. 그러나 하나님은 그에게 꿈으로 나타나셔서 참된 거룩은 이 땅에서 살아가며 이루어야 하는 것이라 일러 주셨습니다. 그렇습니다. 우리는 오늘날 같이 복잡한 현대에서 거룩하게 살아가야 합니다. 이러므로 베드로전서 1장 15절에서 "오직 너희를 부르신 거룩한 자처럼 너희도 모든 행실에 거룩한 자가 되라"하시고 또 16절에, "기록하였으되 내가 거룩하니 너희도 거룩할지어다 하셨느니라"하셨습니다. 그리고

"그러므로 하늘에 계신 너희 아버지의 온전하심과 같이 너희도 온전하라"(마 5:48), "너희 아버지의 자비하심같이 너희도 자비하."(눅 6:36)의 말씀을 통해 거룩하심과 온전하심, 또 자비하심을 나타내셨습니다. 특히 이 원리는 신약성경 마태복음의 산상수훈에서 분명히 나타납니다. 마태복음 5-7장의 생활원리들은 바로 우리가 천국의 시민이나, 자녀로서 어떻게 살아가야 하는 것을 우리에게 보여 줍니다.

하나님의 거룩은 바로 우리들이 거룩해야 한다는 동기와 그 가능성을 부여합니다. 즉 우리는 우리 자신의 의를 이루기 위해 노력하는 어떤 수단으로도 결코 바른 거룩을 이룰 수 없습니다. 오히려 아버지 하나님의 뜻대로 살아가는 것이 거룩입니다. 그러므로 아버지와의 관계를 통해서 우리는 거룩을 이루는 것입니다. 이 아버지는(마태 7:11) 좋은 것을 주시며, 우리에게 거룩을 이루도록 도우시는 하나님이십니다. 그런 하나님의 자녀로서 "남에게 대접을 받고자 하는 대로 대접하는 것"은 우리에게 너무나 당연히 요구되는 거룩한 삶입니다. 많은 두 가지 길들이 우리 앞에 있습니다. 입술의 거룩만이 참다운 거룩이 아닙니다(마 7:21). 능력을 나타내고 내 속에 나타나는 신비적인 능력과 표적을 보인다 해도 그 자체가 참다운 경건이 될 수는 없습니다. 아버지의 뜻대로 행하고(마 7:21), 불법을 행하는 자(마 7:23)들이 아니라, 말씀대로 살아가는 자로 반석 위에 세우는 삶이 곧 거룩입니다(마 7:24-27).

2. 이는 사회를 어지럽게 하는 부도덕적인 행동을 버리는 것입니다.

거룩은 사회를 어지럽게 하는 행동들을 금하는 것입니다. 우리는 사회생활을 하면서 갖은 죄악들을 범하기 쉽습니다: 도적질, 속임, 거짓말,

거짓맹세, 압제, 늑탈, 착취 등이며(레 9:11-13), 장애자에 대하여 저주하고, 괴롭힘이며(레 9:14), 불의한 재판(레 9:15)이며, 사람에 대한 논단(음해), 이웃을 괴롭히는 것(레 9:16), 마음으로 미워하는 것(레 9:17), 행음하는 것(레 9:20), 외국인을 학대하고(레 9:33), 다른 나라 일군들을 착취, 불의한 부를 축척(레 9:35-36) 하는 등입니다.

"나는 여호와 됨이라"라는 하나님의 표현으로 우리는 윤리적이며, 구체적인 거룩을 생활의 현장에서 나타낼 것을 보여 주십니다. 또 다른 표현은 레위기 18장 3-5절에서 나타나듯, "너희는 그 거하던 애굽 땅의 풍속을 좇지 말며 내가 너희를 인도할 가나안 땅의 풍속과 규례도 행하지 말고"라고 말씀하십니다. 하나님은 오늘날 우리에게도 불신자들이 일반적으로 하는 그런 행동들을 따르거나, 풍속을 그대로 행치 말라고 말씀하십니다. 우리는 불신 생활과 풍속 속에서 살아갑니다. 이 문명에서 행하는 것 가운데는 갖은 악들이 있습니다. 부도덕한 성적인 범죄(레 18:6-20)들과 이방의 이방신 숭배(레 18:21-23)등 입니다. 이것들은 바로 레위기 18장 30절의 말씀과 같이 "가증한 풍속을 좇음이며, 자신을 더럽힘"입니다. 경건과 거룩은 바로 이런 것을 버리는 것입니다.

이 원리는 마태복음 5장 산상수훈 중에 잘 나타나 있습니다. 우리의 의는 복음의 의가 되어야 합니다. 이 복음의 의는 바로 예수님께서 말씀하신 대로 마태복음 5장 17절에 "내가 율법이나 선지자나 폐하러 온 줄로 생각지 말라 폐하러 온 것이 아니요 완전케 하려 함이로라"에 잘 나타나 있습니다. 예수님은 율법을 완전케 하심으로써 복음의 의를 이루신 것입니다. 또한 이분은 우리에게 구약의 의보다 더 큰 거룩을 원하십니다. 살인문제(마 5:21-26)도 형제를 향한 "라가"라는 말 한마디에 우리는 실제적 살인보다 더한 지옥불에 들어가고, 간음 문제(마 5:27-32)도 실제적인 간음보다 마음의 간음을 하면 눈까지 뽑으라고 하십니다. 맹세도(마 5:33-37) 이런 원리에서 말씀하십니다. 그러므로 "하늘에 계신 너희 아버지의 온전하심과 같이 너희도 온전하라"라고 말씀하십니다.

"내가 너희에게 이르노니 너희 의가 서기관과 바리새인보다 더 낫지 못하면 결단코 천국에 들어가지 못하리라"(마 5:20).

우리의 거룩으로는 도무지 바리새인의 의에 미치지 못합니다. 예수님이 완성하신 의, 거룩이신 바로 복음을 통한 의를 이루는 것입니다. 이러한 구체적인 복음을 통한 의는 세상 속에서 나타나야 한다는 것입니다. 세상의 빛으로서 영광을 돌리게 하라(마 5:16)고 하십니다. 즉 복음에 합당한 생활입니다. 아버지가 대통령이면, 거기에 합당한 자로서 살아야 하는 것과 마찬가지입니다.

3. 우리가 이러한 법을 성취하기 위해 사랑으로 해야 합니다
   (레 19:18, 34).

성경은 사랑을 이야기하고 있지만, 사랑이 가장 아름다운 윤리적인 최고선(summum bonum)이라고 말하지 않습니다. 우리는 상황윤리를 이야기하지 않습니다. 상황윤리는 상황을 중요시하여 상황에서 가장 윤리적인 것을 추구하는 것입니다. 예를 들어, 소련에서 포로로 잡혀 긴 아내가 자신의 고향으로 돌아가기 위해 간수와 불륜의 임신을 하고 임신을 통하여 자신의 고국으로 돌아가게 되는 이런 상황에서, 불륜보다는 남편을 사랑하는 사랑의 법으로 불륜을 저질렀기 때문에 괜찮다는 식의 결론을 가져오는 것이 인본주의적인 윤리입니다. 그러나 성경에서는 하나님이 사랑이시지, 사랑이 하나님인 것은 아닙니다. 즉 우리가 윤

리적임, 또한 거룩한 삶을 살 수 있는 근본은 인본주의적인 상황윤리의 사랑은 아니지만, 이웃을 사랑하는 마음으로 실천할 수 있는 것입니다. 율법의 핵심은 하나님 사랑과 이웃사랑입니다.

첫째 우리는 사랑으로 율법을 완수할 수 있습니다(레 19:18) 원수를 갚지 말며 동포를 원망하지 말며 이웃 사랑하기를 네 몸과 같이 하라 나는 여호와니라(레 19:18). 즉 우리들의 윤리적인 행위의 이유를 하나님과의 언약적인 관계로 설명하고 있습니다. 하나님이 우리를 구원하셨기 때문에 우리는 이웃을 사랑해야 하는 것입니다. 이 표현은 레위기 19장 18절의 맨 뒷부분과 37절의 맨 뒷부분에 거듭 사용되고 있습니다. 흔히 우리가 가지는 오해는 구약은 율법이고, 신약은 은혜다라는 이분법적 생각입니다. 이것은 잘못된 것입니다. 구약은 하나님의 율법적인 거룩을 말씀하고 있지 않은가? 그렇지 않습니다. 우리는 구약의 이 말씀을 율법적으로만 보아서는 안됩니다. 신약에서 예수님이 산상 설교에서 마태복음 5장 38절에 "또 눈은 눈으로, 이는 이로 갚으라 하였다는 것을 너희가 들었으나"고 인용하신 말씀은 레 20장 24절의 말씀으로, "파상은 파상으로, 눈은 눈으로, 이는 이로 갚을지라 남에게 손상을 입힌 대로 그에게 그렇게 할 것이며…"에서 인용되었습니다. 즉 마태복음 5장 44절에 "나는 너희에게 이르노니 너희 원수를 사랑하며 너희를 핍박하는 자를 위하여 기도하라"라고 율법은 설명하고 계십니다. 분명히 거룩하신 하나님을 통하여, 사랑으로 율법을 완수하는 정신을 오늘 레위기 본문에서 분명하게 설명하고 있는 것입니다. 또한 누가복음 10장 25-37절에는 선한 사마리아인의 비유가 나타나 있습니다. 한 율법사가 예수님께 나아왔습니다. 그리고 영생에 대하여 물었습니다. 어떻게 영생을 얻으리이까? 여기에 대한 대답과 해설을 위해서 먼저 네가 어떻게 아느냐? 물으시고, 선한 사마리아인의 비유를 설명해 줍니다. 그 때 그는 율법의 정신에 대하여 잘 알고 있었습니다. 즉 "네 마음을 다하고 목숨을 다하며 힘을 다하며 뜻을 다하여 주 너의 하나님을 사랑하고 또한 네 이웃을 네 몸과 같이 사랑하라 하였나이다"(눅 10:27). 그러나 그의 지적은 자신이 이웃이 됨에 그리고 이와 같이 행하라는(눅 10:36-37) 말씀에 굉장한 도전을 받고 갔습니다. 즉 우리는 선한 사마리아인이 되지 못하는 것입니다. 자기중심이 아니라, 이웃이 되어 줄 수 있는 마음, 무감각에 예수님을 도전하신 것입니다. 미국에서 일어난 많은 예들이 있습니다. 히치 하이킹 문제, 그리고 정말 차가 사고가 나서 도와주는 사람들, 과연 누가 실천하면서 도와주고 있습니까? 우리의 문제는 이웃을 사랑하는 마음이 없으므로, 참으로 바르게 행동하지 못하는 데 있습니다. "간음하지 말라… 그 외에 다른 계명이 있을지라도 네 이웃을 네 자신과 같이 사랑하라 하신 그 말씀 가운데 다 들었느니라. 사랑은 이웃에게 악을 행치 아니하나니 그러므로 사랑은 율법의 완성이니라"(롬 13:9-10). 율법의 정신은 바로 사랑입니다. "새 계명을 너희에게 주노니 서로 사랑하라 내가 너희를 사랑한 것 같이 너희도 서로 사랑하라"(요 13:34)라고 말씀하십니다.

둘째로, 우리는 타국인을 학대하지 말아야 합니다(레 19:34). 약자에 대한 변호, 여성에 대한 변호, 그리고, 외국인에 대한 존대 등은 성경적인 표현입니다. 일찍이 인간에게서 가지는 고통 받는 사람들에 대한 안타까움은 신의 형상에서 오는 것이며, 맹자 역시 참된 인심(인간의 마음)은 바로 측은지심(惻隱之心)이라고 했습니다. 약한 자를 도와주고, 장애자들을 도우는 것은 하나님의 말씀입니다. 야고보서 1장 27절에서 "고아와 과부를 돌아보는 것"도 경건이라고 하십니다. 그러므로 신약에서도, 참된 거룩에 대하여 야고보서 1장 26-27절에 분명히 말씀하고 있습니다. "누구든지 스스로 경건하다 생각하며 자기 혀를 재갈 먹이지 아니하고 자기 마음을 속이면 이 사람의 경건은 헛것이라. 하나님 아버지 앞에서 정결하고 더러움이 없는 경건은 곧 고아와 과부를 그 환난 중에 돌아보고 또 자기를 지켜 세속에 물들지 아니하는 이것이니"라고 분명히 말 사용의 경건과 고아와 과부를 돌아봄 그리고 자신의 거룩을 다 포함시키고 있음을 볼 수 있습니다. 거룩은 우리의 언어와 실천적 행동을 통한 형제 사랑, 그리고 실제적인 자신의 삶을 강조하고 있는 것입니다. 참다운 우리의 경건과 거룩은 약한 자를 돕고 사랑하는 하나님의 사랑을 실천함으로 나타나는 것입니다. 한 때 한국은 외국 근로자를 상당히 착취한다고 악명이 높았습니다. 한 예로 이슬람 계통의 근로자가 한 공장에서 손이 잘렸습니다. 그는 불법체류라는 이유로 임금만 겨우 받고 고향으로 쫓겨 갔습니다. 한 목사님이 이를 중재하기 위해 갔을 때, 그는 한국에 대한 심한 반발감을 가지고 있었습니다. 이들에게 과연 우리는 어떻게 해야 합니까?

이러한 이방인에 대한 관심과 돌보심이 바로 하나님의 의를 통하여 나타나야 합니다. 이방인, 세상, 고아, 과부, 타국인에 대한 학대(레 19:31-34)와 가난한 사람(레 19:10)에게 말입니다. 그러므로 우리는 이 세상 속에서 하나님을 욕되게 하지 말아야 합니다(레 19:12). 그리고 하나님은 세밀하게 남을 인정하시는 것을 볼 수 있습니다. 바로 남을 인정하는 것이 거룩의 출발입니다. 마태복음에서 6장에서 경고하듯이 사람 앞에서의 의가 아니라, 하나님 앞에서 의가 되어야 합니다. 하나님을 사랑함으로써 이루는 것이 되어야 합니다. 구제(마 6:1-4)와 기도(마 6:5-15), 금식(마 6:16-18)같은 우리들의 대부분의 신앙생활을 우리는 바로 은밀하게 보시는 하나님 앞에서 해야 하며 경외함으로 해야 합니다. 바로 이것이 경외함입니다(레 19:32,34). 하나님을 경외하는 것은 그분을 사랑하는 것입니다. 사람들 앞에서의 거룩은 상도 받았을 뿐만 아니라, 이방인의 삶입니다.

결론적으로 하나님의 거룩과 온전하심과 자비하심으로 거룩해야 합니다. 이는 하나님이 거룩하셔서, 우리를 언약적으로 사랑해 주심입니다. 따라서 우리는 하나님을 사랑하고 이웃을 사랑함으로 거룩함을 좇고 말씀을 행해야 합니다.

이런 행위를 통하여 우리가 가지고 있는 갖은 악함을 버려야 하는 것입니다. 우리는 예수님이 가르치신 황금율을 기억해야 합니다.

"그러므로 무엇이든지 남에게 대접을 받고자하는 대로 너희도 남을 대접하라 이것이 율법이요 선지자니라"(마 7:12).

우리가 남에게 대접하는 대로 우리는 대접을 받을 것입니다. 내가 남에게 무시받기 싫듯이 남을 무시해서는 안됩니다. 남이 나에게 말을 낮출 때 기분 나쁘듯이, 남에게 존대말을 써서 남의 마음에 상처를 주지 않도록 해야 합니다. 마지막으로 우리는 예수님의 마지막 심판의 장면을 주위 깊게 생각해 보아야 합니다. 바로 염소와 양의 구분은 그들이 지극히 작은 자에게 사람들이 행한 것을 통해서 평가하신 것입니다.

"지극히 작은 자 하나에게 한 것이 곧 내게 한 것이니라"(마 25:40).

민수기

인도하시는 하나님

"나는 너희의 하나님이 되려하여 너희를 애굽 땅에서 인도하여 낸 여호와
너희 하나님이니라 나는 여호와 너희 하나님이라"(민 15:41).

인도하시는 하나님

하나님은 우리의 삶과 신앙생활을 인도해 주십니다. 아이들을 낳고
버리는 무책임한 부모와 다르게 하나님은 우리를 낳아 주시고 섭리 가운
데 인도해 주십니다. 우리의 영적 아버지 되시는 하나님은 우리의 모든
것을 책임지시고 신앙생활을 인도하시는 여호와임을 보여 줍니다.

"사람이 자기 아들을 안음같이, 안으사 우리를 인도해 주신다"(신 1:31).

민수기는 이스라엘 백성들이 하나님의 부름을 받고 광야에서 준비하며, 하나님께서 그의 백성을 인도해 가시는 과정을 보여 줍니다. 1-12장까지는 시내산에서 가데스까지, 13-21장까지는 가데스 바네아(바란 광야에서 모압광야 까지)의 38년 생활이며, 마지막으로 22장-36장까지는 모압광야의 과정을 보여 줍니다.

특히 주제절인 신명기 15장 41절에 "나는 너희 하나님이 되려 하여 너희를 애굽 땅에서 인도하여 낸 여호와 너희 하나님이니라 나는 여호와 너희 하나님이니라"라고 분명히 말씀해 주십니다. 특기할 사항은 백성들의 군사편성을 위해 제 1차 인구 조사하는 장면입니다(민 1:46). 그리고 두 번째 재차, 가나안의 입성 준비를 하는 인구 조사를 하는데(민 26장) 처음 인구 조사했던 것과 인원은 비슷하나, 광야에서 세대교체를 한 후, 가나안에 들어가게 되는 사람들은, 여호수아와 갈렙 뿐이고, 다 세대가 교체를 당하게 됩니다. 하나님을 전적으로 믿고, 신뢰하는 자들만이 가나안 땅에 들어간다는 것입니다. 이스라엘 백성은 애굽에서 부름 받아, 광야에서, 가데스 바네아 에서는(예루살렘 아래쪽) 가나안 땅을 거의 바라보고도 하나님을 불신함으로 광야에서 40년간 방황하게 되는 사건이 일이닌 깃입니다.

1. 믿음 없는 자들(광야 1세대)은 가나안(천국)에 못 들어가게 하십니다.

이 사건을 신명기에서도 역사적 상황을 돌아보면서 상기 시키고 있는

데, 참고해 볼만 합니다. 먼저, 하나님은 분명히 이스라엘 백성에게 "너희 하나님 여호와께서 이 땅을 너희 앞에 두셨은즉 너희 열조의 하나님 여호와께서 너희에게 이르신 대로 올라가서 얻으라 두려워 말라 주저하지 말라 한즉"(신 1:21)하시며 가나안을 주시겠다는 분명한 말씀을 그들에게 하신 것을 볼 수 있습니다. 그러나 백성들은 "…너희가 올라가기를 즐겨 아니하고 너희 하나님 여호와의 명을 거역하여"(신 1:26) 불순종하고 또한 그들이 그 말씀 듣기를 싫어했음을 알 수 있습니다. 이러한 그들의 행동은 분명히 "무서워 말고, 두려워 말라"(신 1:29) 하신 하나님이 "그들을 위해서 행하시고, 또한 싸우실 것을 믿지 아니함이다"라고 지적하고 계십니다(신 1:29-30, 32). 즉 그들은 "…너희 앞서 행하시며 장막 칠 곳을 찾으시고 밤에는 불로, 낮에는 구름으로 너희의 행할 길을 지시하신 자니라"(신 1:33)고 하신 하나님을 불신했고, 하나님은 온전히 여호와를 순종한(신 1:36) 갈렙과, 여호수아(신 1:38)만 가나안 땅에 들어가도록 허락하시고, 38년 동안 가데스 바네아에서 세렛 시내에 건너기까지 나머지 1세대 백성들은 완전히 멸절시키셨습니다. "여호와께서 손으로 그들을 치사 진 중에서 멸하신 고로 필경은 다 멸절되었느니라"(신 2:15)라고 말씀하십니다.

민수기 13장에서 이스라엘 백성들은 가나안을 정탐하고 믿음 없는 고백들을 했습니다. 민 13장 28절에 "…그 땅 거민은 강하고 성읍은 견고하고 심히 클 뿐 아니라" 민 13장 32절에, "…그 거민을 삼키는 땅이요 거기서 본 모든 백성은 신장이 장대한 자들이며, 거기서 또 네피림 후손 아낙 자손 대장부를 보았나니 우리는 스스로 보기에도 메뚜기 같으니…"라고 고백합니다. 이들이 평가한 것은 단순히 사건을 잘못 해석하는 그런 정도가 아니라, 구속사적으로 하나님의 구원과 영원한 약속의 말씀을 불신하는 태도이기 때문에 중요합니다. 그러므로 신약 히브리서 3장 18-19절에서 해설하기를, "또 하나님이 누구에게 맹세하사 그의 안식에 들어오지 못하리라 하셨느뇨 곧 순종치 아니하던 자에게가 아니냐 이로 보건대 저희가 믿지 아니하므로 능히 들어가지 못한 것이라"라고 합니다. 이 영원한 가나안은 믿음으로 들어가는 것을 보여 줍니다. 그리고 이 안식은 "그런즉 안식할 때가 하나님의 백성에게 남아 있도다"(히 4:9)라고 하여, 영원히 거할 천국을 상징하고 있습니다.

2. 우리의 믿음을 방해하는 것들이 있습니다. 불신과 원망, 그리고 세상사랑입니다.

그렇다면 왜 그들은 믿음 없이, 가나안에 들어가지 못하였을까요? 그것은 하나님을 시험했기 때문입니다(민 14:22). 하나님은 오늘도 우리를 훈련시키십니다. 이러한 인생의 훈련 속에서 하나님께서 우리에게 원하시는 것은 하나님을 신뢰하고 살아가는 것이지만, 백성들은 오히려 하나님을 시험하곤 하였습니다. 제 1세대 백성들이 가나안에 들어가지 못한 이유를 민수기에서는 대략 10가지 정도로 요약하고 있습니다. "나의 영광과 애굽과 광야에서 행한 나의 이적을 보고도 이같이 열 번이나 나를 시험하고 내 목소리를 청종지 아니한 그 사람들은…"(민 14.22)라고 열 번이나 지속된 백성들의 시험을 언급하고 있습니다.

1. 원망을 버리십시다(민 11:1-3).
   다베라(여호와의 불), 불을 내리심

2. 탐욕을 버리십시다(민 11:4-35).
   기브롯 핫다아와(11:35), 큰 재앙을 내리심

3. 비방을 버리십시다(민 12장).
   미리암과 아론의 비방, 문둥병과 회개

4. 불순종, 불신을 버리십시다(민 13,14장).
   여호수아와 갈렙만이 가나안에 들어가게 됨

5. 불순종(민 14:39-45)을 하지 맙시다(신 14:39-45).
   말씀에 대한 불순종으로 크게 패하게 됨

6. 안식일을 성수하십시다(15:32-36).
   안식일에 나무를 한 자는 돌로 죽음(45절)

7. 당을 짓지 마십시다(16-17장).
   고라당의 반역과 14,700명 사망

8. 필요가 없다고 불평하지 맙시다(29:2-13).
   므리바의 물(목마름에 대한 불평)

9. 원망을 버리십니다(21:4-6).
   음식에 대해 불뱀으로 죽게 됨

10. 음행을 하지 맙시다(25:1후).

　모압 여자와 음행하여 24,000이 죽게 됨

　이 이스라엘 백성이 광야에서 사는 것은 마치 우리들이 이 세상에 사는 것과 같습니다. 그리고 우리는 교회로 불러주신 하나님을 믿는다 하면서도 교회 안에는 갖은 불신이 성행하고 있습니다. 또 이 열 가지 하나님의 시험은 크게 세 가지로 요약될 수 있습니다. 첫째로, 하나님의 말씀에 대한 불신으로 하나님과의 관계 속에서 우리는 약속과 인도를 보면서 믿지 못하는 태도를 가지는 것입니다. 둘째로, 불평과 원망의 삶인데, 형제자매와의 관계 속에서 우리는 이러한 불신앙적인 태도를 가지곤 합니다. 마지막으로 세상과의 관계 속에서는 우리는 이스라엘 백성들처럼 세상을 사랑하는 삶을 살 때가 있습니다.

　첫째로, 우리는 하나님과의 관계 속에 늘 그분의 말씀을 신뢰해야 합니다. 민수기에 나타난 세 가지 예-가나안 정탐사건(민 13,14장)과 가지 말라(민 14:39-45)고 하시는 곳에 가서 전쟁에 패하는 장면, 그리고 안식일을 지키지 않는 모습-를 늘 참고해야 할 것입니다. 부름 받은 우리는 하나님의 말씀을 표준으로 믿고 살아갑니다. 말씀이 가라면 가고, 서라면 서는 이러한 순종의 모습이 필요합니다. 신앙생활에서, 하나님이 약속하시는 언약의 말씀은 반드시 이루어 질 줄 믿어야 합니다. 백성들이, 전쟁에서 패할까하여 가지 말라 함에도 그들은 나가서 결국 아말렉과 가나안인들에게 패배하기도 합니다. 그러므로 하나님의 성경은 늘 우리가 참고해야 할 중요한 원리들입니다. 다독도 중요하고, 또 하루 한 장을 깊이 묵상하는 작업도 필요합니다. 즉 하나님이 금지하신, 금하신 말씀들을 보고도 무지하게 우리는 우리 마음대로 자행자죄 하다가 결국 하나님의 치심을 경험하기도 합니다. 또 안식일의 문제도 여러 가지 복잡한 적용문제가 있기는 하지만, 분명히 이 광야에서 안식을 가짐으로 영원한 안식이 있음과 그 안식에 들어가기를 힘써야 할 것을 분명히 성경은 가르치고 있습니다. 이 분을 신뢰하는 훈련이 바로 말씀을 통해서, 읽고, 지키고, 듣고, 공부하는 모든 작업의 목적인 것입니다.

둘째로, 불평과 원망의 삶을 버리십시다(민 20:1, 3, 7, 8, 9). 이스라엘 백성들은 서로 원망하거나, 하나님께 주로 "인도에 대한 원망"을 하였습니다. 이 이스라엘 백성은 광야 교회였습니다. "너희가 어찌하여 여호와의 총회(즉 교회)"(민 20:4) 즉, 광야의 교회였습니다. 또한 지도자에 대한 비방도 늘 끊이지 않았습니다. 우리 광야 교회인 개 교회는 어떻습니까? 우리 속에 서로를 원망하거나 불평이 있습니까? 다 버리시기를 바랍니다.

1)이스라엘은 하나님께 대해 원망하다가 하늘에 불이 내려 불이 붙기도하고, 2)서로 잘못을 비방하다가, 문둥병이 들기도 합니다. 교회 안에서 서로의 잘못을 보고, 감싸 주기보다는 비방하는 모습들을 봅니다. 다 광야교회에 있는 모습입니다. 3)또 주의해야 하는 것은 당 짓는 것입니다. 고라당은 16-17장에서, 족장 250명과 함께 당을 지어, 모세를 거스리다가 250명 뿐 아니라, 염병으로 14,700명이나 죽었다고(민 16:49) 말씀하고 있습니다. 즉 교회는 분쟁과 분당으로 나뉘어 질 때 하나님의 심판이 반드시 있음을 보여 줍니다. 고린도전서 1장 10-17절에서도, 고린도교회가 분쟁과 파당이 있어, 바울파, 게바파, 아볼로파, 그리스도파로 나뉘어 짐을 책망했습니다. 바울은 자신의 보내심은, "세례를 주어 사람들을 자신의 파로 만드는 것이 중요한 것이 아니라, 오직 복음을 전케 하려하심이다"라고 분명히 말씀하고 있습니다. 즉 교회 안에서는 사람을

따르는 것보다 더 중요한 것은 교회의 본질적인 사명인 복음전파라고 분명히 말씀하십니다. 4)우리의 필요가 충족되지 않는다고 불평하지 마십시다. 자신에게 만족이 없다고 하여 우리는 "너희가 어찌하여 여호와의 총회(즉 교회)를 이 광야로 인도하여 올려서 우리와 우리 짐승으로 다 여기서 죽게 하느냐?"(민 20:4)라고 모세에게 원망하던 이스라엘 백성들입니다. 물 때문에도 싸웁니다. 서로 원망하다가 민수기 12장 3절에서 "모세는 온유함이 지면의 모든 사람보다 승하더라"라는 이러한 온유한 성품도 지쳐서, 반석에게 명하여 물을 내라(민 20:8)라는 말씀을 불순종하고, "지팡이로 반석을 두 번치고"(아이고 이 백성들아!)(민 20:11) 모세는 거룩함을 나타내지 아니한 고로 가나안 땅에 들어가지 못하였습니다. 서로의 필요와 욕구가 만족되지 않음으로 서로 교회 안에서 원망하지 마십시다. 이것은 우리 광야교회의 선배들이 이미 범한 죄들입니다. 여기에 대해서 고린도전서 10장 4절에 "신령한 반석으로부터 마셨으매 그 반석은 곧 그리스도시라"고 말씀하고 계십니다.

광야교회 안에서는 모든 것이 우리가 원하는 대로 충족되지 않습니다. 그러므로 주님께 늘 은혜를 의지해야 됩니다. 때로는 설교를 들어도 채워지지 않고, 성경공부를 통해도 되지 않지만, 해결점은 그분께서 여러분들의 목마름을 채워 주실 수 있다는 것입니다. 5)21장에서 이스라엘 백성들은, 사해 밑에 위치한 에돔 땅을 통하여 가나안 땅을 들어가기 원했지만, 둘러서 가게 되자, 백성들이 마음이 상하게 됩니다. 또 원망하다가, 불뱀들이 나타나 물려 죽게 되자, 하나님은 놋뱀을 장대 위에 달아 보는 자는 다 살게 하십니다(요 3:8-9). 바로 신약의 요한복음 3장 14-16절에서, "모세가 광야에서 뱀을 든 것같이 인자도 들려야 하리니, 이는 저를 믿는 자마다 영생을 얻게 하려 하심이니라. 하나님이…" 즉 우리는 원망하여, 멸망할 수 밖에 없지만, 믿음으로 구원 받을 수 있는 길을 하나님은 제시해 주고 있습니다. 결론적으로, 우리는 우리들의 불만족한 상황 속에서 예수님을 바라보아야 하는 것을 신약을 해설해 주고 있습니다. 광야 교회는 완전한 해결과 만족이 없습니다. 어떤 면에서 영원한 가나안을 준비하는 곳이기도 합니다. 서로 불평하거나 모든 것에 만족할 수는 없지만, 반석되신 예수를 통하여 우리들의 목마름이 해결 받기를 원합니다. 또한 서로 상처 받은 심령들이 예수 그리스도를 바라 봄으로 해결되기를 바랍니다. 이 원망은 10가지 하나님의 시험 중에서 반이나 된다는 것을 우리는 주의 깊게 보아야 합니다.

셋째로, 세상을 사랑하는 삶을 버리십시다(민 11:2).

이스라엘은 탐욕을 인하여 큰 재앙을 경험했습니다. 탐욕으로 인하여, "…우리가 어찌하여 애굽에서 나왔던고"(민 11:20) 라고 고백도 합니다. 이것은 죄악의 습성과 세상을 사랑하는 마음이 아직도 광야 교인들에게 있다는 것입니다. 모르겠습니다. 교회를 처음 나와서는, 밤새 비데오를 보고 밤을 지샐 수는 있어도 새벽기도에 나와 기도하기는 힘든 체질입니다. 바로 이것이 광야 교인들의 체질이었습니다. 천국의 백성으로 살기에는 아직도 부족한 것을 볼 수 있습니다. 하늘에서 내리는 만나(민 11:6-8)로써는 아무런 만족을 느끼지 못했습니다(하나님의 단순한 말씀으로 충분히 만족하지 못하는 우리들입니다). "만나"(만후=이것이 무엇이냐?). 날마다 하늘에서 내리워 주시는 만나로는 필요성도, 만족함도 없는 것입니다. 그들이 먹고 싶었던 것은 바로 애굽에서의 고기였습니다. 우리가 식사할 때 고기 먹는 것이 나쁜 것은 아닙니다. 그러나 본문에서, 하나님이 그들을 굶주려 죽게 하시는 것도 아니고, 하나님께서 인도를 통해 채워 주시는 것을 못마땅해 하는 것이 문제입니다. 우리는 어떻습니까? 아직도 신령한 것들로는 참 만족을 느끼지 못하고 아직도 세상의 것들로 기쁨을 누리는 단계입니까? 하나님은 요한일서 2장 15-17절 같이 "세상이나, 세상의 것들을 사랑하지 말라"고 경고하고 있습니다. 그 다음으로 2)이스라엘 백성들은 싯딤에서(민 25:1) 모압 여자들과 음행을 하게 됩니다. 이를 인하여 염병으로 24,000명이나 죽게 됩니다. 세상을 사랑하고 정욕으로 가득 차서, 하나님께는 진정 만족을 느끼지 못하고 두 마음을 품는 자들을 의미합니다. 한 다리는 세상에, 한 다리는 다른 교회에 놓은 것입니다.

3. 우리는 여호수아와 갈렙 같은 믿음을 가져 모두 가나안에 들어갑시다.

이와 같이 이들은 하나님에 대해 원망하고, 세상에 지나친 욕심을 버리지 못하고, 비방과 불순종, 말씀에 대한 불순종, 세상 사람의 음행 등으로 하나님의 말씀대로면 쉽게 14일만에 갈 수 있는 거리를 거의 40년이나, 거듭 돌면서 들어가게 되었습니다. 그러므로 우리는 이스라엘 백성들이 하나님께 부름을 받았으나, 광야에서 믿음을 잃음으로, 가나안에 들어가지 못했음을 교훈으로 삼아야 합니다.

"그런 일은 우리의 거울이 되어 우리로 하여금 저희가 악을 즐겨한 것 같이 즐겨하는 자가 되지 않게 하며 힘이리 …지희에게 당한 이런 일이 거울이 되고 또한 말세를 만난 우리로 경계로 기록하였느니라"(고전 10:6, 11).

그러나 아직도 우리에게는 "그런즉 안식할 때가 하나님의 백성에게 남아있도다"(히 4:9)에서 해설하고 있습니다. 이 영원한 세계에는 민수기가 우리에게 보여 주듯이 믿음을 가지고 갈 수 있습니다. 하나님께서는 "그러므로 우리는 두려워할지니 그의 안식에 들어갈 약속이 남아 있을지라도 너희 중에 혹 미치지 못할 자가 있을까 함이라"(히 4:1)라고 경고하십니다. 우리는 이 광야 교회는 출석해도 혹 영원한 나라에 들어가지 못할까봐 염려하고 있습니다. 믿음은 사실에 대해서 이해, 동의, 신뢰하는 것을 포함합니다. 구원을 얻는 참 믿음은, 오직 예수 그리스도만을 신뢰하는 것입니다. "주 예수를 믿으라, 그리하면 너와 네 집이 구원을 얻으리라"(행 16:31)라고 하십니다. 우리는 문제를 가지고 주님께 의탁할 때 평안을 누리며 이것이 참 믿음입니다.

여호수아와 갈렙은 하나님의 언약을 믿고, 믿음의 눈으로 가나안을 바라보았습니다. 우리가 구원 받고 천국 갈 수 있는 유일한 믿음은 바로 "오직 예수 그리스도를 신뢰하는 것"입니다. 이 믿음 없이는 우리는 결단코 천국(가나안 땅, 약 속의 땅)에 들어가지 못합니다. 믿음은 우리에게 구원을 얻게 하며(엡 2:8-9), 우리가 또한 하나님께 담대히 나아가게도 합니다.

그러므로, "일하는 자에게는 그 삯을 은혜로 여기지 아니하고 빚으로 여기거니와 일을 아니할지라도 경건치 아니한 자를 의롭다 하시는 이를 믿는 자에게는 그의 믿음을 의로 여기시나니"(롬 4:4).

믿음은 뻔뻔스럽게 하나님께 나가서 하나님을 의지하는 것입니다. 이 믿음으로 우리는 세상의 모든 어려움을 이기고 신앙을 지키며(히 11장), 세상을 이겨갑니다(요일 5:4). 주님께서도 다른 것은 몰라도 믿음 없는 것은 책망하셨습니다(막 16:4). 또한 불신한 도마에게는 네 손을 넣어서라도(즉 체험을 통해서라도) 믿으라고 하셨으며(요 20:27), 우리의 신앙 생활은 "믿음 안에서 사는 것이라"(갈 2:20)고 하십니다. 그리고 우리가 믿는 만큼 역사가 일어납니다(막 9:29). 그래서 의인은 오직 믿음으로만 살아갑니다(롬 1:17).

　결론적으로 이스라엘 백성 중 광야 1세대는 불평과 불신앙으로 가나안 땅에 한 사람도 들어가지 못했습니다. 그러나 우리는 믿음을 가졌던 여호수아와 갈렙과 같이 인도하시는 하나님을 바로 신앙함으로 가나안에 들어가는 믿음을 소유하십시다. 애굽에서(세상에서) 여러분을 인도하신 하나님은 이곳 광야교회까지 뿐만 아니라, 저 천국까지 인도하시기를 원하십니다. 이 광야교회에서 끝내실 것입니까? 영원한 가나안까지 들으가시렵니까? 믿음을 가지고 살아가십시다. 아멘.

신명기

신실하신 하나님

"그런즉 너는 알라 오직 네 하나님 여호와는 하나님이시요 신실하신 하나님이시라 그를 사랑하고 그 계명을 지키는 자에게는 천대까지 그 언약을 이행하시며 인애를 베푸시되"(신 7:9).

변함없으신 하나님

신명기는 하나님의 신실하심에 대하여 말씀하고 계십니다. 이 신실하다는 표현은 "아멘" 믿습니다, 또는 "신실합니다"라는 동사가 분사형으로 되어 신실한 하나님이라고 표현된 것입니다. faithful이라는 의미는 기본적인 의미로는 "확고함"(Firmness) 혹은 "확실성"(Certainty)이라는 의미이다. 따라서 이러한 확실함을 통하여, "변함이 없다", "믿을 만하다"는 의미를 가지고 있습니다.

바로 이런 의미에서 신명기에 이스라엘 백성은 부족하고 변해도 하나님은 그들을 인도하시며, 그들의 믿을 만한 대상임을 보여 주십니다. 그리고 그 언약을 신실하게 이루어 가시는 분이심을 볼 수 있습니다. 신명기를 이해하는 언약적인 구조도 있지만, 먼저 설교의 구조로 이해하면 세 가지로 부분으로 나눌 수 있습니다. 첫 번째 1-4장에서는 광야에서의 이스라엘 백성을 향한 하나님의 사랑을 회상하고 있으며, 두 번째 5-26장까지 다시 하나님에 대한 말씀을 설명합니다. 그리고 마지막 부분은 27-34장 즉 축복과 저주로 내려진 이스라엘의 미래에 대한 말씀입니다.

즉 1장에서 요단강의 동편의 광야에서 첫 번째 설교를 하고, 두 번째는 5-26장에 십계명과 말씀에 대해서 27-34장에서는 먼저, 27-28장에 순종과 불순종 그리고 "모압 땅에서 맺은 언약이라고 하십니다"(신 29:1). 또한 언약적으로 보면 신명기는 모압에서 맺은 언약이므로 "모압언약"의 특성들을 가지고 있습니다. 이것은 출애굽기 19장의 시내산 언약(19-24장)과 비교되는 언약이기도 합니다. 또한 신명기(Deuteronomy)는 영어 이름이 두 번째 율법이라는 뜻인데, 이는 신명기 17장 18절에, "이 율법책을 능사하여" 즉 복사한다는 의미에서 헬라어로 오역된 것입니다. 곧 "이 말씀들"이라는 의미입니다. 두 번째로서의 "기회의 말씀"이라기보다는 시내산에서 받은 그 말씀을 재확인하고 언약을 갱신하는 것입니다. 이 언약의 말씀들은 겹치는 부분도 있습니다. 십계명이 그 부분인데 이것은 출애굽기 20장과 신명기 5장에 나타납니다. 예를 들어 4계명 같은 경우에, 출애굽기에는 11절에 "이는 엿새 동안에 나 여호와가 하늘과 땅과 바다와 그 가운데 모든 것을 만들고 제 칠일에 쉬었음이라 그러므로 나 여호와가 안식일을 복되게 하여 그날을 거룩하게 하였느니라"고 하시나, 신명기 5장 15절에서는 "너는 기억하라 네가 애굽 땅에서 종이 되었더니 너의 하나님 여호와가 강한 손과 편 팔로 너를 거기서 인도하여 내었나니 그러므로 너의 하나님 여호와가 너를 명하여 안식일을 지키라 하느니라."고 함으로써, 출애굽기는 안식의 이유는 창조이며, 신명기에서는 구속이라는 것을 다르게 강조하고 있습니다. 이와 같이 신명기와 출애굽기의 언약의 강조점의 차이가 있음을 발견할 수 있습니다.

신명기의 모압언약은 언약의 성격인 "자기백성과 하나님이 되려하신다"고 말씀하십니다(29:12-13절). 즉 27-30장까지의 내용을 볼 때 분명히 이 신실하신 하나님은 우리에게 신실하게 하나님을 의지하시기를 요구하고 계십니다. 하나님의 백성으로서 그분에게 전적으로 헌신하기를 원하십니다. 다른 신을 섬기는 것을 허락치 않으며, 위선(Dissimulation), 동화(Assimilation), 혼합주의(Syncretism)를 용납하시지 않으십니다. 신명기 전체는 율법일 뿐 아니라, 또한 이 율법의 해석과 적용입니다. 대체로, 언약의 조약(Covenant-treaty) 또한 이 언약의 약정(約定)(Stipulation)과 하나님에 대해 주의를 기울일 것을 거듭 반복하고 있습니다. 이것은 고대 언약의 약정들과도 동일한 형태들을 가지고 있습니다. 즉 신명기는 가나안 땅에 들어가기 위한 준비로서 언약을 갱신하는 즉 법의 제정(Enactment)이라고 볼 수 있습니다. 그러므로 신실하다는 것은, 언약을 생각하여 복을 받는 생명을 선택하는 그들의 언약의 갱신을 포함하는 것입니다. 하나님은 정말 믿을만하신 분이시며, 그분만을 믿고 섬기며 살아가야 합니다. 하나님은 사람 같지 않습니다. 변하거나, 다른 말을 하거나, 이랬다 저랬다 마음이 변하는 것이 아니라,

변함없으신 분이시므로 우리가 의지하고 믿을 만한 분이십니다.

1. 하나님은 우리에게 신실하신 하나님이심을 보여 주십니다(6-8장 또는 신명기 앞부분).

하나님은 우리에게 천국을 주시는 분이십니다. 하나님이 우리에게 순종과 헌신을 요구하시는 이유는 전적으로 하나님은 은혜에 근거해서 입니다. 하나님이 우리에게 말씀을 주시고 그 말씀에 순종하시기를 원하시는 이유는 우리의 힘으로 구원이나, 어떤 하나님이 주시고자 하는 축복을 경험한 것이 아니기 때문입니다. 이것을 하나님의 은혜라고 합니다. 하나님은 신명기 6장 10-13에서, "맹세하신 땅으로 들어갈 때 네가 채우지 아니한 아름다운 물건이 가득한 집을 얻게 하시며, 네가 파지 아니한 우물을 얻게 하시며, 네가 심지 아니한 포도원과 감람나무를 얻게 하사 배불리 먹게 하실 때에 여호와를 잊지 말라"고 간구하십니다. 이 은혜로 우리는 의롭다하심을 얻었고(롬 3:24) 구원을 얻었습니다(엡 2:8-9). 우리는 언약을 어김에도 불구하고 하나님은 천국을 주시는 것과 같습니다.

또한 하나님은 우리를 선택하신 분이십니다.

"우리를 성민으로 삼으신 것은 다른 민족보다 나아서가 아니다 …그런즉 너는 알라 오직 네 하나님 여호와는 하나님이시오 신실하신 하나님이시라, 그를 사랑하고 그 계명을 지키는 자에게는 천 대까지 그 언약을 이행하시며 인애를 베푸시되 그를 미워하는 자에게는 당장에 보응하여 멸하시나니 여호와는 자기를 미워하는 자에게 지체하지 아니하시고 당장에 그에게 보응하시느니라."(신 7:6-7, 9-10).

우리를 선택하신 하나님도 그를 사랑하고 말씀을 지키라고 하십니다.

이 선택하심도 바로 하나님의 신실하심에 근거해 있습니다.

하나님은 우리를 훈련하십니다. 광야에서 고생한 것도 하나님의 말씀으로 사는 것을 알게 하심입니다.

"네 하나님 여호와께서 이 사십 년 동안에 너로 광야의 길을 걷게 하신 것을 기억하라 이는 너를 낮추시며 너를 시험하사 네 마음이 어떠한지 그 명령을 지키는지 아니 지키는지 알려 하심이라. 너를 낮추시며 너로 주리게 하시며 또 너를 알지 못하며 네 열조도 알지 못하던 만나를 네게 먹이신 것은 사람이 떡으로만 사는 것이 아니요 여호와의 입에서 나오는 모든 말씀으로 사는 줄을 너로 알게 하려 하심이니라"(신 8:2-3)

또 이러한 훈련의 결론 부분에서 신명기 8장 18절에 "네 하나님 여호와를 기억하라"라고 다시 요구하십니다. 우리의 모든 삶을 통해 하나님의 신실하심으로 가득 차 있습니다. 선택 구원 그리고 연단하심이 모두 그분의 신실하심입니다. 즉 하나님은 우리의 구원의 과정에서 처음부터 마지막까지 인도해 주십니다. 부르심에서, 훈련, 그리고 영원한 천국까지 인도해 주심을 보여 주십니다.

"너희 속에 착한 일을 시작하신 이가 그리스도 예수의 날까지 이루실 줄을 우리가 확신하노라"(빌 1:6)라고 바울은 확신했던 것입니다. 하나님은 속성 자체가 변함이 없으신 분이십니다. 하나님은 불변하십니다. "나 여호와는 변역치 아니하나니…"(말 3:6)라고 변함없음을 보여주십니다. 또한 개혁주의 교리에서도 "전적 부패", "무조건적 선택", "제한된 구속", "효력 있는 은혜", "성도의 종국적인 견인"이 있습니다. 특히 "성도의 종국적인 견인"이라는 의미는 "하나님이 한 번 은혜를 주셔서 믿게 하신 자는 중간의 과정 속에서 비록 은혜에서 떨어지는 것 같지만, 종국적으로 구원에서 지켜주신다"는 것입니다. 때로 신앙생활에서 우리는 때로는 영적인 침체에 빠지기도 하고 열심이 식기도 하며 하나님께 신실하게 반응하지 못하지만, 하나님은 늘 신실하게 우리를 대해 주십니다.

이렇게 신실한 하나님의 말씀은 우리에게 신실한 헌신을 요구하십니다. 우리는 하나님의 말씀을 신실하게 순종함으로 살아갈 수 있습니다. "라오디게아 교회의 사자에게 편지하기를 아멘이시요 충성되고 참된 증인이시요 하나님의 창조의 근본이신 이가 가라사대"(계 3:14).

바로 예수님은 아멘이시오, 충성되다(헬, 피스토스=faithful)는 신실하다는 의미합니다. 그리고 예수님은 그의 사역을 충실히(신실하게) 감당하신 분이셨습니다. "충성된 대제사장이 되었습니다"(히 2:17).

2. 우리에게 말씀을 신실하게 순종하기를 바라시며, 또한 도와주십니다(신 30:11-14).

이 말씀은 우리에게 헌신된 삶을 요구하십니다. 이 말씀도 신실하시고 우리 속에 있으므로, 변명의 여지가 있을 수 없습니다. 이 말씀은 우리에게 신실하신 하나님이 베풀어 주신 은혜와 마찬가지로 전적인 은혜로 주어졌습니다(롬 10:6-8). 이 신실하신 하나님이 바로 말씀으로써 우리에 가까이 계시는 것입니다. 바로 이 말씀은 우리에게 믿음으로 의를 주십니다(롬 10:6). 이 말씀이 바로 "믿음의 말씀"입니다. 이 말씀을 믿음으로 구원을 받게 됩니다. 인간은 전적으로 무능력합니다. 그러나 신실하신 말씀은 능력이 있으시고, 신뢰할 만합니다. 이 신실하신 하나님의 말씀만이 신실하십니다(믿을만 하다는 것입니다).

1)말씀은 이해가 되지 않는 것도 아닙니다(Imcomprehensible) 즉, 어려운 것도 아니고, 말씀은 가까이서 얻지 못할 것도 아닙니다

(Unattainable) 즉 먼 것도 아닙니다(시대적으로). 2)말씀은 멀어서 접근하지 못할 것도 아닙니다(Inaccessible) 거리상으로, 접근 불가능도 아니고 말씀은 장벽이 있는 것도 아닙니다(Insuperable barrier). 3)말씀은 심히 가까이에 있습니다. 내 입, 내 마음에 있습니다. 이 말씀을 우리는 오늘도 대할 수 있고 순종할 수 있습니다. 가까이 있는 말씀이 그 자체로 이 말씀을 지킬 수 있도록 도와주십니다.

말씀을 신실하게 순종한다는 것은 변함없이 주님을 사랑하고 섬기는 것을 의미합니다. 충성은, 바로 성령의 열매 중 하나이기도 합니다 "…양선, 충성"(갈 5:22). 그리고 하나님 앞에서 우리에게 요구되는 것은 바로 얼마나 우리 일에 최선을 다했는가? 신실하게, 성실하게, 충성되게 살았는가 입니다. 이 문제를 하나님이 판단하실 것입니다. "작은 일에 충성된 자"(마 25:23), 즉 달란트를 남긴 자는 충성된 자라고 하십니다. 모세도 "나의 온 집에 충성됨이라"(아멘)(민 12:7)고 하십니다. 하나님의 일군에게 가장 필요한 것이 바로 이 신실함, 충성이라고 하십니다. 우리 모든 성도들이 가져야 할 자세도 바로 충성입니다. "맡은 자에게 구할 것은 충성이니라"(고전 4:2). 그리고 우리가 끝까지 고수해야 할 자세도 끝까지 신실한 것입니다. "죽도록 충성하라"(계 2:10)라는 말씀을 통하여 교회는 고난 가운데도 인내해 왔습니다. 오늘날 교회에 적용해 볼 때 흔히 "사람들이 끼리끼리 지낸다. 희망이 없다. 배울게 없다"라고 생각하며 교회를 떠나기도 합니다. 그러나 교회는 하나님의 신실하심에 달려 있습니다. 문제는 말씀을 듣고 순종하는 우리들이 문제입니다. 끝까지 충성, 신실하게 견디고 하나님의 역사를 바라고 기다리면, 얼마나 감격이 큰지 모릅니다. 바로 이 말씀은 시험을 이기게도 하고 모든 것을 견디게도 합니다. 예수님도 육적인 시험에는 "사람이 떡으로만 살 것이 아니요 하나님의 입으로 나오는 모든 말씀으로 살 것이라”(마4:4)(신 8:3)는 말씀으로 대적하셨습니다. 즉 말씀으로 우리가 삶을 통해 육적인 문제와 필요를 이기게 하십니다. 또 육적인 시험 “성전꼭대기에서 뛰어 내리라”할 때 “하나님을 시험치 말라”(신6:16)로 승리하셨으며, 마귀에 대한 경배에 대하여 “너의 하나님만 섬기라”고 하심으로써 승리했습니다(신 6:13). 말씀은 우리에게 신실을 요구하시고, 또한 이렇게 살 수 있도록 도와주십니다.

3. 이 신실하신 말씀은 우리의 복과 사망이 됩니다(신 30:15-18).

우리의 헌신된 각오와 순종 없이는 말씀을 순종할 수 없으며, 이 말씀의 복을 누릴 수 없습니다. 이 신실한 말씀에 순종하는 것은 생명과 복을 의미하고, 불순종하는 것은 사망과 화를 받게 되는 것입니다. 이 말씀을 명하시는 것은 16절의 말씀과 같이 하나님을 1)사랑하고 그의 명령, 규례, 법도를 2)걷고 3)지키는 것입니다. 이렇게 하나님께 순종의 삶을 살아갈 때 우리는 1)살고, 2)번성하고 3)복을 받는다고 하십니다. 모압언약에서 분명히 하나님은 신명기 28장에서 순종할 때(1-14)에 받는 축복과 또한 불순종할 때(신 28:15-68) 받을 저주에 대하여 분명히 서술하시고 계십니다. 말씀에 순종함으로 얻는 복은 신납니다. 1)민족 중에서 뛰어나게 하시고(신 28:1,10) 2)성읍과 들에서 복을 받고(신 28:3) 3)자손과 토지의 소산물과 육축으로 번성으로 복을 받고(신 28:4), 4)광주리, 떡반죽 그릇이 복을 받고(신 28:5), 5)전쟁에서 승리하게 해주시고(신 28:7), 6)창고와 하는 일에 복을 내리시고(신 28:8), 7)하나님의 성민이 되게 하시고(신 28:9), 8)약속의 땅에서 풍성한 복을 받고(신 28:11,12) 9)머리가 되고 꼬리가 되지 않는다(신 28:13)라고 하십니다.

그러나 17절 말씀과 같이 다른 신을 섬기면, 18절 말씀과 같이 망하게 됩니다. 우리는 말씀 덕분에 은혜를 받으며, 말씀을 떠나는 대로 하나님의 저주를 받게 될 것입니다. 신명기 30장 18절에 "너희가 반드시 망할 것이라. 요단강에서 건너가서 얻을 땅에서 너희의 날이 장구치 못할 것이니라"고 하십니다. 그러나 불순종의 복은 반대입니다. 신명기 28장 15-68절까지 기록하고 있습니다. 1)들어가도 나가도 저주 2)염병과 병을 내리시고 3)대적에게 패하게 되고 4)포로로 잡혀간다고 하십니다. 그리심 산에서 축복을 선포하고 에발 산에서 저주를 선포하게 됩니다(신 11:29).

4. 우리는 삶과 생명을 선택해야 합니다(신 30:19-20).

생명을 선택하라는 말씀은 너희를 위해서 선택하라는 말씀입니다(수 24:15). 신앙은 결단을 요구하십니다. 우리는 살기 위해서, 이 생명을 말씀을 선택해야 합니다. "너희는 살기 위하여 선을 구하여 악을 구하지 말지어다"(암 5:14) 라고 하십니다. 우리는 사는 방법은 바로 말씀을 선택하고 사는 것입니다. 비록 현실이 말씀을 버리는 것이 사는 것 같아도 하나님의 말씀을 의지하는 것이 바로 신실한 하나님을 의지하는 것입니다. 신명기 30장 19-20절의 말씀과 같이 이 길은 생명의 길이며, 이를 위해서 1)하나님을 사랑하고 2)그를 순종하며 3)그에게 부종하라(다바크=holding fast, 의지하고 순종한다. 직역은 딱 붙어있는 것입니다) 하십니다. 우리는 이 하나님을 "마음을 다하고, 성품을 다하고 힘을 다하여 사랑해야 합니다"(신 6:5). 하나님은 우리가 당하는 모든 현실을 극복하도록 도와주십니다. 그러므로 이 말씀은 우리의 마음에 있어야 합니다(신 5:29, 6:6). 죄도 우리의 마음에서 시작되니(신 7:17; 8:11-20), 우리는 진심으로 하나님을 사랑해야 합니다(신 4:37, 6:4-6; 7:6-13; 10:12; 11:1; 30:6, 16, 20).

결론적으로 하나님은 가나안을 들어가기 전 모압에서 언약을 새롭게 갱신하고 있습니다. 그 내용은 하나님이 신실하시므로, 그 백성들도 신실함으로 하나님만을 의지하고, 신앙하고, 그 말씀을 선택하여 전적인 순종을 요구하십니다. 따라서 그의 백성들도 이러한 삶을 선택하고 살아가야 할 것입니다. 아멘.

여호수아

땅을 주시는 하나님

"…여호와께서 이스라엘의 열조에게 맹세하사 주마 하신 온 땅을 이스라엘에게 다 주셨으므로…"(수 21:43).

기업을 주시는 하나님

여호수아는 하나님이 우리에게 땅을 주시는 하나님이심을 보여 주십니다. 오경을 통해 창조, 구원, 거룩, 인도, 신실한 하나님으로 나타나신 그분은 여호수아에서 땅을 주시는 하나님으로 나타나 있습니다. 우리의 신앙생활의 중요한 원리는 하나님이 약속한 것을 성취하는 것입니다. 특히 여호수아 21장 43절이 여호수아의 주제절입니다.

"여호와께서 이스라엘의 열조에게 맹세하사 주마 하신 온 땅을 이와 같이 그 이스라엘에게 다 주셨으므로 그들이 그것을 얻어 거기 거하였으며 여호와께서 그들의 사방에 안식을 주셨으되 그 열조에게 맹세하신 대로 하셨으므로, 그 모든 대적이 그들을 당한 자가 하나도 없었으니 이는 여호와께서 그들의 모든 대적을 그들의 손에 붙이셨음이라 여호와께서 이스라엘 족속에게 말씀하신 선한 일이 하나도 남음이 없이 다 응하였더라"(수 21:43-45).

여호수아는 1-12장까지 땅을 정복하고, 13-21장까지는 땅을 분배하며, 22-24장에서는 그 땅에서 언약을 결단하고 거하는 것을 볼 수 있습니다.

특히 땅이라는 것은 물론 그들이 취한 가나안이었으며, 상징적으로 우리가 취할 영원한 천국으로, 또한 말씀 속에서 약속하신 기업들인 것입니다. 땅이 바로 기업의 상징이었습니다(수 14:1; 16:9; 19:1, 9; 21:41). 그리고 그들이 정복하고, 분배한 것도 바로 그들의 기업이었습니다. 하나님께서는 이스라엘 백성들에게 주실 것들을 약속하셨습니다. 단지 그들은 순종하여, 믿음으로 나아가기만 하면 되었습니다. 어쩌면 우리들의 신앙생활도 이와 같은지 모릅니다. 하나님이 약속하신 것을 믿음으로 취하면 되는 것입니다. 우리가 만들어서 하는 것이 아니라, 이미 약속해 주신 것을 믿고 나아가는 것입니다. 본문을 통해서 하나님은 우리에게 무엇을 원하십니까?

1. "주신 땅으로 가라"고 명하시고 계십니다(수 1:1-6).

즉 땅을 정복하고, 취하라는 것입니다. 이 땅은 하나님이 아브라함 때부터 약속하신 것이었습니다. 하나님은 약속하신 것을 이루십니다. 지도자 모세는 죽었지만(수 1:1), 하나님은 이스라엘 백성들을 위해서 약속하신 땅을 예비해 놓으셨습니다. 그러므로 "주는 땅"(수 1:2), "발바닥으로 밟는 곳을 내가 다 너희에게 주었노니"(수 1:3), "너희 지경이 되리라"(수 1:4)고 하시며, "땅을 얻게 하리라"(수 1:6)고 말씀하십니다. 즉 이 땅은 하나님이 주시는 것입니다. 하나님은 그의 기업을 우리에게 주시고자 하십니다. 우리는 말씀에 순종하여 "일어나, 건너, 가는"(수 1:2) 순종만 하면 됩니다. 땅을 취한다는 것은 바로 하나님의 언약을 성취한다는 것을 의미합니다. 이 땅은 우리가 천국에서 이룰 영원한 기업이며, 또한 우리가 들어가 영원히 누릴 안식을 상징합니다. 그리고 현재적으로 우리가 경험하는 하나님의 축복의 체험인 것입니다. 하나님이 영적으로 우리에게 풍성히 마련해 놓으신 것들입니다. 그러나 이렇게 주어진 땅도 아무나 들어가거나 취할 수 있는 것이 아닙니다. 전도를 해보면, 하나님은 당신에게 천국을 선물로 값없이 주기를 원하시고, 예수를 믿고 천국에 들어간다고 해도 받지 않는 사람들은 너무나 많은 것입니다. 이 땅은 바로 기업(아브라함은 장래 기업으로 받을 땅에 나갈새…(히 11:8))이라고 하십니다. 이 기업은 신약에서 약속한 1)영원한 천국입니다. "썩지 않고 더럽지 않고 쇠하지 아니하는 기업을 잇게 하시나니 곧 너희를 위하여 하늘에 간직하신 것이라"(벧전 1:4). 2)이 천국을 통해 얻는 말씀에서 약속하신 축복과 권리들입니다. "성도 안에서 그 기업의 영광의 풍성이 무엇이며"(엡 1:18)라고 하여 기업의 풍성 즉 천국 백성에게 주어진 축복과 권리들을 깨닫기를 원하셨습니다. 또한 3)이 땅은 또한 하나님은 선물인 약속하신 것들입니다"온유한 자는 복이 있나니 저희가 땅을 기업으로 받을 것임이요"(마 5:5)라고 말씀하십니다. 즉 이 산상수훈은 믿는 자들에게 주신 것이므로, 땅은 천국을 의미하는 것이 아니라, 말씀을 순종하는 축복의 선물을 약속하신 것입니다) 이러한 약속의 땅을 얻고, 취하는 것도 아무나 하는 것은 아니었습니다.

1)땅을 얻지 못할 사람인데 땅을 얻은 사람도 있고 땅을 얻을 사람인데 땅을 얻지 못할 사람도 있습니다. 즉 하나님이 비록 주시고 예비한 것이라 할지라도 믿음으로 그것을 받아 들이지 못하고, 순종하지 못하며, 그 땅을 받지 못하는 것입니다. 첫 번째로, 땅을 얻지 못할 사람인데 땅을 얻은 사람은 바로 2장에 나타나는 기생 라합이었습니다. 그녀는 신분적으로 이스라엘 백성도 아니고(언약 백성), 또한 그녀의 일도 기생이었습니다. 전혀 하나님의 약속을 얻을 만한 자격이 없는 사람이었습니다. 그러나 그녀는 땅을 얻을 만한 신앙이 있었습니다. 여호수아 2장 11절에 "하나님 여호와는 상천 하지에 하나님이시니라"라고 고백하며, 적극적으로 정탐하러 온 이스라엘을 도우고, 기업에 들게 됩니다. 바로 이 라합은 바로 룻기에 나오는 보아스의 어머니요, 다윗과 예수의 계보에 들어 있음을 보여 줍니다(마 1:5-6).

두 번째로, 땅을 얻을 수 있는 사람인데, 얻지 못하는 사람은 바로 7장에 나타난 아간이었습니다. 그는 신분적으로 여호수아 7장 18절에 "유다 지파 세라의 증손, 삽디의 손자 갈미의 아들 아간이라"고 합니다. 신분적으로 도무지 흠이 없는 사람이었습니다. 그러나 그는 하나님의 기업에 들지 못했습니다. 그 이유는 하나님의 명령에 불순종하였기 때문입니다. 결국 돌에 맞아 무더기에 쌓이게 되는데 바로 이것이 아골 골짜기가 됨니다.

2)말씀을 순종하고 앞세우고 나아갈 때 하나님은 땅을 정복하게 하십니다. 하나님이 비록 약속하시고 취하기만, 들어가기만 하는 땅이라 할지라도 믿음과 순종으로 그것을 취할 수 있는 것입니다. 먼저 1장 본문에서 하나님께서 함께 하심을 믿고(수 1: 5, 9) 2)마음을 강하고 담대히 하여(수 1:6), 3)하나님의 말씀을 지켜 행하는 삶이 있어야 합니다(수 1:7-8). 이러한 원리들이 이스라엘 백성이 요단강을 건너 가나안을 취하는 모든 과정을 볼 때 나타나 있습니다. 특히 언약궤를 앞에 두고 따라 건너갑니다(수 3:3,8,11). 즉 말씀을 앞세워 들어가야 합니다. 이것은 오직 하나님이 하신다는 것을 철저히 의지해야 하는 것입니다. 믿음으로 말씀을 의지할 때 하나님은 역사를 이루어 주십니다(수3:15). "궤를 멘 자들이 요단에 이르며 궤를 멘 제사장들의 발이 물가에 잠기자"(수3:16) "곧 위에서부터 흘러 내리던 물이 그쳐서…온전히 끊어지고 백성이 여리고 앞으로 바로 건널새"라고 말씀하고 있습니다. 뿐만 아니라, 가나안에 들어가서 그 백성들을 취하게 하실 때에, 예를 들어, 여리고 성을 취할 때에, 하나님은 (수6:3) 하루에 한 바퀴씩 엿새를 돌고, 제 칠일에는 일곱 번 돌고, 소리를 지르면 성벽이 무너지리라는 말씀입니다. 하나님의 취하게 하시는 방법은 때로 인간적으로 이해가 되지 않고 어떤 면에서 불합리하는 것 같으나, 오직 하나님께서 주심을 보여 주시기 위해서 하나님은 이러한 방법들을 사용하시는 것입니다.

2. 이 약속은 전쟁을 통해서 이루어져 갔습니다(수 1:7-9).

본문 여호수아 1장 6-9절에서 왜 갑자가 하나님은 6절에 여호수아에게 마음을 강하게 하라 담대히 하라, 7절에 오직 너는 마음을 강하게 하고 극히 담대히 하여, 9절에 마음을 강하게 하고 담대히 하라 두려워 말며 놀라지 말라."라고 거듭 강조하셨을까요? 그것은 바로 하나님이 그들에게 직면한 전쟁에서 취할 마음의 자세를 보여 주신 것입니다. 그리고 그 전쟁에서 말씀을 중심으로(수 1:7), 행함으로(수 1:8) 형통하게 됨을 약속하고 있습니다. 그리고 무엇보다도 "여호와가 너와 함께 하느니라"(수 1:9)라는 약속을 주시고 계십니다. 즉 이러한 약속은 전쟁을 통해서 이루어져 갔습니다. 우리는 영적인 전투를 경험하고 있습니다. 이스라엘 백성들이 가나안에 들어가기 위해서 여리고 성과(수 6장), 아이 성과(수 7-8장), 남쪽 거민과(수 9-10장), 북쪽 거민과(수 11장) 왕들(수 12장)을 차례로 정복하고 나아가는 것을 볼 수 있습니다. 우리는 영원한 땅, 그리고 우리에게 약속하신 기업들을 얻기 위해서 영적인 전쟁을 오늘도 경험해야 합니다. 우리의 신앙생활은 과연 영적 전쟁입니다. 특히 에배소서 6장 12절에서는 삶을 영적인 싸움이라고 정의하고 있습니다. "우리의 씨름은 혈과 육에 대한 것이 아니요 정사와 권세와 이 어두움의 세상 주관자들과 하늘에 있는 악의 영들에게 대함이라." 이 전투는 거룩한 전쟁입니다. 이 전쟁에서 승리하는 원리들을 우리는 여호수아서에서 발견할 수 있습니다.

먼저 1)자신을 성결케 하는 것입니다(수 5:5). 영적인 싸움은 거룩의 싸움입니다. 우리가 취할 수 있는 것은 거룩함이 준비되어야 합니다. 2)두 번째로 영적인 싸움에서는 철저한 순종이 요구됩니다. 우리가 싸우는 것이 아니라, 하나님의 능력으로 싸워야 합니다. 이것은 여리고성 정복이 순종에서 이루어지고(수 6장), 아이 성을 정복할 때, 실패한 것은 바로 불순종 때문(수 7장) 이라는 것은 자명한 사실입니다. 3)그러나 우리가 실패하고 패배할 때 언제든지 회개하고 우리를 돌이키면, 다시 하나님은 승리를 허락해 주신다는 것입니다(수 8장), 4)마지막으로 하나님이 우리를 위해 싸우심을 우리는 믿어야 합니다. 1)남쪽 연합군을 우박으로 물리치시고(수 10:11) 2)아모리 족속을 태양을 멈추게 하심으로 진멸하심을 우리는 볼 수 있습니다(수 10:12). 여호수아에서 취하는 땅과 기업은 오늘 우리가 얻고 영적으로 취해야 할 아름다운 주님이 약속하신 기업들입니다.

그러나 오늘날 우리들은 너무나 영적인 전투에 무감각해 있고 하나님이 약속하신 기업과 축복과 선물보다는 우리가 가지고 있는 것으로 더 만족하고 있는 것 같습니다. 첫째는 땅에 대한, 기업에 대한 사모함도 없고, 또한 영적인 시간이 없어 우리가 당면한 현실을 바라보지도 못하는 것 같습니다. 예전에 우리 성도들은 간절한 마음으로 철야도 하고 간절한 심령으로 하나님의 약속을 믿고 영적인 전투를 늘 의식하면서 살아갔는데, 지금 우리는 너무 이러한 전투에 무감하게 살아가고 있는 것 같습니다. 그리고 어두움의 세력과 싸우기 보다는 포기해 버리는 사람들도 많은 것 같습니다. 이스라엘 백성들은 땅을 정복하기 위해서 그야말로 하나님의 말씀과 하나님의 함께 하심을 의식하면 전쟁하며, 가나안으로 나아갔습니다. 참으로 요한계시록에서 지적한 라오디게아 교회처럼 "가련하고 가난하고, 눈멀고, 벌거벗은 모습"(계 3:17)을 깨닫고 있지 못한 것 같습니다.

그렇습니다. 우리의 신앙 생활은 영적 전투입니다. 때로는 피곤합니다. 우리 앞에는 여리고 성과 같은 철벽성도 있고, 쉬워 보이는 아이 성도 있지만, 거룩한 전쟁의 승리의 비결은 하나님의 함께 하심과 순종입니다. 그러므로 하나님의 전신갑주(엡 6:14-18)를 말씀하고 있습니다.

구원의 투구, 진리의 띠, 의의 흉배, 믿음의 방패, 복음의 예비한 신, 성령의 검, 그리고 기도를 통하여 우리는 준비되어져야 합니다. "우리의 싸우는 병기는 육체에 속한 것이 아니요 오직 하나님 앞에서 견고한 진을 파하는 강력이라"(고후 10:4)라고 말씀하십니다.

한 예로, 운동경기에서 먼저 눈과 태도를 보면 승부를 알 수 있습니다. 그것은 바로 자신의 확신과 이기려는 의지에 달려 있는 경우가 많기 때문입니다. 바로 승부는 적극적인 태도와 승부 근성이 필요합니다. 주님이 주셨고, 또한 간절히 사모해야 합니다. 신약에서 "천국은 침노를 당하나니, 침노하는 자는 빼앗느니라"(마 11:12)라고 말씀하십니다. 이 말씀은 간절히 찾는 자는 만난다고 하십니다. 우리는 신앙생활을 조금하다가 그만두어서는 안됩니다. "하나님께서 구하는 자에게 성령을 주시지 않겠느냐?"(눅 11:13)라고 말씀하십니다. 즉 적극적으로 땅을 정복하고 영적인 기업을 찾는 자에게 주신다는 것입니다. 또한 이스라엘 백성에게 이제 땅을 정복하고, 그들이 소유한 땅을 계속해서 개척하라고 합니다. 우리는 끊임없이 천국을 향하여 좇아가야 합니다.

받은 미래의 천국뿐만 아니라, 오늘 현재 우리가 누리고 경험하는 축복과 하나님의 약속을 경험하기 위해서 우리는 진력해야 합니다. 예수님이 오실 때도 믿는 자를 찾게 될 것입니다.

"내가 너희에게 이르노니 속히 그 원한을 풀어 주시리라 그러나 인자가 올 때에 세상에서 믿음을 보겠느냐 하시니라"(눅 18:8).

이 말씀은 인자가 오실 때 믿는 자가 없다는 의미가 아니라, 주님의 우리의 믿음을 찾으시겠다는 것입니다. 우리는 바울은 "내가 이미 얻었다 함도 아니요 온전히 이루었다 함도 아니라 오직 내가 그리스도 예수께 잡힌

바 된 그것을 잡으려고 좇아 가노라 푯대를 향하여 그리스도 예수 안에서 하나님이 위에서 부르신 부름의 상을 위하여 좇아 가노라"(빌 3:12,14)고 고백하고 있습니다.

그렇습니다. 하나님은 하나님의 일에 진력하는 사람들의- 마음을 강하게 해 주시며, 위로해 주십니다. 학개 2장 1-9절에 다시 스룹바벨 성전을 건축하는 장면이 나옵니다. 하나님은 그들에게 강하고 굳센 마음을 주십니다(학 1:4). 그리고 성령이 함께 하심으로 하나님의 전을 건축하게 하십니다(학 1:5). 우리가 얻을 땅을 얻기 위해서는 땅의 거민과 우리를 대적하는 모든 사람들과 영적인 싸움을 해야 하는 것입니다.

사탄을 대적해야 합니다. "근신하라 깨어라 너희 대적 마귀가 우는 사자같이 두루 다니며 삼킬 자를 찾나니…"(벧전 5:8) 영적인 적을 대적하기 위해서 우리는 준비하고 깨어 있어야 합니다. 또한 성전이므로(학 3:5) 죄와 싸워야 합니다. "죄와 싸우되 아직 피 흘리기까지 대항치 아니하고"(히 12:4).

또한 우리 자신들과 싸워야 합니다. 내 속에서 우리의 마음을 약하게 하는 모든 부정적인 생각들이 사람을 악하게 합니다. "마음에서 나오는 생각이 우리를 악하게 합니다"(막 7:21-23) 이러한 생각은 부정적 태도, 불신앙으로 이끕니다. 우리는 기도를 통하여 이러한 모든 생각을 물리치고 "내게 능력 주시는 자 안에서 내가 모든 것을 할 수 있다"는 신앙의 전투 자세로 바꾸어야 합니다.

3. 하나님은 마침내 다 이루실 것입니다.

"여호와께서 이스라엘의 열조에게 맹세하사 주마 하신 온 땅을 이와 같이 이스라엘에게 다 주셨으므로 그들이 그것을 얻어 거기 거하였으며, 여호와께서 그들의 사방에 안식을 주셨으되 그 열조에게 맹세하신 대로 하셨으므로 그 모든 대적이 그들을 당한 자가 하나도 없었으니 이는 여호와께서 그들의 모든 대적을 그들의 손에 붙이셨음이라 여호와께서 이스라엘 족속에게 말씀하신 선한 일이 하나도 남음이 없이 다 응하였더라"(수 21:43-45).

우리는 신앙생활에서 때로 실패와 성공을 맛보는 삶을 살고 있습니다. 그러나 우리는 종국적으로 영원한 천국으로 들어가기를 방해하는 사탄과 이세상의 모든 권세자들과의 싸움에서 승리를 하게 될 것입니다. 우리는 지금 이미, 그리고 아직의 시대에 살고 있습니다. 그러나 종말론적으로 하나님은 영원한 천국에서 우리와 영원히 거하실 것입니다. "이기는 자는 이것들을 유업으로 얻으리라 나는 저의 하나님이 되고 그는 내 아들이 되리라"(계 21:7). 즉 끝까지 영적 전투에서 싸우고 취하며 영적인 승리를 거두는 자는 천국에서 영원히 하나님과 거하 될 것입니다. "그러나 두려워하는 자들과 믿지 아니하는 자들과 흉악한 자들과 살인자들과 행음자들과 술객들과 우상 숭배자들과 모든 거짓말하는 자들은 불과 유황으로 타는 못에 참여하리니 이것이 둘째 사망이라"(계 21:8). 그러나 믿지 않는 자들은 영원한 지옥으로 심판하시기노 하신나고 약속하십니다. 반드시 하나님의 약속들은 다 이루어 질 것입니다. 우리는 하나님의 나라가 임할 때까지 땅을 취하는 하나님 나라 건설을 위해서, 교회를 세우기 위해서, 영적으로 싸워야 합니다. 오늘날 교회는 사탄과의 싸움을 하고 있습니다. 불신 문화와 우리 기독교 문화, 그리고 세상의 가치관과 기독교 세계관 사이에서 싸우고 있습니다. 세속화의 거대한 물결이 우리를 삼키고 안락주의, 물질 숭배 등으로 우리는 전의를 상실하고 있으며 싸울 필요도 못 느끼고 있습니다. 그러나 우리는 이러한 전투에서 하나님 나라 건설을 위해 기도하고 영적으로 무장해야겠습니다. 주님이 오실 때까지 싸워야 합니다. "너희는 먼저 그의 나라와 그 의를 구하라 그리하면 이 모든 것을 너희에게 더하시리라"(마 6:33)고 약속하셨습니다. 하나님 나라의 건설을 위해 힘을 다해 우리가 선 영역에서 영적 전투와 기업을 얻는 이 사역을 감당해야 합니다. 복음의 장이 넓어지고, 더 많은 민족에게 하나님의 이름이 나타나는 것도 바로 하나님 나라의 영역이 넓어지고 기업이 확장되는 것입니다. "삼림에 올라가서 스스로 개척하라"(수 17:15, 18)라고 합니다. 우리는 계속해서 우리 시대에 감당할 사명으로 개척 개간해 나가야 합니다. 오늘도 사탄은 모든 영역에서 우리를 잠식하려고 하고 있습니다. 음악, 문화, 모든 배경 뒤에서 역사하고 있습니다. 그러나 우리가 확신하기는 마지막 날에 약속대로 우리에게 영원한 천국에 거하게 하실 것입니다. 아멘. 결론적으로 하나님은 우리에게 주실 땅을 예비하시고 들어가라고 하십니다. 우리는 순종하는 마음으로 말씀에 순종하고 거룩한 전쟁을 준비하여 능력이 하나님께 있음을 믿으며 나아가야 합니다. 또한 우리는 좋든 싫든 하나님이 약속하신 땅을 얻기 위해서 그 땅에 들어가기를 막고 방해하는 모든 대적들과 맞서야 하며, 그 장벽들이 무너뜨리며, 싸워야 하는 것입니다. 그러므로 우리는 이러한 전쟁에 대비를 해야 합니다. 우리는 결국 종국적으로 하나님이 영원한 땅을 얻게 하실 것을 믿는 믿음으로 오늘도 우리에 처한 싸움을 싸워야 합니다.

사사기

사사가 되셔야 할 하나님

"그 때에는 이스라엘의 왕이 없으므로 사람마다 자기 소견에 옳은 대로 행하였더라"(삿 17:6).

사사가 되셔야 할 하나님

사사기에서 하나님은 우리의 사사가 되시고 왕이 되셔야 함을 보여줍니다. 하나님은 창조, 구원, 거룩, 인도, 신실하셨으며, 백성들에게 기업의 땅을 주셨습니다. 그러나 이제 그들에게 필요한 것은 하나님의 주권입니다. 물론 눈에 보이는 사사를 통하여 그들을 압제에서 자유하게 해 주지만 종국적으로 하나님의 통치에서 완전함을 누리게 됩니다. 사사기 2장 18-19절에 사사가 있을 때 그들은 구원을 받으나 사사가 죽은 후에는 다른 신을 섬겼다고 말씀합니다.

비록 이스라엘 백성이 가나안을 어느 정도 정복했으나 그것은 완전하지 못했습니다. 즉 하나님의 완전한 통치가 이루어지지 않았다는 것입니다. 비록 우리가 구원을 받았고 교회는 구원 받은 성도들의 모임이지만, 삶 가운데 하나님의 주권과 통치 속에 있지 않은 것이 종종 드러납니다. 이러한 결과는 바로 "그때에는 이스라엘에 왕이 없으므로 사람마다 자기 소견에 옳은 대로 행하였더라"라는 표현이 보여줍니다. 바로 그들의 삶이 무정부 상태였다는 것을 증거합니다(삿 17:6; 18:1; 19:1; 21:25). 그러므로 입다가 암몬 족속에게로부터 구원을 간구하는 고백에서 하나님이 참 사사(인도자, 지도자, 통치자)이심을 나타냅니다. "원컨대 심판하시는 (=사사이신) 여호와는 오늘날 … 판결 하옵소서"(삿 11:27).

우리는 이렇게 하나님의 통치와 주권을 기도해야 합니다. 하나님께서는 우리에게 여호수아서와 같이 땅과 기업을 주셨지만, 아직도 세상 속에서 완전한 통치를 원하시며, 우리 주위에 남아있는 열국(삿 2:21)과의 관계 속에서 말씀을 얼마나 지키는지(삿 2:22)시험하시는 것입니다.

1. 우리는 하나님의 주권을 인정하지 않을 때 얼마든지 종교적으로 타락할 수 있습니다(삿 17-18장).

"그 때에는 이스라엘의 왕이 없으므로 사람마다 자기 소견에 옳은 대로 행하였더라"(삿 17:6).

오늘날 우리는 예수의 이름으로 갖은 죄악을 저지르는 일들을 많이 발

견합니다. 예수 믿는 사람들이 세상에서 지탄의 대상이 되는 일들이 있
는 것입니다. 사사기 17장에서는 어머니의 돈을 훔친 미가가 은 일천 일
백을 다시 어머니에게 돌려줍니다. 이 어머니는 은 이백을 취하여 에봇
과 드라빔을 만들어 아들을 제사장으로 삼습니다(삿 17:1-6). 이 때 유다
족속의 한 소년 레위인이 베들레헴으로 가다가 이 가정의 제사장으로 초
청되어 그들과 함께 거하며, 그들은 이 사람을 통해 복을 받을 줄 생각합
니다(삿 17:7-13).

첫 번째로 우리는 자의적 숭배가 이러한 타락을 가져왔다는 것을 발견
합니다. 하나님을 왕으로 섬기지 않은, 그리고 혼란한 시대에 이들은 자
신의 필요로 "에봇과 드라빔"(삿 17:5), "신당"(삿 17:6)을 섬기게 됩니다.
이러한 전례는 출애굽기 32장 4-5절에서도 나타납니다. 아론이 모세가
내려오지 않음을 보고 송아지 형상을 만들어 이스라엘 백성들에게 "애굽
에서 인도하여 낸 너희 신"이라고 숭배하게 합니다.

에스겔 8장 16-18절에서도 "여호와의 전 안뜰에서 25인이 여호와의
전을 등지고 동방태양을 경배하는 모습을 발견합니다. 오늘날 우리가 예
배를 드리고 하나님을 숨기지만, 진정한 하나님의 통치 속에 드리지 않
는다면 마치 이들이 행한 "자의적 숭배"가 될 수 있습니다. 골로새서 3장
5절에서는 이러한 우상 숭배를 경고하고 있습니다.

즉 세상을 사랑하는 마음으로, 형식적으로 하나님을 부르짖는 행위들
은 자의적 숭배이며, 종교적 의식은 있으나, 하나님의 통치는 없는 것입
니다. 그리고 제사장이 하나님께 확실히 부름을 받은 것이 아니고 사람
들의 요청으로 한 가정의 제사장이 되었다는 것(삿 17:10, 12)도 큰 문제
가 되는 것입니다.

두 번째로, 복음 전도는 생계수단이나 축복의 수단이 아닙니다. 레위

인은 오늘날 사역자로 볼 수 있는데, 제사장과 같이 자신의 생계 수단(삿 17:10)을 위해서 부름 받은 것이 아닙니다(삿 17:13). 목회를 하며, 사명을 다하는 데 있어서 재물이나 이익을 위해서 하면 이러한 타락이 시작될 수 있습니다(벧전 5:2). 긍정적인 소식은 1993년 12월 11일 조선일보에 난 농촌교회 보고를 보면, 농촌교회는 신자가 평균 77명, 복음화율은 6%입니다. 60명 이하인 교회는 70%이며, 30명 이하도 27%나 되었습니다. 당시 30만원 이하를 받은 목회자도 절반이라고 합니다. 이렇게 복음을 위해 사명 때문에 헌신하는 목회자들이 많다는 것을 보여줄 때 한국교회의 전망은 밝다고 볼 수 있습니다.

세 번째로 인본주의 중심의 목회자를 청빙한다는 것입니다. 사사기 18장에서는 단 지파의 라이스 정복의 사건이 나타납니다. 이때 단 지파가 기업을 찾다가 유다 소년 제사장을 만났습니다. 제사장은 단 지파의 앞길이 형통하리라고 말합니다(삿 18:1-6). 다섯 사람이 라이스에 가서 마하네단에 진치고 모든 것이 형통함을 보고 미가의 집에 가서 단 지파의 제사장이 될 것을 요청합니다(삿 18:7-20).

우리는 이 과정에서 단 지파가 "우리를 위하여 하나님께 물어보아서"(삿 18:5)라고 하는 질문에서 보여 주듯이, 하나님의 뜻 보다 자신들의 욕구와 뜻을 채워주는 제사장을 요구했음을 볼 수 있습니다. 제사장에 대해 지나치게 자신들의 요구를 채워주는 영통한 사람을 구했다는 것입니다. 학식과 영력을 추구하지만 건전하지 못한 경우를 많이 발견하게 됩니다.

네 번째로 이 과정에서 대규모를 추구하는 잘못을 범하게 됩니다(삿 18:19). "가서 우리의 아비와 제사장이 되라. 네가 한 사람의 집의 제사장이 되는 것과 이스라엘 한 지파, 한 가족의 제사장이 되는 것이 어느 것이

낫겠느냐?"(삿 18:19)라고 그들은 제사장에게 요청하고 있습니다. 오늘날 목회도 도시 중심으로 선교 전략적으로 효과적으로 복음을 전도해야하기도 합니다. 그러나 예수님의 관심이었던 잃어버린 양 한 마리 역시 소외되어서는 안될 것입니다. "한 가족"보다 "한 지파"를 더 좋아했던 제사장은 결국 오늘날 많은 사람들이 추구하는 목회의 양태와 다르지 않다고 볼 수 있습니다. 대교회를 추구하는 이 세태를 반영하였다는 것입니다. 소외되고 작은 것을 감당하는 건전한 한국교회가 되어야 할 것입니다.

2. 하나님을 왕으로 인정하지 않을 때 인간은 사회적으로 타락할 수 있습니다(삿 19:1-30).

19장에서 에브라임 산지의 레위 사람이 자기 첩을 데리러 와서 돌아가던 중 기브아의 한 노인의 집에서 비류들에게 봉변을 당하여 아내가 죽자 시체를 열두 토막 내어 버립니다(삿 19:1-30). 이 사건으로 이스라엘 자손들과 베냐민 지파에 속한 기브아 때문에 베냐민 지파와의 전투가 벌어집니다(삿 20장). 마침내 베냐민 지파는 거의 멸망하게 되는 위기 속에서 다른 지파들이 베냐민 지파에게 딸을 주지 않도록 하고(삿 21:1-7), 화해합니다(삿 21:8-12).

하나님을 왕으로 섬기지 않는 사회에는 집단 '성폭행이라는 악한 행동이 있었습니다(삿 19:22-26). 무정부 상태, 즉 하나님의 통치 없이 인간은 얼마나 타락할 수 있는가? 하는 장면들을 보여줍니다. 후반부에서 사회적인 타락을 통해서 집단 성폭행(Sodomy)과 토막살인들을 보여줍니다. 이것은 오늘날 일어나고 있는 일과도 다르지 않습니다. 한국에서도 사람을 죽여 토막을 낸 사건들이 많이 있습니다. 이러한 일들은 어제 오늘의 일이 아닙니다.

　3. 우리는 우리에게 주신 은사를 통하여 하나님께 영광을 돌려야 합니다(삿 4:13-16).

　사사기에서 우리는 많은 사사들을 발견합니다. 특히 삼손은 구별된 자로(삿 13:2-6) 하나님께 많은 은사를 받은 자였습니다. 그의 능력은 대단하여 여우 삼백 마리를 꼬리와 꼬리를 매서 불을 붙여 블레셋 곡식을 불사르기도 했으며(삿 14:4-6), 나귀의 턱뼈를 취하여 일천 명을 죽이기도 했습니다(삿 15:14-15).

　그러나 그는 하나님께서 자신에게 주신 은사와 능력을 하나님의 영광을 위해서 사용하기 보다는 자신을 과시하는데 사용했습니다. 들릴라와 사랑에 빠져(삿 16:4), 자신의 힘의 비밀을 가르쳐주고 블레셋 사람에게 잡혀 비참한 모습을 가지게 됩니다.

　"블레셋 사람이 그들 잡아 그 눈을 빼고 끌고 가사에 내려가 놋줄을 매고 그로 옥중에서 맷돌을 돌리게 하였더라"(삿 16:21)고 하시는 모습을 볼 때, 하나님께 영광을 돌리지 않은 삼손은 비참하게 눈도 뽑혀서 맷돌을 돌리는 초라한 패배의 모습을 가지게 되었습니다.

　오늘날 교회와 우리 개인은 하나님이 우리에게 주신 은사와 많은 능력을 가지고 하나님께 영광을 돌리기 보다는 영적인 패배에 빠지는 삼손의 실패와 모습과 같이 되어서는 안될 것입니다.

　결론적으로 우리는 사사 시대가 하나님을 왕, 사사, 지도자, 통치자로 모시지 않음으로 종교적, 사회적으로 타락하였음을 봅니다. "먹든지 마시든지 무엇을 하든지 다 하나님의 영광을 위해서 하라"(고전 10:31)라고 하시듯이 우리는 우리 속에 함께 계신 성령의 능력을 통해서 하나님께 영광을 돌리며, 그 분의 통치 속에 살아야 할 것입니다(고전 6:19-20; 롬 6:13).

룻기

고엘되신 하나님

이삭줍는 룻
/ 렘브란트 작품

"그 기업 무를 자가 가로되 나는 내 기업에 손해가 있을까 하여 나를 위하여 무르지 못하노니 나의 무를 권리를 네가 취하라 나는 무르지 못하겠노라"(룻 4:6).

보상자 되신 하나님

룻기에서 하나님은 우리를 회복케 해 주시는 분이심을 보여 주십니다. 이 하나님은 우리의 고엘이십니다. 이방 여인인 룻과 시어머니 나오미는 실패한 인생들을 반영하는데, 이들이 가나안에 가서 보아스를 만나며,

하나님의 섭리 안에서 새롭게 회복되어지는 놀라운 구원의 역사를 경험하게 됩니다. 이 사건은 단순히 역사적으로 일어난 사건일 뿐 아니라, 하나님의 구속 역사 안에서 한 가지 예로서 남게 됩니다. 즉 룻이라는 여인이 예수 그리스도의 가계(족보)에 들게 됨으로서 앞으로 오고 오는 모든 자들이 예수 그리스도를 통해서 새로운 영적인 기업과 족보를 가지게 됨을 미리 보여 주는 것입니다.

룻기의 주제절은 4장 14절의 말씀입니다. "…여호와께서 오늘날 네게 기업 무를 자가 없게 아니하셨도다 이 아이의 이름이 이스라엘 중에 유명하게 되기를 원하노라." 여기서 "기업 무른다"는 표현은 "고엘"이라는 말로서 구약에서 60번 사용되었는데, 룻기 즉 4장 밖에 안되는 이 책에서 무려 14번이나 사용되었습니다(2:20 1번, 3:9 1번, 3:12 2번, 3:13 1번, 4:1 1번, 4:3 1번, 4:4 1번, 4:6 4번, 4:8 1번, 4:14 1번). 그리고 이 어근은 이 책에서 총 20번이나 나타납니다.

고엘은, 동사 가엘, "구속하다, 보상하다"라는 의미에서 나왔으며, 고엘은 바로 "회복자, 보상자, 신원자"라는 뜻입니다. 레위기 25장 25-26절에 보면, "만일 너희 형제가 가난하여 그 기업 얼마를 팔았으면 그 근족이 와서 동족의 판 것을 무를 것이요"라고 말씀하십니다. 원래는 경제적으로 가난한 자가 자신의 기업을 팔았을 경우에, 그 기업을 가장 가까운 친족이 다시 돈을 치러 회복시켜 준다는 의미입니다. 이 의미는, 즉 보아스는 우리가 죄 아래서 실패하는 실패한 인생들을 구원하시는 예수 그리스도로 룻은 이러한 하나님의 은혜를 통하여 새롭게 보상, 구속되어지는 인간임을 구속사적으로 보여 주시는 것입니다, 예를 들어, "우리가 그리스도 안에서 그의 은혜의 풍성함을 따라 그의 피로 말미암아 구속 곧 죄사함을 받았으니"(엡 1:7)라고 말씀하시며, "그 아들 안에서 우리가 구속 곧 죄사함을 얻었도다"(골 1:14)라고 말씀하십니다.

　1. 하나님은 어려움을 통하여 우리를 아름답게 하시는 분이십니다(룻 1:1-5).

　나오미는 남편, 엘리멜렉과 유다 베들레헴에서 살았습니다. 그들은 유다의 흉년 때문에, 아마도 더 나은 생활을 위해서 사사시대에 모압 지방으로 가서 우거했을 것입니다. 그러나 모압지방에서 나오미는 남편도 잃고, 10년을 거하는 동안 두 아들, 말론과 기룐도 죽어버려서 두 자부만 남게 되었습니다. 한 자부는 이름은 룻이요, 다른 자부는 오르바였습니다. 1)나오미와 두 자부는 인간적으로 실패한 사람이었습니다(룻 1:1-5). 나오미의 남편, 엘리멜렉과 말론과 기룐도 죽고, 두 자부와 나오미만 남았습니다. 그들은 많은 꿈을 가지고 모압지방으로 가서 유하였는데(룻 1:2) 모든 일들이 잘되지 않았고 결국 어려움을 당하게 되었습니다. 10년이 지난 그들은 삶은 완전 실패로 끝나고 말았습니다. 아마도 누가 일을 해 기업을 이어 줄 사람도 없는 것으로 볼 때 양식도(경제적으로도) 바닥난 상태였을 것입니다. 즉 1)가정적으로 실패했으며, 2) 경제적으로 실패한 것입니다. 그래서 나오미는 자신의 이름을 "마라"(괴로움)이라고 베들레헴에 돌아가면서 말하고 있는 것입니다. 바울도 "내가 약할 그때에 곧 강함이니라"(고후 12:10)고 고백했습니다. 그렇습니다. 우리는 세상에서 이러한 실패를 종종 경험합니다. 우리가 경제적으로, 여러 부분에서 성공적으로 살아갈 수 있기도 합니다. 그러나, 궁극적인 면에서 우리는 하나님을 은혜를 체험하기 전의 삶은 룻이 메말라 있었던 기근과 같이 기근 아래의 삶이였으며, 또한 실패한 삶입니다.

　2)그리고 실제적으로 그 모습이 우리들의 영적인 참 모습이라고 말씀

을 가르쳐 주십니다. 신약성경에서는 "너희의 허물과 죄로 죽었던 삶"(엡 2:1)이라고 말씀하시며 "우리는 본질상 진노의 자녀였다"(고 2:3)고 말씀하십니다. 즉 우리들의 1)호적은 마귀의 자녀에서 하나님의 자녀로 바뀌었으며(요 8:44; 요일 3:2), 우리들의 2)신분도, 죄의 종에서 하나님(의의) 종으로 변하였습니다(롬 6:17, 6:19, 22). 또한 전에 우리가 3)인도: 불순종의 아들의 영에서 하나님의 영으로 바뀌어졌습니다(엡 2:2; 갈 5:18) 결국 우리의 4)상태는 허물과 죄에서 죽음에서, 삶으로 변화된 것입니다(엡 2:1, 2:5). 우리가 실패한 모든 죄의 값을 예수님께서 자신의 피 값으로 치르시고 구속하신 것입니다. 돈을 치루지 않으신 것이 아닙니다. 우리들이 죄 때문에 승리하지 못하고, 또한 계속적으로 실패할 수밖에 없는 인생이었으나, 하나님은 예수 그리스도를 통하여 회복시켜 주신 것입니다. 그러므로 우리에게 더 이상의 실패는 있을 수 없습니다. 나오미의 인생같이 우리는 쓰디쓴 마라를 경험하고 늘 영적으로 승리하지 못하며 패배하여 주께로 나아오지만, 하나님은 다시 우리를 맞아 주시고 우리에게 구속과 기업을 물려 주시는 것입니다. 우리는 늘 마라를 경험하지만, 주님은 늘 우리에게 고엘을 경험하게 하는 것입니다. 사랑하는 성도 여러분, 실패를 가지고 돌아오십시오. 하나님은 아들을 통하여 우리에게 늘 구속의 은혜를 주십니다. 우리의 모습이 실패로 점철되어있다 할지라도 하나님은 이사야를 통하여 말씀하시기를 "여호와께서 말씀하시되 오라 우리가 서로 변론하자 너희 죄가 주홍같을지라도 눈과 같이 희어질 것이요 진홍같이 붉을지라도 양털같이 되리라"(사 1:18).

2. 어려움 속에서도 우리는 신앙으로 결정해야 합니다(룻 1:6-22).

1) 어머니의 하나님이 나의 하나님(룻 1:16).

오르바는 시모를 따라가지 않았습니다. 그러나 룻은 나오미의 하나님을 배웠고 어려운 중에서 신앙으로 결정했습니다. 우리도 가끔 신앙이 좋다고 하는 사람들이 어려움 중에 갑자기 불신적인 행동과 결정을 하는 것을 봅니다. 그러나 우리들은 어느 때든지 어려움 속에서 배운 하나님의 신앙을 결정해야 합니다. 룻은 시어머니에게서 하나님의 신앙을 배웠습니다. 그녀가 배운 것은 바로 하나님 밖에 없는 것입니다. 이러한 신앙은 "어머니의 하나님이 나의 하나님"(룻 1:17)이라는 신앙 고백을 낳습니다. 이러한 신앙고백이야 말로 하나님의 기업이 되게 하는 중요한 초석이 되는 것입니다. 베드로가 주를 "그리스도시요 하나님의 아들"(마 16:16-17)이시라고 고백할 때에, 예수님은 베드로의 신앙고백 위에 교회를 건설하리라 하셨습니다. 우리도 하나님을 만나서 바르게 고백해야 합니다. 또한 룻은 "어머니께서 죽으시는 곳에서 나도 죽어 거기 장사될 것이라"(룻 1:17)는 신앙의 결단을 하였습니다. 이러한 신앙의 결단은 많이 나타나는데, 그 중 에스더는 자신이 죽을지도 모르는 상황에서, 왕에게 백성들을 구하기 위해 나아갔습니다. 그녀의 각오는 "이렇게 금식한 후에 규례를 어기고 왕에게 나아가리니 죽으면 죽으리이다"(에 4:16)라고 고백하고 있습니다. 또한 갈멜산에서 엘리야는 "엘리야가 모든 백성에게 가까이 나아가 이르되 너희가 어느 때까지 두사이에서 머뭇머뭇 하려느냐 여호와가 만일 하나님이면 그를 좇고 바알이 만일 하나님이면 그를 좇을지니라 하니 백성이 한 말도 대답지 아니하는 지라"(왕상 18:21)라고 신앙의 결단을 말씀하고 있습니다. 또한 에스라 역시 "여호와의 율법을 연구하여 준행하며 율례와 규례를 이스라엘에게 가르치기로 결심하였었더라"라고 에스라 7장 10절에 말씀하십니다. 다니엘 역시 "다니엘은 뜻을 정하여 왕의 진미와 그의 마시는 포도주로 자기를 더럽히지 아니하리라 하고 자기를 더럽히지 않게 하기를 환관장에게 구하니"(단 1:8)라고 말씀하십니다. 우리는 이렇게 어려움을 통하여 하나님을 선택하고 신앙을 선택해야 합니다. 비록 우리가 실패할지라도, 우리는 하나님께 나아가기만 하면 됩니다. 탕자의 문제가 해결되는 순간은 바로 아버지를 바르게 의식할 때였습니다. "이에 스스로 돌이켜 가로되 내 아버지에게는 양식이 풍족한 품꾼이 얼마나 많은고 나는 여기서 주려 죽는구나"(눅 15:17)하고 돌아왔습니다. 결정적인 순간 하나님을 선택하시는 바로 그 결단을 통해 우리는 회복될 것입니다.

3. 하나님은 신앙인에게 하나님의 은혜를 베푸십니다(룻 2-3장).

우리가 실패한 만큼 하나님은 회복시켜 주십니다. 룻기는 구속사적으로 볼 때, 하나님이 우리의 보상자, 회복자, 보복자, 신원자라는 사실을 보여 주십니다. 즉 룻기의 표현으로는 기업무를 자 되시는 하나님이십니다. 하나님을 선택하고 하나님을 결정한 룻에게 하나님께서는 보아스를 통하여 은혜를 베푸셨습니다. 하나님은 우리에게 은혜를 베푸시는 하나님이십니다. 우리는 이 하나님의 은혜 없이는 살아갈 수 없는 인간입니다.

실패한 룻과 나오미는 하나님의 은혜 없이는 살아갈 수 없는 사람들이 되었습니다. 인간에게 정말 필요한 것은 하나님의 은혜입니다. 룻에게 필요했던 것은 바로 보아스의 회복의 은혜였습니다.

“내가 뉘게 은혜를 입으면 … 이삭을 줍겠나이다” (룻 2:2)

“이방 여인이어늘 … 내게 은혜를 베푸시며…”(룻 2:10)

“내가 당신께 은혜 입기를 원하나이다”(룻 2:13)

“은혜 베풀기를 그치지 아니하셨도다”(룻 2:20)

이러한 하나님은 은혜는 무엇입니까?

은혜는 하나님이 우리에게 주시는 것입니다. 이 은혜가 바로 기업을 회복하게 하시는 것이었습니다. 보아스는 “여호와께서 함께 하시기를 원하며, 당신에게 복을 주기를 원한다”(룻 2:4)고 축복했습니다. “여호와께서 온전한 상 주시기를 원하노라”(룻 2:12)라고 축복했으며, 원대하게 곡식 단 을 줍게 내버려둡니다(룻 2:15-16). 내 딸아 네게 복주시기를 원하노라(룻 3:10). 항상 축복과 은혜로 룻을 대했습니다. 이러한 보아스의 모습은 하나님이 우리에게 은혜를 베푸시고자 하는 그러한 모습을 비추어 주고 있는 것입니다. “아무것도 되지 못하고 된 줄로 생각지 말라”(갈 6:3)고 하십니다. “선줄로 생각하는 자는 넘어질까 조심하라”(고전 10:12) “나는 부자라 부요하여 부족한 것이 없다하나, 곤고, 가련, 가난, 눈먼 것, 벌거벗은 것”(계 3:17)을 알지 못했습니다”, “불에 그슬린 나무”(슥 3:2)와 같으며, “멸망하는 짐승”(시 49:2)과 같습니다. 하나님의 은혜 없이는 인간은 하루도 살아갈 수 없습니다. 룻은 보아스의 은혜 없이는 생명을 연장할 수 없는 비참한 상황이었습니다. 우리의 모습도 마찬가지입니다. 바로 이 하나님의 은혜는 값없이 주시는 선물(엡 2:8)이며, 하나님이 우리에게 주시는 사명(엡 3:7)이며, 하나님이 우리에게 부어 주시는 성령의 은사(엡 4:7)이며, 우리의 생활에서 여러 가지의 선물로 나타나는 것(엡 6:24)으로 묘사하고 있습니다. 참으로 “나의 나 된 것은 하나님의 은혜라"(고전 15:10)고 바울과 같이 고백할 수밖에 없습니다. 우리에게 정말 필요한 것이 이 하나님의 은혜입니다. 이 은혜는 구원에서부터 계속적으로 우리에게 영적으로 값없이 주어지는 선물이기 때문입니다.

또한 하나님은 우리에게 기업을 무르게 하십니다. 오늘날 우리 중에도 어려움 속에서 신앙을 택하여 실패를 축복의 기회로 삼는 룻도 있고, 오르바 같이 참 신앙을 배우지 못하고 그녀의 갈 길로 가는 것과 유사한 많은 사람들이 있습니다. 오늘 우리는 경제, 정치적, 국가적, 종교적 위기 속에서도 나오미 같이 비록 실패는 할지라도 우리 모습 속에서 하나님을 보여 줌으로 하나님을 결정하게 하는 사람이 되어야 합니다. 룻과 같이 하나님을 선택해야 합니다. 참으로 우리를 구속해 주시고, 회복케 하실 분은 예수 그리스도 밖에 없습니다.

룻에게 보아스 보다도 법적으로 가까운 친족이 "나는 내 기업에 손해가 있을까 하여 나를 위하여 무르지 못하노라 나의 무를 권리를 네가 취하라 나는 무르지 못하겠노라"(룻 4:6)라고 고백합니다. 이 고엘은 바로 "회복자, 보상자, 신원자"라는 뜻입니다. 레위기 25장 25-26절에 보면, "만일 너희 형제가 가난하여 그 기업 얼마를 팔았으면 그 근족이 와서 동족의 판 것을 무를 것이요"라고 말씀하십니다. 원래는 경제적으로 가난한 자가 자신의 기업을 팔았을 경우에, 그 기업을 가장 가까운 친족이 다시 돈을 지러 회복시켜 준다는 의미입니다. 이 의미는, 즉 보아스는 우리가 죄 아래서 실패하는 실패한 인생들을 구원하시는 예수 그리스도로 룻은 이러한 하나님의 은혜를 통하여 새롭게 보상, 구속되어지는 인간임을 구속사적으로 보여 주시는 것입니다, "우리가 그리스도 안에서 그의 은혜의 풍성함을 따라 그의 피로 말미암아 구속 곧 죄사함을 받았으니"(엡 1:7)라고 말씀하시며, "그 아들 안에서 우리가 구속 곧 죄사함을 얻었도다"(골 1:14)라고 말씀하십니다.

　결과적으로 룻은 하나님의 경륜을 통하여 예수 그리스도의 가계에 들어가는 놀라운 축복을 받게 됩니다. 즉 신약, 마태복음 1장 1-6절까지 볼 때, 예수 그리스도의 가문에 들은 여성들은 1)다말 2)라합 3)룻 4)마리아라고 마태복음에서 기록하고 있습니다. 즉 1)다말은 창세기 38장에서 시아버지, 유다를 속여 동침하여 베레스와 세라를 낳았습니다. 2)라합(수 2:1-6)은 여호수아가 여리고를 정복할 때 자신을 맡겼습니다. 3)룻 역시 이방인의 딸로서 자격이 없는 자이나, 하나님께서는 보아스를 통하여 구원의 계보에 들게 하셨습니다. 이와 같은 하나님의 은혜가 룻기의 주제인 것입니다. 구약성경에서 이렇게 앞뒤가 바뀐 예, 즉 에서가 먼저 태어났으나, 야곱의 축복을 뒤이어 받게 된다거나, 이방인이 예수 그리스도의 계보에 들거나 하는 경우도 바로 하나님의 선택적인 구원의 은혜를 보여주시는 것입니다.

사무엘상

기름 부으시는 하나님

"내가 나를 위하여 충실한 제사장을 일으키리니 그 사람은 내 마음, 내 뜻 대로 행할 것이라 내가 그를 위하여 견고한 집을 세우리니 그가 나의 기름 부음을 받은 자 앞에서 영구히 행하리라"(삼상 2:35).

사무엘상에서 하나님은 우리에게 기름을 부으시는 하나님이심을 보여 주십니다. 사무엘상의 내용은 31장 중에서 1-7장은 사무엘에 관해서 8-15장은 사울에 대해서, 그리고 사무엘상 16-31장은 다윗과 사울에 대해서 기록하고 있습니다.

사무엘이 태어나는 시기는 엘리가 제사장을 하던 때였습니다. 그는 제사장이였지만, 영적으로 무지하였습니다. 한 예로 한나가 아이가 없어 실로에 올라가 입술로 기도하던 모습을 보고 "취한 줄로 생각하여 포도주를 끊으라"(삼상 1:13-14)라고 하였기 때문입니다. 또한 그의 두 아들, 홉니와 비니하스 역시 불량자였습니다(삼상 2:12). 하나님께 드리는 제사를 취하기도 하여 "여호와의 제사를 멸시"하였습니다(삼상 2:17). 이들은 하나님의 예배를 경히 여기는 자들이었습니다. 뿐만 아니라 이들은 "이스라엘에게 행한 모든 일과 회막 문에서 수종드는 여인과 동침도 하였습니다"(삼상 2:22). 결국 하나님은 "내가 나를 위하여 충실한 제사장을 일으키리니 그 사람은 내 마음 내 뜻대로 행할 것이라 내가 그를 위하여 견고한 집을 세우리니 그가 나의 기름부음을 받은 자 앞에서 영구히 행하리라"(삼상 2:35). 주제절에서 말씀하고 계십니다. "기름 부음을 받았다"는 것은 "메시아흐", 신약에서는 그리스도(요 1:41)라는 의미입니다. 이는 왕, 제사장, 선지자들이 받는 것입니다. 물론 그리스도를 의미하고 예언합니다. 그러나 오늘 우리시대는 성령의 인치심을 통하여 기름부음을 받은 것입니다. 예수님께서 마태복음 3장 16-17절에서, 성령의 기름 부음을 받으시고 시험을 받은 뒤에 본격적으로 천국에 대하여 전하시는 것을 봅니다. 또한 이러한 장면은 기름 부음이 본격적인 하나님의 사역임을 보여 주십니다. "성령이 임하여, 내게 기름을 부으사, 가난한자에게 아름다운 소식을 전하게 하려 하심이다"(사 61:1)고 하여, 성령이 임하심을 말씀하고 있습니다. 제자인 베드로는 "말세에 내가 내 영으로 모든 육체에게 부어 주리니…"(행전 2:17)라는 약속을, 제자들은 기름 부음으로 경험했습니다(요엘 2:28). 그리고 이 기름 부음은 구원 받은 자의 표시이기도 합니다(요일 2:20, 27). 또한 우리는 이 기름 부음 받은 족속이며 제사장들입니다(벧전 2:9). 바울도 "우리에게 기름을 부으신 이는 하나님이시니, 저가 또한 우리에게 인치시고 보증으로 성령을 우리 마음에 주셨느니라"(고후 1:21-22) 라고 하시며 성령 주심을 바로 기름 부으심이라고 말씀하고 있습니다. 따라서 기름 부음을 받은 우리는 본격적으로 사역을 맡고, 성령을 받아 능력을 행하고, 성령이 우리 속에 내주하셔서 하나님의 귀한 신분을 소유함을 의미한다고 볼 수 있습니다. 하나님은 시대 시대 마다 성령으로, 하나님의 사람을 세우시고 그의 일을 감당하게 하십니다. 즉 기름을 부으셔서 세우시는 하나님이십니다. 본문을 통하여 우리는 사무엘을 세우신 하나님, 사울을 세우신 하나님, 다윗을 세우신 하나님께서 우리를 세우셨음을 알 수 있으며, 또한 우리를 세우신 하나님께서 우리에게 무엇을 원하시는지 본문의 원리를 통하여 적용해 보기로 합니다.

1. 기도하는 자(한나)를 통하여 하나님은 일꾼(사무엘)을 세우십니다
(삼상 1-7장).

영적으로 혼탁한 시대 즉 오늘날 우리가 사는 시대에는 하나님의 기름 부으시는 자가 필요한 시대입니다. 물론 일반적으로는 하나님께서 직분을 주시고 세우신 우리 모두가 기름을 부은 받은 자입니다. 이러한 시대에 우리는 하나님 앞에 기도함으로 21세기를 맡겨야 합니다. 우리 자녀를 위해서 기도로 도와가야 합니다. 한나는 자신의 고통(무자함)으로 하나님께 나아갔습니다. 그러나 그러한 그녀의 고통이 하나님 앞에 헌신으로 승화되었습니다(삼상 1:11). "아들을 주시면 내가 그의 평생에서 그를 여호와께 드리고 삭도를 그 머리에 대지 아니하겠나이다." 간절한 기도에 응답의 확신이 왔습니다. 그리고 하나님의 구원에 대한 감사를 드렸

습니다. 삼상 2장에서, 한나의 기도는 구속사적인 기도입니다(삼상 2:10, 기름부음을 받은 자의 뿔을 높이시리로다).

　실제적으로 이것은 사무엘을 의미하지만, 예수님을 예표하는 예언입니다. 즉 사무엘은 기름 부음 받은 자로서 높아지며, 그리스도 역시 이렇게 하신다는 것입니다. 이것은 더구나 특히 신약의 마리아의 기도 즉 예수님을 잉태한 후에 드린 감사의 기도와 유사하기도 합니다. 기도하는 사람은 하나님의 능력만을 철저하게 의지합니다. 일의 모든 과정과 결정이 하나님의 손에 달려 있음을 의지하는 자입니다. "여호와는 죽이기도 하시고, 살리기도 하시며 음부에 내리게도 하시고 올리기도 하시는 도다 여호와는 가난하게도 하시고 부하게도 하시며 낮추기도 하시고 높이기도 하시는 도다"(삼상 2:6-7). 즉 우리의 모든 생사화복이 여호와의 손에 달려 있음을 철저히 신앙한 사람이었습니다. 이러한 헌신의 기도는 하나님께 사무엘이라는 그 시대를 이끌어가는 기름 부음 받는 자를 세워 주십니다. 우리는 먼저 하나님의 기름 부음과 성령의 부어 주심을 위해서 간절히 하나님 앞에 기도해야 할 것입니다. 기도 없이는 결코 역사가 일어나지 않습니다. 바꾸어 말하면, 하나님이 큰 역사를 준비시키기 위해서 기도로 준비시키는 것입니다. 사도행전 2장에 오순절의 놀라운 역사가 일어나기 전에 그들은 미리 모여서 간절히 기도했으며, 1907년에 한국에 대 부흥이 일어나기 전에도 기도로 3개월 이상, 새벽에 모여 기도로 준비했던 것입니다.

　이러한 어머니의 기도는 사무엘이 이스라엘의 지도자로 기름 부음을 받는데 큰 역할을 하였습니다. 그는 어린 시절, 12살의 어린나이에도 하나님의 음성을 듣고 부르심을 받았습니다(삼상 3:1-9). 이러한 하나님의 음성에 그는 겸손히, "여호와여 말씀하옵소서 주의 종이 듣겠나이다"라는 대답을 하였습니다. 그는 이스라엘 백성을 미스바에 모아 여호와께 기도하게 하였습니다(7장). 그들은 금식하고 자신들의 죄를 회개하여 하나님의 응답을 받았던 것입니다. 기도 중에 쳐들어 온 블레셋도 하나님이 패하게 해 주심으로 에벤에셀을 경험하게 되었고 이를 인하여 "회복의 역사와 평화를 체험하게 됩니다"(삼상 7:12). 즉 그는 기도의 사람이 된 것입니다. 또한 "나는 너희를 위하여 기도하기를 쉬는 죄를 여호와 앞에 결단코 범치 아니하고 선하고 의로운 도로 너희를 가르칠 것인즉"(삼상 12:23)이라고 고백하며 기도하지 않는 것을 죄라고 말씀할 정도로 기도의 사람이었습니다. 우리는 이 시대에 성령님의 기름 부음을 받음으로 시대를 바꾸는 기도하는 사람들이 되어야 합니다. 성령님은 능력을 주실 수 있습니다(행 1:8). 또한 인격과 열매로서 역사하십니다(삼상 5:22-23). 우리의 구원에 깊이 관여 하셔서 우리를 주의 일을 하게 해 주십니다. 구원하게 하셔서 중생시키시고(딛 3:5), 내주하시며(고전 3:16; 6:19), 인치시고(엡1:13; 4:30), 구원 이후에는 충만케 하시고(엡 5:18; 골 3:16), 거룩하게 하시고(고후 3:18), 우리를 조명하시고(고전 2:12), 기도하게 하시고(롬 8:26, 27), 깨닫게 하시며(엡 1:17-19), 성화하게 하십니다(살전 5:23, 요일 3:2). 따라서 성령님은 우리에게 예수를 증거하게, 즉 복음을 증거하게 하시며(요 15:26, 14:26), 은사에 깊이 관여하십니다(고전 12:8-10; 12:28; 엡 4:11; 벧전 4:11; 롬 12.6-8).

2. 하나님은 겸손한 자를 기름 부음으로 세우시고, 교만한 자(사울)를 폐하십니다(삼상 8-15장).

이스라엘 백성들이 왕을 구하자(삼상 8:5) 하나님은 사무엘을 통해서

사울을 세우게 하십니다. 하나님이 사울을 세우신 이유는 비록 사울이
신체적으로 준수하고 키가 큰 사람이었다(삼상 9:2) 하더라도, 그의 고백
대로 "가로되 나는 이스라엘 지파의 가장 작은 지파 베냐민 사람이 아니
오며 나의 가족은 베냐민 지파 모든 가족 중에 가장 미약하지 아니하니
이까 어찌하여 내게 이 같이 말씀하시나이까?"(삼상 9:21)라고 겸손한 고
백을 했던 자이기 때문입니다. 또한 사무엘 역시 "왕이 스스로 작게 여길
그때에 이스라엘의 지파의 머리가 되지 아니하셨나이까?"(삼상 15:17)라
고 하신 것을 볼 때 그는 겸손을 통해 왕이 된 사람이었습니다.

겸손한 사울에게 하나님은 성령을 부으시고 새 마음을 주시고(삼상
10:9) 예언도 하게 하셨습니다(삼상 10:10-13). 즉 성령 충만하게 하셨습
니다. 이런 사울이 왕 된지 2년에(삼상 13:1) 블레셋과의 전투가 있었습
니다. 시간이 지나도 사무엘이 오지 않고 백성들이 떨고 있자, 사울 자신
이 번제와 화목제를 드려버렸습니다. 사무엘이 사울에게 "왕이 망령되이
행하였도다 왕이 왕의 하나님 여호와께서 왕에게 명하신 명령을 지키지
아니하였도다"하고 꾸짖습니다. 결국 사울은 말씀에 대한 불순종을 첫
번째로 하게 됩니다(삼상 13:13-14). 그의 상황은 충분히 변명의 여지가
있었지만, 하나님의 말씀에 대해 불순종하는 교만의 죄를 범하고 말았던
것입니다. 또한 아말렉의 전투에서 아무 것도 남기지 말고 진멸하라고
말씀하셨는데 사울은 두 번째로 하나님의 말씀을 버려 거역하고 결국 하
나님도 사울을 버리게 됩니다.

"다만 백성이 그 마땅히 멸할 것 중에서 가장 좋은 것으로 길갈에서 당
신의 하나님 여호와께 제사하려고 양과 소를 취하였나이다. 사무엘이 가
로되 여호와께서 번제와 다른 제사를 그 목소리 순종하는 것을 좋아하심
같이 좋아 하시겠나이까 순종이 제사보다 낫고 듣는 것이 숫양의 기름보

다 나으니 이는 거역하는 것은 사술의 죄와 같고 완고한 것은 사신 우상에게 절하는 죄와 같음이라 왕이 여호와의 말씀을 버렸으므로 여호와께서 왕을 버려 왕이 되지 못하게 하셨나이다"(삼상 15:21-23).

사울은 겸손을 통하여 하나님의 기름 부음을 받아 왕이 되고, 또한 자신의 교만을 통하여 그 모든 것을 잃어 버린 자임을 분명히 알 수 있습니다. 그러므로 하나님은 겸손한 자를 높이시며(벧전 5:5), 겸손한 자에게는 은혜를 주신다고 말씀하십니다. "…하나님이 교만한 자를 대적하시도 겸손한 자들에게는 은혜를 주시느니라"(야고보서 4:6). 하나님이 기름 부음을 주시고, 또한 사명을 맡기는 자는 바로 이런 겸손한 사람이었습니다. 사울은 하나님이 성령의 떠남을 보임으로서 바로 성령님을 근심하게 하고 소멸시킴을 볼 수 있습니다. "하나님의 성령을 근심하게 하지 말라 그 안에서 너희가 구속의 날까지 인치심을 받았느니라"(엡 4:30). 또한 "성령을 소멸치 말고"(살전 5:19). 하나님 앞에 겸손함으로 하나님을 의지하고 살아가야 합니다. 사울처럼, 겸손을 잃어버리고 살아서는 안됩니다. "이 사람 모세는 온유함이 지면의 모든 사람보다 승하였더라"(민 12:3). 이 온유라는 표현은 "온유한 자는 복이 있나니 저희가 땅을 기업으로 받을 것임이요"(마태 5:5)에서 나타난 바와 같이 온유라는 의미는 겸손이라는 뜻과 같은 뜻입니다. 모세가 온유하고 겸손할 수 있었던 것은 누구보다 하나님을 가까이에서 본 것이 아닌가 생각하게 됩니다. 겸손의 지름길은 바로 하나님의 존전에 자주 서는 것입니다. 하나님 앞에서 기도로 말씀으로 우리 자신을 부단히 비추어 보지 않으면, 우리도 모른 사이에 교만한 자가 될 수밖에 없습니다. 하나님은 "만일 누구든지 무엇을 아는 줄로 생각하면 아직도 마땅히 알 것을 알지 못하는 것이요,"(고전 8:2) "그런즉 선줄로 생각하는 자는 넘어질까 조심하라"(고전

10:12)고 경고하십니다. 그러므로 우리는 "만일 누가 아무것도 되지 못하고 된 줄로 생각하면 스스로 속임이니라"(갈 6:3)하신 말씀을 기억해야겠습니다. 하나님이 세우시고, 사용하시는 기름부음 받은 자가 되십시다. 하나님이 세우시고 인정하시는 것이 그 무엇보다도 중요합니다.

3. 하나님은 중심을 보시고, 사람(다윗)을 세우십니다(삼상 16-31장).

하나님은 교만한 사울을 마침내 버리고 다윗에게 기름 붓습니다. 사무엘상 16장에서 사무엘로 하여금 이새의 집안에 가서 기름 부음을 주게 하십니다. 일곱 아들을 모두 사무엘 앞에서 지나가게 했지만 하나님은 아무도 택하지 않았습니다. 말째이자 양을 지키는 다윗을 데리고 오자, 기름을 부어 하나님의 신이 크게 감동하게 하십니다. 여호와는 "나의 보는 것은 사람과 같지 아니하니 사람은 외모를 보거니와 나 여호와는 중심을 보느니라"(삼상 16:7)라고 말씀하시고 다윗을 택하십니다. 다윗은 신약에서 "내 마음에 합한 자라"(행 13:22)고 할 정도로 하나님의 마음을 흡족하게 해 드린 사람이었습니다. 그는 어린 나이에도 하나님의 이름이 모욕을 받는 것을 견딜 수 없어 했습니다. 많은 사람들이 사울과 싸우기를 무서워했지만, 그는 믿음으로 나아갔습니다. "너는 칼과 창과 단창으로 내게 오거니와 나는 만군의 여호와의 이름 곧 네가 모욕하는 이스라엘 군대의 하나님의 이름으로 네게 가노라"(삼상 17:45)라고 하며, 물매돌 5개로 나아가 물맷돌을 그의 머리에 던져 죽여 승리하게 됩니다. 그는 여호와의 이름 즉 여호와의 영광에 큰 관심을 갖고 자신의 모든 것을 바치는 그런 사람이었습니다. 그러나 중요한 초점하나는, 다윗은 중심도 있었지만, 하나님께서 기름을 부어 주심으로 이러한 사역을 시작했으며 또한 능력적인 삶을 살았다는 것입니다. 또한 구속사적으로 다윗의 기름 부음은 바로 예수 그리스도께 성령이 임하심, 그리고 우리들에게 성령 임하심을 예표한다고 볼 수 있습니다. 오늘날 많은 사람들은 자신의 영광과 자신의 이익을 위해서 모든 것을 바쳐 살아가지만, 하나님의 기름 부음 받은 우리는 하나님 나라와 그의 이름을 위해 살아가야 하는 것입니다. 이러한 능력있는 그리스도인이 되기 위해서는 이미 부어 주신 성령님을 통하여 "성령 충만"해야 합니다. 신약에서 성령충만이란 말은 15번 나타나 있는데 3가지 헬라어를 사용하고 있습니다. 핌플레미의 동사가 8번, 플레이로우 동사가 2번, 플레이레스 형용사가 5번 사용되었습니다. 문자적으로 이것은 무엇을 채운다, 무엇으로 충만한 상태라는 뜻입니다.

여기서 채워지는 내용은 바로 성령입니다. 그러므로 성령 충만이란 성령의 은혜, 능력, 임재가 우리의 전 영혼과 육체에 파급되어 영향력을 제공한다는 의미로 해석될 수 있습니다. 비유적인 의미로, 술취함과 비교함을 볼 때 "우리의 전 존재와 삶이 성령의 능력과 은혜, 영향력에 힘을 받아서, 성령으로 지배 인도함을 받는 것을 의미한다"(엡 5:18)고 볼 수 있습니다. 이렇게 성령 충만한 사람은 하나님의 나라와 그의 영광을 구합니다. "너희는 먼저 그의 나라와 그의 의를 구하라 그리하면 이모든 것을 너희에게 더하시리라"(마 6:33)라고 말씀하시며, 바울은 "모든 이론을 파하며 하나님 아는 것을 대적하여 높아진 것을 다 파하고 모는 생각을 사로잡아 그리스도에게 복종케 하니"(고후 10:5)라고 하여, 그리스도를 대항하고 높아진 것에 대하여 복종시키려는 마음을 가졌습니다. 이 사건으로 인하여 돌아올 때에 여인들이 창화하며 "사울이 죽인 자는 천천이요 다윗은 만만이로다"(삼상 18:7)라고 하여 사울의 미움을 사고 남은 모든 부분에서 다윗은 도망을 하게 됩니다. 다윗은 도망하는 중 우연

헤 사울을 죽일 수 있는 상황을 두 번 당함에도 사울을 죽이지 않았는데, 그 이유는 그가 하나님의 기름 부음을 받은 자였기 때문입니다(삼상 24:6).

다윗은 하나님의 영광에 민감한 사람이었습니다. 이와 같이 하나님 나라, 즉 오늘날 하나님의 교회와 주의 복음에 관심이 있는 사람을 하나님은 찾고 계십니다. 하나님을 대적하는 모든 사상과 높아진 것을 하나님 앞에 무릎 꿇게 할 종들을 찾고 계신 것입니다. 오늘날 많은 사람들은 자신의 영광에 관심을 가지고 살아갑니다. 자신의 처세와 자신의 목적 성취에만 관심을 가지지 다윗같이 자신의 목숨을 내어 놓고 나서서, 골리앗을 쳐부수고자 하는 사람은 많지 않습니다.

오늘날도 하나님의 백성과 나라를 대적하는 교만한 골리앗을 향하여 일어나 모욕당하는 이름을 위해 싸우고자 하는 순수한 복음의 일꾼들을 오늘도 하나님은 기름 부음을 통하여 사용하십니다. 그가 골리앗을 쳐부순 사건 때문에 미움을 사서 18장에서 31장까지 도망을 다니지만, 결국은 사울의 정권은 무너지고 하나님은 다윗에게 일을 맡기시는 것입니다. 우리는 하나님께 기름 부음을 받은 자들입니다. 우리 자신들의 관심에 너무 민감하기 보다는 교회와 하나님 나라를 위해서 헌신하는 귀한 사람들이 되어야 할 것입니다. 다윗은 기름 부음을 받은 뒤에 이렇듯 골리앗을 쳐부수는 역사를 감당했습니다. 즉 하나님을 향한 마음과 또한 성령의 부어 주심으로 본격적으로 주님을 위해서 일했습니다. 우리도 이렇게 본격적으로 일하기 위해서 성령의 충만함을 받아야 합니다.

결론적으로 하나님이 사용하시고 들어 사용하시는 자들은 기름 부음을 받은 자들이었습니다. 우리는 성령으로 기름 부음을 받은 자들입니다. 1)기름 부음 받은 자가 되기 위해 기다리며, 기도하고 2)성령이 우리 속에 계심을 믿고 소멸하거나, 근심하게 하여 사울과 같은 모습이 되어서는 안되며 3)다윗과 같이 성령충만한 모습으로 우리의 골리앗을 무찌르기 위해 나아가는 자가 되어야 합니다. 개인적으로 하나님은 이런 역사를 일으키시고, 시대적으로 하나님의 교회를 위해 이러한 역사를 일으키십니다. 기도와 겸손으로 성령과 동행하며, 복음을 증거하는 담대한 능력의 그리스도인들이 되어야 할 것입니다.

사무엘하

주권자로 세우시는 하나님

"그러므로 이제 내 종 다윗에게 이처럼 말하라 만군의 여호와께서 이처럼 말씀하시기를 내가 너를 목장 곧 양을 따르는데서 취하여 내 백성 이스라엘의 주권자를 삼고"(삼하 7:8; 참조 7:1-9; 11:1-5; 12:7).

주권자로 세우시는 하나님

사무엘하에서 하나님은 주권자로 삼으시는 하나님이심을 보여 주십니다. 사무엘하의 구조를 살펴보면, 1장에서 사울과 요나단에 대한 다윗의 애곡을 2-8장에서 유다와 이스라엘 왕으로서의 다윗, 9-20장에서 다윗의 왕가를, 21-24장에는 부록입니다. 또 다른 측면에서 볼 때, 다윗의 범죄가 11장에서 중요한 위치를 차지하고 있습니다. 다윗은 정치적으로(삼하 1-5장) 성공을 경험했습니다. 1장에서 사울의 왕국은 망하고, 2장에서 다윗은 유다에서 왕이 되었으며, 3장에서 사울 진영 신하 아브넬도 다윗에게 돌아오고, 4장에서 사울의 아들, 이스보셋도 죽게 되니 사울의 집안은 완전히 소멸되고, 5장에 확실하게 이스라엘의 왕이 됩니다. 그리고 영적으로도 성공을 경험했습니다(삼상 6-7장). 하나님의 언약궤가 다시 다윗성으로 돌아오고(삼상 6장), 하나님은 다윗을 세우셔서, 인류를 위한 다윗의 언약을 주시니(삼상 7장), 그야말로 정치적, 영적인 성공을 경험하였던 것입니다. 또 군사적으로도 승리하여서(삼상 8-10장) 주위의 나라를 정복하게 하시고(8장) 암몬과 아람까지도 쳐부수게 됩니다(삼상 10장).

그러나 이러한 성공적인 인생에서도 다윗은 11장에서, 한 순간의 범죄로 말미암아 심각한 어려움을 당하게 됩니다. 이 죄 때문에 그의 나머지 인생 대부부이 죄의 고난으로 점철하게 됩니다. 즉 13장에서, 자녀간의 비극을, 15장에서 자녀에게 배신을, 16장 5-14절에서 백성에게 조롱을, 16장 20절-17장 10절은 신하에게 배신을, 18장에서는 결국 자녀를 잃게 됩니다. 이러한 범죄 후의 여러 가지 어려움에도 다윗은 다시 회복됩니다(19-20장). 이런 면에서 볼 때 참으로 다윗의 삶은 고난의 연속 이었습니다. 사무엘싱에서 다윗은 17징에 골리앗을 무찌른 후에 미움을 받아 사울을 피해 도망 다니는 의의 고난을 겪었다면(18-31장) 바로 본문 사무엘하는 11장의 죄로 말미암은 죄의 고난으로 점철되어졌다는 사실입니다. 또한 사무엘하에서, 가장 중요한 사건은 하나님이 다윗에게 약속하신 "다윗의 언약"이며, 이 언약으로 인류에 대한 약속을 주셨습니다. 주제절은 바로 "그러므로 이제 내 종 다윗에게 이처럼 말하라 만군의 여호와께서 이처럼 말씀하시기를 내가 너를 목장 곧 양을 따르는 데서 취하여 내 백성 이스라엘의 주권자로 삼고, 네가 어디로 가든지 내가 너와 함께 있어 네 모든 대적을 네 앞에서 멸하였은즉 세상에서 존귀한 자의 이름같이 네 이름을 존귀케 만들어 주리라"(삼상 7:8-9)입니다.

본문을 통하여 하나님은 다윗을 주권자로 삼아 주신다고 약속하십니다. 주권자라는 뜻은 "나기드" Ruler, leader, captain으로 50번 이상 사용되었으며, 지도자들에게 주로 상관됩니다. 왕이나, 제사장 중 특히 다니엘 9장 25절에는 메시야를 지칭하기도 합니다.

하나님은 교회에 지도자를 세우시며, 또한 가정과 사회와 개인을 세워 주십니다. 물론 이 예언은 다윗을 세우신 하나님의 계획을 보여 주십니다. 그러나 이 말씀은 또한 예수 그리스도를 세우시고, 또한 지도자들과 우리 개인을 세워 주시는 것을 분명히 보여 주십니다. "그가 혹은 사도로, 혹은 선지자로, 혹은 복음 전하는 자로, 혹은 목사와 교사로 주셨으니…"(엡 4:11) 또한 교회 안에 집사를 세우며(행 6:5-6), 감독도 세우며(딤전 3:1-7), 또한 모든 평신도도 제사장으로 불러 주셨습니다. "오직 너희는 택하신 족속이요 왕 같은 제사장들이요 거룩한 나라요 그의 소유 된 백성이니 이는 너희를 어두운 데서 불러내어 그의 기이한 빛에 들어가게 하신 자의 아름다운 덕을 선전하게 하려 하심이라"(벧전 2:9) 이렇게 하나님은 우리를 주권자, 즉 지도자, 인도자, 대장으로 세워 주시는 것입니다.

1. 지도자는 하나님이 세우시며 축복해 주셔야 합니다(삼하 7:7-9).

본문 7장을 우리는 "다윗의 언약"이라고 부릅니다. 다윗이 비록 하나

님을 위한 선한 생각으로 성전을 건축하려고 했지만, 오히려 하나님은
하나님의 계획을 가지고 있었습니다.

1)참으로 하나님의 계획과 사람의 계획 간에는 차이가 있습니다(삼하
7:5). 5절에 다윗에게 주님은 "네가 나를 위하여 나의 거할 집을 건축하
겠느냐?" 우리가 생각하고 우리가 섬기는 모습으로 참 하나님의 역사를
감당하지 못한다는 것입니다. 그러나 하나님은 8절에, 다윗을 "…내 백
성 이스라엘의 주권자"로 삼았습니다. 하나님이 세우시도록 우리는 기도
하고 기다려야 합니다. 조급하게, 내가 선하게 보이는 것으로 하다가는
실수를 하게 됩니다.

다윗이 가만히 있었을 때에 하나님은 나단을 통하여 다윗을 주권자로
세우실 것을 말씀하십니다. 하나님은 공의로우시고, 인사권에 대해 정확
하신 분이십니다. 우리는 인간적으로 생각하기에 사람이 보기에 좋아 보
이는 것을 행할 때가 많습니다. 그러나 하나님은 가장 적합한 사람을 적
합한 시기에 세우십니다. 우리는 너무 쉽게 사람을 보고 결정하는 것을
삼가야 합니다. 만약 우리가 이것 때문에 시험이 왔다면, 이것을 우리의
실수로 보고 하나님의 뜻이 있음을 알고, 기도하며, 기다려야 합니다. 하
나님이 주셨다는 확신이 올 때까지 더 기도하고 하나님을 의뢰해야 하는
것입니다. 참으로 교회는 분명히 하나님이 세우실 사람을 바라보고 기도
해야 합니다. 사람들의 의논보다도 먼저 하나님이 원하시는 뜻을 찾아야
하며, 의논의 시간보다도 기도의 시간이 더 많아야 합니다. 이러한 것은
청빙이나, 교회에서 사람을 세울 때 적용될 수 있습니다. 인간적으로 보
기에 좋아 보이는 것이 중요한 것이 아니라, 하나님이 주셨다는 확신이
드는 사람을 모셔야 합니다. 이것은 간절히 하나님의 응답에 있기까지
기도해야 합니다. 기도의 확신은 다음과 같습니다. 기도의 분량이 차야

한다는 것은, 강한 악한 세력들이 기도를 막기 때문입니다. "그런데 바사국 군이 이십일 일 동안 나를 막았으므로 내가 거기 바사국 왕들과 함께 머물러 있더니 군장 중 하나 미가엘이 와서 나를 도와주므로.."(단 10:13) 즉 악한 세력이 기도의 응답을 막습니다. 그러나 하나님의 역사가 일어나면, 마음에 평강이 있습니다(빌 4:6-7). 그리고 하나님의 뜻대로 살겠다는 결심이 서게 됩니다(단 1:8). 그리고 담대한 마음이 생기게 됩니다(에 4:16 죽으면 죽으리라). 마지막으로 큰 기쁨이 차게 되며, 웃음이 있게 됩니다(삼상 2:1). 하나님께 기도하는 가운데 하나님의 뜻을 찾아야 합니다(잠 3:5-6; 사 58:8-9).

2)그러므로 분명히 하나님의 계획과 세우심을 알아야 합니다. "…여호와께서 또 네게 이르노니 여호와가 너를 위하여 집을 이루고, 네 수한이 차서 네 조상들과 함께 잘 때에 내게 네 몸에서 날 자식을 네 뒤에 세워 그 나라를 견고케 하리라", "저는 내 이름을 위하여 집을 건축할 것이요 나는 그 나라 위를 영원히 견고케 하리라"(삼하 7:11, 13)

하나님은 인류를 위한 대헌장 즉 인류를 위한 계획을 가지고 계셨습니다(삼하 7:19). "인간의 규례대로 하셨나이까?" 이 표현은 "This is the Charter for all mankind, O Lord God?" 하나님이 주신 것은 다윗뿐만 아니라, 오고 오는 세대를 위한 계획이었습니다.

물론 이 말씀은 솔로몬을 통해서 성전이 지어졌지만, 참다운 성전인 교회는 예수 그리스도가 오심으로 영원히 세워진 것입니다. 우리는 말씀의 원리를 통해서, 분명한 원리를 발견할 수 있습니다. 또한 기도함으로 하나님이 주시는 확신을 통하여 계획을 따라 행해야 합니다. 하나님의 분명한 확신과 응답 없이 나아가서는 안됩니다. 기도의 응답을 주시고, 함께 해 주시고(삼하 7:9), 대적을 멸해 주시고, 존귀하게 해 주시는 자여과 소를 잡지 아니하고, 가난한 자의 양새끼를 빼앗아 잡았다"는 이야기였습니다. 이를 들은 다윗은 이 일을 행한 자가 4배로 갚아 주어야 할 것이라고 말합니다(삼하 12:16). 이 때 "당신이 그 사람이라"(아타 하이시 =you are the man). 다윗은 자신의 죄를 기꺼이 인정하였습니다. "다윗이 나단에게 이르되 내가 여호와께 죄를 범하였노라 하매"(삼하 12:13) 하나님은 다윗의 죄를 용서해 주시고, 죽지 않을 것이라고 바로 말씀해 주셨습니다. 이로 인하여 다윗은 철저하게 낮아 졌습니다. 삼하 13장에는 압살롬이 암논을 죽이고, 15장에서 아들 압살롬이 반란을 일으키게 되어 도망을 가게 됩니다. 삼하 16장 5-14절에서 도망가다던 길에 다윗은 시므이에게 저주를 듣지만 "여호와께서 저에게 명하셨다"(삼하 16:10,11)며 믿음으로 받아들입니다. 신하에게 배신을 당해 아히도벨이 다윗을 죽이려고까지 하게 됩니다(삼하 16:20-17:10). 그리고 18장에서는 아들 압살롬을 결국 잃게 됩니다. 이렇게 다윗이 하나님의 낮추심에 따라 낮아짐으로 하나님께서는 다윗을 다시 회복시켜 주십니다(삼하 19-20장).

2)하나님은 당신께 의뢰하고 기도하며, 기다리는 자를 반드시 회복 시켜 주십니다(삼상 19-20장). 우리는 잘못된 판단과 결정으로 인하여, 여러 가지 고난과 어려움을 당하게 됩니다. 그것이 직접적으로 죄와 연관 되기도 하고, 최선책이지 못하고, 차선의 선택들이 되기도 합니다. 우리는 혹시라도, 잘못을 행하였을 때에는 하나님의 도우심을 바라고, 겸손히 낮아져서, 하나님께서 회복시켜 주시기를 기도해야 합니다. 오늘 본문에는 나와 있지 않지만, 시편 51편에 시편 기자가 자신의 회복을 간절히 기도하는 것을 볼 수 있습니다. "하나님이여 내 속에 정한 마음을 창조하시고 내 안에 정직한 영을 새롭게 하소서. 나를 주 앞에서 쫓아내지

야 합니다.

2. 하나님이 세우심에도 불구하고, 우리는 자만하여 실수할 수 있으며 우리의 뜻대로 살아갈 수 있습니다(삼하 11장).

1)하나님이 원하시는 결정과 선택을 해야 합니다. 우리가 일을 결정하고 선택하는 것은 너무 중요합니다. 이런 것을 위해서는 영적인, 또한 우리의 분별력이 너무 중요합니다. 하나님이 비록 세우시고, 하나님이 하시지만, 우리는 하나님이 우리에게 부여하신 여러 가지 특권과 사명을 가지고 살아가고 있습니다. 우리는 주위에 선택과 결정을 잘못해서 당하는 일들을 많이 봅니다. 목회자가, 성도가, 추한 모습을 보이게 되는 이 모든 것이 바로 하나님의 선택과 결정이 아니기 때문입니다. 또한 선택이라고 해도 최선의, 아니면 차선의 선택들을 지혜롭게 해야 하는 것입니다. 우리는 우리의 부족으로 하나님의 뜻을 그르칠 수 있으며, 우리들의 잘못된 생각으로 하나님의 일을 방해할 수 있기 때문입니다. 다윗의 잘못은 첫째 자신의 정욕, 자신의 욕심을 채우기 위해 결정했던 것입니다. 결국 이것을 죄를 낳고 말았습니다. "다윗이 사자를 보내어 저를 자기에게로 데려오게 하고 저가 그 부정함을 깨끗케 하였으므로 더불어 동침하매 저가 자기 집으로 돌아가니라"(삼하 11:4) 그는 자신의 죄를 감추기 위해 또 다른 죄악을 짓고 말았습니다(삼하 11:15 …맞아 죽게 하라). 그는 사람의 술수와 욕심을 채우고, 그것을 메꾸기 위해 또 다른 죄를 지었으며, 마침내 남의 아내를 취하는 잘못된 결과를 가져오게 되었습니다. 이러한 죄악은 바로 그의 영적인 분별력의 결여에서 시작되었습니다. 분별력이라는 것은 때와 시기를 잘 파악하는 것입니다. 내가 지금 무

엇할 때인가? 본문에서, 다윗이 범죄할 때는 왕들이 전쟁에 출전할 때였습니다. 다윗이 나서야 할 때였습니다. 그러나 다윗은 "예루살렘에 그대로 있으니라"(삼하 11:1)라고 말씀하고 있습니다. 우리는 영적인 분별력이 없을 때에 잘못된 죄악을 범하게 되며, 유혹을 받게 됩니다. 또한 무엇을 해야 되고, 무엇을 해서는 안되는가? 입니다. 목회자로서, 성도로서 우리는 해야 할 일과 해서는 안되는 분명한 것을 파악해야 합니다. 신약에서도, 이런 면에서, 베드로전서를 통해서 우리는 도전을 받을 수 있습니다. 베드로는 근신하지 못했습니다. 근신한다는 것은 베드로에게 잊지 못할 단어였습니다(참조 눅 22:46). 근신한다는 것은 자신을 조절하여, 때와 시기에 맞게 합당하게 살아가는 것입니다.

2)하나님이 어떻게 생각하시고 보시는가? 이것은 굉장히 중요합니다(11:27). "그 장사를 마치매 다윗이 보내어 저를 궁으로 데려오니 저가 그 처가 되어 아들을 낳으니라. 다윗의 소위가 여호와의 보시기에 악하더라"(삼하 11:27) 다윗의 결정과 선택의 행동은 하나님이 보시기에 악했습니다. 우리의 모든 결정은 "하나님이 어떻게 인정하시는가?"가 가장 중요합니다.

3. 회개하고 낮아져 기도로 기다릴 때, 하나님은 회복시키십니다(삼하 11-20상).

1)하나님은 죄를 책망하시며 지적하십니다(삼하 12:1-13). 하나님은 나단을 다윗에게 보내어 한 이야기를 들려주십니다. "한 부자와 한 가난한 사람이 있는데, 부자는 양과 소가 심히 많고 가난한 자는 작은 암양 새끼 하나뿐이었습니다. 어떤 행인이 부자에게 오니, 부자는 자기의 양

마시며, 주의 성신을 내게서 거두지 마소서, 주의 구원의 즐거움을 내게
회복시키시고 자원하는 심령을 주사 나를 붙드소서"(시 51:10-12). 현실
을 그대로 받아들이고, 하나님이 하심을 믿고 기도하면서 기다리는 것입
니다.

열왕기상·하

성을 보호하시는 하나님

"내가 나와 나의 종 다윗을 택하여 이 성을 보호하여 구원하리라 하셨나이다"(왕하 19:34).

성을 보호해 주시는 하나님

열왕기상하에서 하나님은 성(교회, 하나님 나라, 백성)을 보호해 주시는 하나님이심을 보여 주십니다. 솔로몬이 솔로몬 성전을 완성하여 봉헌한 뒤 다시 우상을 섬김으로 말미암아(왕상 11:9-13), 결국 왕국은 북 왕국 이스라엘과 남 왕국 유대로 나뉘어 집니다. 열왕기상하는 이러한 역사적 배경에서, 솔로몬의 즉위에서부터 분열과 패망에 이르기까지 역사를 다 다루고 있는 것입니다.

열왕기상하는 크게 3부분으로 나뉘어 집니다. 첫 부분은 솔로몬의 통치(왕상 1-11장)이고, 두 번째는 유대와 이스라엘로 나뉘어진 분열 왕국(왕상 12장-왕하 17장)이며, 북 왕국 이스라엘이 앗수르에게 멸망한 뒤(기원전 722년) 남 왕국 유대만 남게 되는 것이 마지막 부분입니다(18장-25장). 결국 남 왕국 유대도 바벨론에게 멸망하고 맙니다(기원전 586년). 이러한 역사를 우리에게 적용해 볼 때, 육적인 이스라엘은 바로 오늘날 교회와 하나님 나라로 볼 수 있습니다. 바울은 "오직 이면적 유대인이 유대인이며…"(롬 2:29) 라고 한 것을 볼 때, 우리가 바로 영적인 이스라엘이라는 사실을 알 수 있습니다. 하나님은 때로 하나님의 백성이 말씀에 불순종할 때, 이스라엘이 유대와 이스라엘로 나뉘었듯이, 성결을 위해서, 교회의 분리를 허락하시고, 교회와 하나님의 나라를 보호해 오시고 계십니다(벧전 4:17). 교회를 연단시키기 위해 열방을 들어서 심판을 하시기도 합니다. 그래서 육적인 이스라엘은 완전히 역사적으로 열왕기하에서 멸망을 당하게 되고 포로로 잡혀가게 되는 것입니다. 그러므로 열왕기상하의 주제는 성을 보호하시는 하나님으로 주제절은 "내가 나와 나의 종 다윗을 택하여 이 성을 보호하여 구원하리라 하셨나이다"(왕하 19:34)입니다. 우리의 행위나, 오늘날 교회의 모습을 바로 보실 때는 쓸어버리시고, 우리에게 심판을 베푸실 수 있는 분이심에도 불구하고, 하나님은 다윗의 언약을 통하여 우리를 보호하고 계시는 것입니다.

다윗 성은 이스라엘의 백성을 상징하며, 이 백성은 신약성경에 와서 영적인 이스라엘을 상징하고 있습니다. 이 백성은 바로 하나님의 교회를 통해서 오늘도 세상과 같이 역사를 향해 걸어가고 있습니다. 하나님은 시대 시대의 위기에서 하나님의 백성과 그의 나라인 교회를 지켜 보호하시고 계십니다. 한국 역사만 보아도 그렇습니다. 일제의 점령 아래 한국의 지도자들을 완전히 다 죽이기로 되어 있는 며칠을 앞두고 히로시마 원자폭탄으로 하나님은 일본을 항복하게 하셨습니다. 뿐만 아니라, 6.25 때 남한의 절대 절명의 위기 가운데 부산 교회에서 하나님께 간절히 부르짖는 성도들의 부르짖음을 듣고 인천 상륙 작전을 성공케하시고 다시 북상하여 겨우 남한을 남기게 되었던 것입니다. 이러한 하나님의 보호는 우연히 되어진 것이 아닙니다. 그러므로 열왕기상하의 육적인 이스라엘의 실패를 통하여 하나님의 교회가 어떻게 실패를 다시 반복하지 않을 수 있을 것인가 하는 역사적인 교훈을 삼을 수 있는 것입니다.

1. 우리는 엘리야 같이 여호와만이 참 하나님이심을 우리 시대에 보여 주어야 합니다(왕상 12-왕하 17장).

솔로몬은 하나님께 성전을 봉헌하고(왕상 1-8장)도 이방 여인들을 사랑하게 되어, 후비가 칠백 인이요 빈장이 삼백 도합 천명의 아내로 왕의 마음이 돌이키게 되었다(왕상 11:1-3)고 성경은 기록하고 있습니다. 이러한 영적인 타락을 통하여 이스라엘은 북 이스라엘과 남 유다로 나뉘어 시세 띕니나(왕상 12장).

이후 왕들은 하나님을 떠나 우상을 섬기고 여호와의 보시기에 악하게 되었습니다(왕상 16:30-34). 이러한 상황에서 엘리야는 이제, 북 왕국 이스라엘의 멸망을 예언하게 되는 것입니다. 이 시대는 영적인 혼란기였습니다. 그는 이러한 시대에 하나님의 하나님되심을 보여 준 선지자였습니다. 오늘날 교회는 역사상 어느 때보다도 어려움을 당하고 있습니다.

세속화의 물결 아래서 교회도 이제 그 영향력 아래 살아가고 있는 것입니다. 교회는 조롱을 받고 있습니다. 전도할 때에, 세상은 우리에게 부르짖습니다. 자는 자여 어찜이뇨. 우리의 잠자는 것을 세상이 책망하고 있는 것입니다(요나 1:6). 그러므로 엘리야 같이 우리는 과연 "여호와는 하나님이심을 보여 주는 사람"(왕상 18:39)이 되어야 합니다. 엘리야의 삶은 4가지로 요약될 수 있는데, 첫째로 그는 하나님과 동행하는 종(왕상 17:1)이었습니다. 오늘날 우리에게 가장 요구되는 것은 하나님과의 동행하는 생활입니다. 이것이 우리의 능력이 되는 것입니다. 오늘날 성도들이 가장 부족한 것이 있다면 하나님과의 실제적인 동행하는 삶입니다. 하나님의 능력을 의지하기 보다는 눈에 보이는 것을 의지하는 것이 우리의 특징입니다. 차에 기름이 가득 들어 있으면, 든든하며, 2-3천만 원이 있으면 뭔가 든든한 느낌을 가지는 것이 실제로 우리들의 특징입니다. 그러나 하나님으로 든든하지는 않습니다. 엘리야의 두 번째의 특징은 바알과 이세벨의 선지자들과 대결하여 이긴 하나님의 사신이라는 사실입니다(왕상 18:19). 하나님을 대적하는 모든 이방의 문화와 세력에 대항하여 하나님의 살아계심을 나타내 보인 것입니다. 무엇보다도 우리가 가지는 어려움은 바로 거센 세속적인 사탄의 물결들입니다. 종교적으로는 이미 비교종교학, 세상의 종교의 하나로 취급당하고 있습니다. 그러므로 세상 사람들이 자기들이 섬기는 신이나, 살아계신 하나님 사이에 차이는 없다는 것입니다. 과연 그렇습니까? 우리는 이 시대에 과연 나의 여호와가 하나님되심을 보여 주어야 하는 것입니다. 엘리야의 세 번째 특징은 기적과 표적을 일으킨 능력의 종이라는 사실입니다(왕상 17장; 왕하 1, 2장). 우리도 세상을 이기는 믿음을 통하여 하나님의 능력과 기적을 생활 속에서 나타내 보여야 합니다. 우리는 이같이 한 사람이 너무 중요한 시대에 살고 있습니다. 하나님의 하나님되심은 우리들을 통하여 나타나는 것입니다. 그렇습니다. 오늘날 교회가 때로는 살아있는 하나님의 체험의 장소가 되어야 합니다. 교회에 나아와서 하나님의 도우심을 간구하는 자들로 가득 차야 합니다. 마지막으로 엘리야는 인간적으로 나약했던 평범한 사람이었습니다(왕상 18장, 19장). 엘리야는 평범한 사람이었습니다. 어려움 속에서 실망과 낙심을 할 수 있는 그런 인간이었습니다. 야고보서 5장에서는 우리와 성정이 같은 사람이라고 적고 있습니다. 그럼에도 불구하고 하나님은 우리를 사용하셔서, 하나님의 큰 일을 감당하게 하시는 것입니다.

2. 하나님은 신실한 언약 때문에 성을(하나님의 교회와 나라를) 보호해 주십니다(왕하 18-20장).

앗수르의 협박에 성을 보호해 주시도록 히스기야 왕은 하나님께 기도했습니다. 이 응답으로 하나님은 유대 백성을, 그들의 성을 지켜 주시며, 그 이유가 다윗의 언약 때문이라고 하십니다(왕하 19:34). 하나님이 하나님의 교회와 그의 백성을 지켜 주시는 이유는 바로 이 때문입니다. 우리는 자칫 엘리야 컴플렉스적인 신앙을 가지기 쉽습니다(왕상 19:18). 그러나 하나님이 우리를 회복시키실 것은 우리의 정진힘 때문이 아니라, 바로 그의 신실한 언약 때문입니다(애가 3:22-23). 또한 그의 이름을 위하여, 우리를 그의 교회를 보호하시는 것입니다. 히스기야의 간절한 기도를 통하여 하나님은 이를 이루셨습니다. "내가 나를 위하며 내가 나를 위하여 이를 이룰 것이라 어찌 내 이름을 욕되게 하리요 내 영광을 다른 자에게 주지 아니하리라"(사 48:11). 하나님은 돌을 들어 소리를 지르게 하실 분이십니다. 나 때문에 살려 두시는 것이 아닙니다. 그러므로 우리가 현실을 바라보고, 절망과 실망 속에서 좌절로 세월을 보내지 않아야 할 것은 하나님의 하나님 되심을 믿기 때문입니다.

예레미야애가에서, 예레미야는 "내 고초와 재난 곧 쑥과 담즙을 기억하소서. 내 심령이 그것을 기억하고 낙심이 되오나 중심에 회상한즉 오히려 소망이 있사옴은, 여호와의 자비와 긍휼이 무궁하시므로 우리가 진멸되지 아니함이니이다. 이것이 아침마다 새로우니 주의 성실이 크도소이다"(렘 3:19-23)라고 탄식 속에서 하나님의 소망을 바라고 있습니다. 예수님의 비유 중, 열매 맺지 못하는 무화과 나무에서, 올해도 열매 맺지 못한 무화과나무를 찍어 버리실 수 있지만(눅 13:6-9), 계속 기다리시며 기대하시는 하나님의 사랑 때문에 우리는 심판을 받아 마땅하나, 남겨져 있습니다. 하나님께서 오늘날 많은 사람들, 특히 하나님의 백성들을 쓸어버리고 심판하셔야 하지만, 올해도 기다리고 계시기 때문에 보호해 주시는 것입니다. 그래서 또 오늘도 개척교회가 생기고, 또 목회자가 생기고, 또 신학교에 가기도 하는 등 하나님은 열매를 기다리는 모습으로 우리를 기대하고 계십니다. 교회는 뜨겁고 기도하는 모습이 되어야 합니다. 하나님은 세계교회를 지켜 가십니다. 우리가 기도를 많이 해서가 아니라, 왕하 19장 35절과 같이 185,000백성을 주의 능력으로 새롭게 하실 수 있는 분이십니다. 기회를 주시는 하나님 앞에 감사하며, 사명을 이 시대에 바르게 감당하게 되야 합니다. 하나님은 다른 방법으로 하실 수 있습니다. 기다리시다가, 끝까지 열매 맺지 못하고, 비록 우리를 지켜 주시지만, 결국은 우리는 하나님의 사명에서 멀어질 수 있습니다.

3. 말씀을 순종한 종들을 통해서 하나님은 성(교회, 하나님의 나라)을 보호해 주십니다(왕하 21-25장).

개혁의 종, 요시야는 역대의 왕 중에서 가장 하나님의 말씀을 사랑하고 순종한 왕 중의 한사람이었습니다. 그의 태도는 말씀을 듣고 옷을 찢을 정도로 진지했으며(왕하 22:11), 개혁을 실천한 왕이었으며(왕하 23장), 힘을 다하여 여호와의 말씀을 준행한 왕이었습니다(왕하 23:25). 오늘날도 하나님은 그런 사람을 찾고 계십니다. 말씀으로 자신의 위치를 깨닫고, 정말 여호와의 전의 퇴락한 것을 새롭게 하고, 말씀을 들으며, 준행하는 사람을 찾고 계십니다(왕하 23:25) "요시야와 같이 마음을 다하며 성품을 다하며 힘을 다하여 여호와를 향하여 모세의 모든 율법을 온전히 준행한 임금은 요시야 전에도 없었고, 후에도 그와 같은 자가 없었더라"(왕하 23:35).

교회는 개혁되어져 왔기 때문에 교회는 개혁되어져야 한다는 것이 바로 종교개혁의 슬로우건이었던 것은 사실입니다. 수만 가지 설교가 있습니다. 그러나 그것은 어디까지나 말씀에 대한 해설입니다. 교회는 말씀에 순종하는 모임입니다. 남에게만 적용시키고, 인도하는 모임 자체는 아닙니다. 말씀 자체에 순종하여야 할 것입니다.

지금은 시대적 지식적으로 충만한 시대입니다. 학위가 말씀의 능력을 대신하고, 경건의 모습이 능력을 대신하고 있습니다. 능력이 나타나고 생명이 나타나야 합니다. 교회는 언제까지 자체만 모이는 그런 모임이 아닙니다. 사회에 영향을 주고, 도움을 주고, 생명들을 구원시키고, 우리들 자신들에게도 능력의 삶을 베풀어 줄 수 있는 능력의 교회가 되어져야 합니다.

결론적으로, 이스라엘의 역사는 솔로몬의 타락으로 나라는 나뉘고 역사는 멸망을 향해가고 있었습니다. 그러나 이런 역사 중에서도 하나님은 시대를 개혁하고 새롭게 하는 사명을 맡기시고 계셨습니다. 역사적으로 결국은 기원전 586에 바벨론에게 유다는 완전히 멸망해서 포로로 잡혀가고 맙니다. 그러나 이러한 역사의 패망에서도 하나님은 새롭게 그의 역사를 이루시는데 바로 그의 나라, 즉 하나님의 왕국을 통해서, 그의 교회를 통해서 이 역사를 이루시고 계십니다.

역대상·하

겸비하기를 원하시는 하나님

"내 이름으로 일컫는 내 백성이 그 악한 길에서 떠나 스스로 겸비하고 기도하여 내 얼굴을 구하면 내가 하늘에서 듣고 그 죄를 사하고 그 땅을 고칠찌라" (대하 7:14).

겸비하기를 원하시는 하나님

역대상하는 겸비하기를 원하시는 하나님을 보여주십니다. 역대상의 구성으로는, 역대상은 족보(1-9장)와 다윗의 통치를 다루고 있으며(10-29장). 역대하는 솔로몬의 통치(1-9장)에서부터 분열 왕국(10-36장) 까지를 다루고 있습니다.

특히 역대상하는 사무엘상하와 열왕기상하와는 조금 접근 방식이 다릅니다. 역사적인 기록방식이 사무엘상은 선지자적인 관점(사무엘, 사울, 다윗)이라면, 열왕기상하는 왕들의 기록 중심이며, 역대상하는 성전 중심의 제사장적인 관점입니다. 이것은 교회중심의 역사해석이라고 볼 수 있습니다. 예를 들어, 역대상에서 무려 8개장이 성전을 짓기 위한 예비 작업을 다루고 있습니다(대상 7장; 21-27장까지), 또한 솔로몬도(2-7장) 성전건축에 대해 6장 이상 다루고 있습니다. 이런 면에서 어떤 개인의 실패나 범죄보다는 성전의 관점(하나님의 교회)에서 보려 했습니다. 예를 들어 다윗의 범죄(삼하 11장)는 과감히 생략되어 있습니다. 그리고 솔로몬의 갈등과 이방여인과의 문제들(왕상 1장, 11장의 사건)도 생략되어 있습니다.

즉 인간들의 실패가 중요한 것이 아니라 하나님이 어떻게 그의 성전을 이루어 가시는가? 라는 주제가 가장 큰 관심사인 것입니다. 비록 유다가 멸망해도 성전은 다시 회복될 것이라는(대하 36:23) 긍정적인 관점으로 결론짓고 있는 것입니다.

신약에서, 즉 우리는 실패해도 하나님은 예수 그리스도를 통하여 그의 성전을 이루시고 예수님은 삼일 만에 성전을 일으키시는 분으로 묘사되어 있습니다(요 2:19, 21) 즉 자신의 육체가 성전으로 묘사된 것입니다. 바로 예수 그리스도가 오심으로 요 1장 14절 "말씀이 육신이 되어 우리 가운데 거하시매 우리가 그 영광을 보니 아버지의 독생자의 영광이요 은혜와 진리가 충만하더라" 이 예수의 영이신 성령님이 우리 속에 거하십니다. "너희가 하나님의 성전인 것과 하나님의 성령이 너희 안에 거하시는 것을 알지 못하느뇨?"(고전 3:16) "너희 몸은 너희가 하나님께로부터 받은바 너희 가운데 계신 성령의 전인 줄을 알지 못하느냐 너희는 너희의 것이 아니라"(고전 6:19). 바로 이것이 보이지 않는 참 교회입니다. "그의 안에서 건물마다 서로 연결하여 주 안에서 성전이 되어가고 너희도 성령 안에서 하나님의 거하실 처소가 되기 위하여 예수 안에서 함께 지어져 가느니라"(엡 2:21-22). 그러므로 우리 교회는 하나님을 믿는 사람들의 모임이 중요한 것입니다. 건물 자체가 지어지는 것으로 하나님의 교회가 지어지는 것이 아닙니다.

어떤 사람은 교회에서도 3B가 중요하다고 합니다. 흔히 Business, Building, Bus가 교회의 중요한 요소라고 생각하지만, 실제로 교회는 하나님의 백성들이 가장 중요한 요소인 것입니다. 따라서 교회 존재 여부는 바로 예수를 믿는 우리 구성원들 자신이 건물보다 더 중요하며, 우리들의 겸손한 자세가 더 중요한 것입니다. 그렇다면 역대상하는 교회가 어떻게 하나님의 심판을 받았으며, 언제 회복되었는가? 하는 원리들을 발견할 수 있는 중요한 본문이 되는 것입니다. 이러한 구성원들이 하나님께 대하여 서로에 대하여 가져야 할 중요한 자세는 바로 겸비함, 겸손함입니다. 그래서 역대상하의 주제절은 바로 솔로몬이 하나님께 성전을 봉헌할 때, 기도 중에 하나님이 주신 말씀입니다(대하 7:14).

"내 이름으로 일컫는 내 백성이 그 악한 길에서 떠나 스스로 겸비하고 기노하여 내 얼굴을 구하면 내가 하늘에서 듣고 그 죄를 사하고 그 땅을 고칠지라"라고 약속해 주셨습니다. 즉 하나님은 겸손히 하나님을 찾고 기도하는 자를 회복케 하시는 분이십니다. 겸비하다는 말은 "카나"라는 단어로 "겸손하게 한다. 자신을 낮춘다"는 표현입니다.

특히 이 말씀은 역대하에서 많이 나타나는 표현들입니다(대하 12:6,7,12; 30:11; 33:12,19,23; 34:27; 36:12). 하나님은 시대 시대 마다 하나님의 교회가 겸손할 때 이를 회복시키셨으나, 말씀을 떠나 순종치 않을 때는 심판으로 일관했습니다. 과연 우리의 삶이 하나님의 징계로 일관되기를 원하십니까? 우리 교회가 하나님의 심판으로 일관되게 하시겠습니까? 해답은 바로 겸비하는 것입니다. 왜 겸비해야 할까요?

1. 이유는 하나님의 교회와 성도는 하나님이 평가하시고, 심판하십니다(대상 10:13-14).

하나님은 사울에 대하여 그가 범죄하였으며, 말씀을 지키지 않고, 신접한 자에게 도움을 구하고, 기도하지 않음에 대하여 지적하시며, 평가하십니다(대상 10:13-14). 또한 하나님은 우리 개개인을 심판하십니다(눅 12:13-21). 뿐만 아니라, 국가나 교회를 심판하십니다(벧전 4:17-18).

"하나님의 집에서 심판을 시작할 때가 되었나니 만일 우리에게 먼저 하면 하나님의 복음을 순종치 아니하는 자들의 그 마지막이 어떠하며, 또 의인이 겨우 구원을 얻으면, 경건치, 아니한 자와 죄인이 어디서리요"(벧전 5:17-18)

또한 하나님은 우주적으로 불신자와 경건치 않은 자들을 심판하십니다(계 20:12-14; 21:18). 로마서 1장 18-32절에 보면, 하나님께 영광을 돌리지 않은 자들과 감사치 않은 자들과 생각이 허망하고 마음이 어두운 자들을 다 심판하신다고 하십니다. 그리고 그 심판에서 그들을 그냥 버려두신다고 하십니다(이것은 선택과 반대되는 표현으로 유기하신다는 표현입니다). 로마서 1장 18-32절에서는 하나님은 세상을 심판하사 그들의 정욕을 유기하심으로 우상을 섬기고, 성욕을 유기하심으로 정욕으로 부끄러운 일을 행하고, 타락한 마음을 유기하심으로 그야말로 인간의 본능으로 살아가게 되었다고 말씀합니다. 형제끼리 하는 것에 대해서는 다 심판을 받을 것입니다. "네가 어찌하여 네 형제를 판단하느뇨 어찌하여 네 형제를 업신여기느뇨 우리가 다 하나님의 심판대 앞에 서리라. 이러므로 우리 각인이 자기 일을 하나님께 직고하리라"(롬 14:10) 우리는 마음대로 자행자죄해서는 안됩니다. 결론적으로 사울의 모든 것을 판단했듯이 하나님은 우리의 모든 언행심사를 판단하시고 심판하실 것입니다.

하나님은 다윗을 심판하십니다(대상 21:1). 다윗의 범죄 중에 하나는 바로 인구조사였습니다(사단이 일어나 이스라엘을 대적하고 다윗을 격동하고 이스라엘을 계수하게 하니라). 다윗이 인구조사를 함에 대하여 성경은 사단이 배경에서 역사했다고 합니다. 우리 성도들이 하나님을 믿음 안에서 살아갈 때 중요한 원리는 우리가 원하지 않는 것을 행하는 것은 바로 내 속에 거하는 죄요(롬 7:20), 우리를 때로 휘젓고, 하나님께 범죄 하도록 하는 것이 사탄입니다(대상 21:1). 우리가 우리의 정욕에 이끌릴 때도 있지만(삼하 11장), 많은 경우에 사단이 강하게 우리를 넘어지게 할 때도 있는 것입니다.

"예수님을 시험한 후 사단은 얼마동안 떠나니라"(눅 4:13)와 같이 떠나고, 다시 예수님은 자신의 길이 십자가의 길이며, 고난이 있다고 하자(마 16:21-23) 베드로는 이를 반류합니다. 이 반류하는 베드로에게 "사단아 내 뒤로 물러 가라 너는 나를 넘어지게 하는 자로다 네가 하나님의 일을 생각지 아니하고 도리어 사람의 일을 생각하는도다"하심으로써 우리가 하나님의 자녀이지만, 사단에게 영향을 받고 그들이 우리 뒤에서 역사할 수 있음을 보여 주십니다. 즉 사단은 우리의 육신을 사용하기도 합니다. 따라서 우리는 육신에 져서 육신을 따라 살아서도 안됩니다. 예수 그리스도를 믿는 성도들은 믿음으로 칭의(롬 2-5장 거룩하심)을 받아, 하나님과 화목(롬 5장)의 관계로 살아가야 합니다.

나아가 성화는 거룩한 행동이기 전에 우리 속에 있는 육신을 버리고 육신대로 살지 않는 것입니다(롬 8:12). 우리 속에는 육신이 있고, 아직도 영의 요구가 있는데, 거듭 거듭 우리가 육신을 좇아 살면, 이것은 사망이며(롬 8:6) 하나님과 원수며(롬 8:7) 하나님을 기쁘시게 할 수 없는 것입니다(롬 8:8; 고전 3:3; 갈 5:19-21).

2. 하나님은 겸비한 자를 회복케 해주십니다(대하 7:14).

하나님은 솔로몬의 성전에서, "내 이름으로 일컫는 내 백성이 그 악한 길에서 떠나 스스로 겸비하고 기도하여 내 얼굴을 구하면 내가 하늘에서 듣고 그 죄를 사하고 그 땅을 고칠지라"라고 약속해 주셨습니다(대하 7:14). 하나님의 성전인 우리가 예수님의 이름으로 하나님께 언제든지 겸손히 나아가 기도하면 하나님은 우리를 회복케 해주십니다. "…하나님이 교만한 자를 대적하시되 겸손한 자들에게는 은혜를 주시는니라"(벧전 5:5)고 말씀하시고, "교만은 패망의 선봉이요 거만한 마음은 넘어짐의 앞잡이니라"(잠언 16:18)하십니다. 겸손함으로 하나님께 나아갈 때 우리를 들어주시고 회복케 해 주시는 것입니다.

르호보암의 사건에서 겸비함이 나타나 있습니다(대하 12:6-8의 사건). 여기서 "겸비"라는 단어가 3번(12:6, 7, 12) 나타나 있습니다. 르호보암이 나라가 견고해 지자, 하나님의 말씀을 버렸습니다(대하 12:1). 이것은 여호와께 범죄한 것이므로, 애굽왕 시삭이 쳐들어 왔습니다(대하 12:2). 스마야가 르호보암에게 너희가 하나님을 버려서 너희를 시삭에 손에 붙였다고 하자(대하 12:5), 그들이 겸비하였고(대하 12:6), 멸하지 아니하고 구원하여 주셨습니다(대하 12:7). 르호보암도 스스로 겸비하니 하나님이 노를 돌이키시고 다 멸하지 아니하셨습니다(대하 12:12). 그가 겸손히 낮출 때 하나님은 노에서 돌이켜 주셨습니다.

역대하 33장에 므낫세의 사건에서도 겸비함이 구원함을 받게 한 것을 보여줍니다(대하 33:12,19).

므낫세가 겸비하여 바벨론에서 돌아와 왕을 회복하게 되자(대하 3:12) 그제야 여호와께서 하나님이신 줄 알았더라(대하 3:13)고 기록합니다. 그는 여호와의 전을 중수하고 겸비하여 하나님을 섬기게 되었다고 합니다. 하나님이 하나님인 줄 모르고 행하는 것이 바로 교만입니다. 하나님이 역사를 주관하시고 나를 다 감찰하시고 아시며(시 139:1), 전지전능하시며, 무소부재하시며, 신묘막측하신 분이심을 우리가 겸허히 받아들이는 것이 겸손입니다. 하나님이 하나님 되심을 인정하고 그렇게 모시는 것이 겸손입니다. 하나님의 영역을 제외하고 내가 다 해버리면, 과연 하나님의 역사는 어디 있습니까? 일처리나 결정할 때 자기가 다 해놓고 하나님께 기도하는 사람도 있습니다. 과연 우리는 어느 정도를 하나님께 맡겨 드리고 있는가 생각해 보아야 합니다.

요시야 왕 사건에서도 마찬가지입니다(대하 34:27). 요시야는 하나님의 말씀을 발견하고 겸비하였습니다(대하 34:27). 그래서 하나님이 개혁을 이루게 하셨습니다. 그러나 시드기야의 멸망 이유는 반대로 겸손하지 않음 때문이라고 하십니다(대하 36:11-21). 유다의 멸망의 이유는 바로 시드기야가 말씀에 겸비치 않고(대하 36:12), 마음을 강팍케 하여 여호와께 돌아오지 아니함으로 하나님은 만회할 수 없도록 하셨습니다(대하 36:16). 결국은 하나님의 약속하신 말씀대로 다 이루어지게 되었습니다

(대하 36:21).

3. 하나님은 겸비한 자를 통하여 하나님의 나라(교회)를 회복시키기를
원하십니다(대하 36:22-23).

육적 이스라엘은 멸망당하였으나, 하나님의 성전은 영원합니다. 성경
에서 이스라엘의 멸망에도 불구하고 하나님은 그의 성전을 회복시키심
에 관심을 가지고 계십니다. 바로 이것은 오늘 우리들을 통해서 회복되
어야 할 하나님 나라인 것입니다. 예루살렘을 다시 건축하라고 하십니
다. 바로 이것은 우리가 이 시대에 회복하여야 할 사명인 것입니다.

우리는 실패하였습니다(대하 36:20-21). 하나님의 백성과 교회가 이
세상을 이끌어가야 하는데 잠으로 일관하고 있지는 않은지 우리 자신들
을 돌아보아야 합니다. 하나님은 각 시대와 그 사람들을 하나님의 백성
들에게 맡겨 주셨습니다. 만약 교회가 그 시대에 책임을 다하지 못한다
면 바로 책임을 다 받게 되는 것입니다. 요나서 1장 6절에서 선장은 요나
에게 "자는 자여 어찜이뇨?"라고 물었습니다. 참으로 세상 사람들은 우
리를 향하여 잠자고 있다고 하는 것입니다. 요나는 사명을 잊었으니 잠
자고 있었습니다. 참으로 그는 배 밑층에 내려가서 누워 깊이 잠이 든지
라(욘 1:5)라고 하십니다.

사명을 잊은 성도, 하나님의 말씀을 버린 교회는 바로 실패한 것이요,
회복이 필요한 것입니다. 우리는 더 이상 여호와의 낯을 피하여 다니지
마십니다(욘 1:3, 10). 요나는 사명을 피하고, 우리는 하나님과 만나는 예
배와, 기도회를 피해 다니는 이러한 반항이 계속되는 동안 우리는 영적
인 실패를 경험하지 않을 수 없습니다. 분명히 요나의 시대에 요나와 함

께 했던 배에 임한 폭풍은 바로 요나의 책임이었습니다.

오늘 우리 시대에 당하는 갖은 재앙과 어려움이 일차적으로는 정치인들의 죄악이며, 우리 교회의 죄악들인 것입니다. 우리 교회에게는 맡긴 시대와 그 사람들에 대한 책임이 있습니다. 우리가 사는 지역에 대해 책임이 있는 것입니다. 이런 책임과 사명을 잊은 교회는 바로 잠자는 교회요, 바벨론에게 포로로 잡힌 유대처럼 영적으로 피폐한 교회입니다.

백성된 자는 다 동참하여 하나님과 함께 일하여야 합니다(대하 36:22-23). 참으로 인간적으로 생각할 때 이스라엘은 소망이 없는 나라였습니다. 그래서 예레미야는 이 백성들을 보는 고통이 바로 "내 고초와 재난 곧 쑥과 담즙을 기억하소서 내 심령이 그것을 기억하고 낙심이 되오나 중심에 회상한즉 소망이 있사옴은 여호와의 자비와 긍휼이 무궁하시므로 우리가 진멸되지 아니함이니이다"(애 3:19-22)와 같았습니다.

예레미야는 이스라엘 백성을 향해서, "내 눈의 흐르는 눈물이 그치지 아니하고 쉬지 아니함이여, 시내처럼 흐르도다"(애 3:48-49)라고 고백했습니다. 이러한 우리의 안타까운 교회와 우리 자신들을 바라보며, 우리는 여호와를 바라고 기다려야합니다.

"내 심령에 이르기를 여호와는 나의 기업이시니 그러므로 내가 저를 바라리라"(애 3:24).

예레미야의 사역은 슬픔의 사역이었습니다. 그가 외치고 백성들을 돌이켰으나, 한 사람도 돌이키지 않고 결국은 멸망하고 하나님의 말씀은 그대로 이루어지고 말았던 것입니다. 우리는 하나님의 일하심을 바라보고 "여호와여 우리를 주께로 돌이키소서 그리하시면 우리가 주께로 돌아가겠사오니 우리의 날을 다시 새롭게 하사 옛적 같게 하옵소서"(애 5:21)라고 고백했습니다.

하나님 나라가 회복되고 옛적 같게 되도록 기도하고 회개하고 동참하
여 일하십니다.

에스라

성전 재건을 원하시는 하나님

"에스라가 여호와의 율법을 연구하여 준행하며 율례와 규례를 이스라엘에게 가르치기로 결심하였더라"(스 7:10).

말씀의 개혁자 에스라

에스라는 성전 재건을 원하시는 하나님이 주제입니다. 에스라는 주전 458년에 귀환하였습니다. 그는 느헤미야가 귀환하던 주전 445년보다 13년 전에 돌아왔습니다. 에스라 1-6장의 내용은 에스라가 귀환하기 전에 주전 536년 1차로 귀환하였던 상황과 그리고 성전이 재건되던 주전 516

년까지 일을 자세히 다루고 있습니다. 그리고 7-10장은 에스라가 돌아온 당시 주전 458년에 어떠한 개혁을 하였는가를 설명하고 있습니다.

에스라는 어떤 사람입니까? 에스라 그는 준비된 사람이었습니다(스 8:1). 그는 아닥사스다 왕 칠년에 예루살렘에 올라왔습니다(스 7:7). 에스라는 "하나님의 손의 도우심을 받는 자"(스 7:9, 28; 8:18, 22, 31)였습니다. 그 후 그는 본문이 아닥사스다 20년이니, 13년 정도 이상 말씀에 대해 준비한 사람이었습니다. 수문 앞에 모였을 때 에스라는 말씀을 가져와 그의 동역자들 4절에 13명, 7절에 13명 도합 에스라를 제외하고 26명이 함께 말씀을 깨닫게 해 줍니다. 그의 사역은 말씀을 해석하고 깨닫게 하는 것이었습니다. 말씀을 읽고(8절), 뜻을 해석하고(의미), 다 깨닫게 하매(8절). 이 말씀으로 백성들이 다 울게 됩니다(9절). 하나님의 말씀은 바로 이러한 심령의 부흥을 가져옵니다.

오늘 우리가 진정한 부흥과 개혁을 가지지 못하는 것은 하나님 말씀 앞에 단순히 순종하지 못하기 때문입니다. 에스라는 귀환해서 백성들의 개혁을 위한 준비를 하게 됩니다. 그리고 그 개혁은 바로 미리 말씀을 준비하는 것이었습니다.

1. 우리는 말씀을 통한 개혁을 결단하여야 합니다(스 7:10).

에스라가 말씀의 개혁을 "결심하였다"고 하시는데, 이 단어는 "쿤"(confirm) 즉 "확증하다"라는 의미입니다. 이 단어는 시편 57장 7절에서도 사용되었는데, "하나님이여 내 마음이 확정되었고 내 마음이 확정되었사오니 내가 노래하고 내가 찬송하리이다"에서 "확증하다"라고 사용하였습니다. 이와 같은 결단은 다른 성경에서도 나타나는데, 다니엘 1장 8절에서 다니엘이 "뜻을 정하였다"고 할 때는 히브리어 "심"(set)이 사용되었고, 학개서 1장 7절에서도 "너희의 소위를 살펴보라"라고 하실 때도 "너희 마음을 너희 걸어온 길에 두라"라는 뜻이 쓰였다.

우리는 이 시대의 개혁을 위해서 말씀만이 개혁 할 수 있다는 것을 믿고 준비해야 할 것입니다. 본문의 구조는 에스라의 결심이 3개의 부정사로 연결되어 있음을 보여줍니다. 즉 그는 여호와의 율법을 "연구하고"(to seek), "준행하며"(to do), "가르치기로"(to teach)로 결심하였다는 것입니다.

2. 이 결심은 균형 있는 준비를 포함합니다(스 7:10).

첫 번째로, 본문은 하나님 교회의 개혁을 위해서 여호와의 율법 즉 "말씀을 연구해야 한다"고 가르칩니다. 시대를 개혁한 칼빈은 그가 글로 쓴 "기독교 강요" 그리고 그의 주석을 통하여 그 시대에 큰 영향을 끼쳤습니다. 글의 영향은 이렇게 큰 것입니다. 시대를 개혁하는 것에는 말씀을 바로 알고 연구하는 신학적인 작업과 연구를 무시할 수 없습니다. 에스라는 적어도 13년 이상 이러한 연구를 한 것을 볼 수 있습니다. 느헤미야 8장에 나타난 수문 앞 광장에서 말씀의 개혁을 두고 설교를 한 것은 바로 다름 아닌 에스라였습니다. 그는 제사장, 학사, 서기관으로서 말씀을 부지런히 준비했던 것입니다(느 8:9).

뜨거운 가슴만으로는 우리가 하나님의 교회를 개혁할 수 없음을 알아야 합니다. 우리는 하나님의 말씀을 바르게 이해할 수 있도록 평신도로서, 신학생, 목회자로서 계속적인 연구를 통해 하나님 교회와 나라를 세워가야 할 것입니다.

두 번째로, 본 절은 "말씀을 준행하기로 결심했다"고 말씀합니다. 말씀은 연구와 공부의 대상이지만, 무엇보다 삶의 목표이며, 삶에 대한 지침이라는 사실을 잊어서는 안됩니다. 종종 어떤 그리스도인들은 개혁을 위해서 먼저 자신의 삶을 개혁하는 삶의 성취와 성화를 노력하지 않는 경우를 봅니다.

그러나 하나님의 말씀을 공부하고 설교를 듣는 것은 단순히 공부하는 것이 목적이 아니라, 이 말씀을 따라 사는 것을 목적으로 한다는 것을 잊어서는 안됩니다. 공부의 목적, 듣는 목적은 바로 이 말씀을 따라 사는 것입니다. 이 균형은 신학과 경건, 학문과 경건이 함께 간다는 것을 보여주기도 합니다. 때로 신학을 공부하는 신학생들은 숙제가 너무 많아 성경을 읽을 시간이 없을 때가 있습니다. 공부와 경건생활의 비중이 늘 함께 가는 개혁을 이루어야 합니다.

마지막으로 "가르치기로 결심했다"고 합니다. 이것은 하나님의 교회를 세우는 것이, 학문과 삶, 경건과 삶을 통하여 종국적으로 재생산하며, 하나님의 교회를 계속 이어가도록 세우는 것이라고 말씀하십니다. 재생산은 바로 제자화와도 연결되어집니다. 예수님의 대사명에서도 "제자를 삼아 가르쳐 지키게 하라"(마 28:18-19)고 제자화에 대해서 명령하고 계십니다. 예수님도 공생에서 "가르치시고, 설교하시고, 고치시고" 하셨다고 말씀하십니다. 바로 "가르치는 것" 이것은 예수님의 제자화와도 연관되어 집니다. 교회는 믿지 않는 불신자를 복음전도를 통하여 신자가 되게 하고, 그 신자는 더욱 헌신적인 제자가 되게 하며, 종국적으로 재생산자가 되도록 하는 것이 바로 교회가 해야 할 일입니다.

결론적으로 우리는 하나님의 교회와 시대의 개혁을 위해서 준비하고 연

구하기를 결심해야 할 것입니다. 그리고 이러한 개혁자는 가슴만 뜨거워서
도 안되며, 지성으로 가득 찬 머리로도 안 되는 것을 보여줍니다. 균형 있
는 삶을 통해서 하나님의 뜻을 이루는 개혁을 준비해야 할 것입니다.

느헤미야

성벽 재건을 원하시는 하나님

"… 나를 유다 땅 나의 열조의 묘실 있는 성읍에 보내어 그 성을 중건하게 하옵소서"(느 2:5; 참조1:1-11; 8:1-12).

성벽 재건을 원하시는 하나님

느헤미야는 성벽 세우시기를 원하시는 하나님을 보여줍니다. 느헤미야 구성으로는, 기도를 통한 비전(느 1장), 진리와 믿음 안에서의 역사(役事)(느 2-7장), 승리와 개혁(느 8-12장), 새롭게 함(느 13장) 등으로 되어 있습니다. 느헤미야는 에스라와 동일하게 포로에서 돌아와서 무너진 성벽을 재건하는 것이 바로 가장 중요한 주제로 되어있습니다. 또한 에스라 역시 느헤미야 보다 13년 정도 먼저 돌아와 성전을 재건하였던 개혁자들이었습니다. 역사적으로 스룹바벨은 주전 536년에 1차로 예루살렘으로 돌아왔으며, 학개와 스가랴는 520년경, 그리고 1차 귀환이 이루어진 80년 후인 458년에 에스라가 돌아왔습니다(스 7-10장). 그리고 12년 후인 445년에 느헤미야가 돌아와서 성벽을 재건하게 되는 것입니다.

바로 성벽 세우기를 원하시는 하나님은 우리가 그의 성전을 세우며, 우리 자신과 교회를 개혁하시기를 원하십니다. 주제절은 "우리는 일어나 건축하려니와"(느 2:20) 입니다. 느헤미야가 세우려고 했던 이 성벽은 이스라엘이 새롭게 갱신되는 의미이며, 교회의 개혁과 부흥이라고 볼 수 있습니다. 하나님은 시대 시대마다 교회가 갱신되어 개혁하며, 부흥하기를 원하십니다. 우리는 이 시대에 어떠한 부흥과 개혁과 갱신을 위해서 준비해야 할 것인가를 본문을 통하여 배우게 됩니다.

1. 우리는 기도와 비젼의 사람이 되어야 합니다(느 1장).

참으로 느헤미야는 기도와 비젼의 사람이었습니다. 그는 아닥사스다 왕의 통치 때에 수산궁에 있었습니다(느 1:1). 그러던 중 그는 유다와 예루살렘에 대한 형편을 늘었습니다(느 1:2). 그 소식은 바로 성은 훼파되고 성문을 소화되었다는 소식이었습니다(느 1:3). 이러한 소식에 그는 울고, 슬퍼하며, 금식하여 기도하였습니다(느 1:4).

1)하나님의 사람은 하나님 나라와 교회에 대한 관심을 가집니다. 주님의 관심이 나의 관심이 되며, 그분의 아픔이 나의 아픔이 되는 것입니다. 그러므로 그의 뜻에 철저하게 순종하게 되는 것입니다. 그는 자신을 바

치는 사람입니다. 하나님은 오늘도 헌신할 사람을 찾고 계십니다. 많은 곳에서 마게도냐 사람의 환상(행전 16:9)과 같이 "건너와서 우리를 도우라."라는 사람이 있음에도 불구하고, 이것을 보지 못하며 보아도 무시하고 자신의 것에만 몰두하고 있습니다. 그러나 느헤미야는 그렇지 않았습니다. "자신을 보내어 성을 중건하게 하옵소서"라고(느 2:5) 고백하는 것입니다. 이러한 관심은 구체적인, 지역교회를 사랑함으로 나타납니다.

2)하나님의 사람은 무너진 성벽을 위해 자신을 헌신하기 원합니다(느 2:5). "Send me to Judah that I may rebuild it"(느 2:5). 즉 "나를 보내소서(느 2:5)"라는 고백은"하나님의 고난의 현장에 역사가 필요한 곳으로 나를 보내소서, 일할 곳으로 나를 보내소서"라는 고백인 것입니다. 그는 편안한 수산 궁에 있었지만, 영적으로는 도무지 편안하지 않았습니다. 이와 같이 하나님의 백성은 자신이 세상적인 성공을 한다고 마음이 편안한 것은 아닙니다. 비록 느헤미야는 자신이 취할 수 있는 가장 높은 목적을 성취했다 하더라도 그의 깊은 관심과 아픔을 메꾸어 줄 수는 없었던 것입니다. 하나님은 이러한 자들을 사용하는 것입니다. 우리는 주의 나라와 그의 교회에 관심을 버리지 않아야 합니다. 결국 그는 편안히 쉬던 수산 궁에서 파괴된 곳인 예루살렘을 향하여 갔습니다. 우리는 일할 곳으로 가야 합니다. 이것은 바로 이사야의 고백이기도 합니다(사 6:8). "내가 또 주의 목소리를 들은즉 이르시되 내가 누구를 보내며 누가 우리를 위하여 갈꼬 그 때에 내가 가로되 내가 여기 있나이다 나를 보내소서" 하나님을 참으로 만난 이사야는 하나님의 사명을 의식하게 되었습니다. 모세도 이와 같이 "그가 비록 바로의 공주의 아들이라 칭함을 거절하고 그리스도를 위하여 능욕을 받았다"(히 11:24-26) 라고 말씀하고 있습니다. 우리는 우리가 처한 환경이 아무리 만족스러워도 "무너진 하나

님의 성벽"에 마음이 가야 합니다. 하나님의 사람은 일의 중요성 즉 우선권이 무엇인지 정확히 이해하여야 합니다. 우선권은 하나님의 뜻과 나라이며(마 6:33), 우선권은 바로 그리스도를 아는 지식(빌 3:8)입니다. 이것보다 더 우선되거나 중요한 것이 우리에게 있어서는 안되는 것입니다.

3)느헤미야의 기도는 다음과 같은 특징이 있습니다(4 C). 첫째로, 하나님께 부르짖는 기도였습니다(Calling upon God)(느 1:4-5). 또한 자신과 선조들의 죄를 회개하는 기도였습니다(Confessing his and forefathers' sins)(느 1:6-7). 그리고 무엇보다, 하나님의 언약을 의지하는 기도였습니다(Claiming the promises of God)(느 1:8-9). 마지막으로 자신을 철저히 드리는 기도였습니다(Committing himself to God)(느 1:11).

이러한 기도를 통하여 개혁을 이루는 "성벽 재건"을 이루는 큰 일을 담당했습니다. 그는 "하늘의 하나님 여호와께 간구했습니다"(느 1:5). 우리는 기도할 때 위에 있는 형님이나 대통령에게 부탁하는 것이 아닙니다. 천지를 지으신 만군의 여호와께 간구하는 것입니다. 그러므로 반드시 하나님은 우리에게 응답하십니다. 우리는 간절하게 하나님께 부르짖음으로 간구해야 합니다(느 1:4-5). 느헤미야는 먼저 자신들의 선조들의 죄악과 "나와 나의 아비 집이 범죄"했다고 회개하였습니다. 이것은 분명히 말씀에 불순종한 행동이라고 고백했습니다(느 1:6-7). 이것은 바로 하나님의 말씀을 어긴 행동이니, 포로로 당하였으나, 다시 말씀대로 행하면 하나님께서 회복시킨다는 것을 믿고 간구한 것입니다(느 1:8-10). 그러므로 이 백성을 기억해달라는 기도였습니다. 이러한 기도로 느헤미야는 은혜를 입게 되고 술 관원이 되었습니다(느 1:11). 이러한 응답은 철저히 자신을 드리며, 하나님의 나라와 백성들에 대한 안타까움에 대한 동참이었습니다. 그리고 그 사실에 대해 울고, 슬퍼하고, 금식하였던, 자신을 드린 기도에 대한 하나님의 응답인 것입니다. 이와 같이 신자의 기도는 반드시 응답이 있습니다(4D) 1)직접적인 응답이 있습니다(Directly) 2)응답은 다양하게 나타납니다(Different) 3)응답은 때로는 지체되기도 합니다(Delayed). 4)응답은 No라고 나타나 기도합니다(Denial) 하나님께 믿음으로 간절히 기도합시다(히 11:6).

느헤미야는 하나님께 간절한 기도를 드린 뒤 왕의 술 관원이 되었습니다(느 1:11). 그가 왕 앞에서 얼굴에 수색이 있음을 보고 왕은 그에게 무슨 일이냐고 묻자(느 2:1-2), 이유는 유다의 성읍이 황무하니 이것을 중건하도록 허락해 달라고 합니다(느 2:3-5) 이때 기한을 정하고(대략 12년), 조서를 가지고 느헤미야는 예루살렘에 가게 됩니다(느 2:6-10). 그는 하나님을 경외함으로 역사를 하고 성실히 그의 직분을 감당했습니다(느 5:14-19).

2. 우리는 하나님의 일을 사역(使役)하는 데 수많은 반대자와 장애를 만납니다(느 2-7장).

하나님의 일을 방해한 자는 산발랏과 도비야였습니다. 이들은 느헤미야가 왔다함을 듣고 심히 근심했습니다(느 2:10). 하나님의 일을 시작하려하는 순간부터 방해의 역사는 시작되었습니다. 그 일에 대한 시기입니다. 사탄의 첫 번째 하는 일은 하나님의 일에 대해 시기하고 배가 아파하는 것입니다. 또한 이들은 느헤미야의 사역을 업신여기고 비웃었습니다(느 2:19). 사탄은 더 나아가 2차적인 공작으로 하나님의 일을 비웃고 업신여깁니다. 이러한 비웃음에 대하여 우리는 어떻게 해야 할까요? 그것을 철저하게 무시하는 것입니다. 느헤미야는 산발랏과 도비야, 게셈의 비웃음에 대하여 무시했습니다. 너희는 우리와 상관이 없다고 한 것입니다. 이것이 우리가 사람들의 비웃는 비웃음에 대하여 가져야 할 태도입니다. 또한 이들은 적극적으로 비웃고 업신여겼습니다(느 4:1-3). 그들은 하나님의 백성들이 하는 일을 비웃고 가볍게 여겼습니다. 사탄은 하나님의 일에 대해 비웃고, 실제적으로 낙망시키는 일들을 시작합니다. 그 역사를 "여우가 올라가도 무너지리라"고 하며 의미 없이 여겼습니다. 이러한 핍박에도 느헤미야는 기도했습니다. 하나님께 그들의 행위를 고했습니다(느 4:4-5).

"우리 하나님이여 들으시옵소서 우리가 업신여김을 당하나이다 원컨대 저희의 욕하는 것으로 자기의 머리에 돌리사 노략거리가 되어 이방에 사로잡히게 하시고 주의 앞에서 그 악을 덮어 두지 마옵시며 그 죄를 도말하지 마옵소서 저희가 건축하는 자 앞에서 주의 노를 격동하였음이니이다" 여기에 나아가 그들은 쳐들어와 협박까지 했습니다(느 4:7-8).

퇴락한 곳이 수보됨을 보며, 분하여 이제는 사탄의 방해 공작은 공격으로 나옵니다. 하나님의 일을 하면 할수록 우리는 더 큰 반대와 장애에 부딪히게 됩니다. 교회가 성전건축을 할 때에 많은 시험이 있는 이유도 여기에 있습니다. 하나님의 교회가 더욱 성장하고 보다 큰 하나님의 역사를 감당하려고 하니 자연히 사탄의 역사는 더 강하게 나타나는 것입니다(느 4:11).

전쟁을 일으켜 사람을 죽이고 역사를 그치게 하리라고 합니다. 사탄의 역사 중에 교묘한 것은 바로 사람을 치는 것입니다. 하나님의 성벽을 짓는 것을 방해하고, 무시하고 협박해도 되지 않자, 이제는 사람을 죽이려고 하는 것입니다. 교회 안에서 어찌하든 사람에 대항하고, 사람을 죽이

려는 것은 사탄의 역사입니다. 사랑으로 하지 않고 어떤 사실에 대하여
가 아니라 사람을 죽이려는 것은 바로 하나님의 역사를 그치게 하려는
사탄의 공작인 것입니다(느 4:14).

하나님의 일을 하는 자는 실제적이고, 구체적인 사탄의 이러한 역사를
의식하고 대책을 세워야 합니다. 이러한 사탄의 역사에 대해서 우리는 주
를 기억하고 교회를 위해 싸워야 합니다. 영적인 전투를 해야 하는 것입니
다. 반은 일을 하고 반을 창과 방패와 활을 가지고 있으며, 나팔 소리만 들
으면 나와서 전투를 하며, 밤에도 파수하고 낮에는 일하였습니다. 우리는
여기서 영적인 교훈을 가져야 합니다. 하나님의 교회에서 성도가 반만 기
도에 무장하고 있다면 영적인 싸움에서 승리하리라 믿습니다. 밤에는 성
벽을 파수하고 낮에는 열심히 일하는 이러한 역사만 있다면, 영적인 싸움
가운데 사탄의 책략은 우리를 무너지게 하지 못할 것입니다.

또한 이들은 느헤미야를 오노 평지에 만나서 죽이려고 했고(6:1-9) 그
를 모함하였습니다. 즉 사탄은 이제 교회를 흔들기 위해 지도자를 죽이
려 모함하였습니다. 교회에서 지도자만 무너지게 하면 흔들리기 때문에
사탄은 돈 문제로, 성적인 문제로, 명예 문제로, 지도자를 넘어지게 하
며, 또한 사람들을 통하여 죽이려고 합니다. 이와 같이 지도자를 죽이려
고 하는 역사가 나오면 사탄의 역사는 심각하게 간 것입니다. 이러한 악
한 역사에도 불구하고 우리가 이 역사를 극복하는 것은 그들에게 빌미를
제공하지 않는 것입니다. 느헤미야는 그들을 만나지 않았고, 음모에 대
하여 기도하면서, "네 마음에서 지어낸 것이다"라고 무시했습니다.

심지어 거짓 선지자 스마야를 통해서 거짓 예언으로 도망하려고 했습
니다(느 6:10-14). 사탄은 가장 가까운 사람, 신뢰할 사람을 통하여 역사
합니다. 느헤미야에게 마지막으로 방해한 것이 바로 이 작전입니다. 예

수님께는 베드로이었고, 느헤미야에게는 선지자 스마야를 통하여서였습니다. 스마야는 "그들이 죽이러 오니 생명을 보존하도록 도망가라"라고 했습니다. 이것은 뇌물을 받고 한 악한 거짓 예언이었습니다. 교회를 떠나게 하고, 교회의 지도자를 떠나게 하는 것은 바로 이런 면에서 악한 것입니다. 이러한 악한 작전에 느헤미야는 기도했습니다(느 6:14). 이와 같이 사탄은 비웃고, 업신여기고, 사람을 죽이려고 하고, 지도자를 죽이고, 도망가게 합니다. 이러한 핍박에서 결단코 떠나가면 안됩니다.

2)하나님의 일 보다는 세속적인 타협을 한 자는 엘리아십이었습니다. 그는 대제사장이었습니다(느 3:1, 20, 21). 흉년의 어려움에도 하나님을 경외함으로 극복했습니다(느 3:9). 그는 하나님 골방을 맡은 자였으나 도비야를 위하여 전 뜰에 방을 갖추었습니다(느 3:7). 내적인 어려움도 당했습니다(느 5:1-13). 재정적인 어려움이 극심했습니다(느 5:1-5). 그런 중에서도 그들은 하나님을 경외함으로 행하여 서로 문제를 해결했습니다(느 5:6-13). 우리는 이러한 어려움과 반대에도 말씀과 믿음을 가지고 모든 상황을 극복해야 합니다.

하나님께 기도하는 가슴과(heart to pray), 모든 것을 깨어 분별하는 의식, 즉 눈과(eye to watch), 사역(使役)하는 생각으로(mind to work) 일해야 합니다. 우리는 하나님의 역사를 할 때 "사람의 반대를 두려워하시 말아야 합니다" 그리고 어떠한 일을 할 때 사람 자체를 반대해서는 안 됩니다. 어떠한 사실에 대해서 우리가 문제를 다루는 것이지 어떤 사실이 하나님의 일이 아닐 때 그 문제를 받아들이지 아니하는 것이지 사람 자체를 거부해서는 안됩니다.

우리는 어떤 일을 할 때 이것이 하나님이 주신 것인가를 분명히 염두에 두어야 합니다. 그리고 나를 반대하는 것이 하나님을 반대하는 것인지 나 자신을 반대하는 것인지 우리는 깊이 생각해 보아야 합니다. 만약 우리가 하나님을 반대한다면, 수많은 사람들이, 아니 이 세상들의 사람들이 다 나설지라도 이것은 이루어 지지 않습니다. 우리는 하나님의 편에 하나님의 뜻에 늘 서있어야 합니다. 하나님이 기뻐하시는 뜻을 찾아야 하는 것입니다. 그리스도의 사람들에게는 계획이 다 되어있음으로 변개할 수 없다고 하는 것은 잘못되었습니다. 언제든지 주님의 뜻이 나타나면, 바꿀 수 있는 사람들이 되어야 하는 것입니다. 그러므로 무슨 일을 할 때 사람의 의견과 사람의 뜻을 따라 파당을 짓는 것이 중요한 것이 아니라, 내가 과연 하나님의 뜻에 서있는가? 하나님의 뜻 중에서도 최선과 차선의 것을 추구하는지 우리는 생각해 보아야 하는 것입니다(시 118:6; 27:1; 56:11). 결국 여러 가지 어려움 가운데서도 느헤미야는 52일 만에 성벽을 완성했습니다(느 6:15).

3. 우리와 우리 세대에 하나님은 개혁을 요구하십니다(느 8-12장).

참다운 개혁을 이룬 성경 인물들 같이 우리도 개혁을 이루어야 합니다. 야곱은 벧엘로 올라가자고 하여 집에서 개혁을 하였습니다(창 35장). 모세도 우리의 죄를 고백할 때라고 백성들에게 개혁을 요구했습니다(출 32-33장). 사무엘도 미스바에서 하나님만을 섬기기로 했습니다(삼상 7:1-13). 엘리야는 갈멜산에서 하나님만을 선택하라고 개혁을 요구했습니다(왕상 18장).

시대 시대마다 하나님은 부흥과 개혁을 하였습니다. 교회사를 통해서도 장로교에 부흥과 개혁의 역사는 계속되었습니다. 한국 교회에서는 1907년 1월 첫 주. 1500여명이 중앙장로교회에 모여서 길선주 장로가

"내가 아간이요"하고 회개를 시작하여 저녁 7시에 시작한 예배는 새벽 2시까지 끝나지 않았고 회개의 운동이 시작되었습니다. 이후 성령의 역사가 충만하였는데 이러한 역사는 1906년부터 6개월 이상 새벽 강가교회에서 시작된 것입니다. 한국교회도 그야 말로 성령의 큰 역사로 시작된 것입니다.

은사와 능력이 말할 수 없이 나타났습니다. 세계교회사를 보아도, 개혁과 부흥은 시대마다 계속적으로 하나님이 이루어 오셨습니다. 미국의 대부흥운동 역시 시대 시대마다 성령을 통하여 큰 역사와 능력을 베풀게 되었습니다. 요한 웨슬리 1720년에서 20년동안 죠나단 웨드워드와 죠지 윗필드를 통하여 일어났습니다. 필라델피아에서 모였을 때는 끝이 안보이는 사람들이 모였는데, 대략 200만으로 추산할 정도였습니다. 1790년 제2의 대부흥운동이 1930년까지 계속되었으며, 챨스 피니를 통하여 사회개혁 및 주일학교 운동이 시작되기도 했습니다. 각 시대와 각 나라에 하나님은 필요시 마다 부흥과 개혁을 일으켜 오셨습니다. 우리시대에도 개혁이 일어나야 합니다. 성경적인 개혁, 부흥은 무엇입니까?

먼저 말씀을 통한 개혁입니다(느 8:1). "모세의 율법 책을 가지고 오기를 청하매" 아무리 고함치거나, 성령의 역사라고 은사의 역사가 나타나거나, 병고침이 일어난다 할지라도 말씀을 통한 개혁이 아니면, 이것은 개혁과 참나운 부흥이 아닙니다. 하나님의 부흥과 개혁은 비고 말씀을 통하여 일어납니다. 또한 죄를 철저히 자백하는 개혁입니다(느 9:1) "그 달 이십사일에 이스라엘 자손이 다 모여 금식하며 굵은 베를 입고 띠끌을 무릎쓰며… 즉 자신의 허물을 자복하고, 죄를 자복했다"(느 9:1-3)고 말씀하고 있습니다. 이스라엘 백성은 자신들의 1)교만에 대해 회개했습니다 2)영적인 무감, 불감증에 대해 회개했습니다. 3)말씀을 가까이 하지 않고 불순종한 죄를 회개했습니다.

개혁은 말씀의 순종에서부터 시작됩니다. 우리가 지금이라도 하나님의 말씀에 순종하기만 하면 하나님의 부흥의 역사는 시작되는 것입니다. 죄에 대한 회개는 우리 자신에 대한 회개뿐만 아니라, 백성들 전체의 죄악에 대해 회개해야 합니다(느 9:34).

즉 그들은 회개하면서 첫째, 하나님의 하나님되심에 대한 새로운 각성이 있었습니다(느 9:7). "주는 하나님이시라" 그리고 하나님의 행하심에 대한 새로운 각성이 있었습니다(느 9:8-33). "하나님은 공의로우시나, 우리는 악을 행하였나이다" 이러한 회개를 하면, 하나님 앞에 우리에게 기쁨과 찬양이 따릅니다(느 8:12; 9:5). 하나님 앞에 죄를 회개한 뒤에 따르는 것은 기쁨과 찬양입니다. 이것은 하나님과의 관계 회복을 통한 영적인 기쁨의 회복이기도 합니다. 우리가 진정으로 하나님을 찬양할 수 없는 것은 하나님과의 관계가 바르게 회복되지 않았기 때문입니다. 마지막으로 우리에게 일어나는 개혁은 삶의 개혁입니다. 이제는 하나님 앞에 자신들을 결단하는 개혁인 것입니다(느 9:38). 이 일로 언약을 세우고 인을 쳤습니다. 우리의 시간과(time), 우리의 보물과(treasure), 우리의 재능을(talents) 하나님께 드려야 합니다. 우리의 것을 헌신하는 결단의 각오를 드려야 하는 것입니다. 그들은 하나님께 헌물을 드리기로 각오했습니다(느 10:35).

결론적으로 또한 하나님의 결정적인 개혁과 부흥의 순간에 에스라를 사용하였습니다. 하나님의 부흥은 이렇게 준비된 자들을 통하여 역사하십니다. 종교개혁 시대에, 쯔빙글리는 하나님의 말씀, 히브리어, 헬라어 성경을 들고 다니며 말씀으로 준비된 자였습니다. 오늘도 하나님의 말씀으로 또한 사명으로 사로잡힌 느헤미야 같은 사람을 통해서 하나님의 개혁의 역사를 이루어 가십니다. 이러한 개혁과 부흥의 주자가 되지 않으려십니까? 교회의 어려움이 있다면 그냥 피해가지 말고, 우리가 바로 개혁과 부흥의 주자가 되십니다.

에스더

섭리의 하나님

"당신은 가서 수산에 있는 유다인을 다 모으고 나를 위하여 금식하되 밤낮 삼일을 먹지도 말고 마시지도 마소서 나도 나의 시녀로 더불어 이렇게 금식한 후에 규례를 어기고 왕에게 나아가리니 죽으면 죽으리이다"(에 4:6).

섭리의 하나님

에스더서는 하나님이 "섭리의 하나님"이시며, 또한 우리에게 헌신을 요구하시는 분이심을 보여주십니다. 에스더의 구성으로는, 페르시아의 여왕으로 등단한 에스더(에 1-2장) 하만과 모르드개의 싸움(에 3-8장),

유대인의 보복의 날과 부림절(에 9-10장)로 구성되어 있습니다. 에스더는 하나님이 그의 백성을 위해 미리 페르시아의 왕비로 선택하셔서, 그녀의 희생을 통하여 하나님은 그의 백성을 구원하십니다. 주제절은 "당신은 가서 수산에 있는 유다인을 다 모으고 나를 위하여 금식하되 밤낮 삼일을 먹지도 말고 마시지도 마소서 나도 나의 시녀로 더불어 이렇게 금식한 후에 규례를 어기고 왕에게 나아가리니 죽으면 죽으리이다"(에 4:6) 입니다. 에스더는 하나님의 역사 속에서 자신의 희생이 요구될 때 하나님께 드림으로써 자신은 물론 민족을 살리는 놀라운 일을 감당하게 된 것입니다. 또한 모르드개와 하만과의 싸움 속에서 하나님은 이스라엘이 멸망의 위기 가운데 있음을 돌아보사, 하만은 멸망하고, 결국 이스라엘은 구원받게 됩니다. 즉 일사각오의 신앙을 통하여 하나님의 일을 이룸을 보여 주고 있는 것이며, 이런 의미에서 본문을 살펴보고자 합니다.

1.우리는 우리의 현재 위치에서 헌신과 희생이 요구될 때, 하나님께 순종해야 합니다(에 4:14).

하나님은 우리가 안 해도 역사하실 수 있으십니다. "우리가 잠잠하여 말이 없어도" 말입니다. 때로 우리는 너무 현실에서 안주할 때가 많습니다. 말해야 할 때, 또한 정말 일해야 할 때 뒤에서 관망만 할 때가 많습니다. 교회에서 너무 나만 할 수 있다고 설치는 것도 문제이지만, 내가 나서야 하는데 뒤에서 팔장만 끼고 있는 것도 문제가 됩니다. 에스더를 통하여 배우듯이, 우리에게 헌신이 요구될 때 즉시 순종해야 하는 것입니다. 하나님은 돌로 나를 대신하여 아브라함의 자손이 되게 하실 수 있스습니다(마 3:9). 이스라엘 자손들은 자신들만이 하나님의 백성이라고 생각했습니다. 엘리야는 자신만이 남아있다고 생각했었습니다. 이것을 우리는 엘리야 컴플렉스라고 하는데, 이것도 착각입니다. 우리 외에도 바알에게 무릎 꿇지 않는 7000명의 숨겨진 자들이 있다고 하나님은 말씀했습니다. 하나님은 우리를 대신하여 찬양과 하나님의 역사를 감당케 하실 수 있습니다(눅 19:4). 주의 백성이 일을 감당하지 않을 때, 하나님은 초자연적인 역사를 통해서도 하게 하십니다. 발람 선지자가 깨닫지 못하자 하나님은 나귀를 통하여 말하게 하였습니다. 우리가 깨닫지 못하고 끝까지 하나님의 영광을 위해 주저하고, 고집 피우면 하나님은 다른 것을 역사하십니다.

우리는 하나님 앞에 헌신의 기회를 놓치지 말아야 합니다. 하나님이 주시는 헌신의 요구 앞에 거절할 때, 우리는 하나님의 축복을 경험하지 못하고 오히려 그것으로 기회를 놓치게 됩니다. 우리 개인과 교회와 국가가 하나님 앞에 이 사명을 다하면 축복의 기회가 됩니다. 기회를 사야 합니다(엡 5:16). 기회는 늘 있는 것이 아닙니다. 한국교회가 세계복음화를 감당하지 않으면 하나님은 이 사명을 중국에게, 필리핀으로 가게 하실 수 있는 분이십니다. 하나님이 헌신과 일을 요구할 때 우리는 하나님께 순종해야 하는 것입니다. 헌신을 통해서 에스더는 별과 같이 빛났습니다(에 9:25-26). 부림절의 기원이 바로 에스더의 희생에서부터 시작되었습니다(단 12:3). 하나님이 사용하시고자 하는 기회를 우리의 위치에서 헌신해야 합니다. "왕후의 위를 얻은 것이 이 때를 위함이 아닌지 누가 알겠느냐?" 바로 나의 나됨과 우리가 현재의 위치에 있는 것은 하나님의 목적과 경륜을 위함입니다. 내 자신의 영광을 위해서만 나의 위치가 있다면 하나님과는 상관없는 것입니다. 우리는 준비할 때가 있지만(스 7:10), 직접 몸으로 헌신해야 할 때가 있습니다(에 4:14). 그리고 우리의 달란트(재능)을 사용해야 할 때가 있습니다(에 2:7). 에스더는 미모를 통하여 당대의 제일이었던 페르시야의 왕비가 되었습니다. 우리도 우리가 가지고 있는 재능을 하나님이 사용하시도록 해야 합니다.

준비의 때에는 준비하여야 합니다. 준비도 없이 무조건 헌신하고자 하는 마음만 있다고 된 것이 아닙니다. 물론 하나님께서 은혜로 사용하실 수도 있지만 하나님의 일을 할 수 있도록 좀더 준비하면 얼마나 영광이 되겠습니까? 요한복음 2장 4절에 가나안 혼인잔치에서 예수님은 "내 때가 아직 이르지 못하였나이다"라고 하셨습니다. 주님의 때는 십자가를 지는 것이었으나, 이 날 이적을 통하여 하나님께 영광을 돌리신 것입니다. 예를 들어 학생이 공부할 때인데 이것을 버려두고 복음을 전한다고 생각해 보십시오. 공부도 하나님께 헌신하는 것이요 복음을 전하는 것도 하나님을 위하는 일인데, 무조건적으로 헌신만 한다고 좋은 것은 아닙니다. 준비의 시기에는 제대로 준비하는 것이 하나님 나라를 더욱 확장시키는데 도움이 됩니다.

그러나 직접 뛰어야 할 때는 헌신과 투신으로 하나님 나라를 건설해야 합니다. 하나님이 우리에게 학문의 기회와 더 많은 준비를 시키시는 것은 하나님이 부르실 때 그의 나라와 그의 의를 위해 과감히 일하게 하시기 위해서입니다. 어떤 사람은 선교에 헌신할 각오도 했었지만, 경제적으로 안정되자 헌신의 각오는 사라서 버리고 현실에 안주하는 것도 있습니다. 물론 교회사역을 하는 것이 하나님의 일이 아니라는 말은 아니지만, 하나님이 우리에게 준비와 능력과 달란트를 허락하신 것은 그 위치에서 하나님께 영광을 돌리게 하심입니다. 이스라엘 백성이 하만의 음모로 전멸의 위기에 있을 때 모르드개는 "이에 네가 만일 잠잠하여 말이 없으면 유다인은 다른 데로 말미암아 놓임과 구원을 얻으려니와 너와 네

아비 집은 멸망하리라 네가 왕후의 위를 얻은 것이 이 때를 위함인지 아닌지 누가 아느냐"(에 4:14)라고 했고, 이에 에스더는 "왕에게 나아가리니 죽으면 죽으리이다" 결국 헌신과 자신의 생명의 위협까지도 마다하지 않았던 것입니다.

우리는 하나님의 때를 위해서 공부하고 준비합니다. 그러나 그때가 와도 헌신을 마다한다면, 그것은 자신의 유익을 위해서 공부하고 준비한 것에 불과합니다. 자신을 위한 영광은 될 수 있어도 하나님께는 영광이 되지 못하는 것입니다. 하나님이 사용하시지 않는 학식, 지위, 경제적 부는 의미가 없습니다. 하나님이 사용할 때 의미가 있는 것입니다. 우리가 공부하고 더 많은 지위와 학식을 쌓은 것은 자기자신의 영달을 위해서가 아닙니다. 나의 편리와 이기적인 욕심을 채우기 위해서가 되어서는 안됩니다. 한편 내가 내 자리에서 하나님 나라 건설에 동참하지 않아도 얼마든지 하나님은 다른 자를 통하여 일하실 수도 있습니다.

비록 하나님이 우리에게 어느 정도의 기간은 선택과 돌이킴의 기회를 주시지만 궁극적인 때에는 우리의 결단이 요구되는 것입니다. 하나님의 때에 우리는 과감히 모든 것을 버리고 하나님 나라 건설을 위해 헌신할 수 있어야 합니다. 현실에 주저 앉거나, 안주하는 것은 하나님의 개혁적인 사명을 가진 사람이 취할 자세가 아닙니다. 결단이 요구될 때 결단할 수 있고, 헌신이 요구될 때 헌신할 수 있는 자세를 가진 사람이 되어야 합니다. 어떠한 안정된 생활 속에서 영원히 안주해서는 안됩니다. 에스더의 각오와 헌신도 바로 자신을 자신의 위치에 둔 하나님의 역사를 일으키기 위해서였습니다.

2. 우리는 일사각오로 살아가야 합니다(에 4:16).

위기는 위기의식으로 대해야 합니다(나를 위하여 삼일을 금식하되). 하나님은 우리에게 환경을 통하여 하나님을 의지하도록 하십니다. 우리는 우리가 당하는 고난과 병중에 기도해야 합니다(약 5:13-14). 본문 3장 13절에 보면 하만이 아하수에로 왕에게 인정을 받자 왕의 반지를 이용하여 이스라엘을 멸하려고 하는 것을 봅니다. 이와 같이 어려움과 위기의 때를 잘 파악하고, 영적인 경각심을 가지며, 자신을 잘 살피고, 하나님의 뜻을 이루도록 분별하고, 무엇보다 헌신할 수 있도록 준비되어야 합니다. 영적 위기를 잘 깨닫고 기도와 금식으로 하나님의 도우심을 구해야 합니다.

에스더는 "죽으면 죽으리라"라는 일사각오로 나아갔습니다(에스더 4:16). 우리는 무엇을 위해 죽어야 합니까? 사람의 뜻을 위해 죽기도 하고, 신나를 뿌리고 불로 자신을 태우기도 하는데, 하물며 하나님의 뜻과 생명구원을 위해서 죽음을 마다하겠습니까? 이것이 바로 일사각오입니다. 진리를 위해, 하나님의 생명구원을 위하여 절대 순종하며 죽으면 죽으리라는 각오를 가지는 것입니다. 하나님의 일을 위하여 우리는 때로 죽을 각오로 선택해야 합니다.

에스더 당시 왕의 허락 없이 왕에게 나아가는 것은 죽는 길이었습니다. 신앙생활은 때로 죽을 각오로 삼낭해야 할 때가 많습니다.

한국의 에스더인 안이숙 사모는 신사참배를 강요당하다가 '죽으면 죽으리라'는 각오로 절하지 않아 감옥에 잡혀가 있다가 하나님의 은혜로 도망하게 됩니다. 도망 다니다가 평양에 가 있던 중 박관중 장로가 찾아와(평남 십자의원) 일본에 가서 회개하지 않으면 유황불을 비와같이 쏟아내려서 멸망시키겠다는 하나님의 음성을 들었다는 얘기를 듣게 됩니다. 그래서 일본에 이 사실을 외치려고 왔는데, 일본말을 잘 못하니 안 사모와 같이하라는 하나님의 음성을 들었다고 했답니다. 안 사모는 자신이 가는 것이 하나님의 뜻인가를 고민하며 금식하던 중에 하나님의 뜻을 찾다가 에스겔서 2장 "듣든지 아니 듣든지 너는 내 말로 고할지어다."라는 말씀이 크게 보이는 것을 보았습니다. 하나님의 뜻을 확신하고, 안 사모는 하나님께서 순종하기 위하여 일본에 가기 전 동역자들과 송별 예배를 드렸습니다. 최봉석(권능) 목사가 마지막으로 남겨둘 말을 묻자 "죽으면 죽으리라"(에 4:16)라고 했고, 최목사와 다른 모든 성도들도 함께 "우리들도 죽을 때가 오면 담대하게 기뻐 죽겠습니다"한 후, 일본으로 환송했습니다. 일본제국 국회에서 박장로가 "하나님의 사자로 회개치 않으면 멸망한다"고 하여 국회 방해죄로 잡혀 있다가 평양으로 후송되어 6년 동안 옥고를 치르게 됩니다. 그 기간 중 안 사모는 주기철 목사, 박관준 장로, 이기선 목사 등과 함께 신앙을 고수하다 에스더처럼 죽으면 죽으리라 각오하며 신앙을 지켰습니다.

참으로 죽음을 각오로 나아가야 합니다. 신앙사는 바로 선교사들을 통한 순교사였습니다. 죽으면 죽으리라는 각오로 어떠한 시험과 환난과 핍박 가운데에서도 굽히지 않고 담대히 이겨 나갔던 것입니다. 오늘날 우리가 사는 시대는 순교하는 시대가 아닙니다. 그럼에도 우리는 일사각오로 기도와 우리 신앙을 지켜 가야 하는 것입니다. 신앙의 본질은 고난과 핍박과 죽음입니다. 바울은 아시아에서 죽을 뻔 하여 "우리가 하나님 나라에 들어가려면 많은 환난을 겪어야 할 것이라"(행 14:22)라고 간증했습니다. 한 목사님이 미국과 러시아에 가서 복음을 전했습니다. 특히 은사와 능력에 대해서 말씀을 전했습니다. 그러나 그 중 한 성도는 우리는 은사가 없어도 "우리는 수 백년 동안 예수 그리스도 이름을 지키기 위해 오늘날까지 신앙을 지키며 살아왔다"는 말에 부끄러웠다는 고백을 들었습니다. 복음의 본질은 "죽으면 죽으리라"는 일사각오입니다.

1938년 9월 9일 제 27차 장로교 총회가 평양에서 개최되었을 때, 경관 97명이 193명의 총대사이에 있었고 회의를 감시했습니다. 총회장에 홍택기, 부회장에 김길창, 서기에 곽진근, 회계에 고한규였습니다. 3개 노회를 대표해서 박응률 목사는 신사참배는 국민의 당연한 의무라고 하며, 참배결의를 했습니다. 총회 폐회 후 이들은 평양신사에 참배했습니다. 이 때문에 신사참배를 반대하던 자들은 축출 당하였고, 신사 참배하는 학교, 교회 등교를 금지하고 이런 교회에 학습 세례를 받거나 헌금하지 말며 이런 이유로 폐문을 당하면 가정예배나 기도회를 가질 것을 결의하며, 신사참배를 거부하는 진리의 노회를 신설 준비하였습니다. 그래서 경상남도에서는 한상동, 주남선 목사가 중심이 되어 이 신사참배에의 결의에 반대하였고, 주기철 목사는 이에 항거하다 옥에서 4년만인 1944년 4월 22일에 세상을 떠났습니다. 이 반대 운동으로, 2백 교회가 문을 닫았고, 2천 성도가 잡혔으며, 50여명의 교역자들이 순교했습니다. 바로 이러한 자세가 일사각오입니다. 이 정신이 오늘날 교회를 지켜 온 것입니다. 손양원 목사도 참신은 천호대신이 아니고 살아계신 하나님이며, 천황도 하나님 아래에 있다고 하였습니다. 한상동 목사도 옥중에서 이를 반대에 6년 동안 신리를 고수했습니다. 이들은 계시록 2장 10절과 14장 13절, 디도서 2장 13절을 통하여 순교를 각오했던 것입니다.

예수 그리스도는 십자가에서 우리들을 위해 순교하셨습니다. 스데반은 집사로서 일사각오로 복음을 전파하다 돌에 맞아 순교하였습니다. 세례요한, 야고보, 베드로 그리고 바울 등도 로마의 칼 앞에서 복음을 전하다가 순교하였습니다. 초대교회 성도들은 로마의 원형극장에서 죽었습니다. 이것은 초대교회와 시대 시대마다 그리고 한국교회사에 나타난 특징들입니다. 개신교의 첫 순교자인 토마스 목사는 1886년 병인교난이 충전하던 때에 대동강에서 칼을 들고 달려드는 한국 병사에 성경을 내어 주면서 죽었던 최초의 순교자였습니다. 우리 신앙의 선조들은 일사각오로 끝까지 진리를 위해서 싸웠습니다. 오늘날 우리 신자들은 이러한 복음을 위해 순교적인 그러한 사태도 경험하지 못합니다. 그러나 성경에서는 우리 자신을 죽이며 하나님 안에서 살라고 하십니다. 즉 우리는 오늘도 죽어야 삽니다.

참으로 우리는 죽어야 삽니다(계 2:10; 갈 2:20; 고후 5:17; 갈 6:14; 롬 12:1-2) 나를 죽이고, 내가 죽을 때 그리스도가 삽니다. 부활의 역사는 죽어야 일어납니다. 우리는 매일 살아있으면서 주님의 살아나는 역사를 도무지 기대할 수 없습니다. "나는 날마다 죽노라"(고전 15:31)라고 바울은 고백했습니다. 십자가와 함께 죽는 삶(갈 2:20), 그리고 자신을 부인하고 십자가를 지고 따라가는 삶(마 16:24)이 바로 복음의 핵심인 것입니다. 예수님을 좇아가는 것은 우리를 부인하고, 우리 십자가를 지고 좇는 것입니다. 즉 자신을 부인하는 것입니다. 현대 교인들의 가장 큰 약점이 바로 이점이라고 생각합니다. 그리스도의 죽음과 함께 죽는 역사 바로 이것이 신앙의 가장 본질적인 것입니다. 세례 요한은 "그는 흥하여야 하겠고 나는 쇠하여야 하리라"고 고백했습니다.

이스라엘 백성은 하나님의 말씀을 들어도 듣지 못하고, 보아도 깨닫지 못한다고 했습니다. 우리는 우리의 아집과 생각이 있어서 말씀을 들을 마음이 없고, 듣고도 계속해서 그 마음을 바꾸지 않는 것입니다.

3. 하나님은 섭리를 통하여 역사를 이끄시며 그의 백성을 지키십니다(에 7장).

1)하나님은 그의 뜻을 위해 은혜를 입게 하십니다(에 7:2).

에스더에게 아하수에로 왕이 "그대의 소청이 무엇이냐? 나라의 절반이라도 주겠노라"(에 9:12)라는 표현을 통해 볼 때, 에스더가 하나님의 사랑과 은혜를 받는 것을 봅니다. 즉 우리가 잘나서가 아니라 하나님의 영광을 위해 우리에게 은혜를 입게 하십니다. 하나님은 우리들의 작은 것도 사용하셔서, 그것을 통하여 하나님의 일을 감당하게 하십니다. 우리의 모든 일을 통하여 이런 은혜를 베풀어 주시는 것입니다.

2)이방인과 세상 역사도 하나님의 뜻 가운데 인도됩니다(에 7:3-9). 하나님은 세상의 역사와 모든 역사를 주관하는 분이십니다. 본 에스더에서 아하수에로 왕은 29번이나 나오나, 하나님이라는 말이 한 번도 나오지 않습니다. 그러나 모든 배경과 일의 과정 속에서 하나님이 간섭하시는 것을 볼 수 있습니다. 생각나게 하고 연결되게 하며 사람을 통하여 역사하게 하시는 하나님은 이렇게 그의 간섭과 섭리로 우리를 인도해 주시는 것입니다. 참으로 에스더서는 섭리의 연속입니다. 에스더가 여왕이 된 것이 바로 하나님의 섭리이며(에 1:10-2:17), 아하수에로 왕이 잠이 오지 않은 것도 하나님의 섭리입니다(에 6:1-13). 즉 당시 내시 빅단과 데레스가 아하스에로 왕을 죽이려고 하였던 것을 모르드개가 막은 것을 그날 밤 왕이 상기하게 됩니다(에 2:21-23). 모든 역사의 배경과 개인의 삶에서 하나님의 섭리는 역사하시는 것입니다. 또한 하나님을 대적하는 모든 세력들은 결국 하나님이 심판하십니다(에 7:9-10). 하나님의 심판

은 이 세상에서 부분적으로 나타나되 종국에는 대 심판으로 나타납니다. 다니엘서에서 열방들은 다 심판을 받아왔습니다.

결론적으로 한국역사를 보아도 불의한 지도자들은 다 그 죄 값을 받았고 심판을 받았습니다. 하나님을 대적하던 이방인들은 역사적으로 심판을 받았습니다. 하만과 모르드개의 대전은 대역전극입니다. 하나님의 백성은 멸망하게 되었으나, 하나님의 은혜로 오히려 하나님의 백성을 죽이려고 했던 그들이 멸망당하게 된 것입니다. 하나님의 대역전극은 마지막 날에 일어날 것입니다.

욥기

의로우신 하나님

욥과 세 친구들

"그가 나를 죽이시리니 내가 소망이 없노라 그러나 그의 앞에서 내 행위를 변백하리라"(욥 13:15).

의로우신 하나님

욥기는 우리에게 하나님이 어떤 환경을 허락하셔도 "하나님은 의로우신 분"임을 보여 주십니다. 이것을 신학적으로 신의론(神義論 Theodicy)이라고 합니다. 즉 "의로운 하나님께서 어떻게?"라는 질문입니다. 인간이 이해할 수 없는 상황 속에서도 하나님은 의로우시다는 것입니다. 욥기의 구조는 1-2장은 서론, 3-27장은 세 번의 변론, 중간의 28장은 지혜의 시, 그리고 후반인 29-42장 6절에는 독백들, 결론적인 부분은 42장 7-17절로 구성되어 있습니다.

욥기에서 하나님은 욥에 대해서 "우스 땅에 욥은 순전하고 정직하여 하나님을 경외하고 악에서 떠난 자"(욥 1:1)라고 말씀하고 있습니다. 흔히 이 말씀을 통하여 욥이 의인인가? 죄인인가? 하는 질문을 합니다. 그는 사람보다 의로운 것은 사실이었지만, 절대적인 의인은 아니었습니다. 왜냐하면, 욥은 1)자신의 태어남을 저주하였고(욥 3:1), 또한 하나님 앞에 회개한 것을 보면, 죄악의 모습이 있었던 것입니다(욥 42:5-6). 그가 자신을 향하여 의인이라고 생각하지 않은 것도 볼 수 있습니다. "인생이 어찌 하나님 앞에 의로우랴"(욥 9:2) "가령 내가 의로울지라도 감히 대답하지 못하고 나를 심판하실 그에게 간구하였을 뿐이며…"(욥 9:15)라고 고백하고 있습니다. 그러나 분명한 사실은 욥이 받았던 그 고난은 그가 죄악을 지은 결과로 받은 고난이 아니었다는 것입니다. 이 부분에서 그는 자신을 변호하고 있습니다. 그러나 그의 옳고 그름을 떠나서 그가 받은 고난은 욥의 성숙을 위한 연단의 과정임이 분명합니다. 어떤 신학자는 성화를 위해서 하나님은 "시험과, 징계와, 육체의 가시" 등을 통해서 은혜로 임한다고 합니다. 또한 은혜도 우리가 축복을 받는 것만이 축복이 아님을 알 수 있습니다. 그렇습니다. 하나님은 은혜를 주실 때 우리의 거룩한 삶과 교제를 통해서만 주시는 것이 아님을 볼 수 있습니다. 하나님은 우리에게 어려움을 통해서 그분의 뜻을 이루십니다. 호세아에서는 악한 길을 막으셔서 뜻을 이루시며, 잘못된 모든 것들을 파괴하심으로 새롭게 하십니다(렘 1:10). 이것은 정반대로 임하는 은혜입니다. 약함의 은혜도 있는데, 우리의 약함을 통하여 하나님의 강함이 나타나는 것입니다 (고후 12:10; 13:9). 따라서 하나님의 은혜 없이는 우리가 얼마나 나약한 자인가를 깨닫게 함으로 나를 신뢰하는 자만심을 드리고 주님만을 의뢰케 하는 것입니다. 이것은 약함 속에서 강해지는 것(Strength in weakness)입니다. 신자가 약함을 알면 알수록 하나님의 능력을 힘입고 살 수 있다는 것입니다. 그러나 무엇보다 욥기는 "이해할 수 없는 하나님의 은혜"를 보여주십니다(욥 13:15). 신앙성장의 비결은 바로 은혜라고 여기지 않았던 일들이 바로 우리에게 귀한 은혜라고 생각하는 것입니다. 나에게 잘되게 하는 것, 물질 축복, 세상에서의 출세만이 하나님의 축복 즉 은혜라고 보는 것은 세속적인 견해입니다. 신자는 궂은 일, 괴로운 일, 낙심되는 일 속에서도 하나님의 영적인 시각과 성경적인 견해를 가져야 합니다. 욥기를 통하여 하나님은 의로우신 하나님께서 이해하지 못하실 일들을 우리들에게 당하게 하실 수 있다는 것입니다. 우리가 죄인이든지, 의인이든지 이 고난은 은혜로 임하며, 우리로 성숙하게 하셔서 성화에 이르게 함입니다. 특히 우리는 욥의 친구 엘리바스나 빌닷, 소발이 단편적으로, 일반적인 차원의 신앙을 이해했음을 볼 수 있습니다. 엘리바스는 생각하기를 "죄인은 망하고"(욥 4:7), "악인은 무서운 최후를 맞이한다"(욥 15:15-16)고 말합니다. 빌닷은 욥이 당하는 고난은 "자녀의 죄 때문이다"(욥 8:4), 고 말하며, "악인의 최후는 별낮이나"(욥 18:5, 21)라고 말합니다. 소발은 "문제의 해결은 죄악과 불의를 버리는 것"(욥 11:13-20)이며, "악인의 영광은 잠시요, 영원한 진노를 받을 것"(욥 20:5, 27-30)라고 했는데, 이러한 생각은 번영신학적인 입장으로 볼 수 있습니다. 나중에, 엘리후는 욥기 32-37장의 독백에서 "인간은 하나님 앞에 의로울 수 없다"(욥 33:12; 34:5)고 고백합니다. 이러한 친구들의 많은 판단 가운데서도 욥은 4-14장(첫 번째 변론)에서 "하나님께 소망을 두는 것을 배웠고" 15-21장(두 번째의 변론)을 통해서 그는 "하나님의 행사는 이해 불가"(욥 21:22-25)임을 고백합니다. 그리고 22-27장(세 번째 변론)에서 자신이 비록 하나님과 동행해도 "시련과 훈련의 골짜기로 인도"하실 수 있고(욥 23:10), "하나님의 공의가 나타나지 않는 것 같은 현실도 있음"을 배우게 됩니다(24장).

즉 욥은 고난을 통하여 하나님을 소망하는 법을 배웠습니다. 그리고 타인의 연단과 성화를 위한 하나님의 훈련을 통해서 우리가 남을 감히 판단할 수 없다는 사실을 배웁니다. 형제의 어려움이 다 죄악 때문이라고 말할 수 없다는 것이며, 패망하는 것이 반드시 그 가정의 죄 때문인 것은 아니라는 것입니다.

본문의 배경은 첫 번째 변론의 마지막 부분입니다(욥 4-15장). 이 구절에서, 우리는 "바른 나를 죽이실지라도 소망이 없노라"라고 보통 보지만, 본문에 대한 많은 사본들을 참조할 때에 우리는 오히려 이 해석은 반대로 해석되는 편이 나음을 볼 수 있습니다. 여러 번역들이 부정문으로 해석이 되어있으나, 다른 히브리어 번역들이나 구전에서는 "로"라는 부정의 단어가, "그 안에"라는 해석으로 받아들여지고 있습니다. 여러 가지 영어 성경의 번역들도 이대로 따라서 번역하고 있습니다. 특별히 NASV도 이렇게 번역하고 있습니다.

"Though he slay me, I will hope in him. Nevertheless I will argue my ways before Him. This also will be my salvation, for godless man may not come before His presence"(Job 13:16).

몇몇 주석에서, 신학자들인, Dhorme, Rowley, and Pope는 "떨지 않는다"라고 "소망이 없다"는 다른 의미로 해석하려고 하고 있습니다. 또한 칼빈도 부정적 긍정문으로 해석하고 있습니다. "Shall I not have hope?" "소망을 가지지 않겠는가?" 본문에서도 16절을 통해서 볼 때, "그가 나를 죽이실지라도, 내가 그 안에서 소망을 가질 것이다. 그럼에도 나는 나의 길을 그 앞에서 변백하고, 이것이 나의 구원이 되리니, 불경건한 자들은 그 앞에 올 수 없다"라고 번역될 수 있습니다.

결론적으로 이 본문은 긍정문 즉, 욥이 소망을 가지는 것으로 해석되는 편이 나음을 볼 수 있습니다.

1. 우리는(욥은) 고난을 통하여 그리스도를 소망합니다(욥 13:15-16).

고난은 그리스도를 소망하게 합니다. 즉 고난을 통하여 하나님은 하나님, 그리스도만 소망하게 만드십니다. 그는 판결자(욥 9:33), 나의 증인, 보인(욥 16:19), 구속자(욥 19:25-26)로서 그분만을 소망하게 되었습니다. 사람을 의지하거나, 자신의 어떤 것을 소망하는 것이 아니라, 절대자, 즉 능력의 하나님을 바라보고 의지하는 것이 바로 신앙의 핵심입니다. 그의 신앙은 주님이 알아주신다는 것입니다(내 행위를 변백하리라). 신앙생활은 모든 상황을 사람들에게 설명할 수 있거나, 이해되어지는 그런 것이 아닙니다. 주님 앞에서 해결해야 하는 것이 더 많습니다. 사람을 무시해서가 아니라, 우리는 하나님 앞에 나아가야 하는 것입니다. 우리가 사람을 의지하고, 내 자신을 바라보게 된다면, 하나님께서는 우리에게 고난을 통하여, 하나님을 바라보도록 하셔야 할 것입니다. 성공을 통하여 내가 나의 능력을 너무 과대하게 평가한다면, 하나님은 우리에게 지금 실패를 주셔야 하는 것입니다. 우리는 멋있는 해결과 답을 원하지만, 하나님은 문제를 주심으로 하나님 바라보기를 원하십니다.

인간은 교만하고, 늘 자신을 의지하는 습성이 있으니 하나님은 늘 우리에게 은혜를 주셔서 하나님을 바라보게 해 주시는 것입니다. 요나도 물고기 속에서 "고난을 인하여 여호와께 부르짖는다"(욘 2:2)고 했습니다. 어려움이 없으면, 우리는 하나님을 찾지 않을 때가 많습니다. 21세기는 1)세계화 2)정보화 3)세속화가 교회를 주도해 갈 것입니다. 이러한 시대에 우리는 교회 안에 번영신학적인 물결을 막아야 할 것입니다. "성공적인"이라는 단어가 말해주듯이 모든 면에서 우리는 하나님 말씀대로 살면 축복을 받는다는 것입니다. 그러나 하나님은 하나님의 뜻대로 살아도 우리로 더 하나님을 의지하도록 많은 어려움을 주실 수 있는 분이십니다. 성숙한 신앙인으로서 우리는 이해할 수 없는 은혜를 인내하며 승리하여야 할 것입니다. 지금 어떤 고난과 어려움을 당하고 계십니까? 이것을 통하여 주님을 바라고 계십니까? 그렇다면 이 고난은 너무나 소중한 것이요, 하나님의 은혜와 성화로 성숙케 하는 수단입니다. 그러나 여기서 욥과 같이 저주하고 상황을 탓하고(욥 3:1) 여러 가지 사람들을 탓하는 것은 하나님이 주신 고난의 목적이 아닙니다.

2. 우리는(욥은) 고난을 통해 삶을 폭넓게 이해합니다(욥 21:23-26).

하나님은 고난을 통하여 여러 가지 삶을 이해하게 하십니다. 사실상, 욥에게 친구들의 위로는 도움이 되지 않았습니다. "너희의 위로가 헛되지 아니하냐, 너희의 대답은 거짓뿐이니라"(21:34). 즉 일반적인 신앙의 이해와 상담은 오히려 욥을 번민하게 하였습니다. 우리는 쉽게 남을 판단하거나, 상담할 수 있습니다. 그러나 "우리는 우리가 이해하지 못하는 삶도 하나님이 허락하실 수 있다"고 인정해야 합니다. 욥의 친구들은 판단과 답을 주는 태도로 일관했습니다. 이러한 것이 욥에게 바른 위로가 되지 못했습니다. 그들은 욥과 같은 상황을 경험하지 못했기 때문입니다. 우리는 남을 판단할 때, 내가 아는 만큼하게 됩니다. 그러나 우리는 내가 모르는 다른 부분이 있다는 것을 인정해야 합니다. 상담학에서도 잘 하는 상담은 상담 받는 자의 말을 이해해주는 것이지 그에게 답을 주는 것이 아닙니다.

고난을 통해서 우리는 남을 이해하게 됩니다. "자기가 시험을 받아 고난을 당하셨은즉 시험 받는 자들을 능히 도우시느니라"(히 2:18). 예수님은 고난을 통과하신 분입니다. 그러므로 우리가 고난을 당할 때, 능히 도우실 수 있습니다. 하나님은 남을 이해하고 도울 수 있도록 하기 위해, 예수님으로 고난당하게 하셨습니다. 하나님은 우리에게 때로 이러한 고난을 통해서 삶을 더 깊이, 형제들을 더 깊이 이해하도록 하십니다. 하나님이 우리로, 많은 어려움과 고난을 통해서 남을 이해하는 폭이 더 넓어지도록 하시는 것입니다. "애매히 고난 받는 자도 있구나. 다 설명될 수 없는 어려운 일을 당할 수 있구나. 정말 억울하게 당할 수도 있구나!" 하나님은 우리로 고난이라는 경험을 통해서 배우게 하시는 것입니다. 특별히 우리는 정죄와 판단에 익숙합니다. 하나님의 요구하시는 말씀대로 하지 않으면, 우리는 칼 같이 잘라서 말할 수가 있습니다. 그러나 세상에는 억울하게 당하는 사람이 얼마든지 있으며, 악을 행하면서 얼마든지 잘 살아 갈 수가 있습니다. 이해할 수 없는 일을 얼마든지 당할 수 있구나 하면서 이해할 수 없는 일을 이해하게 됩니다. 이해력이 부족한 사람은 특히 하나님이 이러한 고난을 통해서 삶의 이해력을 넓게 하십니다. 인간미 넘치고 남을 이해하는 성숙한 신앙인은 고난을 통해서 이루어집니다.

2)고난을 통하여 순종을 배우게 됩니다. "그는 아들이시라도 받으신 고난으로 순종함을 배워서"(히 5:8) 우리에게 시편 기자는 "고난당하기 전에는 내가 그릇 행하였더니, 이제는 주의 말씀을 지키나이다"(시 119:67). "고난당하는 것이 유익이라, 이로써 주의 율례를 배운다"고 고백합니다(시 119:71). 고난은 하나님의 말씀대로 살게 해 줍니다. 고난을 통하여 더 하나님의 말씀대로 살게 됩니다. 마음대로 행하고, 나의 의에 가득 차서 살아 온 우리 삶을 하나님은 더 순종하며 살게 하십니다.

3. 우리는 고난을 통하여 우리 자신이 성화되어 감을 이해하게 됩니다 (욥 23:10).

고난은 우리로 성숙하게 합니다. "나의 가는 길을 오직 그가 아시나니 그가 나를 단련하신 후에는 내가 정금같이 나오리라"(욥 23:10). 욥은 고난을 통하여 하나님을 바르게 이해하게 되었고, 자신에게 고난을 주신 그 목적을 이해하게 된 것입니다. 야고보서에서 욥은 고난에 대해서 인내하였다고 말씀하십니다. "보라 인내하는 자를 우리가 복되다 하나니 너희가 욥의 인내를 들었고 주께서 주신 결말을 보았거니와 주는 가장 자비하시고 긍휼히 여기는 자시니라"(약 5:11). 그의 삶을 한마디로 인내하는 자라고 해석하고 있습니다. 우리들의 성화를 위하여 하나님은 고난을 통하여 인내하게 하시는 것입니다. "믿음에 덕, 덕에는 지식, 지식에 절제, 절제에 인내를, 인내에 경건을, 경건에 형제 우애를, 형제우애에 사랑을 공급하라"(벧후 1:6-7). 우리의 신앙이 인내를 통하여 더욱 성숙해져 가는 것입니다.

이러한 고난은 욥을 성숙하고, 하나님이 원하시는 성화의 모습으로 만

들어 갔습니다. 욥이 비록 자신의 어려움이 자신의 죄 때문에 임하지는 않았다고 하지만, 그는 하나님을 바로 인식하지 못하고 자기 나름대로 거룩하고 흠 없는 삶을 살았습니다. 하나님은(욥 38-42장) 38장에서 욥에게 나타나, 하나님은 1)만유의 주인이시며(욥 38-39장), 2)역사의 주인(욥 40-41장)이시다는 사실을 보여주시고, 욥은 그 하나님 앞에 숙연해 질 수 밖에 없었습니다. 그래서 "내가 주께 대하여 귀로 듣기만 하였삽더니 이제는 눈으로 주를 뵈옵나이다. 그러므로 내가 스스로 한하고 티끌과 재 가운데서 회개하나이다"(욥 42:56)라고 고백합니다. 성숙한 모습은 자신의 의에도 불구하고 하나님을 만나 그분 앞에서 겸손히 회개하는 모습으로 서는 것입니다.

하나님은 오늘도 우리들을 훈련하십니다. "네 하나님 여호와께서 이 사십년 동안에 너로 광야의 길을 걷게 하신 것을 기억하라 이는 너를 낮추시며 너를 시험하사 네 마음이 어떠한지 그 명령을 지키는지 아니 지키는지 알려 하심이라"(신 8:2). 오늘도 하나님은 우리를 성숙의 훈련장으로 인도하십니다. 여러분은 어떤 훈련장에 계십니까? 그분이 어떻게 하시더라도 우리는 그분을 의지하는 훈련을 통과하지 않고는 이 과정을 통과할 수 없습니다. 가나안에 들어간 여호수아와 갈렙도 하나님을 의지해서 들어갈 수 있었습니다. 다른 많은 백성들은 들어가지 못했습니다. 이유는 민수기에서 알 수 있듯이 하나님을 의지하는 자만이 천국을 유업으로 받을 수 있기 때문입니다. 하나님이 우리를 훈련하시는 것은 우리로 성숙하게 하시기 위함입니다. 정말 하나님이 우리를 죽이실지라도 우리는 그분을 소망해야 합니다. 왜냐하면 그분은 나를 벌하실지라도 의로우신 분이기 때문입니다. 그러나 욥의 신앙이 성숙되도록 인도하신 하나님은 고난 이상으로 "자비하시고 긍휼히 여기시는 분"이십니다(약 5:11).

우리는 신앙에서 많은 경험을 당하게 됩니다. 이것이 이해되어지지 않는, 억울하게 여겨질 수 있는 어떠한 상황이라고 할지라도, 우리는 하나님이 의로우시고, 또한 이러한 고난 가운데서도 자비와 긍휼이 많으신 분이심을 알아야 합니다. 창세기 22장에서 아브라함에게 이삭을 요구하신 (이해되어 지지 않는) 하나님은 이삭을 바치는 것을 요구하신 것 보다, 하나님이 아브라함을 위해 수양(창 22:23) 즉 여호와의 이레 즉 예비하신 양, 예수 그리스도를 주시려는 계시임을 우리는 배워야 하는 것입니다.

결론적으로 하나님은 우리에게 세속적인 신앙이 아니라, 순수하고 연단하는 신앙을 주시기 위해 우리가 죄를 지은 결과가 아님에도, 주님을 열심히 섬기는 우리의 삶의 헌신에도, 고난과 어려움을 주십니다. 이것은 1)하나님 절대 신앙과 2)인간미 넘치는 신앙인의 모습과 3)성숙한 모습으로 인도하시기 원하시기 때문입니다. 우리의 신앙은 상황을 초월하는 신앙입니다. 나를 죽이시는 것 같은 상황에서도 우리는 절대 신앙으로 하나님만 의지하십시다. 우리를 회복시키지도 아니하실지라도 하나님만 의지하십시다(단 3:18) 하나님이 상황을 우리를 그 속에서 구원하지 않으신 것 같아도… 하나님은 의로우시고 뜻이 계십니다. "무화과나무가 무성치 못하고, 포도나무에 열매가 없고, 감람나무에 소출이 없고, 밭에 식물이 없고, 우리에 양이 없고, 외양간에 소가 없어도" 여호와를 인하여 즐거워하고 기뻐하십시다(합 3:18).

시편

찬양과 기도를 받으시는 하나님

"왕이신 나의 하나님이여 내가 주를 높이고 영원히 주의 이름을 송축하리이다"(시 145:1).

시편은 "기도와 찬양을 받으실 하나님"이 주제입니다. 주제절은 "호흡이 있는 자마다 여호와를 찬양할지어다 할렐루야"(시 150:6)입니다. 하나님은 우리의 기도를 받으시며, 또한 찬양을 받으셔야 할 하나님이십니다. 따라서 우리는 슬플 때나 기쁠 때나, 기도와 찬양하는 삶을 살아야 합니다. 기도를 통하여 우리는 하나님의 음성을 듣기도 하고, 마음이 변화되기도 합니다. 시편은 하나님께 구하는 것 뿐아니라, 하나님이 우리에게 말씀하시는 바도 나타납니다(시 2:7-8). 즉 이것은 우리의 기도가 하나님께 우리의 뜻을 관철시키는 구복적 요소를 갖기도 하지만 기도의 중요한 요소는 바로, 하나님의 뜻을 발견하고 그 뜻에 순종하는 것임을 알 수 있습니다. 또한 하나님의 임재를 발견하고 하나님의 하나님 되심을 찬양하는 것입니다. 기도 중에 우리가 가장 약한 부분이 이 요소인데, 시편의 기도를 공부하면 바로 이것의 중요성을 알 수 있습니다.

어떤 목사님의 아들이 하나님을 잘 믿다가 타락하여 주를 찬양하는 목소리도 세상을 찬양하다가 마침내 그의 폐가 썩어 들어가게 되면서 다시 주께 돌아왔습니다. 결국 폐 하나를 짜르고 남아 있는 하나를 통하여 하나님을 찬양하면서, 곤란한 호흡 중에 "호흡이 있는 자마다, 하나님을 찬양하라"는 이 말씀을 바로 이해하게 되었다고 고백했습니다. 그렇습니다. 우리는 살아있다면 기도해야 하고, 살아있다면 하나님을 찬양해야 하는 것입니다. 우리가 기도와 찬양을 드리지 못한다면, 우리의 영은 잠자거나 죽어 있을 것입니다.

정말 우리가 하나님을 바르게 찬양 한 번 못 해보고 하나님 앞에 선다고 하면, 얼마나 후회스러울까요? 어떤 성도님이 갑자기 죽게 되었는데, 그 이유가 이틀 동안 화투를 치다가 과로로 쓰러졌다는 것입니다. 장례식 때에 마음이 정말 착찹하더군요. 이렇게 하나님께 가야 하다니…. 어떤 모습으로 가겠습니까? 기도하고 찬송 부르다가 주님 앞에 가야 하지 않겠습니까? 한 분이 저녁 기도회에서 이렇게 기도하는 것을 통해서 정말 은혜를 받았습니다. 여름에 더운데 기도하다가 가는 한이 있더라도 기도하게 해달라고 하시는 모습입니다. 우리는 기도하다 찬양하다가 주님 앞에 서십시다. "너희 중에 고난 당하는 자가 있느냐 저는 기도할 것이요 즐거워하는 자가 있느냐 저는 찬송할지니라"(야고보서 5:13). 즉 어려운 때에 기도하며 감사할 때에 찬송, 기도하는 것입니다. 우리는 신앙의 모든 양상에서 기도하는 삶을 살아야 합니다. 우리의 삶이 기도가 되며 우리의 기도가 또한 하나님께 찬양이 되는 것입니다. 즉 우리의 기도가 하나님께 찬양이 될 때 하나님은 우리를 통하여 영광을 받으십니다. 시편 전체를 통하여, 우리는 하나님께서는 찬양과 기도를 받으시는 하나님이심을 발견합니다.

그 중에서 회개의 시편과 감사의 시를 통하여 우리의 기도가 어떠해야 하는가를 보여 주십니다. 시편 51편과 145편을 통하여 우리는 회개와 찬양을 발견하는 것입니다. 시편 51편은 우리가 아는 바와 같이 7대 회개의 시 중에 하나입니다(시 51:6, 32, 38, 102, 130, 143). 특히 시편의 기도는 "성령으로 기도"(유 20절; 엡 6:18; 롬 8:26)하는 것이기 때문에 과연 영적으로 기도하는 것이 어떤 것인가를 바르게 보여 주는 것입니다.

1. 기도는 회개하는 심령(가난한 심령)으로 주님을 찾는 것입니다 (시 51:17).

"하나님이 구하시는 제사는 상한 심령이라 하나님이여 상하고 통회하는 마음을 주께서 멸시치 아니하시리이다"(시 51:17).

우리가 회개하고, 사복하는 것이 꼭 우리가 잘못했기 때문은 아닙니다. 그러나 간절한 심령을 가질 때 우리 자신들의 죄악이 드러나며, 우리들의 부족이 나타나는 것입니다. "심령이 가난하다"는 말씀은 마음 속에 주님 외에는 없다는 것과 또한 주님만을 필요로 하는 심령을 뜻합니다. 돈을 필요로 하는 자는 돈이 많아도 돈에 가난한 자이며, 하나님을 필요로 하는 자는 바로 하나님에 가난한 자입니다(마 5:3-6). 애통하는 자는

"어떻게 하면 하나님의 뜻대로 살까?"고민하며 사는 것입니다. 영적으로 갈급하며 가난해야 하는 것입니다. 온유한 자(바로 하나님을 찾고 겸손한 자)는 땅을 기업으로 받으며, 어떻게 하나님의 나라와 교회를 위해 살까 하는 자는 만족함을 얻게 되는 것입니다.

1) 기도하는 자는 자신을 돌아보는 자입니다.

"대저 나는 내 죄과를 아오니 내 죄가 항상 내 앞에 있나이다"(시 51:3).

우리는 신앙생활에서 자칫 말씀의 지식으로만 가득 차기 쉬우나 기도를 통하여 비로서 하나님을 바라보게 되고 우리를 돌아보게 됩니다. 하나님의 자비와 긍휼을 구하고(시 51:1) 죄악을 발견하는 자는 바로 기도하는 자입니다. 형제의 눈에 있는 티를 보는 것이 아니라 내 자신이 문제입니다.

한 토끼가 걸어가면서 다리가 불편해서 산에다 다 카펫트를 깔까 생각했다고 합니다. 우리는 너무 자기중심적일 수 있습니다. 자신이 푹신한 신만 신으면 되는데 말입니다. 우리가 분명히 알아야 할 것은 다윗과 같이 51편과 같이 밧세바를 범한 뒤에야 회개를 하는 것이 신앙생활이 아닙니다. 비록 다윗이 "피 흘린 죄에서 나를 건지소서"(시 51:14)에 고백하고 있는 것을 보지만, 이것은 다윗만이 하나님 앞에 이런 기도를 드려야 하지 않겠느냐?고 생각할 수 있으나, 이것은 잘못된 것입니다.

죄가 더한 곳에 은혜가 더한다(롬 5:20) 그래서 "죄가 더한 곳에 은혜가 더욱 넘쳤나니"라고 하는데 이 뜻은 마음대로 죄를 짓고 은혜가 넘친다는 말씀이 아닌 것입니다. 하나님은 그분 앞에서 죄를 느끼고 자신의 부족을 깨닫는 자에게 당신의 은혜를 충만히 채워주십니다. 아삽은 하나

님 앞에서 "내가 이같이 우매무지하니 주의 앞에 짐승이오나"(시 73:22)
라고 고백했습니다. 정말 회개하며 기도하는 자만이 이러한 부족한 모습
을 발견하게 되는 것입니다. 기도하지 않는 자는 이러한 우리의 모습을
발견하지 못하고 무엇이 된 줄로 생각하며 착각하는 것입니다. 겸손한
자는 기도하는 자입니다. 기도하는 자만이 참으로 자신을 발견하고 자신
의 참 모습을 발견할 수 있습니다.

2) 회개와 자복하는 자는 분명히 하나님의 사죄와 용서를 체험하게 됩
니다.

"하나님이여 내 속에 정한 마음을 창조하시고 내 안에 정직한 영을 새
롭게 하소서"(시 51:10).

우리는 죄를 짓고 살아갑니다. 죄의식에 빠지기 쉬우므로 죄의 권세에
사로잡혀 있는 모든 것에서 자유해야 합니다. 영적으로 눈이 빠져 멧돌
을 돌리는 삼손이 되거나 마음대로 다니지 못하는 죽은 나사로 같이 우
리는 수족을 베로 동인 채로 나오는데 예수님은 그에게 그 베를 풀어 놓
아 다니게 하라고 명하십니다(요 11:44). 우리에게 자유를 선포하시는 것
입니다.

인간은 죄를 사랑하는 경향이 있습니다. 그 죄에는 쾌락이 있기 때문
일 것입니다(히 11:24 25). 이는 자기 행위가 악하므로 빛보다 어두움을
더 사랑한 것입니다(요 3:19). 따라서 인간은 죄를 행합니다. 이러한 죄의
실행은 모든 사람과 상관있습니다(롬 3:23). 죄를 짓지 않는다고 하는 것
은 거짓말이고, 하나님 앞에서 우리의 죄를 자백해야 합니다(요1 1:8-
10). 인간은 "죄의 상태"에 있습니다. 죄를 사랑하고 행하고 있지만 주님
은 이 죄를 용서하셨습니다(엡 2:1).

또한 죄의식에는 단계가 있습니다. 죄의식은 법적인, 감정적인 것을 다 포함합니다. 죄에는 그 권능이 있습니다(롬 7:14-21). 이 죄의 권능에서 자유해야 합니다. 죄의 결과는 마침내 죽음입니다(롬 3:23).

3) 주님 앞에서 우리는 회복하는 신앙을 경험해야 합니다. "주의 구원의 즐거움을 내게 회복시키시고, 자원하는 심령을 주사 나를 붙드소서"(시 51:12). 참으로 기도로 회개하는 자는 하나님의 회복의 역사를 감당하게 됩니다. 오늘날 많은 사람들이 영혼에는 관심이 없어지고 감격이 사라지며 사랑이 식었습니다. 다윗은 하나님께 범죄함으로 구원의 즐거움을 회복시키시고, 성령을 거두지 말라고 안타까이 기도했습니다.

찰스 스펄젼 목사는 "십자가를 생각해도 눈물이 나지 않는 가슴을 보고 안타까워 울었다"고 합니다. 우리는 지금 잃어버린 신앙을, 무너진 성벽을 훼파된 주의 전을 새롭게 건설해야 할 때입니다. 개인적으로 우리는 공동체적으로 회복을 위해서 간절히 기도해야 합니다.

그 시대와 공동체와 개인이 심판을 받는 것은 참의인 열명이 없어서 소돔과 고모라가 멸망한것과 같은 이유 때문입니다. 이스라엘은 하나님 앞에 "공의와 진리를 행하는 한 사람이 없어서 망한다"(렘 5:1)고 말씀하고 계십니다. 또 "율법을 자랑하는 너희 유대인들이 하나님을 욕되게 한다"(롬 2:24)고 하십니다. 더 이상의 소시민적인 신앙을 버리십니다. 나 개인이 출세하고 나 개인이 무시당하는 것이 문제가 아니라 하나님의 이름이 무시당하는 것을 견디지 못했던 다윗과 같이 우리 자신을 두고 회개 하십시다. 이러한 하나님의 회복의 역사는 기도함으로 가능한 것입니다.

"나 주 여호와가 말하노라 그래도 이스라엘 족속아 이와 같이 자기들에게 이루어 주기를 내게 구하여야 할지라. 내가 그들의 인수로 양 떼같이 많아지게 하되, 제사드릴 양 떼 곧 예루살렘 정한 골자기의 양떼같이 황폐한 성읍에 사람의 떼로 채우리라. 그리한즉 여호와인 줄 알리라"(겔 36:37-38).

2. 기도는(찬양은) 하나님을 높이는 것입니다(시 145:1).

1절에, "왕이신 나의 하나님이여 내가 주를 높이고 영원히 주의 이름을 송축하리이다" 2-3절에, "내가 날마다 주를 송축하며 영영히 주의 이름을 송축하리이다. 여호와는 광대하시니 크게 찬양할 것이라 그의 광대하심을 측량치 못하리이다" 시편 145편에서, 다윗은 1-3절에 하나님을 송축하며 하나님의 하나님되심을 발견하고, 하나님의 하심을 통해서 자신의 헌신을 선포, 묵상, 노래하고 있습니다(시 145:4-7). 그리고 하나님의 하신 위대한 일을 또한 발견하고(시 145:8-18) 미래에 대해서 하나님께 맡기고 있습니다.

1)기도의 중요한 요소는 간구뿐만 아니라, 하나님을 높이는 것입니다. 우리는 기도가 하나님께 간구하는 것으로만 생각하는데, 기도는 하나님 앞에 서서 하나님이 어떠한 분이신가를 느끼며 하나님을 찬양하는 것입니다. 만약 우리가 아직도 기도에서 하나님을 신성으로 높이는 송축과 찬송의 기도를 드리고 있지 못하다면 우리는 깊이 있는 성령의 기도를 하지 않고 있는 것입니다.

"할렐루야 여호와의 종들아 찬양하라 여호와의 이름을 찬양하라. 이제부터 영원까지 여호와의 이름을 찬송할지로다. 해돋는 데서부터 해지는 데까지 여호와의 이름이 찬양을 받으시리로다"(시 113:1-3). 즉 하나님의 위엄 앞에 서서 하나님의 영광을 찬양하는 것입니다. 또 하나님의 능력과 구원의 광대하심을 노래합시다(시 113:4-9). 나 자신뿐만 아니라, 성도와 다른 백성들의 참여를 촉구하기도 합니다(시 32:11).

"너희 의인들아 여호와를 기뻐하며 즐거워할지어다 마음이 정직한 너희들아 다 즐거이 외칠지어다"(시 103:2). "내 영혼아 여호와를 송축하며 그 모든 은택을 잊지 말지어다" 시편 146-150편은 "할렐루야" 시편으로, 모두 할렐루야로 끝이 나는 것입니다. 또한 각 시편 한편이 연결되는 1권의 마지막은, "여호와 이스라엘의 하나님을 영원부터 영원까지 찬송할지로다 아멘 아멘"(시 40:13). 2권의 마지막 "그 영화로운 이름을 영원히 찬송할지어다 온땅에 그 영광이 충만할지어다 아멘 아멘"(시 72:19), 3권의 마지막 "여호와를 영원히 찬송할지어다. 아멘 아멘"(시 89:52), 4권의 마지막 "여호와 이스라엘의 하나님을 영원부터 영원까지 찬양할지어다 모든 백성들아 아멘 아멘 할지어다 할렐루야"(시 106:48) 그리고 5권의 마지막, "호흡이 있는 자마다 여호와를 찬양할지어다. 할렐루야"(시 150:6). 우리 생애의 모든 과정이 여호와를 찬양하는 것으로 시작하고 끝이 나야 합니다.

성삼위 하나님의 구원의 역사를 통하여 우리는 하나님을 찬양해야 하는 것입니다(엡 1:1-14). "찬송하리로다(송축하리로다). 하나님 곧 우리 주 예수 그리스도의 아버지께서 하늘에 속한 모든 신령한 복으로 우리에게 복 주시되"(엡 1:3)라고 삼위 하나님의 영적인 복을 3번이나 강조합니다. 뿐만 아니라, 성부 하나님의 택함도 6절에 "…그의 은혜의 영광을 찬미하게 하려는 것이라"하시고, 성자 예수님의 구속도 12절에 "…우리도 그의 영광의 찬송이 되게 하려 하심이라"라고 하시고, 성령 하나님의 인치심도 14절에 "…그의 영광을 찬미하게 하려 하심이라"고 성부, 성자, 성령 하나님의 선택, 구속, 인치심도 그의 영광을 찬송하게 하려 하심이다라고 분명히 말씀하고 있는 것입니다. 요한계시록에 보면 네 생물이 하나님을 찬양하고(계 4:8-9), 24장로도 하나님을 찬양하고(계 5:9-10), 144,000이 하나님을 찬양하고, 천하백성이 하나님을 찬양합니다.

3. 기도는 하나님에 대한 고백과 간구입니다.

1) 사랑의 고백입니다. 기도는 하나님에 대한 사랑의 고백입니다(시 18:1). "나의 힘이 되신 여호와여 내가 주를 사랑하나이다" 또한 그 하나님의 구원에 대한 확신입니다(시 18:2). "여호와는 나의 반석이시오, 나의 요새시오, 나를 건지시는 자시오, 나의 하나님이시오 나의 피할 바위시오 나의 방패시오, 나의 구원의 뿔이시오 나의 산성이시로다" 이 기도는 하나님께 감사하는 것입니다(시 116:12). "여호와께서 내게 주신 모든 은혜를 무엇으로 보답할꼬?"

2) 기도는 하나님께 드리는 간구입니다. 우리는 주의 나라를 간구합니다. "하나님은 우리를 긍휼히 여기사 복을 주시고 그 얼굴빛으로 우리에게 비취사(셀라) 주의 도를 땅 위에, 주의 구원을 만방 중에 알리소서"(시 67:1-2). 또한 주님의 공의로운 심판을 간구합니다(시 83편). "침묵치 마시고 악인들을 멸하소서"라고 말입니다. 기도는 우리들의 필요를 하나님께 구하는 것입니다. 살면서 사람들과의 불편한 관계 속에서 기도하며(시 5편-무고한 고난), 늘 하나님과 동행하게 해 달라고 기도하며(시 71:18- 백수가 될 때까지), 나의 시간을 계수하는 지혜를 달라고(시

90:10) 기도하며, 무엇보다 말씀을 깨닫고 하나님의 뜻에 따라 살 수 있도록 기도합니다(시 119:1-176).

그리고 늘 겸손할 수 있도록 기도해야 할 것입니다(시 131). 어려움 중에도 하나님의 구원을 간구하기도 합니다(시 69-70편). "깊은 수렁과 내 영혼을 찾는 자들에게서 구원하시도록", "죄악에서 건져 주시도록" 기도합니다(시 19:13-14). 환난 가운데서 큰 도움이신 하나님(시 46편)을 의지하며 늘 구원의 확신을 간구합니다. 하나님의 인자하심에 대한 확신을 통해(시 13편), "주여 언제까지니이까?", 우리의 기도는 탄식이나, 거기서 머무르지 않고 확신으로 나아갑니다. 공의로우신 심판을 늘 확신하며(시 37편), 행악자가 어떻게 될 것도 기도로 확신합니다.

그리고 우리가 받는 현재의 조롱과 고난 가운데서 가지는 확신을 가지게 됩니다(시 42편). 그리고 하나님께 헌신의 각오를 간구합니다. "내 마음이 확정"하여, 결단을 가짐을 간구합니다(시 57:7-10). 마음을 정하는 결단을 간구합니다(시 108편). 의뢰함과 결단도 간구합니다. 오직 하나님에 대한 절대 소망을 간구합니다. "오직 나의 소망은 주께 있다"(시 39:7)고 고백하며, "하늘에서는 주 외에 누가 내게있으리요. 땅에서는 주 밖에 나의 사모할 자 없나이다"(시 73:25)라고 하나님만 소망하게 됩니다. 여호와의 능력에 대한 소망을 가져, "군대를 의지함도 헛되다"(시 33:20)고 고백합니다. 궁극적으로 만군의 하나님을 향하여만 소망합니다(시 121편)

결론적으로 신약에서 성취된 많은 부분이 시편의 말씀의 성취입니다. 우리들의 삶이 말씀이 성취되어야 하며, 또한 우리기도와 헌신이 말씀을 이루는 것이 되어야 합니다. 다윗의 고난이 바로 예수 그리스도의 고난을 예표하였던 것입니다.

잠언

지혜를 주시는 하나님

"여호와를 경외하는 것이 지혜의 근본이요 거룩하신 자를 아는 것이 명철이니라"(잠 9:10; 참조3:1-10; 8:21-36).

지혜의 하나님

잠언은 "지혜를 주시는 하나님"이 주제입니다. 주제절은 "훈계를 들어서 지혜를 얻으라 그것을 버리지 말라"(잠 8:33)입니다. 이 잠언은 솔로몬이 쓴 것으로 구성되어있지만 다른 잠언들도 함께 있습니다. 첫 번째로 1장–9장까지는 다양한 잠언이며, 두 번째로 10장 1절–22장 16절까지는 솔로몬의 첫 번째 잠언이며, 세 번째로 22장 17절-24장 34절까지는 무명의 잠언들입니다. 25-29장은 솔로몬의 두 번째 잠언이며, 30장은 아굴의 잠언, 31장 1-9절도 르무엘의 잠언이며 31장 10-31절은 현숙한 삶의 찬양들을 보여 주고 있습니다.

한때 미국에는 우편 폭탄테러로 유명한 테드 카젠스키라는 사람이 있었습니다. 그는 하버드 대학을 졸업하고 미시간 대학에서 박사를 받았으며 버클리대학에서 교수를 했던 사람이었습니다. 그러나 그는 우편 폭탄 테러로 3명을 죽이고 23명을 다치게 하였습니다. 많은 지식이 있었지만, 그 지식은 그를 파멸로 인도했습니다. 지식이 있어도 지혜가 없는 사람은 얼마든지 많습니다. 이런 것을 볼 때, 우리는 지식보다는 지혜를 가져야 함을 알수 있습니다.

지혜는 무엇입니까? 지혜(知慧)는 한자로 볼 때 1)알고 2)지혜 혜(慧) 즉, 비혜(彗)자 밑에 마음 심(心)자가 있는데 바로 마음을 비(빗자루)로 쓸어 깨끗하게 된 것을 의미한다고 합니다. Webster 사전에는 1)지식이 축척된 것 2)분별력이 있는 것 3)지혜로운 행동을 의미합니다.

잠언에서 지혜는 하나님의 말씀을 지키는 것이며("내가 지혜로운 길을 네게 가르쳤으며 정직한 첩경으로 너를 인도하였은즉"(잠 4:11)), 지혜는 또한 사려가 깊은 것을 의미하고("나 지혜는 명철로 주소를 삼으며 지식과 근신을 찾나니"(잠 8:12)), 자기 길을 잘 분별하는 분별력을 의미하며("슬기로운 자의 지혜는 자기의 길을 아는 것이라도 미련한 자의 어리석음은 속이는 것이니라"(잠 14:8)), 겸손한 자를 의미합니다("마음이 지혜로운 자는 명령을 받거니와 입이 미련한 자는 망하리라"(잠 10:8)). 즉 사려 깊음, 분별력, 겸손 등입니다. 그러나 지혜는 무엇보다도 하나님을 두려워 경외하는 것입니다. "여호와를 경외하는 것이 지혜의 근본이요 거룩하신 자를 아는 것이 명철이니라"(잠 9:10).

1. 지혜의 근원은 바로 삼위 하나님이십니다(잠 8:22-36).

잠언에서는 특히 지혜를 인격으로 말씀하고 있습니다. 잠 8장 22-31절에도 성부와 성자가 잘 나타나 있습니다. 지혜는 성부 하나님과 성자 예수를 통해 나타나십니다.

1) 지혜의 근원은 바로 성부 하나님이십니다(롬 16:27).
"지혜로우신 하나님께 예수 그리스도로 말미암아 영광이 세세무궁토록 있을찌어다 아멘"(딤후 3:15). 하나님은 지혜의 근원이시며 하나님의 말씀인 성경은 우리들에게 바로 지혜를 주십니다. 하나님의 지혜는 바로 예수 그리스도 안에서 이루어집니다.

2)그리스도는 바로 하나님의 지혜입니다(고전 1:24).
"오직 부르심을 입은 자들에게는 유대인이나 헬라인이나 그리스도는 하나님의 능력이요 하나님의 지혜니라"(고전 1:30). 또한 "그 안에는 지혜와 지식의 모든 보화가 감취어있느니라"(골 2:3)라고 하십니다. 그러므로 우리가 참 지혜를 깨닫는 것은 바로 생명의 예수 그리스도를 아는 것입니다. 예수는 모든 것의 답이 됩니다. 세상 지혜는 우리에게 깊이 있는 사색을 줄 수 있을지 몰라도 우리에게 답을 주지는 못합니다. 세상 지식은 우리에게 도움을 주지만 본질적인 문제를 해결해 주지 못합니다. 우리가 잘 아는 이야기로 키엘케골은 어떤 일로 고민이 되어서 어떤 목사님께 고민을 토로하니 그 목사님은 도리어 자신이 지은 책을, 미처 그 저자가 키엘케골인 줄 모르고 추천해 주었다는 이야기가 있습니다. 이 이야기는 자신의 논리와 사색에서 나온 것도 자신에게 해결과 답이 되지 못한다는 것을 말해 줍니다. 우리가 논리라고 하는 귀납법도 사실 항상 논리적일 수는 없습니다.

1990년대 미국에 기독교 철학적 흐름 중 하나인 전제론적인 철학이 있는데, 이것을 전제주의자(Presuppositionalists)라고 부릅니다. 코르넬리우스 반틸(Cornelius Vantil)이나 프레임(John Frame) 그리고 구약 교수 프레트(Richard Pratt) 등이 이 견해를 지지합니다.

이것은 하나님의 계시는 이성이나 과학 또는 논리 위에 있고 인간의 마음과 이성의 판단은 중립에 있을 수 없다고 생각되며 인간의 일반적인 판단과 결정은 귀납법의 도약(inductive leap)의 오류에서 시작된다는 것입니다. 또한 이 귀납법의 오류는 연역법(Deduction)에서 연결됩니다. 귀납법의 논제(Repetition, Probability)는 예를 들어, 1)성냥을 캐면 불이난다, 2)그리고 성냥을 캐면 불이난다 그리고 3)성냥을 캐면 불이 나고 4)성냥을 캐면 불이난다라는 반복을 통해서 결론적으로 "성냥을 캐면 불이난다"는 결론을 가지게 됩니다. 즉 계속적인 반복과 확실성을 통하여 어떠한 명제의 결론을 얻게 되는 것입니다. 불신자들은 1)"나는 하나님을 볼 수 없다" 또한 2)"나는 하나님의 소리를 들을 수 없다 그리고 3)"나는 하나님을 만질 수 없다" 나는 4)"이 모든 것을 할 수 없다" 그러므로 "하나님은 계시지 않는다"고 결론 지음을 통해 자신의 경험 속에 한정되고 갇힙니다. 인간의 경험은 시간과 공간에 의해 제한되는 것이 사실입니다. 즉 인간은 이성과 논리의 전개에 있어서 그 사상이 이미 전제되어 있다는 것입니다. 즉 믿지 않는 사람들은 하나님을 불신앙하고 시작합니

다. 그러므로 우리들의 이성도 우리의 경험 즉 시간과 공간에 제한됩니
다. 그러므로 이것은 절대적인 것이 아닙니다. 성경에서는 지혜의 근원
이 바로 예수 그리스도를 아는 것이라고 말씀합니다(고전 1:21).

"하나님의 지혜에 있어서는 이 세상이 자기 지혜로 하나님을 알지 못
하는 고로 하나님께서 전도의 미련한 것으로 믿는 자들을 구원하시기를
기뻐하셨도다" 하나님은 일일이 설명은 안하시지만, 예수 그리스도를 통
하여 하나님의 지혜인 구원을 나타내시고 모든 사람이 엽서 한 장에 요
약될 수 있는 양으로 복음을 듣고 영접하게 하셨습니다. 초등학교 1학년
이나 어른에 이르기까지 예수 그리스도의 단순한 복음을 통하여 구원을
받게 하십니다.

3)지혜는 성령님이 주시는 것입니다.

"그런즉 너희가 어떻게 행할 것을 자세히 주의하여 지혜 없는 자 같이
말고 오직 지혜 있는 자 같이 하여"(엡 5:15) 즉 성령님은 우리에게 이 지
혜를 주시고, 하나님이 기뻐하시는 뜻대로 분별하여 살게 해 주시는 것입
니다. 그러므로 우리가 기도하고 성령 충만하려고 노력하는 것도 바로 이
때문입니다. 지혜는 바로 하나님만이 우리에게 주실 수 있는 것입니다.

2. 참 지혜는 하나님을 경외하는 것입니다(잠 9:10; 3:5-7).

"여호와를 경외하는 것이 지혜의 근본이요 거룩하신 자를 아는 것이
명철이니라" 이 세상의 지혜와 하나님의 지혜는 근본적으로 다릅니다.
바로 하나님을 경외함이 지혜의 시작인 것입니다. 그러므로 하나님이 주
신 말씀은 우리의 지혜이며, 생명입니다(잠 4:13). 이 지혜는 하나님이 주

십니다. "대저 여호와는 지혜를 주시며 지식과 명철을 그 입에서 내심이며"(잠 2:6). 그러므로 우리가 추구하는 학력과 학식보다도 하나님을 잘 의뢰하는 분은 지혜가 있습니다. 바로 여호와를 의뢰하고 그를 인정하는 것이 지혜입니다(잠 3:5-6). 이 지혜는 세상의 어떤 것과도 바꿀 수 없습니다(잠 3:15). 우리는 이 지혜를 사랑해야 합니다(잠 4:6-7). 이 지혜는 바로 우리가 하나님을 두려워하는 신앙입니다. 하나님께서 주권을 가지고 계시니, "사람이 계획해도 걸음을 인도하시는 분은 하나님이시며"(잠 16:9), "사람이 많은 계획이 있어도 하나님의 뜻만이 섭니다"(잠 19:21). 하나님은 인간의 길을 인도 하십니다. 하나님은 전지하셔서 "악인과 선인을 감찰하시며"(잠 15:3) 또한 "사람의 심령을 감찰하십니다" 귀와 눈을 다 지으신 하나님은 창조주십니다(잠 20:12).

하나님의 생각은 인간의 생각과는 다릅니다(사 55:8-9). 인간의 지성이 아무리 깊고 높아도 하나님과는 비교할 수 없습니다. 우리가 생각하는 논리도 반드시 옳은 것은 아닙니다. 우리가 느끼는 것도 반드시 옳은 것은 아닙니다. 우리가 경험하는 경험도 의지할 것이 못됩니다. 베드로는 자신의 경험으로 밤새도록 수고했으나 고기를 잡지 못할 때 그는 예수님에게 항복했습니다.

우리는 우리 지혜의 한계를 솔직히 인정하고 하나님의 말씀 앞에 항복해야 하며 이것이 바로 지혜의 시작입니다. "너는 마음을 다하여 여호와를 의뢰하고 네 명철을 의지하지 말라 너는 범사에 그를 인정하라 그리하면 네 길을 지도하시리라 스스로 지혜롭게 여기지 말지어다 여호와를 경외하며 악을 떠날지어다"(잠 3:5-7). 이렇게 하나님을 인정하는 것이 지혜의 시작입니다. 하나님의 인도는 바로 인간의 이성을 인정하지 아니하고 하나님의 계시와 말씀을 바로 의지하는데서부터 시작됩니다. 이러한 지혜는 하나님의 뜻을 부지런히 찾고, 또한 이것에 귀 기울이는 헌신이 요구됩니다. 그러므로 이 지혜는 하나님의 말씀을 통하여 얻어집니다.

지혜는 또한 하나님의 뜻을 알고 잘 분별하게 해 주십니다(잠 1장). 패커(J.I. Packer)는 하나님을 아는 지식에서 말하기를 "잠언이 사람을 지혜롭게 하는 것이 목적이라면, 잠언서는 하나님의 뜻을 분별하는 가장 중요한 수단 중의 하나다"라고 했습니다. 잠언의 목적을 "명철로 말씀을 깨닫게 하며"(잠 1:2) 이 말씀은 명철로 말씀을 분별하게 하며(to discern)라고도 번역이 됩니다. 지혜는 바로 하나님의 뜻과 아닌 것, 악과 선, 좋은 것과 더 최상의 것들을 잘 분별하게 해 줍니다. 4절에 젊은 자에게 지식과 근신을 줍니다. 이 근신이라는 말은 바로 discretion(분별력)이라는 말입니다. 이 단어도 뜻을 분별함과 연관됩니다. 또한 5절에 지혜 있는 자의 말과(wise counsel)은 바른 "인도(guidence)"라는 의미가 더 적절한 해석입니다. 이 단어의 원어인 "타크불라"는 고대에 배의 키가 바로 줄과 연결되어서 선장으로 하여금 그 배의 방향을 지시할 수 있도록 하는데 사용된 것입니다.

지혜는 확신과 또한 하나님 앞에 헌신하는 마음을 주십니다. 즉 하나님께 믿음을 가진 자는 모든 이성을 버리고 하나님의 계시와 지혜를 의지하는 것입니다. 또한 하나님의 인도는 바로 헌신도 요구합니다. 그러나 악한 사람은 교만하고 자신만만합니다. 여호와를 경외하는 것이 지혜의 훈계이며(잠 5:33), 여호와를 경외함으로 우리는 악에서 떠나게 됩니다(잠 16:6). 또한 여호와를 경외하는 이 지식은 생명으로 이르게 합니다(잠 19:23). 겸손과 여호와를 경외함의 보응는 재물과 영광과 생명이니라(잠 22:4). "여호와를 경외하는 것은 사람으로 생명에 이르게 하는 것이라 경외하는 자는 족하게 지내고 재앙을 만나지 아니하느니라"

3. 이 지혜의 하나님은 우리가 지혜로운 삶을 살기를 원하십니다(잠 3:1-10).

"너희 중에 누구든지 지혜가 부족하거든 모든 사람에게 후히 주시고 꾸짖지 아니하시는 하나님께 구하라 그리하면 주시리라"(약 1:5). 지혜는 하나님이 주십니다. 또한 "어떤 이에게는 성령으로 말미암아 지혜의 말씀을"(고전 12:8) 주신다고 했는데, 이 지혜의 말씀의 은사도 하나님이 주시는 은사 중 하나입니다. 우리는 하나님이 주시는 지혜로 모든 것을 분별하고 하나님의 뜻대로 살아가는 사람들이 되어야 합니다. 세상 지혜와 하나님의 지혜가 다른 것은 무엇입니까? 야고보서 3장 15-17절에서는 다음과 같이 말씀하고 있습니다.

세상 지혜는 1)세상적이요, 정욕적이요, 마귀적입니다. 따라서 시기, 다툼과 요란, 악한 일이 있습니다. 그러나 하나님의 지혜는 1)성결 2)화평 3)관용 4)양순 5)긍휼 6)선한 열매가 가득하고 7)편벽과 거짓이 없는 것입니다. 즉 이것은 신약의 야고보서와 같은 구조를 가지고 있습니다. 야고보서에도 2장에는 믿음과 행함, 3장에서는 언어생활, 4장에서는 마음의 다스림, 5장에서는 미래에 대한 인내와 기도의 지혜를 말씀하고 있습니다. 특별히 잠언은 우리에게 지혜로운 삶을 제시하고 있습니다. 이것은 믿음의 삶이요, 경건한 자의 삶인 것입니다.

1)믿음과 행함, 일반적 생활에서는 지혜로운 자가 게으름, 음욕, 차별, 교만, 다툼, 노를 품지 않음과 자녀 교육과 경제 생활 등에 지혜가 있습니다. 바로 지혜로운 사람은 신앙의 행위에서 그의 믿음이 나타납니다. 야고보서 2장 17절에서도 "이와 같이 행함이 없는 믿음은 그 자체가 죽

은 것이라”고 말씀하고 계십니다. 잠언에서 금하고 있는 것들은, 게으름(잠 6:6-11), 음욕(잠 5:15-23; 6:24-35; 7:1-27), 사람에 대한 차별(잠 14:31), 교만(잠 16:18; 18:12), 다툼(잠 20:3), 노를 품는 것이며(잠 22:24), 자녀 교육(잠 3:13-14), 경제 생활에 부정직한 것(잠 11:1)을 금하고 있습니다. 구제를 좋아하는 자는 풍족하여질 것이요 남을 윤택하게 하는 자는 윤택하여지리라(잠 11:25). 적은 소득이 의를 겸하면 많은 소득이 불의를 겸한 것보다 나으니라(잠 16:8). 많은 재물보다 명예를 택할 것이요 은이나 금보다 은총을 더욱 택할 것이니라(잠 22:1).

2)언어 생활에서도 지혜로운 자는 말을 잘하며 혀를 잘 다스린다고 가르칩니다. 남에게 상처를 주거나 고통을 주지 않도록 우리는 언어 생활에 절제해야 합니다. 야고보서 3장 8절에는 “혀는 능히 길들일 사람이 없나니 쉬지 아니하는 악이요 죽이는 독이 가득한 것이라”라고 말씀하고 있습니다. 말을 잘 절제하며(잠 10:11; 17:27), 말로 상처를 함부로 주지 말 것이며(잠 2:18), 과격한 말(잠 15:1)을 금하며, 남에 대해 말하기를 좋아해서도 안됩니다(잠 18:8; 26:22). 따라서 모든 것이 혀의 권세에 달려 있으니(잠 18:21), 남의 말 좋아 하는 자와 사귀어서는 안됩니다(잠 20:19).

3)지혜로운 자는 무엇보다 마음을 잘 다스립니다. 지혜는 내적인 절제와 다스림이 그 열매입니다. “간음하는 여자들이여 세상과 벗된 것이 하나님의 원수임을 알지 못하느뇨 그런즉 누구든지 세상과 벗이 되고자 하는 자는 스스로 하나님과 원수되게 하는 것이니라”(약 4:4). 우리는 우리의 마음이 언제나 하나님께 향하도록 잘 지켜야 합니다. 무엇보다 마음

을 지켜야 합니다(잠 4:23). "무릇 지킬 만한 것보다 더욱 네 마음을 지키라 생명의 근원이 이에서 남이니라" 마음을 제어하지 않는 자(잠 25:28)를 또한 경고하고 있습니다. "자기 마음을 제어하지 아니하는 자는 성읍이 무너지고 성벽이 없는 것 같으니라" 따라서 지혜로운 자는 노하기를 더디합니다(잠 12:16; 14:29; 15:18; 16:32; 19:11). 참으로 자신의 노를 다 드러내는 것은 어리석은 것입니다(잠 29:11). "어리석은 자는 그 노를 다 드러내어도 지혜로운 자는 그 노를 억제하느니라" 하나님은 마음을 단련하시며(잠 17:3), 또한 우리의 심령을 감찰하십니다(잠 21:2).

4)지혜로운 자는 자신에 대해서, 미래에 대해서 장담하는 사람이 아닙니다. 그리고 하나님의 선하신 판단을 바라보며 인내합니다. "너희도 길이 참고 마음을 굳게 하라 주의 강림이 가까우니라"(약 5:8) 그리고 기도하면서 모든 일을 맡깁니다.

"너희 중에 고난당하는 자가 있느냐 저는 기도할 것이요 즐거워하는 자가 있느냐 저는 찬송할지니라"(약 5:13) 지혜로운 자는 기도와 찬송으로 하나님께 맡기는 자입니다. 하나님께서 모든 것을 감찰하시니(잠 16:1-2), 모든 것을 하나님께 맡기는 것입니다(잠 16:3). 따라서 여호와의 뜻만이 완전히 섭니다(잠 19:21). 사람을 두려워 말고, 하나님을 두려워해야 합니다(잠 29:25). 그리고 도략이 없으면 백성이 망하며(잠 11:14), 묵시가 없으면 백성이 방자히 행하게 됩니다(잠 29:18). 오직 말씀을 두려워하는 자는 상을 얻으니(잠 13:13), 항상 하나님의 인도하심을 바라보아야 합니다(잠 16:9; 16:33; 20:24).

"사람이 마음으로 자기의 길을 계획할지라도 그 걸음을 인도하는 자는 여호와시니라" 항상 사람이 보기와는 다릅니다(잠 14:12; 16:25).

"어떤 길은 사람의 보기에 바르나 필경은 사망의 길이니라"라고 말씀하십니다.

우리는 내일 일을 자랑해서는 안됩니다(잠 27:1). 하나님은 정직한 자의 기도를 기뻐하시며(잠 15:8), 의인의 기도도 들으십니다(잠 15:29).

결론적으로 지혜의 근원은 바로 하나님이시며, 지혜는 이 하나님을 경외하는 것입니다. 하나님은 우리의 신앙생활 속에서 모든 영역으로 지혜롭게 행하시기를 원하십니다.

전도서

본분을 알기 원하시는 하나님

"일의 결국을 다 들었으니 하나님을 경외하고 그 명령을 지킬지어다. 이것이 사람의 본분이니라"(전 12:13; 참조 1:1-11; 11:9-12:14).

본분을 알기 원하시는 하나님

전도서의 주제는 사람의 본분을 알기 원하시는 하나님이십니다. 주제절은 "일의 결국을 다 들었으니 하나님을 경외하고 그 명령을 지킬지어다. 이것이 사람의 본분이니라"(전 12:13) 라고 말씀하십니다. 내용은 1-6장까지는 인생이 무상한 이유를 들고 있으며, 전 7-11장 8절까지 인생의 바른 지혜를 보여주시며 11장 19절-12장 14절까지 마지막 인생에 대한 결론적인 당부를 하고 있습니다. 전도서를 통하여 우리는 인생의 물음과 참의미있는 인생을 사는 지혜를 가질 수 있습니다.

인생은 무엇입니까? 부처는 인생을 생로병사(生老病死)라고 했습니다. 어떤 이는 여기에 빠져 허우적거리고 있는 사람이 있는가 하면, 어떤 이는 이 생로병사를 건지러 그 속에 뛰어드는 사람도 있다 했습니다. 살려 달라 애걸하는 이와 건져주는 이의 차이는 업(業)과 서원(誓願)의 차이라고 했습니다. 희랍신화에 스핑크스 이야기가 나옵니다. 상반신은 사람, 하반신은 사자 형상을 한 괴물로 수수께끼를 풀도록 강요하였습니다. "아침에는 네 발로 다니고 낮에는 두 발로, 저녁에는 세 발로 다니는 것이 무엇이냐?"는 것입니다. 이 수수께끼를 풀지 못하는 사람은 다 죽였습니다. 영웅 에디푸스가 스핑크스를 찾아가 풀었는데 답은 사람이며 아침은 유아기 시절로 네발, 좀더 자라서는 걸어다니므로 두발, 늙어서는 지팡이에 의지해 세발로 걷는 것이라고 하자 스핑크스는 바다에 빠져 죽습니다.이것은 인생은 변화무상하며, 여러 가지 면을 갖춘 수수께끼 같은 존재라는 것을 풍자한 것입니다. 그렇다면 전도서에서는 인생을 어떻게 말씀하고 계시며, 바른 삶의 추구란 과연 무엇인지에 우리는 귀를 기울여야 합니다. 성경은 인생이 헛되다고 말씀합니다(전 1:2).

1. 인생은 헛된 것임을 알기 원하십니다(1-6장).

바람 잡는 것이 인생입니다(전 1:14, 17; 2:11, 17, 26; 4:4, 6; 5:16; 6:9). 인생무상(人生無常)이라고 할 수 있습니다. 이태백은 술에 취하여 양자강의 물에 비친 달을 잡으려다가 물에 빠져 죽었다고 전합니다. 오늘 많은 인생들이 달을 잡으려고, 또는 무지개를 잡으려고 찾아갑니다. 전도서에는 "내가 해 아래서 행하는 모든 일을 본 즉 다 헛되어 바람을 잡으려는 것이로다"(전 1:14)라고 말씀하시는데, 즉 "인생은 바람 잡는 것이다"라는 말씀입니다. 이 말씀은 무려 9번이나 이 전도서에 나옵니다 (전 1:14, 17; 2:11, 17, 26; 4:4, 6; 5:16; 6:9). 인생의 본질에 대해서 강조한 말씀인데, 우리가 이루어 놓은 추구하는 것이 바로 바람 잡는 것 같이 수고와 추구가 헛되다는 말씀입니다. 무엇을 잡은 것 같은데 잡고 나면 아무것도 없다는 것입니다. 이러한 인생이니 그 삶에서 바른 의미를 깨닫고 또한 바른 자세로 인생을 대하는 것은 너무 중요합니다. 또한 이 말씀의 뜻은 인생이 허무하니, 우리가 추구하는 쾌락과 부로도 참 만족을 얻을 수 없다는 의미입니다. 전도자 솔로몬은 "무엇이든지 내 눈이 원하는 것을 금하지 아니하며 무엇이든지 내 마음이 즐거워하는 것을 내가 막지 아니하였으니…"(전 2:10)라고 하여 그는 쾌락과 만족을 한 번 추구해 보았습니다. 그것은 솔로몬에게 만족을 주지 못했습니다. "눈은 보아도 족함이 없고 귀는 들어도 차지 않습니다"(전 1:8), "은을 사랑하는 자는 은으로 만족함이 없고 풍부를 사랑하는 자는 소득으로 만족함이 없나니 이것이 헛되도다"(전 5:10). 우리가 추구하는 어떤 것도 우리에게 참 만족을 주지 못하는 것입니다.

우리는 어떤 것을 추구합니까? 그 자체가 만족을 줄 수 있다고 생각하고 살아가십니까? 그렇다면 바로 바람 잡는 사람입니다. 우리가 소유를 추구하고 더 가짐을 목표로 한다면 이것은 바르지 못합니다. 삶을 주신 하나님과의 관계로 살아가야 합니다.

철학자 마틴 부버는 "나와 너"라는 책을 지었는데, 인생은 바로 나와 너 2인칭의 대상으로 살아갈 때 인격적인 의미를 가지는 것이지 3인칭의 대상은 사물과의 관계라고 했습니다. 예술가는 예술의 대상이 어떠한 사물이 아니라, 2인칭의 대상으로 와 닿을 때 깊이 있는 삶의 예술이 되는 것입니다. 또한 에리히 프롬 같은 철학자도, "소유냐 존재냐?"에서 인생은 소유를 통해서 기쁨을 누리기보다는 존재 자체의 삶의 질을 통해서 진정한 의미를 발견한다고 했습니다. "모세는 내가 누구관대"(출 3:11)라고 인생이 무엇인지 하나님께 물었습니다. 이에 하나님은 인생의 참의미는 "내가 정녕 너와 함께 있으리라"(출 3:12)라고 말씀하셨는데, 이 뜻은 바로 인생의 참의미는 하나님과 함께 하는 인생이라는 것입니다.

참으로 헛된 것이 인생입니다(전 1:2). 전도서에서 많이 나오는 표현이 "헛되다(1번), 헛되도다(10번), 헛되어(9번), 헛되이(1번), 헛된(8번), 헛됨이니(1번),"라는 표현입니다. 이 표현들은 대략 30번 정도 나옵니다. 즉 "헤벨, 헤발림"(헛되고 헛되다)이라고 시작되는 이 뜻은 수증기, 김 혹은 한번의 호흡 같은 의미를 가지고 있습니다. 한 번 호흡하는 것과 같은 인생, 또는 수증기와 같이 잠시 올라왔다 사라지는 것이 바로 인생이라는 것입니다.

"인생은 이슬같다"(호 6:4)고 하십니다. "인생은 아침안개와 같다"(약 4:14)고 합니다. "인생은 풀이요, 그 영광은 풀의 꽃과 같다"(벧전 1:24; 사 40:6-7)고 합니다. 이렇게 인생은 마치 가을에 잠시 잠이 들어 깨어난 것처럼 헛된 일장춘몽(一場春夢)입니다. 우리의 이러한 모습을 바르게 직시해야 합니다.

1997년 8월 7일에 KAL 801기 추락사고에서, KBS 성우 정경애 씨 일가족이 죽었는데, 이 사람은 83년 KAL기 피격때 7시간이나 추모 생방송을 하던 사람이었습니다. 그녀도 같은 길을 간 것입니다. 이영상 씨의 가족은 아들과 손자를 포함해 도합 11명이나 죽었으며, KBS 홍성현 국

장과 국민의원 신기하 의원과 수행원까지 많은 사람들이 한 순간에 운명
을 달리 했습니다. 또한 대한항공 괌지점장의 아내도 죽었습니다. 우리
는 이러한 사건을 당할 때마다 인생의 헛됨을 다시 한 번 느끼게 됩니다.
즉 인생은 어디서 와서 어디로 가는지 알지 못하는 존재입니다.

예수님이 보실 때, 바리새인이나 서기관이나 백성들이 자신들을 바르
게 알지 못하고 보지 못함에 대하여 안타깝게 생각하셨습니다. 예수께서
도 인생들은 어디서 와서 어디로 가는 것을 알지 못한다고 하십니다(요
8:14). 인생은 참 의지할 대상을 발견하지 못하고 살아가는 존재입니다.
세상의 어떤 것을 자신의 것으로 만족하고 바라보며 살아가지만, 이것은
참된 것을 추구하는 삶이 아닙니다. 예수님도 결코 사람들이 자신을 의
지할 때에도 인생을 의지하지 않으셨던 것을 봅니다(요 2:23-24, 26).

2. 지혜로운 인생을 살기 원하십니다(전 7-11:8).

지혜는 참 의미와 만족함을 발견하는 것입니다(전 2:24). 네 살난 흑인
소녀가 갑자기 비눗물로 얼굴을 닦기 시작했습니다. 아무리 닦아도 거울
에 비친 모습이 하얘지지 않자, 그녀는 얼굴을 문지르기 시작했습니다.
우리는 때로 우리가 가진 모습을 만족하지 않기도 합니다. 내가 만족하
지 않는다면 그것을 부정하려고도 합니다. 그러나 우리에게 주어진 것으
로 만족하지 않는다 해도 인생은 주신 것으로 살아가야 합니다. 이러한
인생에서 무엇보다 중요한 것은 바로 참 의미와 만족함을 가지는 것입니
다. 내게 주어진 것으로 만족하는 것, 부모, 내 얼굴, 등등 불만이 있겠지
만, 내가 가진 이 모습으로 노력하는 것이 중요합니다. 그러므로 전도서
에는 만족이 무엇보다 중요하다고 하시는데, "사람이 먹고 마시며 수고

하는 가운데서 심령으로 낙을 누리게 하는 것보다 나은 것이 없나니 내가 이것도 본즉 하나님의 손에서 나는 것이로다"(전 2:24)고 하십니다. 즉 심령이 낙을 누린다는 표현은 영어성경에서, RSV "take pleasure in all his soul", NIV, "find satisfaction"이라는 표현으로 되어있는데 이는 바로 만족함을 얻는다는 것이며 참 의미를 발견해서 살아간다는 것입니다(전 2:24; 3:13; 4:8; 5:18). 그냥 심령으로 만족하고 오늘을 즐기며 살자는 그런 의미가 아닙니다. 이것은 자기 일을 즐거워하는 것입니다. 자신의 일을 즐거워하는 것이 바로 분복입니다.

"그러므로 내 소견에는 사람이 자기 일에 즐거워하는 것보다 나은 것이 없나니 이는 그의 분복이라 그 신후사를 보게 하려고 저를 도로 데리고 올 자가 누구이랴?"(전 3:22)

우리 인생이 즐겁게 살아가기를 하나님은 원하십니다(전 8:15; 9:7; 11:8). 전도서 7-11장 8절의 부분에서도 많이 나옵니다. 자신의 삶을 행복하고 기쁘게 살아야 합니다(전 8:15).

"이에 내가 희락을 칭찬하노니 이는 사람이 먹고 마시고 즐거워하는 것보다 해 아래서 나은 것이 없음이라 하나님이 이 사람으로 해 아래서 살게 하신 날 동안 수고하는 중에 이것이 항상 함께 있을 것이니라"

하나님이 허락하신 삶으로 믿고 주어진 환경에 감사하면서 살아가야 합니다. 누구의 탓 때문이 아니라, 내 자신이 하나님이 수신 것을 봉해서 영광 돌리며 사는 것입니다. 하나님이 주신 삶으로 살아야 합니다(전 9:7). 또한 슬픈 나날 속에서도 기뻐하고 즐거워하며 살기를 원하십니다(전 11:8). "사람이 여러 해를 살면 항상 즐거워할지로다. 그러나 캄캄한 날이 많으리니 그 날을 생각할지로다 장래 일은 다 헛되도다" 때로 고난도 있고 어려움이 있습니다. 그러나 죽을 때 죽더라도 최선을 다해서 아름답게 사는 것입니다.

3. 인생의 참 본질을 이해하기 원하십니다(전 11:9-12:14).

인생에는 반드시 심판이 있다는 것을 생각해야 합니다(전 11:9). 누가복음 12장 16-21절에 보면, 한 어리석은 부자의 비유가 있습니다. 내용은 한 부자가 밭의 소출이 풍성하니 쌓아 둘 곳이 없어 곡간을 헐고 더 크게 지어 물건을 쌓아두겠다고 심령에 말합니다. 하나님은 이 영혼을 향해 어리석다고 하시며 오늘 밤 영혼을 찾으면 예비한 것이 뉘 것이 되겠느냐고 반문하십니다. 오늘날 많은 사람들이 이 어리석은 사람과 같습니다. 이 사람은 1)자신의 영혼에 대해 참으로 돌아보지 않았고 2)내세에 대해 전혀 생각이 없었고 3)자신이 죽을 수 있다는 생각을 하지 않았으며 4)하나님을 무엇보다 인정하지 않았습니다. 우리는 하나님께 다 판단을 받고 심판을 받게 됩니다. 계시록 20장 12절에 "생명책이 있으며 자기 행위를 따라 책들에 기록된 대로 심판을 다 받으니"라고 하십니다. 본문에 "청년이여 네 어린 때를 즐거워하며 네 청년의 날을 마음에 기뻐하여 마음에 원하는 길과 네 눈이 보는 대로 좇아 행하라 그러나 하나님이 이 모든 일로 인하여 너를 심판하실 줄 알라"(전 11:9). 우리의 몸과 시간을 내 마음대로 욕망의 만족을 채우는 쾌락주의 삶과 내 자신의 욕망을 추구하기 위한 소유를 위한 삶을 하나님이 다 심판하신다고 하십니다. 많은 사람들이 어리석은 부자같이 재물의 많음과 편리를 위해 삶을 추구하는데 이것도 잘못된 것입니다. 인생의 편리와 가짐을 위한 삶은 우리에게 본질적인 만족을 주지 못합니다.

때가 있을 때 창조주를 기억해야 합니다(전 12:1). "너는 청년의 때 곧 곤고한 날이 이르기 전, 나는 아무 낙이 없다고 할 해가 가깝기 전에 너의 창조자를 기억하라" 우리 인생도 마지막이 있으며 우리도 죽을 때가 있다는 사실입니다. 결혼식에 참석하다 보면 결혼을 하게 되고, 백일잔치에 참여하다 보면 아기를 가지고 키우게 되고, 장례식에 다니다 보면 자신도 죽는 것이 바로 인생입니다. 남들이 죽을 때 자신도 죽는다는 것을 생각지 못하고 산다면 이것은 어리석은 것입니다. 우리는 때가 되면, 우리가 원해도 하지 못하는 때가 옵니다. 그 전에 우리는 하나님의 일꾼으로서 열심히 일하고 살아야 할 것입니다. 어떤 교회에 한 76세 되시는 집사님이 기억납니다. 몸이 건강치 않으셔서 늘 교회도 비가 오거나 눈이 오면 잘 참석 못하시지만, 좋은 날씨에 나오셔서 교회의 모든 기물들을 깨끗이 하시고 시키지도 않았는데 교회를 위해 봉사하시는 모습을 보았습니다. 젊었을 때 더 하나님을 위해 일하지 못한 것이 안타까워 이렇게 하고 싶다는 이야기를 들었습니다. 물론 교회당에서만 하는 일이 하나님의 일이라는 것은 아닙니다. 그러나 우리에게 기회를 주신 지금, 우리는 하나님을 기억하고 일을 해야 합니다. 금요기도회에 어떤 분이 기도하시는 것을 듣고 많은 은혜를 받았습니다. 이제 9년까지 무엇을 한다고 했지만, 하나님 앞에 한 것 없이, 9년이 이렇게 빨리 지나갔다면, 남은 9년도 빨리 갈 것인데 열심히 일하도록 도우심을 간구하시는 것을 보았습니다.

우리에게 늘 기도할 때가 있는 것이 아닙니다. 늘 하나님 앞에 충성할 수 있는 기회가 있는 것이 아닙니다. 늘 물질로 하나님 앞에 드리고 봉사할 수 있는 게 아닙니다. 우리에게 주신 것으로 창조주를 기억하고 섬기며 봉사해야 합니다. 기도할 때가 항상 있는 것이 아닙니다. 교회를 옮기고 사명을 맡기려는 때는 항상 있는 것이 아닙니다. 이것은 기회를 주시는 하나님이 우리에게 허락하시는 것입니다.

마지막으로 우리는 우리에게 주신 사람의 본분을 기억해야 합니다(전 12:13). 바로 이것이 우리 인생의 목적입니다. 인생은 바로 하나님께 영광을 돌리는 것이 목적이고 또한 그를 즐거워하는 것입니다. 하나님을 경외하고 명령을 지키는 것이 우리들의 본분입니다. 즉 이 말씀은 이것이 인간이 할 모든 것이며, 의무라는 뜻입니다. 하나님이 우리를 이 세상에 보내주신 목적이 있습니다. 그 목적을 바르게 발견하고 사는 것이 중요합니다.

예레미야 39장에 보면 시드기야 왕이 나옵니다. 그가 하나님 앞에 어떻게 하느냐에 따라 역사는 바뀌었을 것입니다. 하나님이 거듭 예레미야를 통해 바벨론에게 항복하면 살려 주시고 또한 예루살렘도 훼파되지는 않으리라 말씀하셨습니다. 그러나 그는 끝까지 하나님의 말씀을 거부하고, 불순종하여 자신이 바로 예루살렘이 멸망당하는 일에 앞장섰던 것을 봅니다. 우리 인생은 역사적인 사명을 가지고 살아갑니다. 나의 행동과 내가 하나님 앞에 본분을 깨닫느냐 깨닫지 못하느냐에 따라서 역사는 바뀝니다. 나 한 사람이 말씀에 따라 어떻게 행동하느냐에 따라 역사를 바꾸어 놓을 수 있습니다. 성경에 히스기야도 이사야 39장에 보면, 바벨론에게 성전 기물을 보여주어서 결국 자신이 나라를 멸망하게 만드는 역사의 주인공이 되었습니다. 사람은 바로 본분을 바르게 깨닫느냐 깨닫지 못하느냐에 따라 역사를 바꾸어 놓은 것입니다. 저주와 심판의 역사를 시작하느냐 축복의 역사를 시작하느냐는 바로 내가 현재 여기서 나의 본분을 정확하게 의식하는 것에 달려 있습니다.

아가서

우리를 사랑하시는 하나님

"나의 사랑하는 자는 내게 속하였고 나는 그에게 속하였구나…"(아 2:16; 참조 2:10-3:5; 8:6-8).

아가서의 주제는 "우리를 사랑하시는 하나님"이십니다. 주제절은 "나의 사랑하는 자는 내게 속하였고 나는 그에게 속하였구나…"(아 2:16), 그리고 "나는 나의 사랑하는 자에게 속하였구나 그가 나를 사모하는 구나"(아 7:10)입니다. 내용은 크게 3부분으로 나뉘어 집니다. 1장-3장 5절 까지는 사랑의 정열과 열애이며, 결혼행렬과 결혼식(아 3:6-5:1), 그리고 사랑의 삶과 결론(아 5:2-8:14)으로 나뉘어집니다.

이 책은 성경 중에서 해석이 가장 어려운 책 중에 하나입니다. 내용은 우리가 잘 아는 바와 같이 솔로몬과 술람미 여인과의 사랑을 보여 주고 있습니다. 확실한 것은 모르지만, 아마 예루살렘 북쪽 50마일 지경 에브라임 산지에 솔로몬의 포도원이 있었는데 여기 소작원이 있었다고 합니다. 그리고 그 소작인의 가족이 바로 술람미의 가족이며, 막내딸로서 빼어난 미모를 가졌지만, 흙에 묻혀 있는 진주와 같았습니다. 포도원을 위해 일하였으로 아름다움을 가꿀 시간이 없었으며, 얼굴은 몹시 그을렸다고 봅니다. 어느 날 솔로몬을 보고 서로 사랑이 시작되었다는 것입니다. "내가 비록 검으나 아름다우니…"(아 1:5)라고 하시며 "내가 일광에 쬐어서 거무스름 할지라도 … 포도원지기를 삼았음이라…"(아 1:6).

아가서를 해석하는 방법은 여러 가지가 있습니다. 1)풍유적(Allegory)으로 해석하여 교회와 그리스도, 하나님과 백성들의 사랑의 관계를 기록한 것입니다. 풍유라는 것은 지나친 영해와 비슷한 것으로 모든 말씀을 하나, 하나, 해석하는 것입니다.

예를 들어 풍유로 볼 때, "내가 비록 검으나 아름다우니…"(아 1:5) 이 말씀은 오리겐은 "교회는 죄로 아주 보잘 것 없으나, 중생 이후의 영적인 아름다움에 관해서 말하고 있다"고 했습니다. 또한 "지면에는 꽃이 피고 새의 노래할 때가 이르렀는데 반구의 소리가 우리 땅에 들리는 구나"(아 2:12)는 "사도들의 복음 전파의 소리이다"라고 해석합니다. "나의 누이, 나의 신부야 내가 내 동산에 들어와서 나의 몰약과 향 재료를 거두고 나의 꿀송이와 꿀을 먹고 내 포도주와 내 젖을 마셨으니 나의 친구들아 먹으라 나의 사랑하는 사람들아 마시고 많이 마시라"(아 5:1)라는 말씀은 주님의 마지막 만찬을 비유한다고 합니다.

즉 이러한 풍유적인 해석은 굉장히 주관적인 해석이며, 영해인 것입니다. 사실 그대로 보기도 하여, "솔로몬과 술람미 여인의 사랑 자체이다"
라고도 합니다(E.J. Young). 남녀 간의 사랑이며, 부부간의 사랑을 보여
주는 것이라는 것입니다. 물론 이 책은 남녀 간의 사랑을 묘사하고 있습
니다. 그러나 이렇게만 해석되어서는 성경이 적힐 이유는 없습니다. 극
(Drama)으로 해석하기도 하여 기원전 6세기의 헬라 지역의 비극을 발전
시킨 것이 아닌가? 하는 학자도 있으며, 어떤 의식(결혼의식)의 책이나
이방의 예전서(Weddings Songs and Pagan Cult Liturgies) 라기도 봅
니다. 그러나 가장 적절한 해석으로 비유적(Figurative)으로, 또는 확장
된 모형(An Extended Type)으로 보기도 합니다.

여기서 솔로몬은 역사적인 실제 인물이며, 이 사랑의 관계는 부부의
사랑의 관계를 보여 줍니다. 더 나아가, 그 사랑의 모든 관계를 하나하나
교회와 그리스도와, 또는 하나님과 이스라엘의 모든 행동으로 일일이 의
미를 부여하지는 않습니다(사 54:5; 61:10). 그러나 분명히 하나님과 백
성들의 관계는 나타납니다. 그리고 성경에서 이러한 관계를 말씀하고 있
습니다. 이런 의미에서 부부의 사랑은 인정하되, 나아가 하나님과 우리
와의 사랑의 관계를 유추하고 있음이 분명합니다. 성경에서는 하나님을
우리의 남편이라고 하고 있습니다.

"이는 너를 지으신 자는 네 남편이시라 그 이름은 만군의 여호와시며
내 구속자는 이스라엘의 거룩한 자시라 온 세상의 하나님이라 칭함을 받
으실 것이며"(사 54:5).

그리고 여호와는 우리의 신랑이라고 하십니다.

"네가 여호와로 인하여 크게 기뻐하며 내 영혼이 나의 하나님으로 인
하여 즐거워하리니 이는 그가 구원의 옷으로 내게 입히시며 의의 겉옷으
로 내게 더하심이 신랑이 사모를 쓰며 신부가 자기 보물로 단장함 같게

하셨음이라"(사 61:10). 따라서 이러한 하나님과 우리들의 관계는 마치 솔로몬과 술람미 여인의 사랑의 관계와 같습니다.

1. 하나님과 우리는 부부사랑의 관계 속에 있습니다(아 1-2장).

부부는 사랑과 열애가 있어야 합니다. "나의 사랑, 나의 어여쁜 자야 일어나서 함께 가자"(아 2:13)라고 하듯이, 하나님은 우리를 향한 열정과 사랑이 넘치십니다. 우리가 못생기고 형편 없음에도 우리를 못내 사랑하시고 기대하고 계십니다(습 3:17). 우리를 인하여 기쁨을 이기지 못하고 잠잠히 사랑하시고 즐거워하시는 분이 바로 하나님이십니다.

그러나 우리는 하나님을 향한 사랑이 어떻습니까? 예수님을 통한 사랑을 받았음에도, 그 사랑을 잊고 살 때가 많습니다. 우리가 열정 가운데 살지 못하는 가장 큰 이유는 바로 그리스도의 사랑과 하나님이 나를 사랑하신다는 이 사실에 감격이 없는 것입니다. 우리가 담대하지 못하고 믿음으로 충만하지 못한 이유도 여기 있습니다(히 10:19, 35; 11:1). 부부 간의 관계의 사랑과 열애를 유지해야 하듯이, 늘 신앙은 하나님과의 사랑의 관계 속에 살아가야 합니다. 사랑이 식었다면, 문제는 늘 발생하는 것입니다. 부부간에도, 결혼 전에는 목숨까지도 내어 줄 것같이 하듯이 사람이 막상 결혼해 보면, 변하는 것이 바로 세상의 사람들의 이야기입니다. 에베소 교회에게 그리스도는 첫사랑을 버렸다고 책망하고 있습니다(계 2:4).

신앙은 언약이며, 이 새 언약은 바로 하나님과의 내면적인 사랑의 관계에서 출발하는 것입니다. 즉 "나의 법을 마음에 두는 것입니다." 사랑하기 때문에 우리는 모든 것을 감당할 수 있습니다. 하나님은 우리를 대하실 때 사랑으로 대하시기 원하십니다. 말이나 노새같이 대하기를 원하지 않으십니다(시 32:9). 우리는 사랑으로 주님께 봉사해야 합니다. 우리에게 은혜를 주신 것은, "이는 성도를 온전케 하며 봉사의 일을 하게하며 그리스도의 몸을 세우려 하심이다"(엡 4:12). 즉 몸된 교회를 봉사하며, 형제자매를 세워 주는 것입니다.

바로 이 사랑의 관계가 바로 새 언약이요, 하나님과 백성들의 관계 회복의 요소인 것입니다(렘 31:31-34). 이러한 사랑은 참다운 부부관계를 유지하게 해 줍니다. 사랑하면 예쁘게, 귀하게 여기는 것입니다. 보는 눈 즉 단점보다는 장점을 보아주는 것과(아 2:13), 함께 하는 요소와 연합하여(아 2:13) 함께 가고, 서로 속하는 것 소유하고 사랑합니다(아 2:16). 또한 사랑하는 사람끼리는 서로 같이 가려고 합니다(아 3:1-2). 또한 서로 속하고 하나 되는 것이 부부의 가장 중요한 요소입니다. "사람이 부모를 떠나 그 아내와 합하여 그 둘이 한 육체가 될지니, 이 비밀이 크도다 내가 그리스도와 교회에 대하여 말하노라"(엡 5:31)고 하십니다.

"사랑하는 자가 원하기 전에는 흔들지 말고 깨우지 말지니라"

그러나 사랑을 방해하는 요소도 있습니다(아 2:15). 하나님과의 우리의 사랑의 관계를 방해하는 어떤 요소는 바로 작은 여우입니다. 작은 여우가 포도원을 헐고 있었습니다. 즉 "도적이 오는 것은 도적질하고 죽이고 멸망시키려는 것뿐이요"(요 10:10). 늘 교회와 그리스도와의 사랑을 방해하는 여우의 무리는 있습니다. 느헤미야가 성벽을 재건할 때 그를 방해했던 산발랏과 도비야는 "성벽은 여우가 올라가도 곧 무너지리라"(느 4:3). 즉 여우는 작지만, 결국 성벽을 무너지게 하는 것으로 묘사되어 있습니다. 바로 이 여우는 오늘도 거짓 선지자, 즉 하나님의 말씀을 바르지 않게 전하거나, 받지 않는 자들이라고 합니다. "이스라엘아 너의 선지자들은 황무지에 있는 여우 같으니라"(겔 13:4)라고 여우의 악함을 지적합니다. 이렇게 영적인 이스라엘을 파괴하는 자들을 향해서 여우라고 합니다. 성전을 파괴하고, 하나님의 백성들을 황무하게 하는 자들입니다(애 5:18). 시온 산이 황무하고 여우가 거기서 놀듯이, 아름다운 사랑을 방해하며 포도원을 망쳐 놓습니다.

2. 교회는 그리스도와 결혼하였습니다(아 3-5장).

하나님과 이스라엘 백성이 언약을 맺어 결혼을 한 것처럼 출애굽기 24장에 하나님께 나아가는 이스라엘과 백성들의 관계가 바로 결혼하는 장면으로 묘사되었다고 해석하기도 합니다. 우리는 예수를 믿음으로 하나님과 사랑의 관계를 가지고 있습니다. 바로 하나님의 사랑이 예수 그리스도의 주심으로 나타났으며, 예수의 죽으심으로 교회와 예수님과의 관계는 신랑과 신부의 관계로 묘사되어 있습니다. 세례요한은 그리스도를 소개하면서, 신랑을 신부에게 소개하는 것으로 말씀합니다(요 3:29). "신부를 취하는 자는 신랑이나 서서 신랑의 음성을 듣는 친구가 크게 기뻐하나니 나는 이러한 기쁨이 충만하였노라"고 하십니다. 또한 사도바울도 사람들에게 그리스도를 소개할 때 정결한 처녀로 남편 그리스도께 중매한다고 표현했습니다(고후 11:2). 이러한 교회와 그리스도와의 관계는 결혼관계로 유지되고, 마지막에 예수님이 재림하실 때에는 완전한 어린 양 혼인잔치에 참여하게 되는 것입니다.

완전한 혼인잔치를 바라보아야 합니다(아 3:11). 술람미 여인은 자격이 없었지만 솔로몬을 남편으로 맞아 들였습니다. 성경에서도 여러 곳에 하나님이 우리에게 장가 드시는 분으로 묘사되어 있습니다(호 2:19-20).

그리스도와의 관계는 교회 즉 예수를 영접함으로 우리는 이미 결혼한 것입니다. 이 결혼은 하였으나, 완전한 결혼은 어린양의 혼인 잔치에서 하는 것입니다(계 19:7-9).

신부는 아름다움을 유지해야 합니다(아 4:1, 7). 마태복음 25장 1-13절에는 천국을 혼인잔치에 비유하고 있습니다. 이 혼인잔치는 마지막 날에 있을 것입니다(계 21:2). 또한 이 날은 우리가 알지 못하는 때에 임한다고 말씀합니다(마 25:13). 이 혼인잔치를 준비하기 위해서 우리, 하나님의 신부는 아름다운 웨딩드레스를 입듯이 깨끗한 세마포 즉 옳은 행실로 살아야 합니다.

티나, 주름 잡힌 것이나, 거룩하고 흠 없게 해야 합니다(엡 5:27). 즉 신부의 점은 얼굴의 반점, 주근깨, 기미, 까만딱지, 검버섯 등입니다. 흠은 얼굴의 흉터, 상처, 자국을 말합니다. 주름잡힘은 고생이나, 걱정이나, 노쇠함으로 얼굴이 쭈그러진 것을 말합니다. 물로 씻는 다는 것은 바로 세례요 그리스도와 연합을 의미합니다. 또한 회개도 의미하는 것입니다. 우리가 거룩해 지고 아름다워지는 방법은 그리스도와 연합하는 것입니다. 사랑을 하면 예뻐지듯이, 그리스도와 연합을 통해 새롭게 되는 것입니다(고후 5:17; 엡 4:23-24). 또한 신랑은 신부를 위해 집을 마련하듯이 새 예루살렘을 예비하십니다(계 21:2).

3. 하나님과의 더 성숙해 가는 사랑의 관계를 유지해야 합니다(아 6-8장).

신부는 신랑에 대한 깊은 사랑을 느껴갑니다(아 7:10). 동고동락하며, 신앙의 깊이 있는 연합을 가지는 것입니다. 주가 내 안에 내가 주 안에.

또한 성경에서는 하나님과 그의 백성의 관계를 결혼의 관계로 비유하는 것이 많이 있습니다. 즉 인간의 사랑과 같이 하나님의 언약의 사랑으로 유추되는 것입니다. 서로의 사랑에 불타게 됩니다(아 8:6-8). 사랑은 죽음같이 강합니다. 하나님은 우리를 사랑하시되 끝까지 사랑하신다고 하십니다(요 13:1). 유월절 전에 예수께서 자기가 세상을 떠나 아버지께로 돌아가실 때가 이른 줄 아시고 세상에 있는 자기 사람들을 사랑하시되 끝까지 사랑하시니라. 하나님의 사랑은 끊을 수 없는 사랑입니다(롬 8:35-39). 하나님의 사랑은 값없이 주시는 희생의 사랑이요, 무궁한 사랑입니다(롬 5:8; 렘 31:3).

잘 아는 예화가 있습니다. 중앙 아프리카에서 선교를 하던 죠지 아틀레이라고 하는 젊은 선교사는 원주민들의 창과 몽둥이에 맞아 죽어가면서 그의 손에 들려 있는 영국제 원체스트 연발총의 방아쇠를 끝까지 당기지 않았다고 합니다. 그대로 쏘면 그들을 죽이고 자기는 살 수가 있습니다. 그러나 이 젊은 선교사는 자기를 죽이러 오는 사람을 끝가지 총을 쏘지 않고 참았습니다. 왜냐하면 그 사람들을 죽이게 되면 하나님의 선교는 영영 끝이 날 것이며, 자기들을 죽인 자가 전하는 예수를 누가 믿고자 하겠느냐는 말입니다.

그는 하나님의 사랑으로 그들을 바라보며 사랑을 실천할 수 있었습니다. 이러한 일을 알게 된 원주민들은 뒤늦게나마 회개하고 그리스도를 영접하였다는 이야기입니다.

우리는 이 말씀이 솔로몬과 술람미의 아름다운 육적인 사랑을 묘사하고 있으며, 상징적으로 분명히 하나님과 우리와 교회와 그리스도의 관계를 묘사할 수 있습니다. "시온의 여자들아 나와서 솔로몬 왕을 보라 혼인날 마음이 기쁠 때에 그 모친의 씌운 면류관이 그 머리에 있구나"(아

3:11) 또 신부를 향한 사랑이 나타나 있습니다. "나의 사랑 너는 순전히 어여뻐서 아무 흠이 없구나"(아 4:7). 사랑은 죽음 보다 강하다 "사랑은 죽음같이 강하다"(아 8:6). 이러한 사랑의 관계는 교회와 그리스도와의 관계를 보여줍니다(엡 5:25-30). 이 남편과 아내는 미래에 천국에서 혼인잔치를 하게 될 것입니다(마 25:10; 계 19:7-9).

그리고 거룩한 성 새 예루살렘에서 영원히 함께 거할 것입니다(계 21:2). 교회와 하나님은 사랑의 관계로("잠잠히 사랑하심"(습 3:17)), 남편과 아내의 관계로 묘사하고 있습니다(호 2:6-7). 복음서를 읽어보면 예수님의 사랑을 받은 자 중에 으뜸은 막달라 마리아가 아닌가 합니다. 그녀는 죄인이었습니다. 어떤 사람은 간음하던 현장에서 붙잡힌 여인이 막달라 마리아라고 하기도 합니다. 또 어떤 분은 요한복음 4장에 나오는 사마리아 여인이 막달라 마리아라고도 했습니다. 어쨌든 마리아는 죄인인 여인이었습니다.

그러나 그녀가 예수님을 만나 죄를 용서함 받고 그 누구보다도 예수님의 사랑을 받는 여인이 되었습니다. 그래서 그녀 또한 예수님을 가장 사랑하는 여인이 되었습니다. 귀한 향유를 예수님의 머리에 붓고 눈물로 발을 적시며 머리털로 씻고 그 발에 입을 수없이 맞추었습니다. 그리고 주님이 십자가에 달려 돌아가시자 안식 후 첫날 제일 먼저 향유를 갖고 무덤으로 달려갔습니다. 그리고 부활하신 주님을 처음으로 만난 여인이 되었습니다.

헬렌 켈러가 1950년도에 일본 공장에 도착했을 때 어떻게 그렇게 행복한 모습을 보여 줄 수 있냐고 기자들이 물었습니다. 그녀는 대답했습니다.

"사랑하는 예수님으로 마음을 채울 수 있다면 평생을 행복하게 살 수 있다”

이렇게 우리는 하나님과 깊은 사랑의 관계를 유지해야 할 것입니다.

이사야

구원자를 주시는 위로의 하나님

"너희 하나님이 가라사대 너희는 위로하라 내 백성을 위로하라"(사 40:1).

구원자를 주시는 위로의 하나님

이사야의 주제는 "구원자를 주시는 위로의 하나님"이십니다. 주제절은 "너희 하나님이 가라사대 너희는 위로하라 내 백성을 위로하라"(사 40:1) 입니다. 이 책은 성경 중에서 시편과 예레미야와 함께 양이 방대한 책 중에 하나입니다. 선지자 이사야 즉 여호수아, 이사야는 바로 "여호께서 구원하신다"는 의미입니다. 이 이름과 같이 이사야는 그 어느 책 보다도 하나님의 구원에 대해서 많이 말씀하고 계십니다. 내용상으로 크게 1-39장, 40-55장과 56-66장 세 부분으로 나뉘어 집니다.

1-39장까지는 8세기의 정치적인 상황을, 40-55장은 포로 시대의 문제를, 56-66장은 포로 후의 종말적인 구원을 다루고 있습니다. 전권에서 흐르는 구원자를 주시는 위로의 하나님, 즉 구원의 하나님은 약화될 수 없는 중요한 이사야의 주제입니다. 하나님은 구원의 하나님을 잊어버림에 대해 책망도 하시고(사 17:10), 자신이 우리의 진정한 구속자("고엘, 즉 죄를 속하여 주시는 분"(사 49:7; 54:8))이시며, 이스라엘의 거룩하신 분이시다("카도시 이스라엘"(사 30:11; 47:4; 48:17; 49:7)이 표현은 25번이나 나타나 있습니다). 이사야에서 하나님은 구원자이심을 계시해 주십니다(사 19:20; 60:16). 그리고 구원자 그리고 기름부은 받은 자이심을 보여 주십니다. 모시야("기름 부음을 받은 자, 그리스도")가 되심을 우리에게 보여 주십니다(사 43:11). 하나님은 바로 이러한 구속자(가알), 거룩하신 분(카도시), 구원자(예수아), 구원자(메시아)가 되십니다.

7장 본문의 배경은 유다 왕 아하스 때의 일입니다. 대략 기원전 735/4년경입니다.

북 왕국 이스라엘과 남 왕국 유대로 나뉘어져 있었습니다. 아람 왕(수리아, Syria) 르신과 르말리야의 아들 이스라엘 왕 베가가 연합하여 예루살렘을 쳤으나(사 7:1) 유다를 이기지 못한 상황이며, 아람이 에브라임과 동맹했다 함을 듣고 왕과 백성이 마음이 흔들린 상태입니다(사 7:2). 이때 하나님은 이사야와 아들 스알야숩(남은 자는 돌아옴)과 함께 아하스를 만나, 아람과 이스라엘을 두려워 말라 하신다(사 7:4). 아람과 에브라임이 악한 꾀로 유다를 쳐서 다브엘의 아들을 왕으로 삼자 하나(사 7:5-6)하나님의 말씀에 "이 도모가 서지 못하며 이루지 못하리라"(사 7:7)라

하십니다. 결국 북 왕국 이스라엘은 기원전 722년 예언대로 대략 20년 후에 멸망하게 됩니다(사 7:8-9). 아람 왕 르신도 앗수르 왕, 디글랏 빌레셀(Tiglath-pileser)에게 결국 죽습니다(왕하 16:9). 아하스에게 여호와는 징조를 구하라 하시나(사 7:10-12) 아하스는 시험을 안한다고 대답합니다(사 7:13). 그러나 하나님은 우리에게 처녀에게 아들을 주셔서 임마누엘이라 하시며(사 7:14) 그가 판단이 서는 나이가 되기 전 왕의 땅을 폐한 바 되리라(사 7:16-17)고 하십니다. 아하스는 결국 하나님의 구원을 믿기 보다는 앗수르 왕 디글랏 빌레셀(Tiglath-pileser)을 의지하여 도움을 요청합니다(왕하 16:7-8). 본문에는 안 나오지만, 이들이 의지한 앗수르로 인해서 북 왕국 이스라엘은 멸망하고 뒤에 많은 고통을 당합니다("앗수르 왕 산헤립이 히스기야 시대에 쳐들어와서 괴롭힙니다"(사 36-39장)).

1. 오직 하나님만이 우리의 구원이시며, 구원을 예비하십니다(7:1-17).

성경 비평가 중에 어떤 사람은 '왜 이러한 역사적인 상황에서 갑자기 임마누엘(마 1:23)인 예수님을 예언하시는가?' 의아해 합니다. 그러므로 여기서 예언하는 아이는 예수님이 아니라, 아하스 왕에게 주는 단지 표승에 불과하다고 생각합니다. 그러나 우리는 이 말씀을 하나님의 뜻을 잘 찾아보면 더 놀라운 하나님의 섭리가 계십니다. 14절에 대한 해석은 다양합니다. 이 처녀가 누구이며? 이 아이가 누구인가? 크게 다섯 가지 견해가 있습니다.

1)이 처녀는 왕비이고 아이는 아마 왕자인 히스기야가 아닌가? 2)처녀는 이사야의 아내이고 아이는 그 중에 한사람이다 3)누군지는 모르나 하

나님 안에서 소망을 상징한다 4)처녀는 마리아이고 아이는 예수님이시다 5)처녀는 선지자의 아들이며, 아이는 예수를 상징한다고 합니다. 그러나 이 말씀은 마태복은 1장 23절에서 예수 그리스도를 통해 성취되었습니다. 이와 같이 구약의 말씀은 종국적으로 예수님에 의해 완전히 성취되셨으나, 그들의 상황에도 구원을 약속해 주심을 보여 주십니다. 즉 하나님은 우리가 직면한 문제를 해결해 주실 뿐만 아니라, 더 나아가 그 문제와 모든 문제의 근본을 해결해 주시는 구원의 하나님이십니다. 즉 유다 왕 아하스는 당시의 자신들이 수리아와 이스라엘 연합군의 위협으로 앗수르를 의지하게 되지만, 하나님은 바로 이러한 상황에서 바로 예수, 영원한 구원을 주시고, 또한 그들의 상황도 말씀대로 구원해 주신 것입니다. 우리는 우리의 상황 자체의 구원만을 간구합니다. 그러나 하나님은 본질적인 구원을 약속하시고 허락하십니다. 우리는 문제의 해결만을 바라봅니다. 그러나 하나님은 구원자 되신 하나님만을 바라보기를 바라십니다. 우리는 아버지의 주머니에 있는 돈을 더 좋아할지 모르지만, 하나님은 그 주머니보다도 하나님 자신을 의지하기 원하십니다. 바로 하나님이 우리의 구원이시기 때문입니다. 그렇습니다. 이사야는 이런 하나님의 구원을 우리에게 강조하고 있습니다.

"너희 중에 여호와를 경외하며 그 종의 목소리를 청종하는 자가 누구뇨 흑암 중에 행하여 빛이 없는 자라도 여호와의 이름을 의뢰하며 자기 하나님께 의지할지어다"(사 50:10).

우리는 본질적으로 우리자신의 구원이 필요함을 아십니다(사 1장, 59장). 우리의 죄악을 인식하십시다(사 1:10-20). 하나님께서 우리를 구원하시지 않으시며, 또한 우리의 기도에 응답하시지 않으심은 우리의 죄 때문이라고 말씀해 주십니다. 이러한 죄에 대한 구원 없이는 본질적인 구원이 없습니다. 여호와께서는 "…오라 우리가 서로 변론하자 너희 죄가 주홍같을지라도 눈과 같이 희어질 것이요 진홍같이 붉을지라도 양털 같이 되리라"(사 1:18)라고 초청하십니다. "여호와의 손이 짧아 구원치 못하심도 아니요 귀가 둔하여 듣지 못하심도 아니라. 오직 너희 죄악이 너희와 너희 하나님 사이를 내었고 너희 죄가 그 얼굴을 가리워서 너희를 듣지 않으시게 함이니"(사 59:12) 라고 하십니다. 문제는 이 죄악입니다. 하나님은 바로 본질적인 이 죄악을 해결해 주시려고 예수님을 보내 주셨습니다.

우리의 무지함을 인식하십시다(사 6장). 이사야는 하나님의 첫 번째 사명을 받을 때(사 6장), 하나님의 백성은 영적인 소경임을 알게 되었습니다. 우리는 우리의 무지한 상황에서 구원함을 받아야 합니다. 참으로 영적으로 무지해서, 듣기는 들어도 깨닫지 못하고 보기는 보아도 알지 못하며(6:10). 우리는 죄악과 영적인 소경, 귀머거리가 되어 있음으로 상황을 정확하게 판단하지 못하며, 누가 구원자이며, 누가 우리의 적인지 바르게 판단하지 못하는 것입니다. 구원자는 예수님입니다. 보혈 아래서 서로 사랑함으로 구원해 주시며, 적은 바로 사탄과 우리 뒤에서 역사하는 악한 세력들입니다. 그러나 하나님의 백성은 이를 깨닫지 못하고, 눈은 가리워져 있고, 마음이 어두워졌음이다(사 44:18) 라고 하십니다. 바로 우리늘이, 영적인 소경이요(사 56:10), 소경과 귀머거리(사 43:8) 인 백성입니다. 우리는 이러한 무지함에서 구원함을 받아야 합니다.

하나님이 누구신지 바로 아십시다(사 6장). 구원의 출발은 하나님이 어떠한 분이신지 바로 아는 것입니다. 이사야는 하나님에 대한 바른 인식을 함으로 그의 사역과 부르심을 받았던 것입니다. 하나님이 누구신가? 교회가 어떤 곳인가? 내가 어떠한 존재인가를 바르게 인식할 때 우리는 하나님의 구원을 체험하게 되는 것입니다. 하나님은 거룩하시고 영광이 온 땅에 충만하신 분이시며, 천사의 찬양을 받으시는 분이십니다(사 6:1-3). 또한 그의 몸된 교회는 하나님의 영광이 충만하며, 하나님의 임재가 함께 하신 곳입니다(사 6:4). 그리고 우리는 입술이 부정한 자이며 죄인입니다(사 6:5). 하나님만이 우리를 사하시며 정결케 하시니(사 6:7) 우리는 우리의 사명을 바르게 깨닫게 되는 것입니다.

"내가 누구를 보내며 누가 우리를 위하여 갈꼬 그때에 내가 가로되 내가 여기 있나이다 나를 보내소서"(사 6:8).

오직 하나님의 구원만을 바라고 체험해야 합니다. 인생을 의지하거나, 우상이나, 다른 열방을 구원으로 바라보지 마십시다. 아하스는 앗수르가 자신들을 구원해 준다고 생각했지만, 잠시 건져 주었으나, 앗수르는 오히려 그들의 적이 되었습니다. 하나님의 백성은 어려움이 있으면, 더 강대한 나라를 의지했습니다. 아람과 이스라엘이 칠 때는 앗수르를 의뢰하고, 다 멸망하고 앗수르가 유다를 치려고 할 때는 애굽을 의뢰했습니다. "도움을 구하러 애굽으로 내려가는 자들은 화 있을진저 그들은 말을 의뢰하고 병거의 많음과 마병의 심히 강함을 의지하고 이스라엘의 거룩하신 자를 앙모치 아니하며 여호와를 구하지 아니하거니와"(사 31:1)라고 하십니다. 앗수르, 애굽은 바로 오늘날 우리가 의지하는 세상적인 것들입니다. 이들은 우리를 잠시 구원해 줄 수는 있으나, 본질적인 구원을 해 줄 수 없습니다. 우리들의 본질적인 문제는 바로 죄악의 문제인 것입니다. 이 상황에서 수단이나, 사람의 말들이 우리를 해결해 주는 것이 아닙니다. 예수 그리스도의 흘린 피가 서로를 해결해 줄 수 있습니다. 나를 사랑하신 하나님은 진정으로 나의 형제를 사랑하시기를 원하신다는 이 사실이 구원자 예수님을 통하여 올 때 우리는 사랑으로 회복되어지고 우리의 처한 상황에서 참 구원을 경험할 수 있는 것입니다. 또한 사람이 우리의 구원이 될 수 없습니다. "너희는 인생을 의지하지 말라 그의 호흡은 코에 있나니 수에 칠 가치가 어디 있느뇨"(사 2:22). 우리는 서로 도와주는 대상이지 사람은 의지할, 구원을 바랄 대상은 아니라고 분명히 말씀합니다. 서로에게 실망을 가지는 것은 바로 사람에 대한 바른 이해가 아니라, 하나님의 구원을 바라보지 못함에서 나오는 것입니다.

하나님만이 우리의 구원이십니다(사 12장). 하나님의 백성은 이제 열국이나 세상을 의뢰하지 않고 하나님만 의뢰해야 합니다(사 10:20). 오직 하나님만이 구원이십니다. "보라 하나님의 나의 구원이시라 내가 의뢰하고 두려움이 없으리리 주 여호와는 나의 힘이시며 나의 노래시며 나의 구원이심이라"(사 12:2). 우리의 삶에 참으로 하나님만이 나의 힘이시며, 노래시며, 구원이십니까? 세상을 의지하는 것은 어리석은 것입니다. 바로 하나님만이 우리의 구속자이십니다.

"지렁이 같은 너 야곱아 너희 이스라엘 사람들아 두려워 말라 나 여호와가 말하노니 내가 너를 도울 것이라 네 구속자는 이스라엘의 거룩한 자니라"(사 44:14).

이 하나님은 우리를 구속하셔서(사 43:1) 물속과 불속에서도 지켜 주신다고 약속하십니다(사 43:2-3). 그러므로 하나님 외에는 우리의 구원이 없습니다("나 곧 나는 여호와라 나 외에 구원자가 없느니라"(사 43:11)).

"…나 외에 다른 신이 없나니 나는 공의를 행하며 구원을 베푸는 하나님이라 나 외에 다른 이가 없느니라"(사 45:21).

이 하나님만이 우리에게 위로부터 주시는 구원을 베푸실 수 있기 때문입니다. 하나님을 바라보는 자에게 하나님은 새 힘을 주십니다(사

40:31). 하나님만을 소망하고 바라는 자에게 은혜와 힘을 주십니다. 그리고 성령의 충만함과 능력을 베푸십니다. "필경은 위에서부터 성신을 우리에게 부어주시리니 광야가 아름다운 밭에 되며 아름다운 밭을 삼림으로 여기게 되리라"(사 32:15). 죽음의 어려움 가운데서도 하나님은 히스기야를 건져 주셨습니다(사 36-39장). 하나님의 이 말씀을 믿지 않으면 굳게 서지 못합니다(사 7:9). 즉 If there in no belief, you will find no relief 라고 말씀하십니다. 성경에서는 이름을 통하여 하나님은 계시하셨습니다.

2. 이 구원의 소식을 전파해야 합니다(사 40:1-11).

이사야는 바로 두 번째 소명을 받았습니다. 바로 이제는 하나님의 위로가 필요하다는 것입니다. 본문 이사야 40장 1-11절까지를 볼 때, 1-2절은 전제이며, 3절부터 11절까지는 본문과 결말입니다. 우리의 사명은 1)위로하라 2)말하라 3)외쳐 고하라 입니다. 바로 하나님의 구원으로 위로하며, 이 구원의 말씀을 말하며 3)외쳐 고하라는 말씀입니다. 구원의 하나님이 이제는 위로로 구원해 주시고자 합니다. 즉 인간은 실패하고 인간은 강퍅해도 하나님은 하신다는 것입니다. 영적인 소경과 무지함에도 하나님은 당신의 역사를 하신 것입니다. 이제 우리가 할 일은 하나님이 역사하시도록 준비해야 하는 것입니다. 바로 예수님이 하시도록 우리들의 심령만 준비하면 됩니다. 여호와의 영광이 나타나고(사 40:5), 주 여호와께서 강한 자로 임하실 것이요(사 40:10), 목자 같이… 인도하시리로다(사 40:11)로 볼 때 하나님이 우리를 회복케 해 주심을 봅니다. 우리의 현실에서 이제까지 우리들의 인간적인 관계로 모든 것을 해왔습니다.

그러나 이제 이 모든 것을 포기하고 하나님 안에서 새롭게 하심으로 주님의 일을 이루게 하시는 것입니다.

이 구원의 말씀 앞에, 영광 앞에 낮아져야 합니다(사 40:3-5). 오직 여호와만 높임을 받아야 합니다. 교만한 자, 거만한 자, 자고한 자를 낮추시고 여호와만 높임을 받아야 합니다(사 2:12, 17). 그 날에 자고한 자는 굴복되며 교만한 자는 낮아지고 여호와께서 홀로 높임을 받으실 것이요 천한 자는 굴복, 귀한 자는 낮아지고, 오만한 자도 낮아지며 하나님만 거룩(사 5:15-16) 하십니다. 그러므로 하나님은 거룩하고, 통회하고, 마음이 겸손한 자와 거합니다(사 57:15; 66:2, 5). 여호와의 영광만이 나타나야 합니다. 우리의 모든 심령들이 "회개에 합당한 열매를 맺어야 합니다"(눅 3:8). 마음이 약한 자는 안위하고, 힘이 없는 자는 붙들어 주고, 모든 사람에 대해 오래 참아야 합니다. 우리를 통하여 여호와의 영광이 나타나야 합니다. 바로 이것이 우리들의 사명입니다.

이 구원의 말씀은 영원하십니다(사 40:6-8). 우리의 인생은 잠시 잠깐입니다. 그러나 하나님의 말씀은 영원하십니다(시 90:6, 8-10). 하나님의 말씀은 헛되지 않습니다(사 55:11). 열국은 다 멸망했습니다. 시끄러운 사람의 소리들도 다 사라졌습니다. 말씀은 바로 우리들의 생명입니다. "훈계를 굳게 잡아 놓치지 말고 지키라 이것이 네 생명이니라"(잠 4:13)고 하십니다. 말씀으로 하나님은 만물을 붙드시고 세십니다(히 1:3). 말씀을 통하여 우리는 영원한 세계를 경험합니다. 말씀을 통하여 생명력을 경험하게 되는 것입니다(히 4:12-13). 결국 인생은 사라지지만, 구원의 말씀은 영원하신 것입니다.

이 구원의 말씀을 전파해야 합니다(사 40:9). 하나님의 구원의 역사는 계속되어야 합니다. "하나님의 말씀은 매이지 아니하신다"(딤후 2:9)고

하십니다. 핍박을 통해서 계속 전파되어야 합니다. 이사야에서 나타나는 중요한 주제가 바로 빛입니다. 메시아의 오심이 어두운 세상, 흑암에 빛이 비취는 것이라고 말씀하십니다(사 9:1-2). 이 빛을 비추는 사명은 계속되어야 합니다. 복음을 들고 죽어가는 자들에게 구원의 위로를 나누어 주어야 합니다(사 60:1-23). 세상은 더욱 악해지고 어두워져 갑니다. 이제야 말로 빛을 발해야 할 때입니다. 우리는 세상의 빛이지만, 빛 자체는 우리에게서 나는 것은 아닙니다. 우리는 반사할 뿐입니다. 세례요한도 자신에 대해서 요한복음 1장 8절에 "빛에 대하여 증거하러 온 자"이지 빛 자체는 아니라고 했습니다. 오직 참 빛은 예수 그리스도 입니다(요 8:12). 참 빛은 하나님이십니다. 그러므로 우리는 빛을 발해야 합니다. 태양빛을 달이 반사하듯이 우리는 하나님의 모든 것을 받아서 영광을 나타내야 합니다(사 40:9).

예레미야

심판으로 새롭게 하시는 하나님

"보라 내가 오늘날 너를 열방 만국 위에 세우고 너로 뽑으며 파괴하며 파멸하며 넘어뜨리며 건설하며 심게 하였느니라"(렘 1:10).

예레미야의 주제는 심판으로 새롭게 하실 하나님입니다. 주제절은 예레미야 1장 10절입니다.

"보라 내가 오늘날 너를 열방 만국 위에 세우고 너로 뽑으며 파괴하며 파멸하며 넘어뜨리며 건설하며 심게 하였느니라"

내용상으로는 크게 1-25장은 예레미야의 첫 번째 예언, 26-29장은 첫 번 째 자서론적 내용, 30-33장은 두 번째 회복 예언, 34-45장은 두 번째 자서론적 내용인데, 구체적으로 여호야김과 시드기야 시대의 역사적 서술들과 예루살렘 함락 전후의 사건들, 마지막 단락은 46-52장으로 열국에 대한 심판과 결론입니다.

예레미야의 이름은 "여호와께서 던지신다"(출 15:1)는 의미입니다. 이 이름과 출애굽기 1장 10절에서 그의 사명이 보여 주듯이 예레미야서는 하나님의 심판으로 가득 차 있습니다. 하나님은 자신의 백성을 심판하시며 또한 열방을 심관하시는 하시는 분으로 묘사되어 있습니다. 시대적으로, 예레미야는 북 왕국이 멸망하고 요시야 통치 13년 대략 627년경에서 사역하여 예루살렘이 멸망하던 때, 기원전 586년까지 대략 40년간 사역하였습니다. 즉 말씀대로 북 이스라엘은 멸망하고(기원전 722년) 유다 또한 열방들의 침략 위기에서 하나님의 말씀으로 백성들의 나아갈 바를 경고하였습니다. 하나님은 열방과 그의 백성들을 심판하시는 분이십니다. 이 심판 앞에서 우리는 어떻게 바르게 대처해야 하는가? 바로 이것이 예레미야의 사역과 말씀의 핵심과 연결되어 있습니다. 이 원리를 통해서 오늘날 우리가 직면하고 있는 신앙 원리들을 발견하는 것입니다.

1. 하나님은 심판으로 우리를 새롭게 하시기를 원하십니다(렘 1:4-19).

하나님은 말씀으로 세상을 심판하며 새롭게 하십니다(렘 1:9-10). 하나님의 말씀은 우리에게 늘 위로와 평안이 되는 것만은 아닙니다. 하나님은 사랑의 하나님이시지만, 우리의 죄악을 반드시 보응하시며 다루십니다. 예레미야 23장 29절에서는 말씀에 대해 다음과 같이 말씀하십니다. "나 여호와가 말하노라 내 말이 불같지 아니하냐 반석을 쳐서 부스러뜨리는 방망이 같지 아니하냐" 즉 말씀은 불이요, 방망이로써 우리의 죄를 태우시며, 우리의 잘못을 때리시는 것입니다. 신약에서도 바울과 고린도교회의 관계가 한때 바울이 고린도교회의 죄악을 지적함으로 상당히 근심과 고민에 빠지고 바울과의 관계가 나빠지려고 했으나, 오히려 그 말씀이 그들을 거룩하게 하였던 것입니다(고후 7:11). 하나님은 바로 이 말씀으로 모든 죄인들을 심판하십니다. 말씀은 우리가 잘못되고 세워진 모든 부분을 뽑고, 파괴하며, 파멸하며, 넘어뜨리십니다. 한 예로, 우리는 종종 수십 년 된 오랜 건물을 폭파시키는 장면을 보게 됩니다. 오래되고, 잘못된 것들을 하나님은 새롭게 파괴하여 새롭게 건설하고자 하십니다. 그러나 우리는 잘못된 것을 애써 붙들고 있을 때가 많습니다. 잘못된 것, 사용하지 못하는 것은 과감하게 파괴되어 져야 합니다. 1) 뽑으며(나타시)라는 단어는 하나님이 악한 대적을 뽑아 버리시는 심판자 로 사용되었습니다(렘 12:14, 15, 17; 18:7; 24:6; 31:28, 40; 42:10; 45:4). 2) 파괴하며(나타크)라는 말도 사악한 자와 악한 자를 제한다는 의미로 사용되었습니다(렘 1:10; 2:20; 6:29). 3)파멸하려(아바르)라는 단어 역시, 민족을 멸하시며, 열국을 심판하시고 원수를 갚으시는 하나님께 사용되었습니다(렘 18:7; 25:10; 46:8; 49:38). 넘어뜨리며(하라스)는 전복하거나, 허는 것으로 사용되었습니다. 즉 말씀은 대적과 교만한 것을 완전히 부수고 심판하시는 것입니다. 이렇게 하신 다음 하나님은 새롭게 만드시는 것입니다 우리는 말씀 앞에 부쉬지고, 께뜨려지고, 뽑혀져서, 그리스도의 주권과 나라가 건설되어야 하는 것입니다. 바나(건설하며)는 여호와의 성을 건설하는 것으로(렘 32:35), 나타아(심게 함)는 하나님의 주권을 심는 것으로(렘 32:41; 42:10; 45:4) 사용되었습니다. 하나님은 우리들이 하나님의 말씀에 근거하여 세워지지 않은 모든 것은 어떻게든 뽑고, 파괴하며, 파멸하며, 넘어뜨리신다고 하십니다. 즉 대적하시는 하나님이십니다.

우리는 잘못 간만큼 돌아와야 합니다. 한번은 뉴욕에서 나이아가라 폭포로 손님들과 함께 여행을 하는데, 고속도로 81번을 타고 가다고 90번으로 바꿔 타야 하는데 이야기하다가 150마일을 지나쳐 버린 일이 있었습니다. 우리는 잘못 지은 만큼 다시 부수어야 합니다. 우리는 잘못 산만큼 돌이켜야 합니다. 인생들은 죄악으로 심판을 받아 마땅합니다. 그들은 의롭다고 생각했지만 하나님은 모든 자가 다 죄를 지었다고 말씀합니다(렘 6:13). 우리의 신앙의 연륜과 외적인 모습에는 아름답게 의로움이 미화되어 있지만, 우리 속에 숨어있는 죄악들은 부정할 수 없는 것입니다. 그들에게는 심판이 있는 것으로 생각했지만 하나님의 심판이 그들에게 임했습니다. 그들은 하나님을 의지한다고 생각했지만 하나님은 그들이 하나님을 의지하지 않았다고 지적하고 계십니다. 그들은 하나님께 무지했습니다.

"공중의 학은 그 정한 시기를 알고 반구와 제비와 두루미는 그 올 때를 지키거늘 내 백성은 여호와의 규례를 알지 못하도다"(렘 8:7).

우리 인생들은 하나님의 심판을 받을 수 밖에 없는 존재들입니다(렘 2-6장). 특히 이스라엘 백성들에 대해서, 예레미야서 2장 8절에 "제사장들까지 여호와께서 어디 계시냐?"하며, "하나님의 영광을 무익하게 하였으며"(렘 2:11), 하나님을 의지하기 보다는 "자신의 웅덩이를 파서 그것을 의지하였다"(렘 2:13)고 하십니다. 그들은 자신의 죄악을 깨닫지 못하고 "범죄하지 않았다"고 합니다(렘 2:35). 나아가 그들은 음란과 행음하였으며(렘 3:2) 악과 욕심을 행했습니다(렘 3:5). "예루살렘 거리에 나아가서 보면 공의를 행하며 진리를 구하는 한 사람도 없어서 성이 멸망하게 되었다"고 합니다(렘 5:1). "결국 모든 자들이 범죄하였으며(렘 5:13), 여호와를 인정하지 않았으며(렘 5:12), 영적으로 무지하여(렘 5:21) 결국 하나님의 말씀까지 버렸습니다"(렘 6:19). 이러한 죄악을 인하여 하나님은 이 죄악을 벌하셔야 하는 것입니다.

이 말씀은 반드시 이루어집니다. 11절과 12절에 보면 예레미야가 살구나무를 보았는데 하나님은 "내 말을 지켜 행한다"고 하십니다. 이것은 "살구나무"(샤카드)를 "지킨다"(쇼케드)라는 단어로 언어 유희적으로 말씀을 이루신다고 강조하시는 것입니다. 하나님의 말씀은 반드시 이루신다고 강조하십니다. 이 심판은 바로 이 죄악의 결과입니다. 그들은 다른 신들을 섬겼기 때문입니다(렘 1:16). 특히 인본주의, 권력주의와 자기를 의지하는 자들을 반드시 심판하십니다(렘 17:5). "나 여호와는 이같이 말하노라 무릇 사람을 믿으며 혈육으로 그 권력을 삼고 마음이 여호와에게서 떠난 그 사람은 저주를 받을 것이라"고 하십니다. 자신의 생수의 근원으로 의지하는 자는 다 심판을 받으니(렘 17:13), 이는 하나님은 폐부와 심장을 시험하시고 보응하시는 하나님이시기 때문이다(렘 17:10).

하나님은 자신의 백성을 심판하십니다. 이 심판은 백성들의 죄악을 보응하는 것입니다(렘 1:16). 예레미야의 설교는 백성들에게 받아들여지기 힘들었습니다. 첫째는 하나님이 그의 백성을 심판하신다는 사실과 포로로 그들이 잡혀간다는 내용이기 때문이요, 또한 이방을 들어서 그의 백성을 징계하심이며, 또한 그 심판 앞에 항복하라는 것이기 때문이었습니다. 이러한 메시지 때문에 예레미야는 제포되어(렘 37장) 구덩이에 던져 넣음을 당하기도 했습니다(렘 38:1-6). 이러한 핍박 속에도 그는 하나님이 말씀하신대로 바벨론에 항복하는 자는 산다고 외쳤습니다.

"성에 머무르는 자는 칼과 기근과 염병에 죽으려니와 너희를 에운 갈대아 인에게 나가서 항복하는 자는 살리라"(렘 21:9; 38:2).

백성들의 반응 중에서 바벨론이 침공했을 때 항복하지 않아 죽은 자도 있고 또한 애굽으로 도망한 자들도 있습니다(렘 43장). 그러나 애굽으로 피한 그곳까지도 바벨론에 의해 망하게 되는 것입니다. 그렇다면 왜 하나님은 그의 백성들이 바벨론의 침공에 대해서 항복하라고 명하셨으며, 그 이유와 뜻은 무엇일까요? 백성들은 바벨론의 침공에 첫째로 끝까지 반항하고 불순종했습니다(렘 38:19-22). 마치 이것은 이스라엘 백성들이 23년동안 예레미야가 전한 말씀을 지키지 않은 그들의 모습을 단적으로 보여주는 것과 같습니다(렘 25:3-5). 결국 하나님은 이스라엘 심판을 정해 놓으시고 70년 동안 포로 생활을 말씀하십니다(렘 25:11). 예레미야는 시드기야 왕에게 바벨론에 대해 항복하라고 권유합니다. 항복하면 살고, 성도 불사름을 입지 않는다고 하나(렘 38:16-18) 결국 듣지 않습니다. 39장에 보면 끝까지 불순종한 시드기야 왕은 눈이 빠지고, 예루살렘도 불타게 되는 최후를 맞이하는 것을 봅니다. 바로 이것은 시드기야의 고집과 말씀에 불순종한 결과로 나타난 것입니다. 이 모습은 삼손이 하나님께 불순종하여 잡혀 눈이 빠진 모습과도 유사합니다(삿 16:21). 말씀에 불순종한 한 지도자 때문에 성은 불사름을 받고 최후를 맞이하게 됩니다.

우리는 하나님의 뜻 앞에 순복할 수 있습니다(렘 21:9; 29:1-14). 그러므로 우리는 하나님의 뜻에 피해 다녀서는 안됩니다(렘 41-42장). 그리고 심판을 통한 하나님의 뜻을 받아들여야 합니다. 바벨론에게 항복한다는 것은 단순히 군사적으로 바벨론에게 패배한다는 사실 뿐만 아니라, 하나님이 허락한 상황을 받아드리고 그 상황 앞에 항복하는 것을 의미하는 것입니다. 우리는 하나님의 훈련의 장을 피해 다녀서는 안됩니다. 우리에게 부족한 것을 채우시고자 하나 우리는 그러한 하나님의 인도에 항복하고 순종하지 않습니다.

하나님의 백성뿐만 아니라, 하나님은 열국을 심판하십니다(렘 46-52

장). 애굽은 하나님의 백성을 대적한 나라이며, 이스라엘의 의지가 된 나라입니다(렘 46장). 이러한 애굽은 또 다른 나라인 바벨론에게 심판을 받게 되며, 바벨론 역시 메데와 바사에게 멸망을 당하게 됩니다(렘 49-52장). 결국 자고하며, 하나님의 백성을 괴롭힌 자들은 하나님의 최후의 심판을 받게 됩니다. 그리고 모든 인생들은 하나님의 종국적인 심판 앞에 설 것입니다. 선 줄로 생각하는 모든 자들은 넘어질까 두려워해야 하며(고전 10:12), 된 줄로 생각하는 모든 자들은 아무 것도 아닌 것을 기억해야 하며(갈 6:3), 아는 줄로 생각하는 모든 자들은 아무 것도 알지 못하는 것을 알아야 합니다(고전 8:2).

하나님은 심판 가운데서도 그를 의지하는 백성들을 구원해 주십니다(렘 1:19). "그들이 너를 치나 이기지 못하리니 이는 내가 너와 함께 하여 너를 구원할 것임이니라 여호와의 말이니라"(렘 1:19). 능치 못하심이 없는 하나님은 심판으로 그의 백성들을 새롭게 하십니다(렘 32-33장). 새 언약으로 새롭게 하나님을 섬기게 하십니다. 그리고 새로운 통치로 그의 집을 회복시키십니다(렘 30-31장). 새 언약은 더 이상의 강요나, 억지가 아니라 우리의 마음속에서 자율적으로 주님을 섬기는 것입니다. 하나님을 의지하고 하나님의 훈련을 통과한 자들을 하나님은 반드시 구원해 주십니다. 마음속에 법을 두고(렘 31:33), 죄를 사하며 하나님은 우리를 말이나 노새와 같이 난속하시지 않습니다(시 32:9).

2. 그러므로 하나님만이 우리의 의지가 되셔야 합니다(렘 9:23-24).

하나님은 신실하시며 반드시 말씀을 이루시는 분이심을 보여주십니다. 그러므로 우리는 정확무오한 말씀을 받아들이고 순종함으로 하나님만을 의지해야 합니다. 하나님은 우리를 부수시고 하나님만을 의지하기를 원하십니다. 비록 우리가 싫어하는 과정이나 훈련이라도 하나님은 우리로 이 과정을 통과하시기를 원하십니다. 순종이나, 항복이나, 낮아짐 속에서 하나님만을 의지하는 법을 배우게 되는 것입니다. 신앙생활 속에서 우리는 "믿습니다"하고 우리의 뜻을 하나님께 관철시키는 것도 중요하지만 하나님 뜻 안에서 순종하며 헌신하는 것은 더욱 중요합니다. 하나님은 우리의 야망이나 우리의 이상을 이루어 주지 않습니다. 우리는 우리의 것을 버리는 훈련을 먼저 시작해야 합니다. 우리는 삶에게 위기를 만나고 신앙의 삶 속에서 난관에 부딪힐 때가 많이 있습니다. 그러나 우리가 그 때 잊지 말아야 할 것은 하나님의 일을 한다는 것입니다. 하나님의 말씀을 기록하던 바룩은 예레미야 45장 3-5절에서 상당한 좌절감에 빠져 있었습니다. 하나님은 "네가 너를 위하여 대사를 경영하느냐?" 즉 하나님의 일을 하나님이 하시며, 하나님이 세우시고 헐기도 하시기 때문에 우리는 우리가 하나님의 나라와 의를 구하였다고 하며 걱정을 말아야 합니다.

우리 자신을 의지하는 것보다 하나님을 더욱 의지해야 합니다. 내가 가진 어떤 것을 하나님보다 의지해서는 안됩니다. 우리의 지혜, 용맹, 부함은 하나님과 비교해서 전혀 자랑거리가 될 수 없습니다(렘 9:23). 우리는 종종 삶을 실현하기 위해 세상의 지혜와 용맹과 부함을 구합니다. 그러나 하나님만을 의지하는 훈련이 바로 참 신앙이요, 예레미야서에서 나타난 신앙의 성숙입니다. 여호와는 인애(헤세드)로 우리를 훈련시키십니다. 나를 훈련시키는 상황 속에도 하나님의 인애는 변함이 없습니다(히 12:5-6). 또한 하나님의 공평(미셔파트)으로 우리에게 어떤 상황에서도 공평하게 인도하십니다. 우리가 살아가는 삶 속에서 인과응보의 삶만이 있는 것이 아닙니다. 인생에는 이해할 수 없는 일들이 많이 일어납니다. 어떤 사람들은 욥과 같이 어려움을 당할 수 있습니다. 자신의 잘못 때문이 아니라, 의의 고난을 받게 되는 경우입니다. 이런 경우에서도 하나님은 의로우십니다. 참 신앙은 병이 치료함 받아서 하나님을 믿고, 무엇을 잃어버리면 하나님을 떠나는 그런 것이 아닙니다. 모든 상황 속에서도 하나님만을 의지하는 것입니다. 하나님은 정직(체데카)하시며, 의로우십니다. 우리는 부족하여도 하나님은 하실 수 있는 분이십니다. 능력의 심히 큰 것이 주께 있습니다. 신앙은 나를 의지하거나 나의 능력을 의지하는 것이 아닙니다. 나는 아무 것도 할 수 없다는 철저한 고백과 부족함을 하나님께 아뢰는 것입니다(빌 4:12-14). 우리의 하는 모든 일들은 우리를 위한 일들이 아닙니다(렘 44:5).

결론적으로 하나님은 심판을 통하여 우리를 새롭게 하십니다. 우리를 심판하여 새롭게 하시며, 모든 열방을 심판으로 또한 새롭게 하십니다. 우리는 하나님만을 의지하는 참 믿음과 소망을 가져야 합니다. 그러므로 우리는 우리의 어떤 것이나, 세상의 어떤 것을 의지하지 말고 하나님만을 신뢰하여야 합니다.

예레미야애가

자비와 긍휼이 무궁하신 하나님

"여호와의 자비와 긍휼이 무궁하시므로 우리가 진멸되지 아니함이니이다. 이것이 아침마다 새로우니 주의 성실이 크도소이다"(애 3:22-23).

예레미야 애가 주제는 "심판 중에서도 자비와 긍휼이 풍성하신 하나님"(애 3:23)입니다. 주제절은 "여호와의 자비와 긍휼이 무궁하시므로 우리가 진멸되지 아니함이니이다. 이것이 아침마다 새로우니 주의 성실이 크도소이다"(애 3:22-23)입니다. 예레미야 애가는 시로서 1장, 2장, 4장은 알파벳 순서로(Acrosatic) 되어 22절씩 되어 있으며, 3장은 3절씩 각 66절로 되어 있습니다. 5장은 알파벳 순서로 되어있지는 않습니다.

예레미야는 유다가 결국 바벨론에게 멸망하자 이에 대한 상황을 노래한 내용입니다. 그의 고통은 대단했으며, 국가의 징벌(하나님 나라)에 대한 동감의식과 환난 가운데서 같은 아픔을 겪었습니다. 즉 이것은 하나님의 백성이 그의 나라와 그의 백성들의 실패와 황폐에 대한 안타까움을 가지고 하나님을 소망하는 것과 동일한 것입니다. 그렇다면 본문을 통해서 무엇을 배울 수 있을까요?

오늘날 우리는 황폐와 인색의 시대에 삽니다. 우리는 애가를 불러야 합니다. 경제, 정치, 사회, 종교 등에서 참으로 안타까운 일들이 많습니다. 애가를 불러야 할 때입니다. 1997년, 한국에서는 경제계도 부도의 행진을 하고 있었습니다. 서열 8위(자산기준) 기아그룹이 무너졌고, 한보(재계 14위), 삼미(재계 26위), 한신공영(순위 24위)이 무너졌습니다. 그리고 또 진로(19위) 대농(34위) 등도 위기에 올랐습니다(7월 23일). 그야말로 물거품 경제임을 여실히 증명했습니다. 취업난도 92년 이후에 최악의 취업난이 전개되었습니다. 건설업계도 부도로 계속 행진하여 97년 1-8월까지 7백 47개였습니다(97년 9월 6일자 조선일보). 그 결과 돈 가뭄 현상에 시달리고 추석을 맞이해서도 30개열 협력업체는 추석지원을 하지 못하는 현상이었습니다. 정치를 보아도 인물부재입니다. 적합한 사람은 없거나 찍을 사람이 없어 그중 나은 사람을 찍는 실정이었습니다. 종교 특히 기독교도 총회 기긴이 다음주 인데, 총회징 신거 때문에 많은 의혹과 문제를 불러일으키는 그러한 때를 당하였습니다. 돈과 자신의 기분을 위해서 생명까지도 빼앗는, 윤리와 가치가 무너진 사회의 한 단면을 보여준 것입니다.

1. 우리는 하나님의 나라(백성)의 영적 패배 대한 애절한 슬픔이 있어야 합니다(애 1:1; 2:1; 3:1).

"슬프다…"(에이카)는 탄식이 바로 오늘날 우리들이 느끼는 감정입니다. "슬프다(에이카)"라는 단어는 3장에서 맨 앞에 세 번이나 나타나 있습니다. 유다가 멸망한 시대적인 아픔을 가지고 예레미야는 이 하나님의 심판에 의한 자신들의 백성들의 황폐와 포로로 잡혀감에 대해서 뼈저리게 애통하고 있는 것입니다. 이 백성들을 향한 예레미야의 슬픔이 깊어서 그의 눈에는 눈물이 물같이 흘렀다(애 1:16; 2:11; 3:49) 고 고백하고 있습니다. 과연 우리는 이러한 큰 영적인 부담과 눈물을 가지는 사람들이 되어야 합니다. 우리는 이러한 영적인 고통과 슬픔을 언제 가지는지 예수님의 삶을 통해서 살펴 볼 수 있습니다.

예수님 역시 멸망당하는 백성들을 향하여 탄식과 애통하셨습니다(마 23:37). 예수님은 예루살렘 성을 향하여, 그들의 멸망될 것을 바라보며, 그들의 영적인 상황, 끝까지 메시아를 대적하는 그들의 강퍅함, 그들의 죄악과 영적인 모습을 바라보고 우셨던 것입니다. 우리들의 강퍅함과 말씀으로 불순종을 당하며 결국 심판을 받게 될 모습을 보면서 말입니다.

예수님은 "가까이 오사 성을 보시고 우시며"(눅 19:41)라고 하셨습니다. 예수님이 오늘 우리들을, 이 시대 교회를 향하여 어떤 모습을 가지시겠습니까? 아무도 우실 것입니다. 우리들의 강퍅함으로 결국 멸망과 황폐와 핍절한 생활을 하는 우리의 모습을 보고 안타까워하시는 것입니다. 풍성한 십자가의 은혜를 잊고, 자신의 판단과 가치관으로 메마름과 궁핍함으로 살아가는 우리들의 피폐된 모습을 바라보시고 예수님은 우실 것입니다. 바로 이 슬픔은 교회와 성도를 향한 아픔입니다. 더 나아가 예수님은 나사로의 죽음을 보고 우셨습니다(요 11:34-35). 즉 영적인 죽음, 우리들의 죽음을 보고 우시는 것입니다. 원래 인간은 죽지 않았습니다. 그러나 죄악의 결과로 죽음이 왔고, 불순종의 결과로 죽음이 따라 온 것입니다. 예수님이 이 사실을 바라보시고 우신 것입니다. 우리들의 영적인 죽음과 불순종의 모습을 바라보시면서 말입니다(요 11:34-35). 예수님이 눈물을 이렇게 흘리신 것은 우리의 모습을 보시고 안타까워하신 것입니다.

그러므로 우리는 남의 죽음을 보고 울지 말고 우리들 자신들을 바라보고 울어야 합니다. 물론 남들의 상황이나, 주위의 모습들도 우리를 슬프게 하는 일이 많습니다. 그러나 무엇보다도 우리는 우리의 현재, 하나님 앞에서의 현주소, 영적인 현주소를 바라보면서 울어야 하는 것입니다. 많은 살인 사건을 통해서 죽음을 당한 사람들을 보며 우리는 슬퍼합니다. 정말 슬픈 일입니다. 그러나 그 사람들도 불쌍하지만, 우리들의 영적인 마름과 죽음에 대해서 울라고 하십니다. 괌에서 죽은 사람들도 불쌍하고, 베트남에서 추락한 비행기에 탄 사람들도 불쌍하지만, 우리는 우리 자신의 모습을 바라보고 울어야 합니다(약 4:9; 눅 6:21). 우리 자신들을 향하여 겸손히 심각히 돌아보아야 할 때입니다. 예수님이 죽으실 것도 슬프지만 너희가 받을 심판과 자신들을 보면서 울라고 하신 것입니다. 정말 슬퍼할 것은 바로 우리들의 영적인 죽음입니다. 우리들의 피폐된 모습입니다(눅 23:28). 바로 우리 자신들을 향한 아픔의 눈물입니다.

또한 죽어가는 추수할 영혼을 향해서 우리는 애통해야 합니다(요 4:35). 이것은 바로 영적인 애통함입니다(마 5:4). 우리는 눈물을 잃어 버려서는 안됩니다. 우리들에 대한 바른 눈물과 아픔과 고통을 가진 뒤 이제 우리는 더 넓게 우리의 아픔을 나눠야 합니다. 우리들의 관심과 눈물이 필요합니다. 도움을 필요로 하는 수많은 영혼들에 대한 안타까움, 눈물이 있어야 합니다. 죽어가는 생명들에 대한 간절한 심령, 바로 이것이 주님의 심령입니다(롬 12:15; 행 3:3-4). 나아가 우리와 교회와 우리의 영적인 현주소뿐만 아니라, 죽어가는 생명들에 대한 안타까움을 가져야 하는 것입니다. 때로는 우리 자신의 모습을 보면 실망할 상황입니다. 그러나 오늘도 하나님이 우리에게 명하신 이 복음의 명령, 대 사명을 생각할 때 우리는 새로운 힘이 솟아오르는 것입니다. 바로 불신자와 죽어가는 생명들에 대한 안타까운 눈물입니다.

2. 하나님의 심판의 이유는 바로 그들의 죄악으로 인함입니다(애 1:8, 18).

예레미야는 심판으로 새롭게 하실 하나님에 대해 가르칩니다. 바로 그 하나님은 우리들의 죄악에 대하여 반드시 보응하시며, 말씀에 거스린 것들을 심판하십니다. 우리들이 심판을 받고 경험하는 이유에 대해서 본문은 "유다가 멸망한 이유는 바로 그들의 죄악(애 1:8)과 백성들의 거역(애 1:18) 때문이다"라고 말씀하십니다. 그들이 받는 심판은 결국 죄악으로 인한 벌(애 3:39)입니다. 그들의 죄악은 소돔보다 더합니다(애 4:6). 선지자와 제사장도 죄악을 저지렀고(애 4:13), 열국(애 4:17) 즉 애굽과 앗수르를 의지하였으니(애 5:6,7) 결국 그들은 범죄때문이었습니다. 이 결과로 유다는 많은 하나님의 징벌을 받게 되었습니다. 가장 고통스러운 것 중 하나는 바로 그들이 그들의 자녀를 먹었다는 사실입니다. 하나님은 우리들의 신앙의 삶에 대한 열매를 반드시 맺게 하실 것입니다. 우리가 심는 대로 거둘 것입니다.

육신의 삶을 통해서 우리는 육신의 열매와 심판을 거두게 될 것입니다(갈 6:8; 시 126:5). 우리의 게으름을 반드시 회개하고 하나님이 판단할 날이 올 것입니다. 마태복음 25장에서는 다섯 달란트, 두 달란트, 한 달란트 비유를 통해서 맡은 것에 대한 계산할 날이 있다고 하십니다(마 25:14-30). 자신의 것을 땅에 감추어 둔 게으른 자에게는 하나님의 심판과 대가가 반드시 있습니다(25절). 이와 같이 이스라엘 백성들도 자신들이 뿌린 대로 하나님의 심판을 경험한 것입니다. 하나님은 우리의 게으름, 충성하지 않음에 대해 반드시 셈을 하실 것입니다. 하나님의 심판의 내용은 무엇입니까? 본문에서는 여러 가지로 설명해 주고 있습니다. 1) 예루살렘의 황폐(애 1:1-2), 2)포로(애 1:3, 5), 3)하나님의 영광이 떠남(애 1:6), 절기가 폐함(애 2:6), 제단과 성소를 폐함(애 2:7), 제사장과 선지자들이 살륙을 당함(애 2:20), 4)도울 자가 없음(애 1:17), 5)핍절(애 2:12)하여, 자녀들을 먹음(애 2:20; 4:10), 6)원수들에게 조롱과 조소(애 2:15-16), 7)죽음(애 2:22), 8)개인적 고통(애 3:1-21)으로 고통, 쇠함, 소외, 진노, 조롱 등을 당하는 것 등이 바로 심판의 결과라고 말씀하십니다. 특히 기근은 하나님의 심판의 상징입니다. 하나님을 알지 못하고 우상을 숭배하기 때문입니다. 이러한 심판을 오늘날도 우리는 경험합니다(롬 2:9). 또한 악을 행하는 사람은 하나님의 환난과 곤고가 따릅니다. 우리가 오늘날 말씀대로 살지 않고 거역할 때에 이러한 황폐와 하나님의 저주가 우리와 함께하는 것입니다.

3. 심판 가운데 우리가 취할 태도는 무엇입니까?(애 3:22-41).

예레미야의 메시지가 하나님의 심판 앞에 항복하라고 한 것처럼, 예레미야는 솔직히 하나님의 징계를 인정하고 회개하는 심정으로 노래하고 있습니다. 첫째로, 우리는 하나님 앞에 자신의 죄악을 인정하여(애 5:7, 16) 부르짖음과 마음을 쏟아(애 2:18-19) 회개해야 합니다(애 3:40-41). 기도는 평소에도 해야 하지만, 특히 고난 중에 해야 합니다(약 5:13). 우리는 심판을 당할 때 겸손히 우리의 죄악을 인정하고, 기도해야 합니다. 지금은 우리가 우리 자신을 돌아보고 점검해야 할 때입니다(학 1:5, 7). 둘째로, 여호와를 의지해야 합니다(애 3:22-24).여호와는 진노만 하시는 분이 아니십니다. 우리를 심판하시되 또한 우리에게 은혜와 자비를 베푸시는 분이십니다. 하나님의 성실, 여기서는 "에무나테이하" 라고 하여 "여호와의 성실"이라고 하시는데, 어근 "에무나"는 "아멘"에서 나왔으면, "그렇습니다". 즉 "진실로"라는 말씀의 복수형입니다. 하나님의 신실하심은 영원하십니다. 이 단어는 하나님 자신의 전적인 의지할 만함을 표현합니다(신 32:4). 여호와는 진실무망하신 하나님이십니다. 진실하시고 망령됨이 없다는 뜻입니다. 하나님은 진실하십니다. 하나님은 정치가가 아닙니다. 정치인들은 속이고 거짓말하고, 자신이 유리한 대로 취하고, 백성들은 상관없이 권력을 얻기 위해 자신이 할 수 있는 일에 수단을 가리지 않고 합니다. 그러나 하나님은 세상의 정치판과 같은 누구와 같은 분이 아닙니다. 한 번 말씀하시면, 적어도 수 천 년이 흘러도, 영원토록 변함이 없으신 분이십니다. 말씀하신대로 행하시는 분이십니다. 그러므로 우리는 이 하나님을 의지하고 이 하나님을 소망하는 것입니다. 구원은 하나님께로부터 나오는 것입니다. 잠잠히 기다리고 하나님의 구원을 바라는 것입니다. 세 번째로, 우리는 여호와를 바라고 소망하며(애 3:25-27; 3:55-57), 하나님을 부르고 구원을 체험해야 합니다(애 3:58-60). 네 번째로 우리는 여호와께 승복해야 합니다(애 3:28-30). 하나님이 우리를 심판하게 하시고, 훈련시키실 때 그 상황을 받아들이고 그 상황이 하나님이 나에게 주심을 믿고 항복하며 살아야 하는 것입니다. 다섯 번째로, 여호와를 바르게 이해하여야 합니다(애 3:31-39). 하나님은 심판의 하나님이십니다(애 3:42-47; 4:21-22). 그러므로 하나님은 우리들의 모든 것을 반드시 심판하실 것입니다. 마지막으로 하나님의 공의로움에 대해 의뢰해야 합니다.

"여호와여 우리를 주께로 돌이키소서 그리하시면 우리가 주께로 돌아가겠사오니 우리의 날을 다시 새롭게 하사 옛적 같게 하옵소서 하나님이 우리에게 돌아오사 우리도 돌아가게 하소서"(애 5:21).

4. 소망은 바로 회개함과 하나님을 의지함으로 기도함입니다(애 5:19-21).

우리는 종종 말씀대로 살지 못함으로 영적인 실패의 삶을 살기도 합니다. 그러나 문제는 우리가 바로 하나님께 돌아감이며(애 5:21) 하나님의 영원하심에 소망을 가지는 것입니다. 우리의 기도는 바로 이러한 회복의 기도가 되어야 합니다. 회복에의 노래와 회복에의 노력들이 우리에게 필요합니다. 하나님께 우리가 기도해야 할 것은, "돌이키소서, 새롭게 하사, 옛적 같게 하옵소서"(애 5:21)라고 기도해야 할 것입니다. 우리는 이제 새롭게 해야 할 때입니다. 개혁주의자의 슬로우건은 바로 "개혁되어져 왔기 때문에 개혁되어져야 한다" 즉 말씀으로 늘 돌아가자는 노력들이었습니다. 우리의 마음과 영을 새롭게 해야 합니다(롬 7:6; 고후 5:17; 겔 18:31; 롬 12:2; 엡 4:23; 골 3:10; 딛 3:5; 계 21:5; 히 10:20; 고후 4:16; 사 43:19; 요 13:34). 우리는 새롭게 하시는 하나님을 바로 보고 의지해야 합니다. 하나님은 새 역사를 일으키시고, 주안에서 우리는 새롭게 되어지고, 주의 성실로 새로워지며, 주의 은혜의 말씀으로 늘 새로워지는 것입니다(롬 12:2). 새롭게 하여 옛적과 같은 개척의 마음으로 돌아가게 순수와 사랑으로 돌아가게 기도하며, 하나님을 소망하십시다.

결론적으로 예레미야애가를 통해서 예레미야는 백성들의 패망으로 인한 슬픔이 컸다는 것을 보여줍니다. 하나님 앞에서 그는 자신과 백성들의 죄악으로 인함임을 고백합니다. 그럼에도 하나님은 신실하시고, 자비와 긍휼이 무궁하시니 하나님의 자비에 모든 것을 소망하며 맡깁니다.

에스겔

영광으로 충만하신 하나님

"이에 내가 그 명대로 대언하였더니 생기가 그들에게 들어가매 그들이 곧 살아 일어나서 서는데 극히 큰 군대더라"(겔 37:7).

영광으로 충만하신 하나님

에스겔의 주제는 "영광으로 성전에 충만하신 하나님"입니다. "이에 내가 그 명대로 대언하였더니 생기가 그들에게 들어가매 그들이 곧 살아 일어나서 서는데 극히 큰 군대더라" 선지자 에스겔의 이름은 "강하게 하신다"는 뜻입니다. 에스겔은 환상의 선지자였습니다. 그는 환상을 통하여 하나님의 영광을 보았습니다. 에스겔서에서 나타나는 중요한 주제 중에 하나는 하나님의 영광이 가득함입니다. 에스겔서의 구조도 처음에 그가 하나님의 영광이 가득함을 보았으며 그 후 영광이 떠나고 다시 영광이 성전에 충만함으로 마칩니다.

내용은 첫째 부분은 1-24장으로 유다를 향한 하나님의 심판, 둘째 부분은 25-32장에 열방들을 향한 하나님의 심판, 33-48장으로 유다를 위한 회복과 재건으로 임재하실 하나님. 그리고 그중에 새로운 성전을 통한 하나님의 영광의 회복으로 되어 있습니다. 40-48장은 에스겔의 성전입니다.

하나님의 '영광'(카보드, 무겁다)이라는 뜻은 찬란함(splendor), 명성(reputation), 훌륭함(worth) 등으로 묘사되었습니다. 모세는 하나님께 이 영광을 보여 달라고 구했습니다(출 33:18). 그는 단지 구름과 불을 보여 달라고 한 것이 아니라 특별한 하나님의 임재를 보기 원한 것임을 알 수 있습니다. 또한 이 영광은 하나님의 임재와 함께 주로 강조되고 있습니다. 이 영광은 가시적으로 눈에 보이게 불과 구름으로 나타나기도 합니다. "그 후에 구름이 회막에 덮이고 여호와의 영광이 성막에 충만하매 모세가 회막에 들어갈 수 없었으니 이는 구름이 회막 위에 덮이고 여호와의 영광이 성막에 충만함이었으며…"(출 40:34-35). 우리는 이것을 신학적으로 신현(Theophany)이라고도 합니다. 특히 시내산 언약 때에 (출 24:17-18) 하나님은 영광 중에 나타나셨습니다. 맹렬한 불같은 곳에서 나타나셨습니다. 또 한편, 영광은 비가시적으로 눈에 안보이는 하나님의 계시를 통하여 나타나기도 합니다. 이것은 조용히 영광 중에 나타나는 것입니다(왕상 19:11-12). 엘리야에게 하나님은 조용히, 세미한 음성 가운데 나타나셨습니다. 이처럼 하나님은 가시적으로 불, 구름, 지진

등에만 나타나시는 것이 아니라 조용히 말씀을 통하여 영광을 나타내시기도 하심을 보여 주십니다. 바로 이 영광은 하나님의 임재를 나타내는 것이 목적이기 때문입니다. 또한 하나님의 구원을 보여 주시는 것이 그의 영광이기도 합니다. "내가 바로와 그 병거와 마병으로 인하여 영광을 얻을 때에야 애굽 사람들이 나를 여호와인 줄 알리라 하시더니"(출 14:18)라고 하셔서 그의 영광을 나타내셨습니다. 마침내 메시아를 통하여 하나님 나라가 시작되니 바로 예수 그리스도를 통하여 영광이 나타났습니다(눅 19:38). 예수 그리스도의 오심으로 성부의 독생자 영광을 보여 주셨습니다(요 1:14). 이 예수 그리스도는 그의 부활과 승천과 승귀로 영광을 얻으셨습니다(요 7:39). 이렇게 하나님의 임재로 구원과 말씀을 이루실 때 하나님은 영광을 받으시는 것입니다. 즉 이 영광은 하나님의 나라와 함께 나타납니다. 하나님은 이러한 영광을 나타낼 사명을 그의 백성이었던 이스라엘에게 주셨습니다. 또, 오늘날 영적 이스라엘인 우리 하나님의 백성과 그의 나라의 한 단면인 교회를 통해서 이 영광을 나타내도록 하셨습니다. 그런데 하나님의 백성들이 어떻게 하였습니까? 이 영광을 나타내는 것이 바로 우리들의 사명이며, 또한 이 영광을 교회를 통해 나타내시기를 바란다는 사실입니다. 우리는 어떻게 이스라엘이 하나님의 영광을 나타내는 일에 실패하였는가를 배움으로써 우리들이 저지를 수 있는 실수를 미리 막을 수 있습니다.

1. 유다의 죄악으로 하나님은 영광은 떠나셨습니다(겔 1, 8-10장).

우리는 우리의 죄악으로 하나님의 영광을 가려서는 안됩니다. 하나님은 영광 중에 거하십니다(겔 1장). 하나님의 영광은 영광스러운 보좌의 마차를 환상으로 봄에서 시작합니다. 1장에 북방에서 네 생물의 형상이 오는데(겔 1:4-5) 얼굴은, 사람, 사자, 소, 독수리이며, 네 날개를 가지고 발바닥은 송아지 같습니다. 이 하나님의 영광은 신약성경에서도 충만함을 보여 주십니다. 우리는 예수님의 영광 앞에 엎드릴 수 밖에 없습니다(계 1:12-17). 일곱 촛대에 인자 같은 이는 금띠와 흰 양털 머리, 불꽃같은 눈, 단련한 주석 같은 발, 물소리 같은 목소리, 오른손에는 일곱별, 입에는 좌우에 날선 검이 나오고, 해같이 빛나는 얼굴 앞에 요한은 엎드린 것입니다. 또한 우리는 하나님의 영광을 찬양할 수 밖에 없습니다(계 4:7-9). 이 하나님의 영광은 네 생물도 찬양하며, 24장로, 천사들도 찬양하며, 144,000명의 성도와 수많은 성도들이 찬양할 수밖에 없습니다. 우리는 또한 성전에 가득한 하나님의 영광 앞에 죄성을 고백할 수 없습니다(사 6:1-4). 이러한 하나님의 영광은 강대하여 찬양드릴 수밖에 없으며, 죄인은 엎드리며 잠잠할 수 밖에 없을 만큼 찬란한 것입니다. 바로 이러한 하나님의 영광은 그의 사랑하시는 교회, 그리고 그의 백성들에게 거하십니다. 그러나 이 영광이 백성들과 그 나라들의 잘못으로 인해 떠날 수 있다는 것을 보여 줍니다. 신학적으로 하나님은 한 번 오시면 떠나지 않으십니다. 그러나 실제적인 삶에서 교회들이 얼마든지 하나님의 영광에서 떠난 세속적인 교회가 될 수 있습니다. 시대마다 하나님의 영광을 나타내지 못한 교회는 얼마든지 있었던 것입니다. 그렇다면 이러한 것을 어떻게 이해해야 합니까? 성경에서 분명히 하나님의 영광이 유다 백성의 죄악으로 떠나는 것을 보여 주십니다(겔 10:18-22).

"여호와의 영광이 성전 문지방을 떠나서 그룹들 위에 머무르니" 이렇게 하나님의 영광이 떠나는 장면은 무엇을 의미합니까? 이것은 사무엘서에서 엘리 제사장의 타락과 백성들의 타락으로 "이가봇"(하나님의 영광이 떠남)이 일어납니다(삼상 4:21). 하나님의 영광은 이스라엘 백성들에게 구름으로 성막 위에 있었습니다(출 40:34). 그럼에도 불구하고 이 성막 위에 있다고 해서 성막을 가지고 있다는 사실이 항상 하나님의 임재를 의미한 것은 아닌 것을 알 수 있습니다. 이스라엘 백성은 이 임재를 통하여 마술의 주문같이 자신의 뜻을 이룰 수 있는 것으로 착각했습니다. 그러므로 하나님의 영광이 우리를 위한 승리의 보장은 아닙니다. 하나님의 영광이 있어도, 죄악으로 우리는 얼마든지 실패를 경험할 수 있습니다. 즉 하나님의 임재의 표시였던 언약궤를 가지고 있었지만, 이스라엘은 블레셋의 전투에서 패배했습니다. 그리고 엘리 제사장의 두 아들, 홉니와 비느하스는 "여호와의 언약궤"가 들어올 때 큰소리를 질렀습니다(삼상 4:5). 이 언약궤는 하나님의 임재와 영광의 상징이었기 때문에 전쟁에 가져나가기만 하면 전쟁을 승리할 수 있다고 생각했던 것입니다. 마치 오늘날 성령님을 우리가 우리의 욕심을 채우기 위해 도깨비 방망이로 오해하는 것과 같이 이스라엘 백성들을 언약궤를 그렇게 생각했습니다. 하나님의 영광은 이 언약궤가 함께 있다는 사실만으로 나타나는 것은 아니었습니다. 마치 이 영광이라는 것은 Name Value와 같습니다. 좋은 Brand는 좋은 제품을 보여 줍니다. 그렇다고 해서 좋은 Brand가 반드시 좋은 제품이라는 것을 보장해 주는 것은 아닙니다. 우리는 예수쟁이 Brand를 가지고 있습니다. 브랜드에 맞게 맛있는 품질과 질을 가져야 합니다. 오늘 우리나라가 브랜드 이름으로 수많은 돈을 주는 것과 같이 브랜드는 그 만큼의 효과를 가지고 있습니다. 그러나 실질적으로 좋은 품질을 가지고 있지 않으면 마치 이것은 그 영광을 가리는 것과 같습니다. 이스라엘 백성들은 참으로 그 브랜드 자체가 승리를 가져다 줄 수 있다고 생각했습니다. 그러나 이러한 이스라엘 백성들에게 법궤를 빼앗기고 전투의 패배를 경험하게 하였던 것입니다. 우리들도 영적인 전쟁에 준비되어 있지 않으면, 유명무실한 자들이 될 수밖에 없습니다.

오늘날 우리들도 비록 영원히 하나님은 떠나지 않으시지만, 영광이 나타나지 않는 일을 경험합니다. 하나님은 우리를 영원히 떠나시지 않습니다(히 13:5). 그분은 결코 우리를 떠나지 않으신다고 약속하십니다. 그렇다고 해서 우리가 마음대로 생활해서는 안됩니다. 우리의 신분에 맞게 살아야 하는 것입니다. 이 하나님은 우리와 함께하십니다. 그러나 우리는 이 하나님 곧 성령님을 소멸할 수 있습니다(살전 5:19). 성령을 소멸한다는 것은 "물을 붓는다"는 의미입니다. 우리는 우리 속에서 하나님을 향한 열심이나, 열정이나, 마음이나, 동기를 막아서는 안됩니다. 이렇게 할 때 우리는 하나님의 영광을 나타내지 못할 수 있습니다. 나아가 교회에서 다른 사람들을 통하여 역사하시는 하나님의 역사와 영광을 방해해서는 안됩니다. 함께하시는 성령님을 근심하게 할 수 있습니다(엡 4:30; 사 63:10). 우리는 하나님의 영광이 떠났다거나 혹은 떠나지 않았다라는 말을 함부로 하지는 못해도, 적어도 함께하시는 하나님의 영광을 나타내지 못하고 오히려 하나님의 임재로 함께하시는 성령님을 근심하게 하여 그분의 영광을 방해할 수 있는 것입니다. 그러므로 우리는 우리 속에 함께 있는 하나님의 영광이신 성령을 근심하게 하거나, 뜻을 거스러서는 안됩니다. 하나님이 우리를 통하여 우리 속에서 영광을 받으시도록 해야 하는 것입니다.

2. 영광이 떠난 우리의 모습은 메마른 뼈와 같습니다(겔 37장).

마땅히 하나님께 영광을 돌려할 백성들이 이 일을 다하지 못할 때 그들의 모습은 메마른 뼈들과 같은 것입니다. 마치 골짜기에 마른 뼈들과 같이 능력 없는 모습이 바로 우리들의 모습입니다(겔 37:1-2). 그리고 우리 자신과 우리 주위에는 영적인 고갈과 곤고가 있습니다. 이처럼 열매를 맺지 못하는 우리들의 모습은 포도나무와 같습니다(겔 15장). 포도나무는 열매인 포도를 생산하지 못할 때, 화목이 될 뿐입니다(겔 15:4). 세례 요한도 바리새인과 서기관을 향하여 "이미 도끼가 나무 뿌리에 놓였으니 좋은 열매 맺지 아니하는 나무마다 찍어 불에 던지우리라"고 말씀하십니다(마 3:10). 또한 이러한 영적 고갈에 대한 해결책을 우리에게 물으십니다(겔 37:3, 4, 7). 하나님은 우리에게 "능히 살겠느냐?"고 질문하십니다. 이러한 질문에 대하여 "대언하여 이르기를", "명을 좇아 대언할 때" 역사는 일어납니다. 하나님은 오늘도 골짜기에 말라 있는 영혼들에 대한 책임을 우리에게 물어 보십니다. 예수님 역시 많은 사람들이 따르자, 빌립을 향하여 "우리가 어디서 떡을 사서 이 사람들로 먹게 하겠느냐?"(요6:5)라고 물으심으로 우리들의 신앙을 테스트하셨습니다. 안드레가 어린 아이의 보리떡 다섯 개와 물고기 두 마리를 믿음으로 가져왔을 때, 놀라운 오병 이어의 역사를 일어난 것입니다. 우리는 이러한 영적인 고갈에 대해 관심을 가지고 또한 우리 자신들을 희생하여 드려야 합니다. 우리가 가진 것으로 드릴 때 하나님의 역사는 일어납니다.

하나님의 영광이 떠난 모습은 메마름의 모습일뿐만 아니라 소망이 없고, 다 멸절된 상황입니다(겔 37:11). "…그들이 이르기를 우리의 뼈들은 말랐고 우리의 소망이 없어졌으니 우리는 다 멸절되었다 하느니라" 또한 이들은 모습은 죽음을 당한 모습입니다(겔 37:12-13). "내 백성들아 내가 너희 무덤을 열고 너희로 거기서 나오게 한즉…" 즉 영적인 죽음을 인한 무덤에 있음을 보여 주십니다. 하나님의 영광이 함께하지 않는 우리들의 영적인 모습은 참으로 메마름, 무능력, 죽음 등입니다. 적어도 우리는 우리가 하나님을 향한 소망만 가지고 있을 때 가능성이 있습니다. 하나님을 향한 순종이라도 있을 때 소망이 있습니다. 그러나 유다 백성들은 전혀 이러한 마음들이 없었습니다. 그러므로 그들에게는 절망, 메마름, 죽음 밖에 없었던 것이었습니다. 바리새인들에게 예수님은 무엇이라고 책망하셨습니까? "회칠한 무덤"이라고 하셨습니다(마 23:27). 즉 겉은 화려하나, 속은 뼈와 죽은 것으로 가득하다고 하신 것입니다. 또한 "경건의 모양은 있으나 경건의 능력은 부인하는 자니 이 같은 자들에게서 네가 돌아서라"(딤후 3:5)고 하십니다. 즉 이들은 모양은 있으나 능력은 없는 자들이었습니다. 외식하는 자들(Pharisees)이었습니다. 우리에게 적어도 하나님의 영광과 역사와 생명력이 없다면 우리도 이러한 영적인 잠을 자고 있는 자들인 것입니다. 그렇다면 이 문제에 대한 해결 방안은 무엇일까요?

본문에서는 하나님의 말씀으로만 뼈들이 연락하고, 살이 오르고 가죽이 덮힙니다(겔 37:7-8). 하나님의 말씀을 대언할 때 뼈들이 연락하여 살이 오르고, 가죽이 덮혀 살아납니다. 하나님의 말씀은 단순한 지식이 아닙니다. 비록 설교를 통해서 우리는 지식을 얻기도 하지만, 우리의 귀를 즐겁게 하는 말씀이나, 마음을 즐겁게만 하는 말씀이 아니라 살아 있는 하나님의 말씀은 우리들의 산산히 흩어져 있는 부분들을 연합시키고 다시 하나가 되게 하십니다. 우리가 살 수 있는 방법은 바로 이 말씀입니다. 영원하신 하나님의 말씀은 우리들의 어떠한 변함과 새로워지는 상황에도 합당한 것입니다. 또한 하나님의 말씀과 생기를 통하여 살아 일어나 큰 군대가 됩니다(겔 37:9-10). 생기가 불어 뼈들이 살아나, 생기를 가지게 됩니다. 본문 5, 6, 8, 9절 원문에서는 "루아흐"라는 단어가 사용되었습니다. 특히 9절에 이 생기(루아흐, 성령, 바람, 생기)는 KJV는 "바람"으로 NIV, ASV, NAS, RSV, NRS 등은 "생기"(breath)로 번역했습니다. 그리고 독일어 번역중 EIN은 "성령"으로 번역하기도 했습니다. 어쨌든 우리는 하나님의 영광은 그분의 영이신 성령으로 함께 하시며, 이 성령님은 우리를 살리시는 것입니다. 성령님은 살리시는 영이십니다(겔 37:5-6).

3. 하나님은 다시 영광으로 우리와 함께 하시기를 원하십니다
(겔 43장, 47장).

새로 지어지고 있는 성전에서는 하나님의 영광이 가득하도록 해야 합니다. 새롭게 재건될 하나님의 성전에는 여호와의 영광이 충만하게 거하십니다(겔 43:1-5; 44:4). 이 여호와의 영광이 성전에 충만합니다(겔 43:5). 하나님의 성전은 기도로 충만해야 합니다(사 56:7). 이 하나님의 영광은 찬양할 때 충만하십니다(시 22:3). 하나님의 성전은 하나님의 영광으로 충만해야 합니다. 더 이상의 인간의 소리와 음성이 커지거나, 주장이 강해져서도 안됩니다. 인간의 오만이나 교만, 외식, 나태, 낙심과 무감각으로 충만해서도 안됩니다. 말세에 나타나는 것으로 성전이 충만해서는 안됩니다. "사람들은 자기를 사랑하며 돈을 사랑하며 자긍하며 교만하며 훼방하며 부모를 거역하며 감사치 아니하며 거룩하지 아니하며 무정하며 원통함을 풀지 아니하며 참소하며 절제하지 못하며 사나우며 선한 것을 좋아 아니하며 배반하여 팔며 조급하며 자고하며 쾌락을 사랑하기를 하나님 사랑하는 것보다 더하며…"라고 말씀하고 있습니다(딤후 3:2-4).
하나님의 영광이 충만하듯, 성령의 역사, 복음의 역사는 깊어져야 합

니다(겔 47:1-5). 교회는 하나님의 영광으로 사로 잡혀야 합니다. 하나님의 영광이 충만한 교회는 하나님의 성령이 사로잡는 교회입니다. 하나님이 우리를 마음대로 사용하실 때 복음의 역사와 하나님의 나라는 확장될 수 있습니다(눅 19:31). 하나님이 우리를 마음대로 사용하실 수 있도록 해야 합니다. 우리는 하나님의 동역자이자 일군입니다. 하나님이 원하시는 대로 사용되어야 합니다. 47장에서, 물이 발목에 오르고(3절) 그 후 무릎, 허리까지(4절) 마침내 물이 건너지 못할 강이 됩니다(5절). 이것은 복음의 역사를 통하여 모든 것을 하나님이 사로 잡는다는 것을 보여주십니다. 우리가 우리의 일을 하는 것이 아니라, 하나님의 복음에 사로 잡혀서 하나님의 살리는 이 역사를 감당해야 하는 것입니다. 사람들은 오늘도 이 생명이 없어 죽어가고 있습니다. 이 생명의 역사가 나타나는 곳에만 소성함을 받는 것입니다.

참으로 물이 흐르는 곳에 생물과 고기가 있으며 소성함이 있습니다(47:6-12). 이 하나님의 영광을 통하여 생명의 역사가 일어납니다. 이 성전에서 흘러나오는 물은 교회를 통해 하나님의 살리는 역사를 의미합니다. 성령의 역사는 이제 흘러 넘쳐 생수의 강이 되어야 합니다(요 7:38). 교회에서, 성전에서 하나님의 살리는 역사가 일어납니다.

교회에서 평강이 있을 때 이것은 하나님의 축복의 도구이므로, 교회가 평안하고 하나님의 뜻이 나타나고, 성령이 충만할 때 모든 여러분의 사업과 가정과 학업이 살아나는 역사가 일어납니다. 또한 하나님의 교회는 메마름의 역사가 아니라 은혜가 흘러넘치는 교회가 되어야 합니다(엡 5:27). 억지로 강요로 되어지는 것이 아니라, 솟아오르는 기쁨으로 자발적으로 되어야 합니다. 또한 성전에서 흘러나오는 물은 교회를 통한 복음의 전파를 의미합니다. 이 성전에서 생명의 물이 흘러나옵니다. 죽은

생명들을 살리고 생명을 줄 수 있는 것은 다른 소식이 아니라 죄와 사망
에서 생명과 천국을 주시는 복음의 소식밖에 없습니다. 올림픽에서 금메
달을 땄다는 것도 좋은 소식입니다. 그러나 이런 소식이 우리에게 생명
을 주는 것은 아닙니다. 오직 우리에게 생명을 줄 수 있는 것은 바로 생
명의 복음입니다.

결론적으로 하나님의 영광이 우리들을 지켜주시는 보증이 되는 것이
아닙니다. 오히려 우리는 죄악으로 하나님의 영광을 막을 수 있습니다.
이 영광이 떠난 모습은 메마른 뼈와 같습니다. 그러나 이 영광을 회복하
기를 원하십니다. 우리 모두 영광을 회복하는 성도들이 되십시다.

다니엘

역사의 주인이신 하나님

"하나님은 참으로 모든 신의 신이시오 모든 왕의 주재시로다"(단 2:47).

역사의 주인이신 하나님

다니엘서는 "하나님은 역사의 주인이심"을 보여 주십니다. 주제절은 "…하나님은 참으로 모든 신의 신이시오 모든 왕의 주재시로다"(단 2:47)로 볼 수 있습니다. 내용은 크게 두 부분인, 전반부 1-6장과 후반부 7-12장으로 나뉘어진다고 볼 수 있으며 1-7장과 8-12장으로 나누기도 합니다.

전반부는 특히 개인적인 역사와 관련되어 있으며, 후반부는 인류의 전 역사에 대한 관심으로 전개됩니다. 전반부는 다니엘의 결단(단 1장), 금신상의 꿈(단 2장), 금신상 숭배 강요(단 3장), 느부갓네살 왕의 고백(단 4장), 벨사살왕의 글씨(단 5장), 사자굴 속의 다니엘(단 6장)으로 되어 있습니다. 후반부인 7-12장은 느부갓네살의 네 짐승의 환상(단 7장), 벨사살왕의 수양과 수염소의 환상(단 8장), 70십 이레의 비밀(단 9장), 하늘의 전쟁(단 10장), 그리이스와 로마 제국(단 11장), 종국적인 역사(단 12:10)에 대해서 서술하고 있습니다.

다니엘서는 개인역사와 인류역사에 대해서, 미래의 종국에 관해서 말씀하고 계십니다. 특히 개인적으로 역사 속에서 살아가는 기독인으로서 "우리가 주위의 상황 속에서 모든 순간을 어떻게 살아야 할 것인가?"를 보여 주고 계시는 것입니다. 그러므로 우리는 이 다니엘서를 통해서 역사적인 의식과 세상을 보는 관점, 기독인으로서 세상에서 대처하는 태도와 하나님에 대한 분명한 관점을 배울 수 있습니다.

우리는 다니엘서를 이해하기 위해서 역사에 대한 약간의 이해가 필요합니다. 우리가 역사적이라고 할 때 이것은 사건적인 것입니다. 예를 들어 1520년에 12월 29일 영국의 헨리 8세가 아침에 재채기를 했습니다. 이런 사건은 역사적 관심의 대상이 아닙니다. 1534년에 헨리 8세가 영국 국교회의 우두머리임을 자신이 선언했다면 이것은 역사적인 기록이 되는 것입니다. 우리는 역사 속에서 살고 있습니다. 그러나 이러한 역사 속에서 의미를 가지고 살아야 합니다. 창세기 5장에 보면, 아브라함의 계보를 보여줍니다. "낳고, 향수하고 죽었다." 이것은 역사적인 사건이 되지 못합니다. 그냥 일반적인 생에 불과합니다. 우리의 삶이 이같이 역사적인 의미를 가지지 못하고 산다면 이것은 의미가 없을 것입니다. 그러나 에녹의 삶에 대해서는 특별하게 기록하고 있는데 그것은 하나님과 동행했던 삶이라는 것입니다(창 5:24). 즉 우리는 역사적인 의식을 가지고 살아야 합니다. 영국의 역사학자이며 신학자였던, 아놀드 토인비는 『역사란 무엇인가?』(*Can we learn lessons from history*)라는 책에서 "역사적인 교훈은 지적인 교훈이 아니라, 과거의 쇠망한 사람들이 저지른 것과 같은 과오를 범하지 않도록 하는 것을 말한다"고 고백하여, 역사를 통하여 우리는 실수를 반복하지 않을 수 있다고 했으며, 또한 역사를 지배하는 법칙을 두 가지로 소개했습니다. 첫째로, 우주를 지배하는 형이상학적 법칙을 전능의 "신의 법칙"으로 보는 것입니다. 반대로 우주를 지배하는 형이상학적인 법칙을 비인격적이고 획일적이며 움직일 수 없는 "자연의 법칙"으로 간주합니다. 근대에서는 이 같은 신 중심의 역사철학을 포기해 버렸습니다. 특히 자연의 법칙을 적용한 것이 생명보험 같은 것입니다. 즉 역사는 하나님이 인도하시든지 자연의 법칙으로 흘러간다는 것입니다. 예수를 믿는 신자와 불신자와는 분명히 역사에 대한 인식이 다릅니다. 이러한 갈등에 대해서 성 어거스틴은 "하나님의 도성"에서, 성경적인 관점으로 다신교나 내세관의 잘못을 지적하고, 하나님의 나라가 이 세상에 종말적으로 임하는 것으로 역사를 보고 있습니다. 성경적으로 역사가 흘러간다는 것을 변증한 최초의 역사책입니다. 피에르 데이야르 드 샤르뗑(1881-1955) 는 인간화를 통한 신화의 과정으로 역사를 인식하였습니다. 불신자들에게서 역사는 어떤 사람들의 주장과 같이 맹목적인 반복(Cycle Image)으로 흘러가는 것입니다. 그리고 이것은 자연의 법칙을 따라 그냥 흘러갑니다. 그러나 믿는 우리에게 역사는 목적을 가지고 시작하여 마지막이 있는 것입니다. "태초에 하나님이 천지를 창조하시니라"(창 1:1). 즉 일반역사는 시간과 공간의 시작이 있다는 것입니다. 그리고 마지막도 있습니다. "…나는 알파와 오메가라 이제도 있고 전에도 있었고 장차 올 자요"(계 1:8) 역사적 시작과 마지막이 되시는 것입니다. 즉 세상의 흐르는 역사 속에 하나님의 역사가 들어와 함께 공존하는 것입니다. 이와 같이 신약성경에서 중요한 주제 중 하나는 "하나님 나라"인데, 이 하나님 나라는 예수 그리스도가 이 세상에 성육신하심으로 이 세상의 역사 속에 같이 흘러가는 것입니다.

하나님의 백성에게 역사적 캘린더는 일반역사 속에서만 아니라, 구속 역사 속에서 살아갑니다. 이것을 분명히 이해하기 위해서는 용어해설이 필요합니다.

성경신학에서는 Historical(Historie)와 Historic(Geschichte)로 구별하여 사용합니다. 즉 예수님이 2000년 전에 역사적으로 이 세상에서 사셨던 것은 일반역사인 Historical입니다. 그러나 예수 그리스도가 하나님의 아들이라는 사실을 받아들이는 것은 믿음을 통해서 가능한 것이므로, 구속사(Historic) 즉 어떤 사람들에게 중요한 사건이 바로 구속 역사인 것입니다. 우리는 역사상에 살고 있지만, 하나님 나라가 도래할 구속 역사 속의 켈렌더에 살고 있다는 사실이 중요한 것입니다. 하나님의 나라는 바로 예수 그리스도의 오심으로 시작되었으며 이 세상의 마지막에 완전히 이루어지는 것입니다.

두 번째 하나님의 역사와 세상 역사를 구분하기 위하여 "크로노스와 카이로스"를 구별해야 합니다. "크로노스" 즉 시간 흘러가는 역사입니다. 그러나 "카이로스"는 이러한 시간 가운데 자신의 때입니다. 하나님의 나라가 임하는 시기인 것입니다. "때, 시간(=크로노스)와 시기(=카이로스)"(살전 5:1) "때(=카이로스, 시기)가 찼고…"(막 1:15)라고 하십니다. 하나님의 구원의 역사는 바로 "카이로스"입니다. 역사적인 크로노스를 초월하는 것입니다. 이러한 초월한 하나님이 역사에 들어온 것이 바로 예수님의 성육신인 것입니다. 이런 면에서 다니엘서는 역사의 주인이신 하나님을 분명히 보여주십니다.

1. 우리 삶의 주인은 하나님이십니다(단 1-6장).

느부갓네살 왕은 다니엘 2장에서 한 신상의 꿈을 꾸었습니다. 우상의 머리는 정금, 가슴과 팔은 은, 배와 넓적다리는 놋, 종아리는 철, 발의 얼마는 철이요 얼마는 진흙인데, 뜨인 돌이 와서 철과 진흙을 부수어 뜨리는 꿈이었습니다. 이 꿈을 해몽하여 주자, "…너희 하나님은 참으로 모든 신의 신이시오, 모든 왕의 주재시로다…"(단 2:27)라고 고백합니다. 이것은 참으로 개인적인 하나님으로의 고백이 아닙니다. 역사적, 주권적인 인정에 불과했습니다. 오히려 다니엘 3장에 느부갓네살 왕은 교만해져서, 금신상을 만들어 모든 자들에게 절하게 만듭니다. 이와 같이 느부갓네살은 자기 중심의 삶을 사는 현대인의 대표적인 인물입니다. 그리고 그의 지위는 대단한 것이었습니다. 이러한 자를 통하여 하나님은 하나님 되심을 보여 주신 것입니다. 먼저 우리는 느부갓네살의 사건을 통하여 몇가지 원리를 발견합니다.

먼저 우리는 우리 중심의 삶을 버려야 합니다(단 4:30). 30절에, "나 왕이, 내가 나의 도성, 내 위엄의 영광"이라고 자기 중심(왕자병)에 빠져 있었습니다. 그러나 하늘에서 "내 위가 떠났느니라"고 하십니다. 즉 하나님이 권위도 주신 것입니다. 그리고 그는 7년 동안 미치게 되고 하나님이 역사의 주인공임을 깨닫게 되었습니다. 우리는 느부갓네살이 하나님을 영접했느냐는 질문에 대답할 수 없지만, 세상 역사 속의 인식에서 하나님 나라의 인식으로 바뀌어졌고, 자기 중심의 역사에서 역사의 주인공 하나님을 바르게 인식한 것은 분명한 사실입니다. 우리는 우리 자신이 모든 것의 중심이라고 생각합니다. 그러나 이것은 오해입니다. 이것을 우리는 코페르니쿠스적 대전환이라고 합니다. 중세시대에 천동설(=태양이 지구 주위를 돈다고 생각했던 생각)을 버리고, 지동설, 즉 지구가 태양 주위를 돌고 있다는 진리를 발견하는 것과 같은 대 혁명적인 생각입니다. 즉 우리의 인생에서 모든 사람과 하나님이 나를 위해 존재하고 있다고 생각하다가, 내 삶의 참 주인은 하나님이신 것을 깨닫는 순간인 것입니다. 이것을 일반역사 속에 구원역사로의 전환이라고 볼 수 있습니다. 이런 면에서 우리는 믿음 속에서 살아갑니다(갈 2:20). 역사는(시간은) 나를 위해 나를 주위로 흘러가는 것이 아닙니다.

또한 우리는 하나님 나라를 발견하고 찬양해야 합니다(단 4:34, 37). 잠시 어려움을 당한 느부갓네살 왕은 하나님이 어떠한 분이시고 무엇을 행하시고 계시며, 그의 나라는 어떠한 나라인가를 발견하고 찬양하게 됩니다. 하나님 나라는 비록 대 바벨론 제국이 이 세상을 통치하고 있더라도 그 통치를 능가하는 통치임을 발견하게 된 것입니다. 하나님 나라는 이와 같이 지역(Territory)적으로 다스리기도 하지만, 그분의 통치(Reign)에 해당하는 모든 시간과 공간의 제한이 없는 보이지 않는 나라인 것입니다(34절). 비록 느부갓네살은 자신의 그 시대와 제한된 영역에서 제한된 권위를 가진 자로서 왕이지만, 하나님은 모든 시대와 제한되지 않는 영역에서 무한한 하나님이심을 깨닫게 된 것입니다. 우리는 비록 보이지 않지만, 이 하나님 나라의 시민으로서 모든 영역 가운데 살아가야 합니다. 신약성경 빌립보서 1장 27절에는 "오직 너희는 그리스도 복음에 합당하게 생활하라…"라고 하셨는데, 이 뜻은 "시민답게 살라"

는 뜻입니다. 즉 우리의 삶이 하나님의 시민임을 인식하고 그 시민으로서 산다는 것입니다. 이 나라는 보이지 않지만 통치 영역이 있습니다. 마치 하와이가 미국에서 6시간 정도 떨어져 있지만 미국의 영역이듯이 우리는 하늘에 있는 나라와 시간적, 공간적으로 떨어져 있지만, 하나님의 영역 속에 사는 하나님의 시민인 것입니다. 그러므로 신약에서는 이 하나님의 나라에 대해서 많이 말씀하시는 것입니다. "때(카이로스, 시기)가 찼고…"(막 1:15) 때가 되어 하나님의 나라가 예수님과 함께 이 역사에 왔고 시작되었습니다. 그리고 마태는 천국, 즉 하늘의 왕국, 마가와 누가는 하나님의 나라라고 표현하고 있는 것입니다. 마태복음 3장 2절에서, "회개하라 천국이 가까웠느니라 하였으니" 우리는 이 나라가 임할 때 회개함으로 그분의 통치를 받아야 하는 것입니다. 이러한 역사 속에 사는 하늘나라 시민인 우리는 세상 역사 속에 살면서 갈등을 경험합니다. 세상 속에서 가지는 갈등들을 우리는 믿음과 결단으로 이겨가는 것입니다. 이러한 갈등을 이기는 힘은 바로 하나님의 나라 속에서 사는 확실한 의식을 가지고 사는 사람들이었기 때문입니다.

1)이러한 갈등에서 우리는 뜻을 정해야 합니다(단 1:8). 이러한 바른 역사적 의식을 가지고 살아가야 합니다. 이 세상 역사에 이끌려 가는 것이 아닙니다. 우리는 적극적으로 이 세상 역사를 이끌어 가고 주도해 가는 것입니다. 단순히 역사의 흐름에 반항하는 의미가 아닙니다. 예를 들어 전두환 대통령 시절에 많은 종교지도자들이 그들을 합법적인 정부라고 아부하였습니다. 이것은 세월이 가면서 불과 20년도 못되어 잘못된 것이라는 역사의 평가를 받았습니다. 이와 같이 진리가 아닌 잘못된 것을 옳다고 역사적 정황에서 인정하기보다는 우리는 무엇이 옳은 것인가를 바르게 나타내야 합니다. 다니엘은 우상제물을 먹는 편안하고 안일한 삶을

영위하기보다는 차라리 먹는데 어려워도 진리대로 살려고 했습니다. 바로 이것이 하나님 나라와 이 세상 나라의 갈등에서 우리가 가져야 할 삶의 자세입니다. 우리는 이러한 때에 결단해야 합니다. 또한 2)반대와 핍박 가운데서도 굳히지 않는 결단을 가져야 합니다(단 3:17-18). 더 나아가 사드락, 메삭, 아벳느고, 하나냐, 이사엘, 아샤라는 우상의 금신상에 절하지 않습니다. 이것은 안해도 배만 굶는 것이 아니라, 불에 들어가 죽는 죽음이냐 아니면 타협이냐 라는 극단적인 결정이었습니다. 이런 갈등에서도 이들은 과감히 자신들을 버리고 하나님의 역사 속에 살기를 원했던 것입니다.

"만일 그럴 것이면 왕이여 우리가 섬기는 우리 하나님이 우리를 극렬히 타는 풀무 가운데서 능히 건져 내시겠고 왕의 손에서도 건져내시리이다. 그리 아니하실지라도 왕이여 우리가 왕의 신들을 섬기지도 아니하고 왕의 세우신 금 신상에게 절하지도 아니할 줄을 아옵소서"(단 3:17-18).

이와 같이 신앙인은 일반역사와 구속역사와의 갈등이 생길 때 구속역사를 선택하는 것입니다. 일반역사 속에 삽니다. 즉 오늘날 정치와 경제의 상황 속에서 살아갑니다. 정치적으로 경제적으로 영향을 받고 살지만, 그러나 우리는 이 시대에 제한되는 것은 아닙니다. 다니엘과 같이 비록 우리는 2000년대에 살지만, 시대적인 연대를 초월해서 왔다 갔다하는 것입니다. 다니엘이 마지 기원선 6세기에 살았지만, 천년 이상을 내다보았던 역사적 시각을 가지고 살았던 것처럼 말입니다. 또한 일반역사 속에서 하나님의 백성들이 살기 때문에 그 속에서 믿지 않는 불신자의 통치나 수단을 통해서 살아갈 수 있는 것입니다. 즉 국가는 일반역사의 대표적인 기관이며 교회는 하나님의 나라 구원역사의 대표적인 기관입니다. 구원역사는 일반역사에 무관심하여 세속에서 떠나 내세적이기만

한 것은 아닙니다. 하나님의 구원역사는 일반역사에 관심을 가지고 적용시키기도 합니다. 그러나 갈등과 핍박의 관계가 될 때 구원역사 속으로 들어가는 것입니다. 이것이 신앙의 결단입니다.

다니엘은 3)조서가 찍힌 것을 알고도 평소와 같이 신앙의 삶을 유지합니다(딤전 6:10). 신앙인은 자신의 신앙의 양태를 계속해서 이어나가는 것입니다. 자신의 기도생활, 자신의 신앙생활과 역사에 갈등이 있으면 과감하게 자신의 신앙역사 속으로 흐르는 것입니다.

"임금들과 높은 지위에 있는 모든 사람을 위하여 하라 이는 우리가 모든 경건과 단정한 중에 고요하고 평안한 생활을 하려 함이니라"(딤전 2:2). 성경은 정치인들을 위해 기도하라고 가르칩니다. 이는 우리 신자들이 교회 생활뿐 아니라, 세상 영역을 위해서 간구하는 참여를 말씀하고 계십니다. 세상 역사 속에서 그리스도인들이 다 통치한다고 하나님의 나라가 되는 것은 아닙니다. 영향력을 미칠 수는 있습니다. 그러나 잘못하여 욕을 듣기도 하는 것입니다. 우리는 세상을 향해 그들을 위해서 기도합니다. 그러나 세상과의 극단적인 대립의 상황에서는 과감히 하나님의 나라를 결정하고, 선택해야 합니다. 세계교회사에 수많은 순교자가 일어난 것도 바로 이런 이유입니다. 복음을 전파한 선교의 역사인 선교사는 바로 순교사인 것입니다. 죽음까지 버리면서 신앙을 지키는 것입니다.

2. 모든 인간 역사를 인도하시는 분은 하나님이십니다(단 7-12장).

하나님은 인간의 개인역사에 관여하시며, 구원역사 속에 계실 뿐만 아니라, 인류의 전 역사와 열방(모든 나라)들에게 관여하십니다(단 7-12장). 즉 이것은 Historical, 크로노스의 부분입니다. 다니엘서 후반부인

7-12장은 느부갓네살의 네 짐승의 환상(단 7장), 벨사살 왕의 수양과 수염소의 환상(단 8장), 70십 이레의 비밀(단 9장), 하늘의 전쟁(단 10장), 그리이스와 로마제국(단 11장), 종국적인 역사(단 12:10)에 대해서 서술하고 있습니다. 특히 후반부는 광대하게 인류의 종말에 대해서 말씀하고 있습니다. 이러한 점, 다니엘서가 비록 종말에 대해서 말씀하고 있어 상당히 난해한 해석이 많습니다. 그러나 이 종말 자체를 알리는 것이 그 목적이 아니라, 역사의 주인공이 바로 하나님이심을 보여주는 것입니다. 하나님은 과거, 현재, 미래의 인류의 역사를 쥐고 계시는 것입니다. 그러므로 세상의 마지막도 하나님의 손에 있습니다. 본문에 짐승 넷이 바다에서 나오는데 1)독수리 날개를 가진 사자는 바벨론을, 2)입에 갈비대를 물고 있는 곰은 메대와 바사, 3)등에 새 날개 넷, 머리 넷의 표범 같은 것은 그리스를, 4)열뿔 달린 짐승은 로마제국을 의미하는 것입니다. 이것은 2장에서의 해석을 통해서 유추할 수 있는 것입니다. 그리고 인자 같은 이는 바로 메시아 왕국(하나님의 나라)를 의미합니다. 이 하나님의 나라는 영원한 권세로 임하는 것을 말씀하고 계십니다. 또한 시편 31편 15절의 말씀에, "내 시대가 주의 손에 있사오니 내 원수와 핍박하는 자의 손에서 나를 건지소서"라고 간구합니다.

1)세상 역사와 미래가 하나님께 달려 있습니다(단 7:14).

주님의 권세는 영원한 권세며, 영원한 나라입니다. 열방을 높이기도 하시고 낮추기도 하십니다(사 23:11). 11장에도 그리이스 제국에 대해 구체적으로 묘사하고 있습니다. 그리고 북방과 남방의 그리스(기원전 5세기에서 4세기 초)의 재부활(단 11:5-20) 그리고 로마의 통치 등(로마는 기원전 30년 기원 후 500년까지 다스렸습니다. 그리고 지금의 유럽은 로마의 후예들입니다). 적어도 천년을 내다보았던 것입니다. 주님의 재림까지(하나님의 도래)를 본다면, 수천년을 내다 본 것입니다. 이러한 역사적 안목은 바로 하나님의 시각에서 생기는 것입니다. 이렇게 다가오는 역사를 하나님은 다 알고 통치하고 계시는 것입니다. 하나님의 백성과 이방인들을 동일한 선상인 역사에서 다스리고 계십니다. 우리는 때로 갈등을 느끼기도 하고 이해를 하지 못하기도 합니다(합 1-2장). 우리는 역사상에서 "과연 누구를 하나님이 사용하시는가?" 이 질문에 쉽게 대답할 수 없는 것이 많습니다. 오히려 일반 역사 속에서 하나님은 불신자들을 도구로 사용하셨습니다. 남북전쟁에서 하나님께서는 북과 함께 했을까, 남과 함께 했을까? 만약 나는 두쪽을 위해 다 기도했다면 어떻게 되는 것일까 궁금해 할 수 있습니다. 그러나 하나님은 이 모두를 다 사용하고 계시는 것입니다. 열방들은 일어났다가 사라집니다. 정치자들도 잠시 다스리다가 다 사라집니다. 그러나 영원한 통치와 나라인 하나님의 나라는 영원하십니다.

2)세상의 나라에 때가 있듯이 하나님의 나라도 때가 있습니다(단 9:24).

70 이레 후에 하나님의 나라는 완전히 임할 것입니다. 하나님의 나라는 이미 이 세상에 임하였습니다. 그러나 종국적인 하나님의 나라는 바로 주님의 재림으로 완전히 이루어지게 됩니다. 70 이레에 대한 해석은 크게 4가지로 나뉘어집니다. 그러나 크게 일곱이레, 62 이레, 한 ㄴ이레를 나누어 보는 것입니다. 대략 445-408년까지 대략 주후 1-27년이 되며, 마지막 한 이레를 남겨두는 것입니다. 종말론에 중요한 개념이 천년왕국과 또한 다니엘의 70 이레의 해석이 됩니다. 그리고 이 한 이레와 천

년에 대하여, 1)후천년설(천년 왕국 후에 그리스도의 재림이 있고 영생이 있다), 2)역사적 전천년설(천년 왕국 전에 재림이 있다), 3)세대주의적 전천년설(휴거후 지상에 환난이 있고 재림과 천년 왕국이 있다), 그리고 4)무천년설(천년왕국은 상징이며, 신약시대이다)등이 있습니다. 우리는 이 한 이레에 대한 해석을 여러 가지로 볼 수 있으나, 중요한 것은 세상 역사를 다스리는 분도 하나님이라는 사실입니다.

3)역사는 계속해서 하나님의 나라와 세상나라로 나뉘어지게 될 것입니다(단 12:10). 마지막으로 향할 수록 악한 자는 더욱 악을 행할 것이며, 정결케 하는 자는 희게 됩니다. 선은 완전히 악을 없애는 승리로 나타나는 것도 아니며, 또한 악도 완전히 선을 없애지 못하는 것입니다. 이 둘이 인간의 사건들 속에서 하나님의 역사가 관여하시는 것입니다. 어떤 사람도 하나님의 역사를 방해할 수 없으며 오히려 이룹니다(계 11:15). 세상 바벨론은 결국 무너지게 될 것입니다.

"또 다른 천사 곧 둘째가 그 뒤를 따라 말하되 무너졌도다 무너졌도다 큰 성 바벨론이여 모든 나라를 그 음행으로 인하여 진노의 포도주로 먹이던 자로다 하더라"(계 14:18).

결론적으로 우리는 우리 개인의 역사와 하나님의 나라를 역사적으로 인도하시며, 통치하시는 하나님이심을 알았고 또한 일반역사의 종말과 마지막에 대해 하나님은 모든 것을 작정해 놓으신 것을 알 수 있습니다.

호세아

구속하시는 사랑의 하나님

"너희 형제에게는 암미라 하고 너희 자매에게는 루하마라 하라"(호 2:1).

호세아서는 하나님의 사랑이 주제입니다. 하나님의 사랑은 "헤세드" 자비, 긍휼, 인내, 사랑 등 많은 뜻을 가진 단어로 나타납니다. 또한 신약에는 희랍어로 사랑을 네 가지로 구분하고 있습니다. 남녀 간의 사랑을 1)에로스, 형제간의 사랑을 2)필로스, 부모가 자식에게 하는 사랑을 3)스톨케, 그리고 신 즉 하나님이 인간에게 하는 무조건적인 사랑을 4)아가페라고 합니다. 우리는 인간 세상에서 가지는 모든 사랑은 바로 하나님의 사랑에서 반영되고 반사된 것임을 알 수 있습니다. 부모님의 사랑이 무조건적인 것을 우리는 경험합니다. 그러나 절대적인 무조건은 아닙니다. 모든 사랑이 이와 같이 다른 깊이를 가지나, 다 하나님이 우리를 사랑하시는 사랑에서 나온 것임을 우리는 성경에서 발견합니다.

호세아는 "구속(救贖)하시는 사랑의 하나님"을 보여 주십니다. 주제절은 "너희 형제에게는 암미라 하고 너희 자매에게는 루하마라 하라"(호 2:1)입니다. 내용분해는 호세아 1-3장은 하나님 사랑의 상징적인 표현이며, 4-10장에서는 하나님의 사랑을 배반한 이스라엘에 대한 쟁변을 하시며, 11-14장에서는 심판과 구원의 약속을 보여 주십니다.

본문의 배경을 살펴보면 먼저 하나님은 선지자 호세아에게 "음란한 고멜을 취하여 자녀를 낳을 것을 명하십니다"(호 1:4). 그리고 그 낳은 아들을 "이스르엘"이라고 하며, 낳은 딸을 "로루하마"(호 1:6), 그 뒤 낳은 아들은 "로암미"(호 1:9)라고 부릅니다. "이스르엘"은 씨라는 말이며, "하나님이 심으신다"는 뜻입니다. 그리고 로루하마는 뜻은 "긍휼을 베풀지 않는다" 그리고 로암미는 "나의 백성이 아니다"라는 뜻입니다. 그러나 백성이 아니라 하던 그곳에서 하나님은 다시 "암미, 루하마"라고 불러 주십니다. 즉 백성으로 삼아 주시고 긍휼이 여겨 주신다고 하십니다. 즉 이 말씀을 통하여 우리는 하나님이 얼마나 우리를 무조건적으로 인내하며 사랑하시는가를 발견할 수 있으며, 하나님이 만약 우리를 사랑하신다면 우리는 이떤 상황에서도 이길 수 있는 힘을 가지게 되는 것입니다.

1. 하나님은 우리에게 사랑을 보여 주셨습니다(호 1-3장).

우리들은 사랑을 받기에 자격이 없는 자들입니다(호 1:2-9). 이스라엘 백성과 우리는 음란하고 행음한 고멜과 같은 사람들이었습니다(호 1:2).

호세아와 고멜의 자녀의 이름이 말해 주듯이, "이스르엘" 즉 이스라엘의 배도와 영적인 방황에도 불구하고 이스라엘을 언젠가 다시 "하나님이 심으신다"고 말씀하십니다. 이것은 하나님이 사랑 받지 못할 자를 사랑하신다고 하는 것입니다. "로루하마, 로암미" 같이 전혀 하나님의 사랑을 받을 자격이 없는 백성들입니다. 그리고 하나님은 선지자 호세아에게 고멜과 같이 음부인 여인과 함께 살라고 합니다. 이것은 타락한 고멜과 같은 우리에게 결혼해 주시는 하나님의 사랑 표현입니다. 우리는 창녀와 같은 자들이지만, 하나님은 우리를 사랑해 주시는 것입니다. 우리는 하나님의 사랑을 받기에는 자격이 없는 자들입니다. 그래서 신약에서도, "너희의 허물과 죄로 죽었던 너희를 살리셨도다"(엡 2:1). "전에는 우리도 다 그 가운데서 우리 육체의 욕심을 따라 지내며 육체와 마음의 원하는 것을 하여 다른 이들과 같이 본질상 진노의 자녀이었더니"(엡 2:3)라고 말씀하십니다. 이러한 저주 가운데 있는 우리들을 사랑해 주셨습니다.

그러나 하나님은 그의 사랑을 우리에게 보여 주셨습니다(호 3:1). "내가 나를 위하여 저를 이 땅에 심고 긍휼히 여김을 받지 못하였던 자를 긍휼히 여기며 내 백성 아니었던 자에게 향하여 이르기를 너는 내 백성이라 하리니 저희는 이르기를 주는 내 하나님이시라 하리라"(호 2:23) 이러한 창녀와 같은 우리와 결혼해 주시는 하나님이십니다.

"진실함으로 네게 장가들리니 네가 여호와를 알리라"(호 2:20).

신약성경에서도 죄인된 우리를 사랑하시는 하나님이 독생자 예수를 우리를 위해 십자가에 못 박히게 하신 것입니다. 하나님 사랑의 절정은 바로 그의 아들을 우리를 위해 주신 것입니다. 우리의 모습을 완전히 새롭게 해 주십니다. 하나님의 사랑은 바로 예수 그리스도의 죽음을 통해서 우리에게 나타내셨습니다(롬 5:8; 요일 4:10).

이와 같이 하나님의 사랑은 바로, 우리를 일방적으로 먼저 구원해 주시는 선택적인 사랑입니다. 즉 신명기나 구약성경에서 하나님이 그의 백성을 사랑해 주시는 이 사랑은 바로 구원을 통해서 우리에게 주시는 선택적인 사랑입니다. 한국의 사랑의 사도, 손양원 목사님을 잘 알고 있습니다. 자기 아들을 죽인 그 공산당을 아들 삼은 하나님의 사랑을 나타낸 목사님입니다. 하나님의 사랑이 바로 원수 되었던 우리들을 자녀 삼아 주신 것입니다.

2. 하나님의 사랑을 경험할 수 없는 이유는 다음과 같습니다(호 4-10장).

이스라엘은 우상숭배, 부도덕, 물질주의에 물들어 타락했습니다. 하나님의 사랑은 어떠한 것입니까? 또 하나님의 사랑은 언약적인 것입니다. 하나님과 백성과의 관계, 남편과 아내와의 영적인 관계를 가진 것이 우리들이 가진 하나님과의 사랑의 관계입니다. 이것은 비록 하나님의 사랑이 선택적으로 하나님이 시작하셨더라도 쌍방적이라는 것입니다. 하나님의 사랑에 반응하고 응답하는 것이 우리가 해야 할 일입니다(렘 31:3).

이러한 하나님의 사랑을 깨닫지 못하는 것은 우리의 무지(無知) 때문입니다. 우리는 하나님이 우리를 사랑하셔 1)건축하지 아니한 아름다운 성읍 2)파지 아니한 우물 3)심지한 포도원과 삼감나무를 얻게 하실 때 "하나님을 잊지 말라"(신 6:12)고 하십니다. 그러나 우리는 이 하나님을 잊어버린 것입니다. 하나님을 알지 못하니 하나님이 우리를 위해 베푸신 사랑을 알 수 없는 것입니다. 하나님의 사랑을 깨닫지 못하는 것은 또한 이스라엘 백성의 교만과 죄악 때문입니다. 그리고 자신들의 배부름으로 인해 하나님에 대해 잊어버렸습니다. 신명기 하나님을 잊지 말라고 가르쳐 주셨는데, 백성들이 하나님을 알지 못한 것은 그들이 하나님을 아는 지식이 없었기 때문이며(신 4:1) 교만함과 배부름으로 잊음(신 13:6)과 교만(신 5:5; 7:10)함 때문입니다.

음란한 자식들은 음행하고(호 2:4), 하나님 보다 세상을 더 사랑했으므로 하나님의 사랑에 대해서 알 수 없었습니다. 하나님과는 상관없이 죄악과 음행을 서슴지 않았습니다. 이들은 그러므로 음란의 자식들로 불리웠고, 딸들과 며느리들도 간음했습니다. 즉 세상을 사랑하고 세상의 것을 의지하는 것들이 바로 이러한 영적인 음행입니다. 돈을 사랑하고, 세상을 사랑하는 것은 하나님의 사랑을 잊게 되는 지름길입니다(딤전 6:10; 요일 2:15-17). 이들의 딸들이 행음하며 며느리가 간음하기도 했습니다(호 4;14).

하나님의 사랑은 또 다른 표현들로 나타나 있습니다. 이스라엘 백성들이 하나님의 사랑을 깨닫지 못하고 느끼지 못한 이유는 또 있습니다. 그것은 바로 사랑의 다른 표현들입니다. 하나님이 우리를 사랑하실 때 무조건 좋은 것으로 베푸는 것만이 아닙니다. 오히려 하나님은 우리가 하나님의 사랑을 깨닫지 못하고 죄악을 계속 행할 때 이러한 우리를 치셔서 깨닫게 하십니다. 즉 사랑이라는 것은 늘 온유한 모습 뿐아니라, 매로 다스리는 것입니다. 우상을 섬기고 악을 행하는 이들은 하나님은 온유한 모습이 아니라, 사랑의 매로 다스리는 것입니다. 하나님은 우리가 악한 길로 가는 것을 막으십니다(호 2:6). 우상을 사랑하고, 정욕을 향해 불타는 이스라엘 백성들에게 하나님은 사랑으로 그들의 악한 길을 막아 버리십니다. 하나님은 때로 하나님의 것을 우리에게서 빼앗기도 하십니다(호 2:9). 하나님이 주신 축복으로 오히려 이스라엘 백성이 죄악을 저지를 때 하나님은 이 축복을 빼앗을 수 밖에 없습니다. 하나님은 그분의 사랑의 줄로 우리를 이끄십니다(호 11:4). 우리가 자진해서, 우리의 갈 길을 알지 못할 때 하나님은 줄을 매어 우리들을 끌고 가십니다. 하나님의 길로 우리를 이끌어 가시는 것입니다. 미국에서는 유치원 소풍이나 야외 견학 갈 때 한국적인 시각으로 보면 이상하지만 줄을 팔에 매고 갑니다. 아이들을 잃어버리지 않으려하기 때문입니다. 하나님은 우리가 소 떼를 끌고 갈지라도 만나주시지 않습니다(호 5:6). 하나님은 시간을 가지시고 우리에게 때를 기다리며 진정한 회복을 원하시기 때문입니다. 그리고 무엇보다 사랑하시기 때문에 징벌하십니다(호 8:13, 14). 부모가 자녀를 사랑할 때 잘못을 징벌하는 것과 같습니다.

3. 하나님의 사랑을 깨닫고 회개해야 합니다(호 11-14장).

하나님은 우리가 회개하고 돌아오기를 원하십니다(호 14:1-3). 하나님은 하나님께 돌아오기를 원하십니다. 우리는 하나님을 버리고 떠난다 할지라도 하나님은 우리를 버리지 않으시기에 우리는 하나님께 나아가야 합니다.

"이스라엘아 네 하나님 여호와께로 돌아오라 네가 불의함을 인하여 엎드러졌느니라"(호 14:1-3).

우리가 하나님 앞에 나아갈 때 하나님께서 원하시는 것이 무엇인지를 알아야 합니다. 호세아 14장 2절 말씀에 "너는 말씀을 가지고 여호와께 돌아와서"라고 하십니다. 하나님께서 진정으로 원하시는 것은 말씀에 대한 순종과 사랑의 언약의 회복입니다. 먼저 하나님은 우리의 입술에서 불의를 제하라고 하십니다. 이는 모든 죄악을 완전히 제하라는 강조의 말씀입니다.

하나님은 이러한 회개의 절차를 거친 자들과 새로운 계약을 맺으신다고 하셨습니다. 그 계약은 첫째, 앗수르의 구원이나 군사를 의지하지 말며 또한 다시는 우상으로 하나님을 삼지 말라는 내용입니다. 실제로 이들은 과거에 여러 차례 하나님보다도 앗수르를 의지했습니다. 그 결과는 의지했던 앗수르의 포로생활이었습니다. 우리들도 눈에 보이는 것을 더 의지하고 바라보는 것은 하나님의 사랑을 망각하는 것입니다. 이러한 것을 회개해야 합니다. 회개의 수단은 바로 하나님의 말씀입니다. "말씀을 가지고 돌아오라"(호 14:2). 값싼 회개와 같이 스스로 범죄했다고 하는 백성들이 용서를 갈망하는데 나오는 감정적인 체험이 아니라(호 6:1-3), 진심의 기도를 드려야 합니다. 이와 같이 회개는 입술의 회개으로는 안 됩니다. 회개의 기도(호 6:1-3)의 본문을 보면, 이스라엘은 하나님을 알고 그 앞으로 돌아오게 되는 회개의 기도를 한다고 합니다. 그러나 회개에는 변화된 삶과 진정한 뉘우침이 뒤따라야 하는 것입니다(마 3:8). 세례요한은 회개에 합당한 열매를 맺으라고 합니다. "그러므로 회개에 합당한 열매를 맺고" 요한복음 8장에서도 예수님께서 간음한 여인에게 "다시는 죄를 범치 말라"고 부탁하는 것을 볼 수 있습니다.

회개하는 자에게 하나님은 축복을 약속하십니다(호 14:4-8). 하나님은 사랑이 충만하신 분이십니다. 회개하는 자에게는 사랑을 베푸시며 회복케 하십니다(호 14:4). "잘못했다"고 용서 못하는 통이 작은 사람들과 같지 않습니다. 회개만 하면 용서해 주시는 것입니다. 누가복음 15장에서 우리는 하나님의 큰 사랑을 발견하게 됩니다. 첫 번째는 잃어버린 양(눅 15:1-7)에 대한 하나님의 심령이며, 두 번째는 잃어버린 동전(눅 15:8-10)에 대한 하나님의 심령이며, 세 번째는 잃어버린 탕자에 대한(눅 15:11-32) 간절한 하나님의 심정입니다. 이와 같이 하나님은 잃어버린 양과 동전과는 다르게 아들을 찾고 찾으시는 심정이 바로 하나님의 심정임을 보여 주십니다. 집에 있는 탕자든지, 나가 있는 탕자든지 하나님께 돌아오기만 하면 우리를 용서해 주시고 안아 주시는 분이 하나님이십니다. 회개는 바로 하나님의 사랑을 체험할 수 있는 방법입니다. "내가 저희의 패역을 고치고 즐거이 저희를 사랑하리니"(호 14:4)라고 오기만 하면, 고쳐주시고 사랑해 주신다는 것입니다. 우리의 하나님은 과거를 묻지 않습니다. 돌아와서 회개하기만 하면 새롭게 우리를 받아 주시는 것입니다.

회개하는 자에게 은혜와 풍성함을 주십니다(호 14:5-7). 우리는 5절 말씀에서 "이슬"이라는 말씀을 대합니다. 이슬은 비에 비하면 미미합니다. 그러나 이슬은 땅을 적십니다. 물론 한꺼번에 적시는 것은 아닙니다. 매일 매일 내려서 초목을 소생시키는 것입니다. 마찬가지로 하나님의 은혜도 이슬같이 임한다는 사실을 기억해야 합니다. 이 은혜는 때를 따라 주시는 은혜이며, 또한 우리를 풍성케 하시는 은혜입니다. 6절 말씀은 그 가지는 퍼지며 그 아름다움은 감람나무와 같을 것이라고 하였는데, 이는 하나님이 주시는 축복과 은혜는 풍성하여 고난과 역경 속에서도 계속되어지는 소생을 의미합니다. 또한 "그 아름다움은 감람나무와 같고 그 향기는 레바논 같으리라"고 했는데, 이는 하나님의 백성들의 아름다운 모습을 뜻합니다. 회개하고 돌아오면 아름답고 값지게 만들어 주신다는 것입니다. 소성시켜 주신다는 것입니다.

회개하는 자에게 열매를 맺게 하십니다(호 14:8). 이는 하나님께 돌아온 자의 특징을 말해줍니다. 그들은 "내가 다시 우상과 무슨 상관 있으리요"라고 했습니다. 구원받은 자에게는 생활에 열매가 맺히게 해 주신다는 것입니다.

“누가 우리를 그리스도의 사랑에서 끊으리요 환난이나 곤고나 핍박이나 기근이나 적신이나 위험이나 칼이랴 기록된바 우리가 종일 주를 위하여 죽임을 당케 되며 도살할 양 같이 여김을 받았나이다 함과 같으니라 그러나 이 모든 일에 우리를 사랑하시는 이로 말미암아 우리가 넉넉히 이기느니라 내가 확신하노니 사망이나 생명이나 천사들이나 권세자들이나 현재 일이나 장래 일이나 능력이나 높음이나 깊음이나 다른 아무 피조물이라도 우리를 우리 주 그리스도 예수 안에 있는 하나님의 사랑에서 끊을 수 없으리라”(롬 8:35-39).

요엘

성령을 주시는 하나님

"누구든지 여호와의 이름을 부르는 자는 구원을 얻으리니…"(욜 2:32).

요엘의 주제는 "성령을 주시는 하나님"입니다. 주제절은 "누구든지 여호와의 이름을 부르는 자는 구원을 얻으리니…"(욜 2:32)입니다. 선지자 요엘의 이름은 "여호와은 하나님이시다"라는 의미입니다. "그런즉 내가 이스라엘 가운데 있어 너희 하나님 여호와가 되고…"(욜 2:27)라고 하시며, "…너희 하나님 여호와인 줄 알 것이라"(욜 3:17) 말씀하십니다. 요엘서의 신학적 주제는 "여호와의 날"입니다. 이 날은 1장에서 메뚜기의 재앙의 날로 완전히 이스라엘을 황폐하게 하는 날입니다. 즉 늙은 자, 자녀들이 이것을 경험하며(욜 1:2-3), 술 취한 자(욜 1:4-7)도 경험하고, 제사장도 애곡하는 날입니다(욜 1:8-12). 그러므로 이 날은 모든 자들에게 임할 날입니다. 또한 2장에서도 이 여호와의 날은 강한 군대가 쳐들어 오는 날이라고 말씀하십니다(욜 2:1-11). 열방을 통하여, "이스라엘의 심판하시는 날"입니다. 즉 이 날은 바로 역사적으로 앗수르를 통하여 이스라엘의 심판한 날입니다. 그리고 마침내 이스라엘뿐만 아니라, 하나님은 이 여호와의 날에, "여호와는 모든 족속을 심판하실 것"입니다. 3장에서, "여호사밧" 즉 "여호와는 심판하시는 분"이시기 때문입니다(욜 3:2). 마지막 날에는 이 여호와의 날에 여호사밧 골짜기에서 심판을 받게 되며, 하나님의 백성은 하나님이 이들의 산성이 되십니다(욜 3:16-17). 신약성경에서도 "여호와의 날"은 바로, "주님의 날"이라고 볼 수 있습니다. 주님이 처음 오신 초림이며, 다시 오실 재림의 날입니다. 이 "주님의 날"은 믿지 않은 자들에게는 심판의 날이며, 믿는 우리에게는 보상과 회복의 날인 것입니다. 그러나 보편적으로 이 날은 모든 자들에게 황폐와 파괴가 있는 날입니다(욜 1-2장). 이러한 주의 날을 준비하고 대비하기 위해서 요엘은 우리에게 준비할 것을 말씀합니다.

1. 주의 날이 있음을 알고 주의 날을 준비해야 합니다(욜 1-3장).

주의 날은 "강림"이라고 데살로니가전서에서는 말씀합니다. 주님의 강림(파루시아, 살전 1:10; 2:19; 3:13; 4:16; 5:23)을 대비하는 것이 바로 데살로니가의 주제이기도 합니다. 이와 같이 신약에서는 주의 날을 중요한 주제로 다루고 있습니다. 왜냐하면, 초림하신 예수님은 다시 우리에게 본대로 오실 것이기 때문입니다. 종말론적으로 주님의 나라가 주님의 초림으로 이미 시작되었지만, 주님의 재림으로 완전히 이루어 질 것입니다. 그러므로 요한계시록도 이와 같은 주님의 마지막 통치를 주제로 하고 있는 것입니다. 주의 날은 언제 입니까? 요엘 2장 28절에는 "그 후에"라고 합니다. 이 말씀은 사도행전 2장 14-21절에 인용되어 말씀이 성취되었음을 보여 주십니다. 바로 "그 후에(afterward)" "아하레이 케인" 이라는 말은 "말세에"라고 성취됩니다. 이 주의 날에 대한 것은 신약신학에서 중요한 주제이기도 합니다. 사실상 이 주님의 날에 대한 상당한 이견과 견해들이 있어왔습니다. 그리고 이 주의 날(파루시아)은 신약성경에서 중요한 주제이며, 신약신학의 큰 흐름이기도 했습니다. 몇가지 종말론에 관한 견해들을 살펴봅시다. 먼저 일관적 종말론(Consistent Eschatology)에서는 예수님이 하나님의 나라, 즉 하나님의 날은 예수님의 생전에 이루어 질 것으로 보았다는 관점입니다(초림이 바로 하나님의 날이다). 학자로는, H. S. Reimarus(1694-1768)는 역사적 예수의 현대적 창시자입니다. 잘 아는 슈바이져(Schweitzer) 역시 "예수의 삶과 죽음의 구속사적 이해에 주의 날은 아무런 도움을 주지 않는다"고 생각했는데 이는 바로 잘못된 주의 날에 대한 이해라고 믿었기 때문이다. 또 다른 견해로 실현된 종말론(Realized Eschatology)에서는 지금이 하나님의 날이다라고 주장하는 학자는 C. H. Dodd가 종말은 "미래가 아니라 바로 현재이나"라고 강조합니다. 물론 "…지금은 은혜 받을 만한 때요 보라 지금은 구원의 날이로다"(고후 6:2)라는 면도 있습니다.

세 번째로 구속사적 종말론(Salvation History)이 있습니다. 학자로는 쿨만(Cullmann)은 불트만의 비신화화를 반대하여, 예수의 초림으로 구원의 역사는 시작되었고, 미래의 구원 즉 구속사의 마지막은 재림으로 완성되는 것이라고 보았습니다. 여기서부터 우리는 주의 날은 이미

"Already" 했으나, 아직 "not yet" 완전히 온 것이 아니라고 보는 것입니다. 초림으로 주님의 날은 시작되었으나, 재림까지 완전히 이루어지지 않았다고 보는 것입니다. 현대 종말론에는 바르트(Barth), 판넨버그(Pannenberg), 몰트만(Moltmann) 같은 학자들이 주장하는 주의 날(강림, 파루시아)은 단지 그의 다시 오심이 아니라, 임박한 임함이라고 보았습니다. 또한 이것은 임재도 의미하는 것입니다. 즉 현재에도 계시지만, 미래에도 역사적으로 오신다는 것입니다.

결국 신학적으로 주의 날은 마치 주님이 오신 초림이라고 잘못 오해한 것과 다르게 점점 성경의 말씀을 이해해 가고 주의 임재와 함께 하며 또한 동시에 우리와 함께 계실뿐만 아니라 시간적으로 초월한 시간에 오실 것입니다. 오늘날 "주의 날"에 대한 오해는 "이 세대가 지나가기 전에 이 일이 다 이루리라"(막 13:30)라고 하신 주님의 말씀을 잘못 이해한 것으로 비즐리 머리(Beaseley-Murray)라는 신학자는 보고, 이 말씀은 우리의 깨어있음과 주의 날의 갑작스럽게 임함에는 부조화가 있는 것이 아니라고 합니다. 큄멜(Kuemmel)이라는 신학자도 이 말씀은 마태복음 10장 23절에 "이 동네에서 … 내가 진실로 너희에게 이르노니 이스라엘의 모든 동네를 다 다니지 못하여서 인자가 오리라"고 하신 것을 볼 때 바로 "주의 날"은 바로 주님의 초림으로 시작된 것을 알 수 있습니다. 요한복음을 통하여 브라운(Brown)이라는 신학자는 수평적, 수직적인 "주의 날"로 구분하였습니다. 즉 수평적으로 주의 날은 주님의 계시를 통하여 계속 일어나고, 수직적으로 "영생"(함께 하심, 요 5:24; 6:37)이라고 이해한 것입니다. 결론적으로 "주의 날"은 초림의 날이며, 또한 재림의 날입니다. 주님이 오시는 날이 바로 이때라는 것입니다. 이 주님의 날은 심판의 날이기도 하지만, 회개하고 주님을 바라보는 하나님의 백성에게는 위로의 날인 것입니다. 이와 같은 하나님의 백성을 향한 회복과 축복이 요엘서 2장 18-27절에 나타나 있습니다.

주님의 날을 맞이하는 자세는 어떠해야 합니까? 먼저 본문을 통해서 요엘 선지자가 우리에게 당부하는 말씀에 귀를 기울이십시다. 이와 같이 주의 날은 백성들에게 임할 심판의 날입니다. 메뚜기의 황폐의 날에 앞 서서, 금식과 성회를 선포하라(욜 1:14). 바로 이와 같이 여호와의 날은 멸망같이 전능한 자에게서 임하게 됩니다(욜 1:15). 주의 날에 앞서 우리 는 우리 자신의 모습을 다시 확인하고, 믿음을 점검해야 하는 것입니다. 군대의 침략의 날에 앞서서, 금식하며, 울며, 애통하며, 마음을 다하여 하나님께 돌아가야 합니다(욜 2:12). 하나님의 백성이 겸손의 자세를 가 질 때 축복을 약속해 주십니다. 이렇게 주의 날에 대하여 바른 인식과 준 비를 하는 주의 백성들에게 하나님은 축복을 약속해 주십니다. 물질적 외적인 축복을 해주셔서(욜 2:18-27) 흡족하게 해 주십니다(욜 2:19). 군 대도 물리쳐 주시고(욜 2:20) 이른 비와 늦은 비를 주시며(욜 2:23) 내적 인 성령의 부어 주십니다(욜 2:28-32). 회복된 자로 영원한 세계에 살게 해 주십니다(욜 3:18-21).

2. 성령의 부어 주심을 받아야 합니다(욜 2:28-32; 참조 행 2:14-21).

주의 날이 있기 이전의 상황을 성경은 미리 말씀해 주십니다. 주의 날 에 어떠한 역사가 일어납니까? 성령님을 부어 주시는 것입니다. 성령님 은 구약에서 때때로 사람들에 임하기시는 했지만, 신약에서 예수님의 오 심으로 말미암아 모든 자 즉 "만민"에게 부어 주시는 것으로, "남종과 여 종"(욜 2:29) 에게도 부어주시고 신분, 계급, 연령 등 외적인 조건에 차별

이 없이 주실 것을 말씀해 주고 계십니다. 이 성령의 부으심에 대해서 여러 가지 견해가 있습니다. 혹자는 이른 비는 예수 그리스도의 오심에 부어 주시는 성령이며 늦은 비는 재림을 앞두고 주시는 부어 주심이라고도 하는데 이것은 바른 것이 아닙니다. 현대에 나타난 은사 부흥 운동과 웃음 부흥 운동은 1940-1950년에 존재한 것이었습니다. 즉 대다수가 늦은 비 운동에 뿌리를 두고 있는 것으로, 제2차 세계대전이 끝난 뒤 캐나다 서부, 새스카툰 성경학교에서 시작되었습니다. 조지호틴, 어네스트 호틴, 퍼시 헌트들이 시작했고, 1948년 2월에 나흘간의 집회에서 안수를 통하여 성령의 은사가 눈으로 보이게 하는 것이 예배의 특징이 되었습니다. 바로 요엘의 늦은 비의 역사가 예수님의 천년왕국을 세우러 오시기 전에 일어난다는 주장이었습니다. 즉 이 말은 재림 전에 큰 성령의 역사가 있다는 것인데, 이것은 잘못된 해석입니다. 오히려 구약의 말씀은 신약에서 성취되고, 계속 적용되는 말씀이므로 성령의 부어주심의 역사는 원리적으로 주님이 오실 때까지 계속되는 것입니다. 이런 의미에서, 본문은 오히려 이른 비와 늦은 비는 적절한 것이기 때문에 주의 날(초림과 재림)을 앞두고 전 기간 동안 영적 고갈에 성령의 부어 주심을 예표한다고 볼 수 있습니다. 이 성령을 통하여 또한 여러 가지 은사와 능력이 같이 임하기도 합니다. 예언도 임하고, 이 말씀이 적용되었던 사도행전 2장에서 오순절의 대역사가 일어납니다. 이러한 성령의 임함으로, "하나님의 강림"의 표적들이 나타납니다. 피와 불과 연기 기둥의 역사(욜 2:30) 등 자연적인 대변혁 역시 하나님의 강림 시 나타나는 현상입니다. 성령이 임하심으로 여호와의 이름을 부르고 구원의 역사가 일어나며(욜 2:32), 능력과 표적의 역사가 나타나는 것입니다. 이 성령의 부어 주심의 목적을 우리는 본문을 통하여 바르게 이해할 수 있으며, 또한 부어 주심을 인하여 나타나는 결과를 우리는 주시해야 합니다. 성령을 부어 주실 때 모든 족속, 즉 만민, 신분의 차이 없이 성령은 부어 주시며, 또한 초자연적인 역사와 구원을 동시에 우리는 강조하고 있음을 알아야 합니다.

"그 후 모든 족속에게 성령을 부어 주신다"는 말씀은 이스라엘 외에 모든 민족들에게 성령을 차별없이 부어주신다는 뜻입니다. 여기서 "자녀들이 장래 일을 말한다"는 의미는 하나님의 말씀을 대언한다는 뜻입니다. 여기서 "예언한다"라는 히브리어 "나비"는 "하나님의 말씀을 한다"라는 뜻입니다. 출애굽기 4장 16절에 하나님은 모세에게 아론이 네 대언자 즉 말씀을 증거하는 자(대언하는 자)가 된다고 하셨습니다. 따라서 이것은 미래를 점친다는 뜻이 아니라 말씀을 증거하고, 대언하는 자들이 된다는 것입니다. 복음 전파자 그리고 사명자들이 됩니다. 힘이 없었던 제자들에게 오순절에 성령이 임하자 담대히 복음을 전하게 되며, 직장을 다 가지고 이 세상에서 편히 살 수 있는 삶을 다 버리고 주의 복음을 위해 살게 되었습니다. 이것은 세상에서는 미친 짓인 것 같지만 바로 성령께서 "대언하게 함입니다"… 모든 일을 다 버려두고 복음에 뛰어들게 하는 것, 바로 성령의 역사인 것입니다. 또한 "늙은이는 꿈을 꾼다"고 하셨는데, 이것은 신비한 "꿈"(할레무트)인 하나님의 뜻을 깨닫게 되는 초자연적인 역사를 의미하며, 또한 하나님의 뜻을 깨닫고 그것을 위해 기도하고 기다리는 것입니다. 이것은 초자연적인 하나님의 분명한 역사입니다. 성령을 통한 약속은 또 "젊은이는 이상을 본다는 것입니다". 여기서 "이상"(비전 '하존')은 이상과 주님의 주신 이상을 가진다는 뜻입니다. 성령께서 젊은이들에게 환상을 주셔서, 이 세상과 주님의 일을 감당하게 하십니다. 오늘날 하나님은 성령을 통하여서 환상, 즉 이상을 주십니다. 이 이상을 받은 자는 일을 하게 되며, 평범하여도 열심히 기도하게 되는 것을 보았습니다. 이러한 성령은 모든 사람에게 차별 없이 주어집니다. 즉 "남종과 여종도 성령을 받게 된다"는 것입니다. 사회에서 비천한 계급, 교육받지 못한 사람, 이러한 사람들을 사람은 차별해도 하나님의 성령을 부어주심에는 차별이 없으신 것입니다.

성령의 임하심에 대해서 우리는 역사적인 배경을 이해해야 합니다. 성령의 부어 주심에 대하여 오늘날 미국에서는 크게 4가지의 견해를 가지고 있습니다.

첫 번째는 보수적인 웨스트민스트 신학교의 조직신학자, 리차드 개핀이 주장하는 것으로, 중지주의자(Cessationist)입니다. 성령의 기적적인 은사는 오늘날 존재하지 않는다는 것입니다. 예언이나 방언 등은 초대교회에는 있었지만, 오늘날은 존재하지 않는다고 보는 것입니다.

두 번째는 오순절파(Pentecostal)로서 1901년에 미국의 대 오순절의 역사가 일어났으며, 1)성경의 모든 은사는 오늘날도 존재하며, 성령으로의 세례를 받을 때 방언을 표적으로 받는다고 주장하는 것입니다. 하나님의 성회 등이 주장한 것입니다. 한국에서도 1907년에 대부흥의 은사운동이 일어난바 있습니다. "이들은 순복음" 구세주, 성령 세례, 병 고치는 분, 왕의 사역을 의미했습니다.

세 번째는 은사파(Charismatic)로서 1960-70년에 성경에서 약속한 은사를 추구한 운동에 기인합니다. 장로교, 캐톨릭에 거치는 모든 교파에서 계속된 것입니다. 700 운동의 텔레비젼의 Pat Robertson 등이 시작했으며, Regent University를 중심으로 시작한 것입니다. 마지막으로 1980년에는 이를 제3의 물결(The Third Wave)라고 하여 풀러 신학교에서 Peter Wagner는 가르치기를, "성령으로의 세례는 모든 신자들의 중생과 계속되는 충만과 능력의 경험을 포함한다"고 봅니다. 쟌 윔버 등이 주동이 되고 있습니다. 그러나 운동에 대한 반응은 두 가지입니다.

우리 한국 상황도, 순복음 교단을 중심으로 은사 운동이 활성화가 되어 있는 반면, 보수 장로교에서는 이러한 은사를 부정적인 것으로 보아 왔습니다. "이들은 자신의 교단에 남아 있으면서, 성령의 충만을 받아 초자연적인 은사를 경험하여 표적과 이적을 강조한다." 미국과 카나다에서 이러한 운동이 시작되자, "고든 칸웰 신학교 학생들도 대거 참석하는 지경"에 이르렀습니다. 토론토에서는 "거룩한 웃음 부흥"의 메카가 되고 말았습니다. 특히 부정적인 측면은 "성령 안에서 죽임을 당하는 것"이 되었습니다. 능력 안에서 넘어지고, 압도당하는 것으로 표현된 현상입니다. 넘어지는 것은 귀신 들린 자의 흔적이었습니다(마 17:14; 막 9:20). 주의 음성에 엎드러지는 것은 나타납니다(행 9장, 계 1장). 그러나 성령님의 부어 주심의 목적은 무엇입니까? 이것은 구원과(즉 성화) 우리에게 충만(능력과 은사)을 다 주시고자 하는 것입니다. 이 메마른 세상에서, 영적인 충만을 통하여 감당하게 하시는 것이 하나님의 뜻인 것입니다. 그러나 하나님의 성령에 대해서 하나님이 우리에게 가르쳐 주시는 대로 이해하기 보다는 1)우리의 제한된 생각으로 제한하거나 2)우리가 경험하지 못하였다고 무시하거나 3)또한 우리의 경험과 능력이 전부인 것처럼 말씀의 전체적인 강조를 무시하고 편중되는 일을 택하고 있습니다. 이러한 극단적인 오류들이 바로 한국의 성령의 이해에서도 나타나고 있는 것입니다.

우리는 성령의 부어주심이 무엇인지 이해해야 할 것입니다. 과연 이것이 성령 세례냐? 성령 충만이냐? 너무 극단적인 관점은 잘못된 것입니다. 성령의 부어 주심의 단어 자체가 성령의 세례로, "부활하신 주님이 성령으로 주시는 세례"라는 의미로 누가복음에서 사용하고 있습니다.

　　오늘날 성경에서는 "성령으로의 세례"가 더 적절한 표현입니다. 이 성령으로의 세례는 칼빈이 말한 것처럼, "인간의 전체적인 구원의 과정, 중생에서 성화하는 모든 과정을 포함하고 있습니다."

　　한때 이것이 단회적이냐 영속적이냐는데 많은 논쟁이 있었습니다. 단회적인 면도 있고, 영속적인 특징도 있다는 것을 이해해야 할 것입니다. 성령이 강림하심은 유일무이한 단회적인 사건입니다. 즉 사도직과 교회의 시작 성령이 처음으로 임하고, 또한 당시 임한 방언들의 특징이 유일무이한 면들이 있습니다. 그럼에도 성령은 교회 안에 계시며, 복음의 능력을 통해서 나타내고 능력으로 역사 하시는 영속적인 면이 있다는 것입니다. 사도들과 함께 한 성령님은 오늘날 우리 성도들과 함께 하십니다. 승천하신 주님이 우리에게 보내주신 성령님은 계속 우리와 함께 계십니다. 오순절 단 한번에 나타난 특이성을 가진 성령의 역사는 아니더라도, 원리적으로 오늘도 구원을 이루며 그 구원의 방편적 역사로서 오늘도 계속되어지는 성령의 역사를 우리는 무시할 수 없습니다. 그러므로 우리는 은사나 능력이 반드시 시간적으로 예수 그리스도를 믿을 때 임한다고 할 필요도 없고, 또한 다르게 사명을 위해 은사를 받아야 한다고 할 필요도 없으며, 우리 속에 계신 성령의 능력이 언제든지 우리와 함께 계셔서 나타내실 수도 있는 것입니다.

　　성령에 대한 바른 이해를 위해서 몇 가지 분명한 구분은 주어져야 합니다. 첫째로, 성령의 부어 주심(세례)을 은사 운동으로 제한하는 것은 잘못된 것입니다. 또한 성령의 부어 주심(세례)는 충만과 아울러, 세례(중생에서 성화까지)라는 의미로 쓰이면 틀린 것이 아닙니다. 성령의 부어 주심을 체험으로만 제한하는 것도 잘못된 것입니다. 성령의 역사를 능력 충만, 인격 성숙, 은사라는 한 가지 사실에 편중해서는 안됩니다.

전통적으로 오순절인, 제3의 물결이나, 구원에만 부어주시는 것도 아니며, 성령의 세례라는 의미는 성화의 전 과정에 부어주시는 능력과 충만을 의미합니다.

결론적으로 하나님의 성령은 사람들의 죄악으로 인하여 같이 하지 않았으며(창 6:3), 인간의 타락으로 말미암아 영적인 교제가 끊어졌습니다. 이 말씀의 실현은 신약 사도행전 2장 1-13절에서는 오순절의 대 사건이 일어납니다. 베드로는 이에 예언의 말씀을 적용시키고 있습니다. 요엘의 말씀이 2장 14-21절에 적용된 것으로 설교하고 있습니다. 하나님이 성령을 부어 주심은 1)우리의 구원인 내재적인 성화와 2)우리에게 능력과 은사로 함께 해 주시는 성령의 초월적인 역사를 함께 보여 주셨습니다.

우리는 이러한 하나님의 능력과 비중을 1)전혀 언급하지 왜곡하거나(고전 12-14장) 2)적은 부분에 나타난 은사나 능력적인 면을 구원의 성화보다도 더 중요하게 다루거나 극대화시켜 편중해서도 안되며(성화는 신약의 전체의 주제이며, 성령의 능력은 사도행전과 고린도전서에서 나타납니다). 3)오늘도 우리는 적극적으로 성령님을 주셔서 우리를 초월하는 능력으로 신앙에 메마른 오늘의 우리 현실에서 역사하시고자 하는 하나님의 능력을 무시해서도 안됩니다. 4)그리고 우리가 경험하지 않았다고 해서 말씀을 무시하거나 남의 신앙적인 체험을 무시해서도 안되며 또한 신앙적인 체험이 믿음의 우선이 되어서도 안 되는 것입니다.

주 앞에 어떠한 모습으로 주의 낯을 대하시겠습니까? 주의 날, 재림의 날 전에 큰 환난과 어려움들이 있을 것을 요한계시록은 말씀하고 있습니다.

"주 안에서 죽는 자들이 복이 있도다…"(계 14:13).

언제 주의 날이 올지 모릅니다. 기도하다, 전도하다, 말씀보다, 하나님

의 말씀과 믿음을 지키다가 하나님 앞에 서고, 믿음을 지키다가 수고를
그치고 주의 날을 맞이하십시다.

아모스

공의로우신 하나님

"그 날에 내가 다윗의 무너진 천막을 일으키고 그 틈을 막으며 그 퇴락한 것을 일으켜서 옛적과 같이 세우고 저희로 에돔의 남은 자와 내 이름으로 일컫는 만국을 기업으로 얻게 하리라 이는 이를 행하시는 여호와의 말씀이니라"(암 9:11-12).

불확실한 미래 속에서 살며

주님은 우리의 이러한 모든 걱정과 염려뿐만 아니라 근본적인 문제를 해결해 주시며, 회복하게 하시는 분이심을 발견하게 됩니다. 특히 오늘 본문을 통하여, "그리스도는" 즉, 그것은 아모스의 "무너진 다윗의 천막을 일으키는 분"으로, 하나님의 나라를 회복하는 분으로 묘사되어 있습니다. 아모스는 국가와 단체에 대해서도 관심을 가지고 있습니다. 주님의 오심은 나 개인의 구원문제 뿐만 아니라, 우리 하나님의 교회, 그리고 우리가 살고 있는 이 한국 사회에도 어떤 영향이 있음을 보여 줍니다. 그렇다면 과연 한국과 한국교회의 미래는 어떻게 될 것인가? 하나님은 뭘 원하시는가? 아모스를 통하여 볼 때, 하나님은 분명히 이 한국과 한국교회가 죽기를 원하시는 것이 아니라 살기를 원하신다는 것입니다. 그러나 살기 위하여 우리의 할 일들이 다음과 같습니다. 선(하나님의 말씀), 또는 최선을 구해야 합니다. 이 본문은 분명히 사회적인 부정과 악한 때를 지적하고 있습니다(암 5:11-13). 이러한 부정의 때에 분명히 한국과 한국교회는 선, 바른 것, 최선을 선택해야 합니다.

"너희는 살기 위하여 선(톱=좋은 것, 최선)을 구하고 악을 구하지 말지어다 만군의 하나님 여호와께서 말과 같이 너희와 함께 하시리라. 너희는 악을 미워하고 선을 사랑하며, 성문에서 공의를 세울지어다 만군의 하나님 여호와께서 혹시 요셉의 남은 자를 긍휼히 여기시리라"(암 5:14-15).

만약 계속적으로 최선을 구하지 않으면, 안타깝지만 국가는 경제적인 어려움과 고난을 당할 것이고, 교회도 그 영향 아래 있게 될 것입니다. 그리고 사회 전체를 생각하지 않으면 안됩니다. 진리의 문제는 아니지만, 사회적인 지탄을 받지 않기 위해 어떤 교회는 성탄 장식을 교회 안에서만 하는 것을 봅니다. 이제는 국가 전체를 생각하며 국가를 생각하면 교회 전체를 생각해야 합니다. 이러한 지나친 과다 지출 등으로 국가를 생각하지 않고 개 기업의 이익만 생각하는 현실입니다. 기독교 정치인들은 이러한 것을 파내고 여론화시켜야 하고, 내 개인만 달러를 바꾸어 이익을 챙기면 된다는 이러한 개인주의적인 발상 자체가 잘못된 것입니다. 전체를 생각해야 합니다. 기업가는 자신의 기업만 확대하고 수입을 생각하면, 국가와 사회가 망하게 됩니다. 정치인인들이 국민을 생각하기 보다는 자신의 정당의 이익을 위해 분풀이나 복수 등을 할 때는 국민들에게만 어려움이 주어집니다. 국민 역시 지나친 해외유학, 경제생활의 낭비를 통한 사재기, 낭비여행, 외제품 선호하는 등 많은 낭비를 하게 될 때 어려움을 초래하게 됩니다.

아모스는 하나님이 온 우주에 정의로우신 분임을 분명히 보여주십니다. 하나님은 우리 개인뿐만 아니라, 국가와 교회와 우주의 하나님이라는 것을 보여주십니다. 이 모든 영역에서 공의로우시며 정의로우십니다. 하나님은 우리들의 하나님이실 뿐만 아니라, 불신자 즉 이 국가(한국)와 세계 나라의 하나님이십니다. 이러한 우리의 현실에 이 아모스의 말씀은 중요한 지침과 답을 주십니다. 아모스의 주제는 "정의로우신 하나님"입니다. 주제절은 "오직 공법을 물같이, 정의를 하수같이 흘릴지로다"(암 5:24). 하나님은 믿는 우리들 뿐만 아니라, 국가와 우주에 대한 관심을 가지고 계십니다. 그러므로 하나님은 우주를 다스리시는 하나님이십니다. 하나님은 그의 창조물을 마르게 하시며("갈멜산 꼭대기가 마름"(암 1.2)), 산과 바람, 빛과 어두움을 다스리시고 땅의 높은 곳을 밟으시는 분이시며(암 4:13), 궁창과 빛과 바다를 쏟으시는 하나님이시며(암 5:8-9), 하수를 넘치게 전을 하늘에 궁창의 기초를 땅에 두시는 여호와이십니다(암 9:6). 즉 이 말씀은, 하나님이 신자들뿐만 아니라, 불신자 그리고 모든 단체들에 대해서 관여하신다는 사실입니다. 그리고 그들의 죄악에 대해서 단호하시며 죄악을 지적하시며 심판하신다는 사실입니다. 이것은 아모스의 구조에서도 나타납니다. 아모스의 구조는 각 나라의 죄악을 지적하고(암 1-2장), 다섯 가지의 설교(암 3-6)와 또한 다섯 가지의 환상(암 7-9장)으로 구성되어 있습니다.

특히 "여호와는 … 의 죄로 인하여, 돌이키지 않는다"라는 구조가 계속되고 있음을 볼 수 있습니다(암 1:3, 6, 9, 13, 2:1, 4, 6). 즉 하나님은 국가의 죄악을 그냥 넘어가시지 않으시는 정의의 하나님이심을 분명히 나타내십니다. 이러한 정의의 하나님은 그 분의 "공의(미셔파트=justice)와 정의(체테카=righteousness)"를 나타내시기 원하십니다.

하나님의 백성과 국가는 사회적 불의를 제거해야 합니다. 오늘 우리들에게 이러한 죄악상들이 있는지 살펴보아야 합니다. 한번 이스라엘의 죄악상들을 살펴보십시다. 돈을 받고, 억울하게 재판하는 뇌물 수뢰(암 2:6)를 하였으며, 가난하고 궁핍한 자들을 학대, 압제(암 4:10)하기도 했습니다. 의인, 궁핍한 자에게 부당한 세금, 뇌물수뢰, 학대, 부정을 행하였으며(암 5:11-12), 상아 상, 침상, 취하고, 지절거리고, 악기를 제조하는 사치, 낭비, 향락을 행했습니다(암 6:4-5). 경제생활에서도 에바를 작게 하여 거짓 저울로 속이는 거짓, 사기를 많이 행하기도 했습니다(속여파는 것). 이러한 악하고 공의롭지 못한 행동들에 대해서 지적하시고, 심판을 말씀하십니다.

결과적으로 이러한 우주적인 하나님은 우리에게 관여하시며, 우리들의 회복에 직접적인 관심을 가지고 계십니다. 뿐만 아니라, 우리들의 죄와 민족들의 죄에도 관여하시며, 특히 하나님의 백성들이 이 세상에서 실현해야 할 하나님의 공의와 사랑에 대해 지대한 관심을 가지고 계십니다. 우리들의 개인적인 신앙이 기본적이며 구원의 가장 중요한 요소인 것은 사실입니다. 그러나 이러한 구원을 이루고 전파하기 위해서 우리가 잊지 말아야 할 것은 사회적인 정의를 통해서 하나님의 성령의 증거를 나타내야 하는 것입니다. 이것은 직접적인 전도나 간접적인 삶의 전도를 통해서 우리가 기반을 마련해야 하는 것입니다. 전체적인 하나님의 백성, 하나님의 교회가 이 사회에 복음의 영향을 주지 못하고, 사명을 다하지 못한 책임을 하나님은 그 백성에게 물으시는 것입니다.

아모스의 말씀은 이러한 우리들이 처한 위기의 문제에 대한 답을 제시하고 있습니다. 이렇게 사회의 공의들은 교회와 기독교인들의 사명이라고 생각해야 합니다. 이러한 어려움을 다할 때 우리는 하나님의 심판의 결과로 생각해야 합니다. 우리는 책임의식을 가지고 교만하거나 책임 회피를 해서는 안됩니다(암 9:10). 오늘 우리가 당하는 어려움은 우리가 잘못한 결과입니다. 본문은 국가와 교회적인 위기를 해결하기 위한 방안을 제시하고 있습니다.

1. 우리는 말씀 고갈의 시대를 맞고 있습니다(암 8:11-14).

"주 여호와께서 가라사대 보라 날이 이를지라 내가 기근을 땅에 보내리니 양식이 없어 주림이 아니며 물이 없어 갈함이 아니요 여호와의 말씀을 듣지 못한 기갈이라"(암 8:11).

하나님이 겸손히 한국을(교회) 낮추셨습니다. 바로 이러한 "심판의 날"입니다. 물질적으로(경제적으로) 곤고한 날입니다(암 8:10). 오늘 우리는 곤고한 날에 살고 있습니다. 아모스 8장 11절에 마라란 쓸쓸한, 즉 곤고한 날이라는 뜻입니다. 이 말씀은 룻기 1장 20절에 나오미가 남편과 아들을 잃고 경제적으로도 큰 어려움을 당하고 실패하고 돌아올 때 사용한 말과 같습니다. 마치 오늘 경제 공황을 당한 지금과 비슷한 시대입니다. 오늘날은 정신적으로(사람들에게) 갈하고 피곤한 시대입니다(암 8:13). "그날에 아름다운 처녀와 젊은 남자가 다 갈하여 피곤하리라" 심심하고, 곤고하고 피곤한 시대입니다. 영적으로 진리를 분별하기 어려운 시대였습니다(암 8:14). "사마리아의 죄된 우상과 브엘세바의 생존하는 것을 가르쳐 맹세"하였습니다. 이렇듯 경제적, 정신적, 영적인 시대로 곤고하고, 피곤하고, 어려운 시대입니다. 바른 시대 인식이 필요합니다. 우리는 경제적 공황에 살고 있습니다. "외화"도 부족하고, 여러 가지 부족한 것들이 생기고 있습니다. 그러나 더 심각한 것을 파악해야 합니다. 그것은 바로 하나님의 말씀을 듣지 못하는 것입니다. 즉 하나님과의 관계에서의 기갈입니다. 어떻게 생각하면 오늘날처럼 하나님의 말씀을 많이 듣는 시대도 없는 것처럼 생각합니다. 교회만 가면, 라디오만 틀면, 하나님의 말씀을 듣는데 무슨 기갈인가? 하고 생각할 수도 있습니다.

여기서 주의 깊게 보아야 할 두 단어는 "기갈(라아브=famine)"이라는 단어와 "듣지 못한"(샤마아=to hear) 이라는 단어입니다. 여기서 기갈은 학개서 1장 9-11절을 통해서 볼 때, "한재"(호렙, 하렙, 칼)로서 바로 하나님께 불순종한 결과의 상징입니다. 그리고 "듣다"라는 단어, "샤마아"는 순종한다, 또는 청종한다로 사용됩니다. 즉 듣고 살지 못하는 기갈이라는 뜻입니다. 여호수아 1장 18절에서 "말씀을 청종한다"라는 의미로, 사무엘상 3장 9-10절에서 "말씀하옵소서 주의 종이 듣겠나이다"와 같이 순종한다는 의미로 사용되었습니다. 개인적으로 하나님의 말씀을 들어야 합니다. 즉 성경을 읽을 때 하나님의 음성을 들어야 합니다. 그리고 교회 안에서 설교를 통해서 하나님의 음성이 들려지고, 성도들은 그 음성을 들어야 하는 것입니다. 이것이 위기 회복의 처음 해결점이라고 아모스는 제시하고 있는 것입니다.

"아이 사무엘이 엘리 앞에서 여호와를 섬길 때에는 여호와의 말씀이 희귀하여 이상이 흔히 보이지 않았더라"(삼상 3:1).

이 말씀을 우리가 들어야 합니다. 그리고 이 말씀을 모든 사람들이 듣도록 해야 합니다. 이것이 바로 교회의 사명이요, 우리들의 할 일입니다. 즉 하나님에 대한 바른 지식과 순종의 삶을 살아야 합니다. 이것은 단순히 우리들이 말씀을 듣지 못한다는 이런 시대를 의미하는 것이 아닙니다. "하나님의 말씀이 하나님의 말씀으로 들린다"면 역사는 일어날 수밖에 없습니다. 우리들이 경험하는 모든 생활에서 우리는 말씀을 대하고, 읽고, 설교를 듣지만, 그것을 하나님의 말씀으로 인정하고 있지 않는 것입니다. 영적인 기근, 우상을 의지하는 시대의 현상인 것입니다. 사람의 소리는 피곤하게 하고, 하나님의 음성을 듣지 못할 때 사람들은 우상에게 맹세하며 결국은 그 심판을 받게 됩니다(암 8:14). 하나님의 음성에 강팍하지 말아야 합니다(히 3:15).

2. 참다운 회복은 바로 다윗의 집(하나님의 나라)의 회복을 통해서 이루어집니다(암 9:11-15).

다윗의 집을 회복하도록 하십니다(암 9:11). "그날에 내가 다윗의 무너진 천막을 일으키고 그 틈을 막으며 그 퇴락한 것을 일으켜서 옛적과 같이 세우고"(암 9:11). 이 다윗의 무너진 천막은 무엇입니까? "수카트 다비드(The house of David)"는 다윗의 왕가, 집, 계보 즉 그리스도의 하나님 나라 건설입니다(삼하 7:5, 11; 왕상 11:38; 사 7:2, 13). 많은 학자들은, 바로 예수 그리스도, 다윗의 왕가로 오시는 그리스도를 통해 하나님 나라를 회복시킨다는 것입니다. 우리들의 회복, 교회의 회복은 바로 예수 그리스도에 있습니다. 그분의 오심으로 우리 개인뿐만 아니라 하나님의 교회와 이 국가의 미래에 희망이 있는 것입니다. 먼저 하나님의 집, 교회를 새롭게 건설하는 것입니다. 다윗의 무너진 천막을 일으키는 것이 우리의 사명입니다(행 16:9; 느 2:5). 이 사명을 위해 진력해야 합니다. 무너진 다윗의 왕가를 회복시켜야 합니다. 교회에서 우리의 신앙생활에 진력해야 합니다. 개인적인 경건과 열심은 신자로서 해야 될 일들입니다. 그러나 새벽기도와 예배에 열심히 참여하는 것만으로 우리들의 사명을 다했다고 할 수는 없는 것입니다. 이유는 하나님의 교회는 단체이며, 우리들의 신앙 고백도 단체적인 것이기 때문입니다. 내가 어떻게 고백하는가 하는 것은 주관적인 것이지만, 신앙을 지키는 것은 한국교회, 하나님의 교회가 어떻게 고백하는가인 것입니다. 이런 면에서 하나님의 교회는 우리 개인들이 모인 전체와 단체입니다. 신앙고백도 한 모임 안에 하나입니다. 축구팀과 같이 팀 플레이입니다. 꼭 내가 해서 잘한다가 아니라 내가 필요할 때 잠시 교체하고, 또 다시 필요할 때, 다음에 또 오는 것입니다. 교회 안에서 팀웍, 주의 일꾼끼리 동역 의식을 잊지 말아야 합니다. 예수 그리스도의 오심으로 하나님은 다윗의 왕가를 다시 세우십니다. 즉 "망쳐놓은 국가"인 세상을 하나님이 그의 아들, 다윗의 왕손으로 오시는 예수님을 통하여 다시 세우신다는 것입니다. 성탄의 의미는 예수 그리스도가 하나님의 아들로서, 이 땅에 왕(대통령)으로 오셨다는 사실입니다. 사가랴는 예수님을 송축하기를, "다윗의 집"을 다시 일으키셨다고 고백하고 있습니다(눅 1:69). 바로 예수님을 통하여 다시 다윗의 왕가, 정부를 다시 세우신 것입니다. "유대인의 왕"으로 오신 이가 어디 있느냐고 동방박사들이 예루살렘에 이르러 물었습니다(마 2:2). 그리고 예수님의 십자가 위에도 라틴어로 INRI(Iesus Nazarenus, Rex Ieoudarum) 바로 나사렛 예수, 유대인의 왕이라고 쓰였습니다. 예수 그리스도의 오심은 우리들이 죄악으로 망쳐놓은 세상을 다시 회복시키기 위해 오신 하나님의 다윗의 정부인 것입니다. 바로 이것은 기쁨의 좋은 소식입니다. 예수 그리스도의 오심은 바로 "큰 기쁨의 좋은 소식"입니다(눅 2:10).

이 말씀의 요지는 바로 "에돔과 만국"에 대한 관심입니다. 하나님의 회복은 이방 족속을 통하여 이루게 하십니다(암 9:12). "저희로 에돔의 남은 자와 내 이름으로 일컫는 만국을 기업으로 얻게 하리라." 하나님의 집의 회복은 먼저 교회의 설립과 하나님 나라를 건설함으로 이루어지지만, 이 과정은 바로 에돔의 남은 자와 만국을 통해서입니다. 이러한 성령의 터져 나가는 역사를 체험해야 합니다. 교회 안에서 그치는 것이 아니라, 사회와 국가를 넘어서 우리 주위로 나아가야 합니다. 이것을 통하여 참다운 회복이 일어날 것입니다. 그리스도의 오심과 언약적으로도 일치합니다. 하나님의 전 우주, 특히 이방인에 대한 관심은 언약을 통해서도 나타납니다. 하나님이 이스라엘을 선택한 것 자체가 그들만을 구하는 것이 목적이 아니었습니다. 그들을 통하여 온 세계가 구원을 얻도록 하는 것이었습니다. "아브라함은 강대한 나라가 되고 천하 만민은 그를 인하여 복을 받게 될 것이 아니냐"(창 18:18) 예수 그리스도의 오심은 자기 백성들만 구원을 얻고 끝나는 것이 아니라, 우주적으로 하나님의 나라가 퍼져 나가고 사회와 국가, 열방들이 예수 그리스도의 복음을 통하여 회복되어지는 것을 의미합니다. 성령의 역사와도 일치합니다. 성령님은 주의 백성들에게 임하십니다. 오늘 한국교회의 단편적인 이해는 은사와 능력적인 은사 운동을 통하여 교회 안에 성령의 역사를 머물러 둡니다. 먼저 역사가 머물러야 하지만 동시에 나아가야 합니다. 좁은 개인주의적,

개교회주의적, 성령 운동을 통해서 개인과 교회는 발전하지만, 거기에 머무르기 쉽습니다. 오히려 넓은 역사를 방해하는 것입니다. 이러한 의미에서 21세기 성령의 나타내심은 바로 사회와 국가의 변화로 나아가야 하는 것입니다. 성령으로 은사가 충만한 경험은 할 수 있습니다. 그러나 역사하신 그 능력이 충만하여 말씀으로 삶으로 나가는 역사는 하루 아침에 이루어 질 수 없습니다. 20년, 10년의 놀라운 시간과 준비 이것은 차고 터져 나가야 생기는 것입니다. 초월적인 역사는 한 순간에 열심히 기도하면 일어날 수 있습니다. 그러나 삶을 변화시키는 노력은 더 많은 시간이 걸립니다. 사람을 평가하는 시간만 해도 적어도 1년의 삶을 필요로 합니다. 이러한 관심은 신약에서 성령의 역사를 받고서도 나타납니다. 예루살렘 교회가 모여 있을 때 하나님은 핍박이라는 수단을 통하여 사람들을 흩어 버리십니다(행전 8:4). 이렇게 흩어 버릴 때, 그들은 복음을 전하게 됩니다(교회사적으로 보아도, 교회가 하나님의 사명을 열심히 다하지 않을 때, 흩어 버리고 나뉘어 지게 하시기도 했습니다).

하나님의 명령과도 일치합니다. "너는 말씀을 전파하라"(딤 4:2). 우리에게 주신 대 사명은 바로 복음 전파입니다. 이 복음은 우리에게 머물러 있을 수 없습니다. 즉 이 말씀은 우리들의 종교적인 생활이나 우리들 중심의 삶으로 만족할 수 없다는 말씀입니다. 우리가 행한 하나님이 주신 축복으로 그냥 만족하고 머물러 있을 수 없다는 말입니다. 반대로 세상에서의 생활 자체가 목적이거나 생활을 잘 해나가는 것으로 만족할 수도 없습니다. 사회나, 국가에서 안정된 생활을 한다고 해서 우리의 사명을 다했다 할 수 없다는 것입니다. 결국 국가 안에서와 사회 안에서 우리는 사명을 가진 "하나님 나라"의 집단이며, 복음전파의 수단과 기회를 보아야 합니다. 우리는 우리의 사명을 다해야 하는 것입니다. 즉 개인과 단체를 통해서 이미지 쇄신을 가지고 좋은 영향을 통해서 복음을 제시해야 합니다. 이러한 "성령의 능력을 보여주는 역사"를 감당해야 합니다. 교회 안에서만 구원 얻는 것으로 만족할 수 없습니다. 나아가야 합니다.

결론적으로 한국교회의 과제는 바로 개교회 중심적인 신앙을 넘어서야 하며, 국가도 이기적인 기업의 이익보다는 전체를 바라보아야 합니다. 사람들의 인식을 바꾸고, 기독인에 대한 태도가 바뀌도록 나의 처한 환경에서, 1)최선을 다하는 사람 2)인정받는 사람 3)복음을 전하는 사람이 되어야 하는 것입니다. 공동체적인 정의, 바로 이것은 정의로우신 하나님이 나타내기를 원하시는 것입니다. 이 국가가 많이 바뀌었습니다. 정치는 바뀌었습니다. 이제 경제와 사회가 바뀌어 질 수 있도록 우리들이 계속 노력해야 합니다. 부분적으로 사회적인 악이 있어도, 하나님의 공의가 이 사회에 이루어지도록 교회는 앞장서야 합니다. 국가만 위기에 처한 것이 아닙니다. 개인주의적 신앙은 교회와 하나님의 나라를 위기에 처하게 합니다. 물론 우리는 하나님의 위로와 사랑을 경험해야 합니다. 하나님은 가까이 오기만 하면, 우리를 사랑해 주시고 품어주시기 때문입니다. 이런 죄인들을 위해서 주님이 오신 것이 사실입니다. 그러나 하나님의 다른 면을 우리는 아모스를 통하여 살아계신 말씀으로 받아 들여야 합니다. 즉 하나님이 우리 개인의 구원뿐만 아니라, 우리를 통하여 그분의 나라, 즉 공동체를 통한 정의를 나타내기 원하신다는 것입니다. 비로 기독교인인 우리는 사회 정의를 실현시키는 삶을 살아야 할 것입니다.

오바댜

역전의 하나님

"구원자들이 시온 산에 올라와서 에서의 산을 심판하리니 나라가 여호와께 속하리라"(옵 1:21).

세상 나라와 하나님 나라의 전투

오바댜의 주제는 무엇입니까? 비록 오바댜는 구약 성경 중에서 제일 짧은 책이지만 우리에게 상당히 중요한 성경의 주제를 말씀하고 있습니다. 즉 핵심주제는 에돔의 멸망과 하나님의 백성들의 구원입니다. 바로 이 주제는 하나님의 백성의 역전(Reversal)이라고 불리웁니다. 즉 에돔

이 처음에는 이 세상에서는 높은 자였으나, 마지막에는 야곱(옵 1:17-18절)이 그들을 오히려 심판하게 된다는 것입니다. 최근 한국 역사에는 많은 변화가 있었습니다. 불과 20-30년 전에는 군사정부가 안정과 발전이라는 이름 아래 독재와 인권 말살, 경제적인 착취를 행하였습니다. 그러나 2000년이 시작되면서 문민정부에 이어서 통일의 바람이 한국에 불고 있습니다. 정치적인 발전과 여러 부분에서 발전된 결과라 생각됩니다. 한편, 군사정권에 아부하고 권력과 야합하던 개인과 단체가 시대가 지나가면서 비판과 심판을 받는 것을 보았습니다. 심지어 전 대통령들까지 그들이 행한 부정과 부패들로 심판 받는 것을 우리는 보았습니다. 우리는 이와 같이 현대의 역사 20-30년 전만 돌아보아도 한 시대는 반드시 시대가 지나면서 역사적 심판을 받는다는 것을 보았습니다. 즉 한 시대가 영원할 것처럼 살아서는 안되는데, 그것이 바로 오늘 오바댜의 중요한 주제인 것입니다. 바로 에서는 세상 나라 즉 세상의 때의 대표요, 야곱은 하나님 나라, 백성의 대표입니다. 신앙인들은 종말론적인 자세로 살아야 하는데, 본문은 상당히 종말론적인 관점을 우리에게 말해줍니다. 마지막 날에는 이렇게 바뀌는 때가 있다는 것입니다(옵 1:17-21). 이 세상의 권력과 시절에 야합하는 자들은 반드시 하나님의 심판을 받게 된다는 것입니다. 이런 면에서 오바댜는 오늘 이러한 하나님 나라와 세상 나라가 같이 있는 이 세상에서 믿는 우리가 어떻게 살아야 할 것인지를 경고해 주는 말씀입니다.

오바댜의 말씀을 우리는 하나님 나라의 종국적인 실현으로 보아야 합니다. 에돔은 원래 야곱과 에서에서 출발되었습니다. 야곱과 에서는 원래 같은 형제였으나(창 25:24-26; 36:1), 에돔 족속은 나중에 이스라엘 백성이 출애굽하여 가나안으로 입성하려고 하는 길을 막고 자기 땅 지나가는 것을 허락치 않았습니다(민 20:14-21). 그 후에도 그들은 항상 이스라엘에 대해 적의를 품고 있었습니다. 이와 같이 야곱과 에서의 관계는 가까운 곳에 있었지만 늘 먼 거리를 두었습니다. 오늘날 우리 신자들이 사는 세상, 그리고 세상 사람들과의 관계와 같다고 볼 수 있습니다. 야곱은 바로 신자들의 대표이며, 에돔은 세상과 세상 나라의 대표라고 볼 수 있습니다.

세상의 마지막인 그리스도의 강림에는 하나님의 백성과 세상 나라의 신분이 뒤바뀌는 역사가 있을 것입니다. 불의가 승리하고 악독이 승리하는 이러한 세상의 부정한 권력과 모든 사람들이 정의롭고 의롭게 살려고 했던 백성들에게 심판을 받는 것입니다. 세상적인 형태와 세상의 힘에 야합했던 모든 자들이 잠시 권력을 가졌다가 사라져 버리고, 역사의 심판에서 오히려 비난받게 되는 이러한 일이 종말에 있게 될 것이라는 것입니다. 비록 우리는 에서는 아니지만, 에서 같은 세상에 살아갑니다. 따라서 우리도 그렇게 살지 않도록 늘 종말론적인 관점을 가지고 살아야 할 것입니다. 그렇다면 본문에 나타난 세상 나라들의 특징은 무엇입니까?

1. 세상 나라는 1절과 같이 싸움에 말려든다는 것입니다.

1절의 말씀은 천사들의 말씀이기도 합니다. 이렇게 싸움이 시작된 것은 바로 그들의 교만한 호전적인 태도라고 볼 수 있습니다. 10절에도 나타난 바와 같이 "네가 네 형제 야곱에게 행한 포학을 인하여"라고 하신 것처럼, 이에서 즉 세상 나라는 힘과 권력을 의지하는 잔인한 특징을 가지고 있습니다. 이와 같이 세상의 가장 큰 특징은 싸움과 전쟁입니다. 자신의 권리를 찾기 위해서 마음껏 싸우는 것입니다. 개인적인 면에서 살펴보십시다. 오늘날 우리 신자들도 이 세상에서 살면서 종종 "너 죽고 나 죽자"하는 극단적인 싸움에 말리게 됩니다. 이것은 세상 나라가 하는 것입니다. 세상 나라는 오늘도 자신의 권리를 찾기 위해서 애써 싸우고 있습니다. 한 가지 예화로 어떤 집사가 차를 타고 교회 가다가 두 차가 서로 경쟁이 붙어서 싸우고 심지어 욕까지 했다고 합니다. 그러나 교회에 가서 보니 같은 교회 교인이었고, 뒤에서 같이 알아 보게 되었다고 합니다. 우리는 늘 이러한 싸움 속에 살아갑니다. 호전적이고 전투적인 태도들입니다. 이뿐만 아닙니다. 우리는 자동차를 타고 가다 종종 시비를 걸고, 나중에는 극단적인 싸움이 됩니다. 얼마 전에는 외제차를 타고 가던 사람과 컨테이너 차가 경주가 붙어 컨테이너 차가 비켜주지 않는다고 외제차가 급정거하여 뒤에 오던 컨테이너 차가 멈추고 그 뒤에 오던 차에 탄 기사가 생명을 잃었습니다. 서로 싸우는 일, 이것이 세상 나라가 하는 것입니다. 하늘 나라의 시민은 이러한 싸움에 말려서는 안됩니다. 세상적인 수단으로 싸움을 해서는 안됩니다.

우리 사회는 자기 주장과 호전적인 태도로 많은 사람들이 고통을 당하고 있습니다. 에서의 특징 중에 13절에 보면 "내 백성이 환난을 당하는 날에 네가 그 성문에 들어가지 않을 것이며, … 환난을 당하는 날에 네가 그 재물에 손을 대지 않을 것이며…" 이와 같이 호전적인 세상은 또한 잔악무도하게 사람들이 어려움을 당할 때 그들의 치부를 위해서 남의 희생을 감행하는 것입니다. 미국에서 종종 사고 난 어려운 사람들을 도와주는 것처럼 하다가 지갑과 가진 것을 가져가는 사람들이 많습니다. 한번은 아프리카 선교사가 사고를 당하였는데 어려움에 당한 선교사의 돈과 소유물을 흑인들이 다 가져버렸다고 합니다.

역사적으로 볼 때도 세상의 역사는 전쟁의 역사였습니다. 최근만 해도 지구상 곳곳에서 싸움과 전쟁으로 수많은 사람들이 죽었습니다. 지금도 1, 2차 세계대전같이 세계 곳곳에는 싸움과 다툼이 있습니다. 1999년 4월 19일자 타임즈지에 보면 최근에도 세계 각국에 전쟁으로 인하여 수많은 사람들이 죽었다고 보고하고 있습니다. 아시아에서는 티벳에 종교적인 갈등으로 중국인들이 티벳 사람들을 1949년 이후 100만 명을 죽였고, 인도네시아는 1975년 이후 동티모르의 독립문제 때문에 20만 이상이 죽었고, 쓰리랑카는 분리주의자 타밀과 신할레스의 전쟁으로 1983년 이후 5만6천 명이 죽었고, 체체니야에서는 러시아군이 모슬렘 분리주의자들의 독립에 대항하여 1994년 이후에 4만 명 이상 죽였으며, 유럽에서는 터키가 15년 간의 커디시 분리주의자들의 독립투쟁으로 37천 명이 죽었고, 코즈보에서는 99년까지 2000명 이상이 죽었고, 보즈니아 사태로 91년 이후에 인종청소라는 이름 아래 20만 명이 희생당한 것으로 보고 있으며 북아일랜드에서 30년 간의 전쟁으로 3200명이 희생을 당했습니다.

아프리카에서는 알제리아가 이슬람 군과 군사정부간에 7년의 전쟁으로 65,000-80,000명이 사망했고, 씨에라리온에서는 내전으로 3000이상이 희생을 당했고, 리베리아도 7년간의 전쟁으로 25만 명이 희생을 당했고, 수단은 모슬렘과 기독교인의 전쟁으로 200만 명이 희생을 당했고, 앙골라는 25년간의 내전으로 1백만 명이 사망을 당했으며 콩고에서는 르완다와의 싸움으로 만 명이, 르완다에서는 종족간의 싸움으로 80만 명이 사망을 했습니다. 남미의 아이티에서는 1991년 이후 내전으로 100명이 죽었습니다. 이와 같은 비극적인 역사는 수천 년 전의 미개한 역사에서만 아니라 우리가 사는 지금에도 일어나는 무서운 일들인 것입니다.

세상은 약육강식(弱肉强食)의 원리로 살아가고 있고, 그 힘을 추구하기 위해서 노력하고 있습니다. 한국만 해도 노근리 외에도 수많은 사람들이 살해당한 것을 우리는 역사를 통해서 볼 수 있습니다. 그것도 아군에 의해서 말입니다. 불과 반세기 전에 6.25를 통하여 수백만 명이 희생한 것도 바로 이러한 전쟁의 역사, 바로 세상의 원리에 따른 것입니다. 자신을 위해서는 이렇게 힘을 키우는 것이 세상의 원리라고 한다면, 하늘의 원리는 자신을 향하여서는 반대입니다.

   2. 세상 나라의 특징은 바로 안전성(Security)입니다.

   3절에 "바위틈에 거하며" 즉 에돔은 아주 튼튼한 바위 산 근처에 살았습니다. 그들은 전쟁이나 많은 침략에 안전하다고 생각했습니다. 그러나 하나님은 본문에 "끌어내리리라"(4절)라고 말씀하십니다. 즉 이 말씀은 세상 사람들이 안전성을 찾아가지만, 그 안정은 영원할 수 없으며 절대적일 수 없다는 것입니다. 많은 사람들은 안정을 찾습니다. 사람들이 공부를 열심히 하는 이유도 좋은 학교를 나와 좋은 직장과 많은 돈을 벌어서 안정되게 살려고 하는 것입니다. 또한 어떤 사람들은 권력을 찾아갑니다. 힘과 권력을 통해서 든든하게 살 수 있다고 생각합니다. 이러한 생각들은 교회 안에까지 늘어 왔습니다. 더 안정된 자리를 위해 주구하는 모든 노력들을 봅니다. 그러나 하나님은 하나님의 나라를 위하지 않는 학문, 방해하는 모든 신학과 지식들을 없애 버릴 것입니다. 인간들은 좀 더 편하기를 원합니다. 세상 나라가 추구하는 이 안전은 종국적으로 하나님을 의지하기보다는 자신을 의지하게 됩니다. 흔히 듣는 예화와 같이 많은 사람들이 "화장실 늘리기"의 삶을 살게 됩니다. 좀더 편안한 삶을 위하여! 삶의 과정이나 수단이 될 수는 있지만, 삶의 목표는 될 수가 없습니다. 사람들은 이러한 수단을 목적으로 삼고 살아갑니다. 오늘날 세상이 추구하는 이러한 안락주의, 무사안일주의, 편리주의와 같은 것을 교회가 추구하고 교회 안에서 이것이 마치 우리가 추구해야 하는 중요한 원리인 것처럼 받아들여집니다. 한국에서 일어나는 유학병도 이 중에 하나일 것입니다. 공부하는 동안에 오히려 낭비하는 시간이 있다면 그것으로 하나님 앞에서 부끄러워해야 할 것입니다.

최근 중국 교회를 통하여 우리는 많은 도전을 받습니다. 고난당하는 교회 특히 공산권의 교회들을 통하여 우리는 도전을 받습니다. 오직 순교의 죽음 앞에서 복음만을 지켜 온 그들, 그리고 예수 그리스도로 만족하며 그들의 모든 것을 헌신하고 순종하는 그들의 삶, 순수한 삶은 바로 우리가 복음을 받았을 때의 모습을 돌이키게 하는 것입니다. 수십 년 동안 교수생활을 하면서 자신을 돌아본 김 모 교수의 고백은 바로 선생님이 자신의 삶을 바쳐 헌신하는 모습에 자신을 돌아보았다는 것이었습니다. 또한 신대원 모 교수님은 중국 지하교회에 가서 지도자들을 훈련하면서 한국교회와 자신의 모습을 반성하게 되었다고 합니다. 그리고 또 신학대에 모 교수님은 이러한 기회를 통하여 자신을 돌아보고 교수생활에 새로운 활력을 가지게 되었다고 합니다. 우리 교회는 부요합니다. 그러나 정작 해야 할 것은 안정된 교회를 추구할 것이 아니라 하나님의 뜻을 이루는 교회가 되는 것입니다.

하나님의 백성들은 이러한 안전을 중국으로 찾는 것이 아닙니다. 우리의 삶의 문제는 하나님을 의지했는가이지 다른 어떤 안전도 아닙니다. "네 하나님 여호와를 버림과 네 속에 나를 경외함이 없는 것이 악이요"(렘 2:19)라고 했습니다. 한 분의 간증을 들었습니다. 이분은 한때 가정이 물질적으로 풍부하여 유학을 갔었는데 가정형편이 힘들어져 공부마치기도 힘들어졌습니다. 그러나 하나님의 은혜와 예비하심으로 공부를 마치고 들어왔습니다. 우리는 쉽게 돈과 지혜만 있으면 우리는 안전하다고 생각하지만, 하나님은 그분만을 의지하고 그분이 우리의 안전이 되시기를 바라십니다. 세상은 더 안전한 곳(바위틈), 높은 곳에 목표를 둡니다. 이러한 안전성이 주어지면 오히려 하나님을 의지하지 않고, 교회사를 통해서 볼 때 개인과 교회가 태만과 무사안일로 갔던 것을 봅니다. 사도행전 1-8장에 보면 예루살렘 교회는 모여서 평안히 있었습니다. 하나님은 성령을 통하여 이 교회가 핍박을 받게 되었고 그로 인하여 흩어져 복음을 전하게 되었습니다. 이와 같이 교회가 항상 편안하고 안전한 것만이 좋은 것은 아닙니다. 오히려 많은 핍박과 고난을 통하여 교회는 더욱 진리 편에 섰던 것입니다. 오직 우리에게는 하나님만이 능력이십니다. 오직 하나님이 우리의 전부십니다. 그분만이 우리의 판단하실 분이십니다.

3. 세상의 원리는 교만입니다.

3절에 "네가 중심에 이르기를 누가 능히 나를 땅에 끌어내리겠느냐"라고 합니다. 에돔, 즉 세상 나라는 교만합니다. "독수리처럼 높이 오르고 별 사이에 깃드는" 그러한 능력을 가지고 있습니다. 세상에서 사람들은 종종 우월감으로 살아갑니다. 그런데 문제는 제일인자가 되고(독수리처럼 높이 오르고), 제일로 산다 할 지라도(별사이에 깃듬) 하나님이 끌어내릴 수 있다는 것입니다. 한때 세상에서 제일인자였던 바벨론의 느부갓네살(단 4:30-33)은 "나, 내가, 나의 도성, 내 위엄(바벨론)" 등 자신을 최고인 줄 알던 사람이었습니다. 그러나 하나님이 그를 위에서 떠나게 하였고, 심지어 7년 동안 미치게 하였습니다.

우리는 겸손해야 합니다. 이것이 하늘나라 백성의 가장 기본적인 인격입니다. 이유는 하나님 앞에 늘 서야 하기 때문입니다. 만약 내게 남이 하지 못하는 것이 있다면 그것은 하나님이 주신 것이요, 또한 그런 것을 하지 못하는 사람들을 위해서 봉사해야 한다는 것입니다. 최근에 소록도 나환자 촌에서 일하는 치과 의사를 보았습니다. 문둥병자들과 일하지만 그는 기뻐하여 늘 그들을 섬기며 오히려 나환자를 통해서 배운다는 겸손을 가지고 있는 크리스챤이었습니다. 하나님의 백성은 자신의 것을 가지고 오히려 섬기고 봉사하는 것으로 생각합니다. 이것이 진정한 겸손입니다. 내가 더 배운 것은 모르고 못 배운 사람들을 섬기게 하시기 위해서입니다. 내가 배웠기 때문에 안다고 생각해서는 안됩니다. 한 가지 철학으로 모든 것을 다 아는 것처럼 생각하는 사람 바로 겸손이 없는 사람입니다. 내가 나의 전공을 잘 안다고 하여도 다른 분야에서 입을 다물어야 하는 것처럼 우리의 지식은 한계가 있는 것입니다. 하나님이 나에게 은사를 주셨다면 다른 사람, 다른 형제들에게도 은사를 주신 것을 보아야 합니다. 하나님이 나에게 역사 하셨다면 다른 사람에게도 역사 하신다는 것을 볼 수 있어야 합니다.

겸손은 상대방을 인정하는 것입니다. 남북이 서로를 인정하고 받아들이는데 50년이나 걸렸습니다. 우리가 남을 이해하고 받아들이는 데는 상당한 시간이 들게 됩니다. 자신을 잘 정립하고 남을 받아들이는 것 이것이 겸손을 이루는 과정인 것입니다. 스티브 코비의 "성공하는 사람들의 7가지 습관"에 보아도 자아실현이 3가지–주도적, 목표확립, 소중한 것(자기 관리)이며, 대인관리–상호이익, 경청, 시너지, 심신단력 등 남과의 조화로운 관계이다. 사람들과의 성숙한 관계는 세상 속에서도 기본적이고,

특히 기독교인의 윤리와 도덕에서는 가장 중요한 것 중에 하나입니다.

마지막으로 세상 나라는 종국적으로 심판을 받게 됩니다(옵 1:21). 하나님의 백성, 즉 하늘 나라의 시민은 세상 나라를 심판하게 됩니다. 시온 산에 올라가 에서의 산, 세상 모든 사람들을 심판하게 됩니다. 우리는 오늘날 이 세상에 살면서 세상의 갖은 어려움과 고통을 당합니다. 때로는 세상이 추구하는 방법과 그들의 가치관 속에서 우리도 모르게 같은 생각으로 살아갈 때가 종종 있습니다. 그러나 오바댜 선지자는 이러한 우리의 잘못된 생각을 말씀으로 새롭게 상기 시켜줍니다. "여호와의 만국을 벌할 날이 가까웠나니…"(옵 1:15). 하나님의 심판이 다가 오기 때문입니다.

결론적으로 사랑하는 성도님들이여! 우리 모두는 하나님의 백성이 걸어야 할 길을 제대로 걸어야 합니다. 세상이 추구하는 가치관과 행동원리를 버리고 그리스도의 겸손(빌 2:5)과 온유로 옷 입어야 합니다.

요나

자비의 하나님

"자는 자여 어찜이뇨 …"(욘 1:6).

자는 자여 어찜이뇨?

요나서를 통하여 하나님의 관심을 우리가 배우고자 합니다. 요나서에 대해서 설교를 많이 듣고 내용도 쉬워서 잘 알고 있습니다. 그리고 이 책의 신학적인 주제는 "하나님의 선교"입니다. 그러나 선교 자체만이 이 책의 주제를 대변한다면 1-3장에서 끝나야 할 것입니다. 요나가 도망갔지만, 다시 가서 복음을 전한 것입니다. 그러나 4장이 있다는 것은 바로 요나가 싫어하는 모습과 악한 백성들인 니느웨 백성들을 하나님이 사랑하심으로 끝나고 있습니다.

바로 하나님의 관심과 요나의 싫어함으로 비교되고 끝나고 있습니다. 하나님의 자비와 영혼에 대한 관심을 통하여 그 분의 사랑이 나타나 있다는 것입니다. 요나의 영적인 상태는 불순종의 모습을 보여줍니다. 하나님이 관심을 가지시는 영혼에 대하여 요나는 불순종하여 도망갔습니다. 바로 이러한 영적인 모습에 대하여 세상 사람들이 요나에 대하여 즉 교회에 대하여 하는 질문과 의문이 바로 오늘 본문의 말씀입니다.

1. 영적인 안목의 필요합니다(자는 자여 어찜이뇨?).

세상의 손가락질이 바로 "잠자는 자여 어찜이뇨?"입니다. 세상 사람들이 지금 사명감을 잃어버린 교회를 향해 하는 말일 것입니다. 하나님의 영혼 구원 사명을 다하고 있지 않는 교회는 이러한 비판을 받고 있습니다. 하나님의 관점에서 하나님이 원하시는 대로 교회가 살아가고 있지 않을 때입니다. 즉 세상의 필요에 세상과 어느 정도 같이 가는 교회가 되어야 합니다. 영혼 구원과 복음 전도의 본질적인 사명에서 하나님의 교회는 잠자고 있지 않는지 생각해 보아야 합니다. 이런 영혼 구령 사업에 사명을 다하기 않을 때 잠자고 있다고 볼 수 있습니다. 교회는 세상에 대한 책임이 있습니다. 즉 성경은 많은 주제로 설명할 수 있지만 특히 언약의 측면에서 구약신학을 논하기도 합니다. 그중 하나가 바로 언약적인 관점입니다. 여기에 대한 내용을 한번 살펴 보십시다. 창 12장 1-3절은 아브라함의 언약에서 하나님은 우리에게 개인축복, 열국축복을 한 것을 볼 수 있습니다. 또, "땅, 자손(씨)"(13:14-16)등을 말씀하고 있습니다. 그러나 그중에 중요한 내용이 바로 천하 만민에 대한 내용입니다. "아브라함은 강대한 나라가 되고 천하 만민은 그를 인하여 복을 받게 될 것이 아니냐?"(창 18:18)라는 것입니다. 교회는 세계 모든 나라에 이 복음을 증거하는 선교적인 사명을 저버려서는 안됩니다. 21세기 교회는 "교회의 유지"를 위해서만 있어서는 안됩니다. 교회는 세상을 위한 교회, 세상에 구원을 주는 교회가 되어야 합니다. 즉 죽음에 처해있는 자들에게 하나님의 생명을 줄 수 있는, 구원을 제시하는 교회가 되어야 하는 것입니다. 이 뿐만 아닙니다. 교회가 세상의 필요를 외면하는 것은 하나님의 사명을 다하고 있지 않다고 봅니다. 개신교가 하나님의 복음의 정수를 믿고도 캐톨릭에 비해 비난을 받는 것이 바로 이러한 면입니다.

레위기 19장에 보면 장애자에 대한 사랑(레 19:14) 그리고 가난한 자들에게 자비를 베풀 것(레 19:10)을 말씀하고 계십니다. 즉 레위기는 구조상 거룩을 말씀하고 있는데 그 거룩은 16장의 대속일을 중심으로, 하나님과의 관계를 통한 거룩(레 1-15장)과 그리고 사람들과의 관계를 통한 거룩(레 17-27장) 말씀하고 있습니다. 바로 이 거룩은 신약 야고보서 1장 27절에서 경건은 "고아와 과부를 돌보는 것"이라고 할 때 바로 구약적인 관점에서는 하나님과의 거룩과 바로 사람들과의 관계 속에서의 거룩이라고 말씀하고 계시는 것입니다. 세상은 어떻게 가고 있습니까? 다른 나라는 몰라도 우리가 살고 있는 한국을 생각해 보십시다. 한국에는 그리스도의 문화와 복음이 필요한 곳입니다.

1999년 12월 30일 주간 조선에서는 "20세기에 못다 푼 20가지의 한국인의 숙제"라는 제목으로 한국인들의 문제를 다루고 있는데 한국 세상을 보여주는 중요한 자료가 된다고 볼 수 있습니다. 20가지를 재구성해 볼 때 한국 사회의 일반적인 문제는 첫 째로, 부정부패와 쾌락주의가 문제가 되고 있습니다(7가지). 폭탄주와 고시병과 주식병의 물질 만능주의, 사교육비의 지나친 소비, 매매춘 문제, 원조교제, 음식의 낭비, 입시지옥 그리고 뒷돈 관행들은 부정부패와 쾌락으로 한국사회가 물들어 있다는 것을 보여줍니다. 두 번째로, 한국사회는 대체적으로 남을 생각지 않는다는 것입니다(9가지). 우리 주위에 있는 결식아동들, 그리고 차만 타면 남에게 양보하지 않는 태도들, 그리고 무감각한 예절 의식 등의 문제가 심각합니다. 죽은 사람들이 땅을 차지하는 묘지 문화 때문에 생긴 묘지 공화국, 그리고 곳곳에 부실공사와 안전 불감증들, 그리고 줄서서 기다릴 줄 모르는 등 남을 생각하지 않는 경우가 많았습니다. 정치계에도 후계자는 안키우는 풍토와 사회 환원을 하지 않고 자신의 부를 축척하는 대기업들이 문제가 되고 있습니다. 그리고 약하고 힘든 장애인들을 아직도 많이 배려하지 않는다고 비판받고 있습니다. 세 번째로, 한국은 아직도 문화적 후진성을 가지고 있다고 비판 받습니다(4가지). 지역감정을 부추기고, 곳곳에 지저분한 공공 화장실이 있으며, 문화생활을 위해서 통계적으로 한달에 한권도 책 안 읽는 국민으로 낙인 찍히고, 문화생활과 담쌓은 한국인으로 비판받습니다. 2000년을 시작하면서 한국사회는 아직도 쾌락지향적, 자기중심적이며 문화의 후진성으로 삶의 질보다는 양, 내면보다는 외양적인 모습을 추구하는 것을 볼 수 있는데, 이런 면에서 교회의 사명은 큽니다. 기독교의 문화를 받은 많은 나라들은 이러한 문화를 통하여 그들 나름대로의 문화와 소외된 자 그리고 쾌락보다는 내면을 추구하는 문화로 가고 있습니다. 유명한 설교가, 데이비드 하킹은 미국의 현실을 다음과 같이 평가했습니다. 5가지의 S로 평가했습니다. 즉 세상은 세속화와 도덕성의 부재, 자기중심적인 의식으로 변화한다고 보았습니다. 그는 오늘날 교회가 대다수의 세속문화(Secular Majority)(2

Tim 3)와, 도덕성의 부재(Sick Morality), 자기중심적 도덕의식(Selfish Mentality), 조직성으로 전환(Shifting Mobility), 무기력한 사역(Sterile Ministry)의 모습들이 나타나고 있다고 지적했습니다. 오늘날 교회는 하나님의 능력을 의지하기 보다는 조직을 통한 조직력을 과시하고 행정을 통해서 교회가 발전해 가는 것에 문제가 있다고 진단했습니다. 그러나 이러한 조직력도 복음의 능력보다는 앞서서는 안된다는 것을 의미합니다. 교회도 마찬가지입니다. 궁극적으로 교회는 세상에 승리하였지만, 하나님이 보실 때 그의 백성들이 사명을 다하지 못하고, 그 사명에 실패하였다고 볼 수 있습니다. 하나님의 교회도 하나님의 사명, 즉 하나님의 뜻에 따르는 사역과 일에 실패한 것입니다.

"저들은 여호와의 말씀을 폐하였사오나, 지금은 주의 일하실 때니이다"(시 119:126)라고 하십니다. 나 개인을 비롯해 하나님의 백성들이 하나님의 말씀을 지키려 나름대로 노력했지만, 우리 인간의 타락성과 부족으로 인해 하나님의 말씀을 폐하였습니다. 교회 안에서, 직분자, 그리고 심지어 목회자들의 죄악들은 하나님의 말씀을 폐한 예들입니다. 따라서 21세기에는 하나님이 주시는 비젼과 하나님의 일하심에 우리의 모든 사역과 인생의 목적을 가져야 한다고 생각했습니다. 왜 기도해야 합니까? 하나님이 어떻게 하시기를 원하십니까? 하나님의 뜻이 무엇입니까? 우리는 철저히 하나님의 뜻대로 살아가야 하는 것입니다. 오늘 우리는 요나와 같이 배, 즉 세상에서 세상 사람들과 같이 살아갑니다. 하나님께서 주신 사명을 망각하고 영적인 잠을 자며 책임을 회피하는 모습이 바로 우리 교회의 모습이요, 내 개인의 모습인 것입니다.

2. 하나님의 사명은 무엇입니까? "어찌하여 이렇게 행하였느냐?"(욘 1:10)

사명은 하나님께로부터 와야 합니다. 하나님이 주시는 것이 되어야 합니다. 이것을 흔히 우리들의 입장에서는 비젼이라고 합니다. 그러나 자칫 이 비젼이 우리의 갈망, 희망, 허망, 욕망 등이 되어서는 안됩니다. 즉 나의 관점에서 되어지는 것 바로 이것이 사람이 만든 것입니다. 그리고 사명은 크고 작은 것이 중요한 것이 아니라 하나님이 주셨다는 것이 중요합니다. 하나님은 그 시대 시대마다 그에 맞는 사명을 줍니다. 교회의 사명, 개인에게 사명을 줍니다. 종교적으로 어두운 시대에 칼빈을 통하여 하나님의 절대주권과 루터를 통하여 종교를 개혁하고 복음으로 돌아오도록 하는 시대의 사명을 주셨습니다. 요셉은 창세기 37장 9절에 보면 하나님이 주신 꿈, 비전을 가지고 살았습니다. 하나님이 주시는 것으로 채워야 합니다. 하나님을 믿음의 눈으로 볼 수 있는 사람이 바로 비젼의 사람입니다.

복음과 세상의 종교가 다른 것이 무엇입니까? 바로 복음은 하나님께로부터 온 것이요, 종교는 사람이 하나님을 찾아간 것입니다. 사람이 찾아간 것에는 구원이 없습니다. 그러나 하나님께로 온 것은 구원이 있습니다. 하나님께로 온 사명을 우리는 자각해야 합니다. 우리의 사역에서 우선되어야 할 것은 하나님의 열정, 하나님의 관심으로 채워져야 합니다. 사명은 하나님이 주시는 것입니다. 이것은 인간의 열정이나, 꿈, 희망으로 하는 것은 아닙니다. 하나님은 인간에게 제한되지 않습니다. 하나님은 자유로우신 분이십니다.

하나님은 우리의 달란트를 통하여 역사하십니다(롬 12:3). 하나님이

나에게 주신 사명은 무엇입니까? 내가 뛰어내리고 희생해야 할 일은 무엇입니까? 내가 영혼들을 살리고 힘써야 할 일은 무엇입니까? 꼭 선교사가 되는 것은 아닙니다. 그러나 선교적 마인드(Mind), 복음에 빚진 마음을 가지고 우리는 사명을 다해야 하는 것입니다. 구약성경에 보면, 선지자들은 다 사명을 받았습니다. 이사야는 깨닫지 못하는 백성일지라도 가서 하나님의 말씀을 전할 것을 명령 받았습니다(사 6:8). 예레미야는 교만한 나라들 즉 자신의 것으로 서 있는 사람들을 "열방 만국 위에 세우고 너로 뽑으며 파괴하며 파멸하며 넘어뜨리며 건설하며 심게 하였다"고 하셨는데 바로 이는 자신의 것을 버리고 하나님의 것으로 건설하는 소명을 받은 것이었습니다. 에스겔은 하나님의 회복에 대한 말씀을 사명으로 받았고, 다니엘은 많은 국가가 바뀌는 과도기에서 오직 하나님만이 역사의 주인인 것을 보여주는 사명을 받았습니다. 신약에서도 바울은 "나의 달려갈 길과 주 예수께 받은 사명 곧 하나님의 은혜의 복음 증거하는 일을 마치려 함에는 나의 생명을 조금도 귀한 것으로 여기기 아니하노라"(행 20:24)라고 고백했습니다.

본문 요나는 다른 사람들을 위해서 자신을 하나님께 드릴 것을 사명 받았습니다. 그리고 그것은 바로 니느웨에 복음을 전하는 사명의 회복을 위한 길이었습니다. 세상 사람들은 이러한 사명감이 없기 때문에 책임감 없이 일을 합니다.

3. 하나님의 사명은 바로 영혼을 향한 열정이셨다(욘 4:11).

"내가 아끼는 것이 어찌 합당치 아니하냐"(욘 4:11).

내 자신과 하나님과의 관계가 가장 중요합니다. 하나님은 내 하는 일보다는 영혼을 귀하게 여기십니다. 사역자들이 일을 목표 삼고 일을 성취하는데 목표를 삼기 쉽습니다. 이것은 열왕기상 17-19장의 엘리야의 사건에서 우리는 발견합니다. 바로 그는 하나님의 큰 능력을 소유하였습니다. 그 능력으로 하늘에서 불을 내리게 하였고(왕상 18:38) 또한 가뭄의 때에 비를 내리게 하였습니다(왕상 18:41). 그러나 그는 지나치게 일 중심이었으므로 아합이 그를 잡으려 하자 낙심하여 죽기를 간구하였습니다(왕상 19:4). 바로 이 모습은 오늘 요나의 모습과도 동일합니다(욘 4:3, 8). 이는 사역 자체, 일 자체만 만족하였기 때문이라고 봅니다. 우리는 선교 자체에 사명을 가질 때 이것은 피곤한 일이 될 수 있습니다. 오늘 나의 사는 모든 삶이 하나님과의 관계의 열매이어야 합니다. 주님을 사랑함으로 내가 하고, 주님을 사랑함으로 봉사하는 것 그렇게 되지 않을 때 우리는 율법에 빠집니다(해야 하기 때문에 하는 것). 그러나 성경은 율법만을 말씀하고 있지 않습니다. 또한 신약은 은혜, 구약은 율법이라는 식으로 말하는 것도 잘못된 것입니다. 구약도 은혜를 말씀하고 있습니다(출 20:2; 신 5:6). 성경을 준비하는 것을 가르치기 위해서가 아니라 내가 주님을 사랑하고 주님을 바라보는 것이 기쁨으로 해야 합니다. "주의 계명을 사랑하나이다"(시 119:127-8) 즉 하나님을 사랑하고 보이지 아니하는 하나님의 사랑함으로 말씀을 사랑하는 것입니다.

하나님의 관심은 큰 교회를 세우시거나, 신학을 수립하시는 것보다는 영혼 구원을 더 바라고 계십니다. 아무리 세계적인 신학이라도 그 신학이 생명을 살리지 못한다면 그 신학은 하나님이 사용하는 것이라고 말할 수 있겠습니까? 그리고 우리만 사랑하시는 것이 아니라 악행을 행하는 그 니느웨 백성들도 사랑하십니다. 어떤 조직, 어떤 사람의 성공과 발전과 업적도 하나님의 영혼 구원에 대한 수단이 되어야 합니다. 그 자체가 목표가 되어서는 안됩니다. 다시 말하면 우리가 배우는 신학의 목표는 신학이 바로 영혼을 구하고 하나님의 교회를 세우는데 수단이 되어야 하는 것입니다. 하나님은 사람을 외면적으로 대하시기 보다는 내면적인 모습, 즉 참 모습에 관심을 가지시고 계십니다. 하나님의 관심은 바로 영혼 자체이십니다. 하나님은 한국이 세계적으로 얼마나 부강해지는가에 관심을 가지시기 보다는 얼마나 하나님의 말씀을 통해 구원의 사명을 다하고 있는가에 관심을 가지고 계십니다. 바로 믿지 않는 자를 하나님께 돌이키는 영혼구원 그리고 믿는 자들을 더욱 그리스도께 헌신하도록 하는 사명 등입니다. 바로 이러한 것이 하나님의 관심인 것입니다. 하나님의 관심은 영혼입니다. 사람이 중요합니다. 그러므로 신약에서 예수 그리스도는 자신을 죽기까지 우리를 위해 드리셨습니다. 사람을 키워야 합니다. 비싼 비행기보다 한 사람의 훈련된 조종사를 살리는 것이 우선적이라는 것은 사람이 더 중요하다는 것을 말씀해 줍니다. 하나님은 회개하는 자를 반드시 용서해 주십니다. 그러나 계속적으로 끝까지 하나님을 대적하고 하나님을 대적하는 자들은 반드시 망합니다(나훔 3:19). 그 악행을 통해서 결국 망하고 맙니다. 멸망하는 자들이라 할지라도, 비록 악을 행하는 자라고 할지라도 회개하고 돌이키면 하나님은 용서해 주시고 그 심판에서 돌이키시는 하나님이십니다.

오늘 우리는 하나님의 관심, 하나님의 일하심에 초점을 맞추어야 합니다. 하나님의 초점은 바로 그분의 나라를 건설하는 것입니다. 내가 나의 영광과 내 자신의 실현을 위해서가 아니라 참으로 하나님의 나라 건설에 동참하는 것을 바라고 계십니다. 하나님을 사랑하는 자는 하나님의 뜻대로 그분이 기뻐하시는 일을 감당하기 원하십니다(학 1:8). 하나님이 원하

시는 것, 사랑함으로 그 백성들이 하나님의 나라를 건설하기 원하십니
다. 하나님 나라 건설. 자신의 분야에서 월등하고, 그리고 그 분야에서
그리스도를 나타내는 것 바로 이것이 하나님 나라를 건설하는 것입니다.

미가

비교할 수 없는 하나님

"오직 나는 여호와의 신으로 말미암아 권능과 공의와 재능으로 채움을 얻고 야곱의 허물과 이스라엘의 죄를 그들에게 보이리라"(미 3:8).

세상 속의 그리스도인

선지자 미가는 타락한 이스라엘 백성들 중에서 하나님만을 소망했습니다. 그의 신앙과 소망은 타락한 이 세상에서 가져야할 자세를 보여줍니다. 미가서 전체 주제는 이름과 같이 "하나님 같으신 분 어디 계신가?" 입니다. 미가는 구약의 로마서와도 같이 하나님의 의를 갈구하고 당시의 죄악들을 고발합니다.

1. 우리는 세상 속에서 살되 그러나 세상과는 다르게 살아야 합니다
(미 3:8).

힐과 월톤은 3장 8절이 미가서의 주제라고 합니다. "오직 나는 여호와의 신으로 말미암아 권능과 공의와 재능으로 채움을 얻고 야곱의 허물과 이스라엘의 죄를 그들에게 보이리라"(미 3:8).

이 구절이 본서의 핵심구절이며 또한 백성들의 죄악을 고발하는 것이 이 책의 목적이라고 주장합니다. 미가는 이 구절을 통해서 보면 보통 사람들과 다르게 살아간 것을 볼 수 있습니다. 세상에는 죄악이 가득하나, 그리스도도 이러한 죄악 세상에 살면서 죄악을 저지르고 삽니다. 그러나 미가의 고백과 같이 "허물과 죄악"을 지적하고 드러내는 삶을 살아가야 할 것입니다.

세상 속에서 우리는 빛을 드러내고 어두움을 물리쳐야 합니다. 오늘날 우리가 사는 세상은 어두움이 사로잡고 있습니다. 교회 즉 하나님의 백성이라고 칭함 받는 야곱, 이스라엘 역시 "허물"과 "죄"로 인하여 죄 값을 받게 되었습니다(미 1:5-6). 오늘날 교회가 당하는 이러한 어려움들은 바로 죄악 때문이 아닌가? 돌아보아야 할 것입니다. 성세인들로 본문에, "침상에서 악을 꾀한다"(미 2:1)라고 하듯이, 수단과 방법을 가리지 않고 자신의 부를 모으기 위해서 살아가는 세상입니다. 사기를 치거나, 감언이설로 사람을 속여서라도 부를 취하려고 하는 일들을 발견합니다. 미가서를 통해서 볼 때 부를 얼마나 모았나도 중요하지만 정당하게 모았는가? 돌아보아야 할 것입니다.

“내가 만일 부정한 저울을 썼거나 주머니에 거짓 저울추를 두었으면 깨끗하겠느냐?”(미 6:11).

정치인들 역시 죄악을 저지르고 있음을 미가는 지적합니다. “악을 좋아하며, 백성의 가죽을 벗긴다”(미 3:2)고 지적합니다. 백성들을 위해서라기보다는 자신들을 위해서 정치하고 사람들을 못살게 합니다. 한 때 한국에서는 장관들이 한 달에 접대비로 2000만원이나 낭비한 것이 드러났습니다. 정치인들은 자기 자신을 위해서만 살 것이 아니라, 국민들을 위해 바르게 봉사해야 할 것입니다. 종교인들도 마찬가지입니다.

“평강을 외치나 그 입에 무엇을 채워주지 않는 자에게는 전쟁을 준비한다”고 하십니다(미 3:5). 영혼들에 대한 관심보다는 자신의 이익을 위해서 일한다는 것입니다. 이 같은 특징은 재물때문에 사역을 한다는 것입니다. 또한 이들의 문제는 태만과 무사안일주의를 가지고 있다는 것입니다. 자신은 모든 환난과 어려움에서 자유하다고 생각했습니다. 그러나 하나님의 말씀과 심판 앞에서 그 누구도 자유로울 수 없습니다. 베드로전서 5장 2절에서는 “더러운 이를 위하여 하지 말고” 사역의 목적을 영혼 구원에 둘 것을 지적하고 있습니다. 한겨레 2001년 1월 9일, 제 342호에서는 “무서운 집단, 종교권력”이라는 주제를 다루었습니다. 여기서 불교와 기독교와 천주교의 현실을 다루고 있습니다. 불교는 재산으로 인하여 타락을 자초하고 있으며, 기독교 역시 돈과 연류된 여러가지 문제들 특히 “불투명한 재정관리”와 “금권 선거”등의 문제들을 다루고 있습니다.

결론적으로 돈이 종교를 망치는 부작용을 지적하고 있는 기사입니다. 오늘날 교회는 세상과 같이 행하는 죄악의 모습을 가지고 있을 때 하나님은 이들에게 응답하지 않으실 것이며, 얼굴을 가리우실 것입니다(미

3:4, 7). 미가와 같이 기꺼이 죄악을 지적하기 위해서는 용기있고 거룩한 삶을 살아야 합니다. 내가 깨끗하다면 깨끗한 삶을 요구할 수 있습니다. 그러나 내가 죄악 가운데 살면서는 죄악을 지적할 수 없을 것입니다. 우리는 교회와 사회 속에서 불법과 부조리들을 고쳐가야 합니다. 그리고 바르게 지적해야 합니다. 교회 안에서 재정의 투명성 문제, 사용용도, 각 교단의 총회 선거의 금권 선거 등 비기독교적인 잘못된 것들은 고쳐져야 할 것입니다. 오늘날 우리가 말하지 못하는 이유는 "교회가 세상과 동일하게 살기 때문"입니다.

바로 교회는 세상과 다른 모습을 보여주어야 합니다. 이것이 교회가 추구해야 할 거룩의 모습일 것입니다.

2. 우리는 하나님이 기뻐하시는 것을 추구해야 합니다(미 6:6-8).

신앙인의 기본정신은 하나님이 기뻐하시는 것을 추구하는 것이라 볼 수 있습니다. 개혁주의의 기본 정신은 "하나님 절대주권"과 "하나님의 중심"사상입니다. 따라서 우리는 하나님의 영광을 위해서 살아야 하며(고전 10:31), 하나님께만 영광을 돌려야 합니다(롬 11:36). 항상 그분의 뜻을 찾고 따르는 것이 우리가 찾고 추구해야 할 큰 사명입니다. 성경에는 하나님의 뜻이라고 분명히 밝힌 구절들이 있습니다. 하나님의 말씀 전 성경이 하나님의 뜻입니다.

특히 거룩함이 하나님의 뜻입니다(살전 4:3). 그리고 말씀대로 살면서 고난을 당하는 것도 하나님의 뜻입니다(벧전 3:17). 하나님의 뜻대로 살려고 하고(벧전 4:2), 늘 성령 충만한 삶을 살아야 할 것입니다(엡 5:18). 우리의 신앙선배들은 말씀을 지키기 위해서, 그리고 말씀대로 살기 위해서, 하나님의 뜻을 따르기 위해서 고난과 희생과 헌신을 감수하였습니다. 바로 이것이 우리가 추구하고 따라가야 할 것입니다. 하나님이 원하시는 것은 미가 6장 6-8절에 잘 나타나 있습니다. 특히 8절에는 "사람아 주께서 선한 것이 무엇임을 네게 보이셨나니 여호와께서 네게 구하시는 것이 오직 공의를 행하며 인자를 사랑하며 겸손히 네 하나님과 함께 행하는 것이 아니냐?"라고 하십니다.

하나님이 우리에게 원하시는 삶은 먼저 공의(미셔파트)입니다. 이것은 모든 것을 판단하시는 하나님 앞에서 공정하게 모든 것을 판단하고 사람을 차별 없이 대하는 공정함을 의미합니다. 어떤 편견이나, 차별 없이 하나님이 보고 판단하심과 같이 하는 것, 바로 이것이 공의로운 삶입니다. 다음으로 하나님이 요구하시는 삶은 인자(헤세드)입니다. 이것은 하나님이 우리를 구원하시는 그 사랑으로, 이러한 마음을 가지고 추구하는 것입니다. 그러나 무엇보다는 하나님과 함께 동행하는 것입니다. 하나님과 동행하는 삶이 가장 귀한 것입니다.

3. 우리는 그리스도와 하나님을 소망해야 합니다(미 7:7-10).

세상 속에서 사는 성도들에게 죄악이 없을 수 없습니다. 그러나 적어도 자신의 죄악을 돌아보고 이것을 다 해결하신 하나님께 소망을 가지는 것이 중요합니다. 늘 자신을 돌아보고 회개하는 모습을 가져야 합니다. 이 소망은 현재에 대한 것이 아닙니다. 종말의 심판과 판단 그리고 하나님이 종말론적으로 다 해결해주시는 것을 바라보는 소망을 의미합니다. 즉 자신의 죄 문제를 고민하며 답을 주시는 구원자를 찾을 때, 그리스도의 의를 통해서 죄 문제가 해결함 받는 것입니다(미 7:9). 하나님의 구원을 바라보는 백성들은 자신의 죄악을 발견하고, 하나님의 중재인 그 빛과 그 분의 의이신 그리스도를 소망하게 됩니다.

하나님의 백성은 구원의 하나님만을 소망하게 됩니다. 세상 사람들이 다 죄인이라고 하더라도 하나님께로부터 소망이 오는 것입니다. "이와 같이 선인이 세상에서 끊쳤고 정직자가 인간에 없도다 무리가 다 피를 흘리려고 매복하며 각기 그물로 형제를 잡으려고 하고"(미 7:2)하여 세상에 의인이 없음을 보여줍니다(참조 롬 3:10).

이런 면에서 미가서는 구약의 로마서라고 볼 수 있습니다. 그리스도의 의를 바라보며, 구원자이신 예표를 보여주십니다. 특히 예수 그리스도의 탄생이 예언되어 있으며(미 5:2-3), 이분이 그의 백성을 불러 모으셔서(미 2:12-13), 구원하시는 분으로 묘사되어 있습니다(미 5:4). 하나님의 백성은 그리스도만을 통해서 의로워질 수 있습니다(미 7:8-9). 하나님의 백성의 의로움은 자신들의 행위 때문이 아니라, 하나님의 공의로우심을 통하여 의로워지는 것입니다.

따라서 하나님을 소망하는 백성들은 하나님의 요구와 원하심에 늘 초점을 가져야 합니다. 하나님의 의를 통해서 긍휼함을 얻게 되는 백성들은 그분만을 찬양하게 됩니다(미 7:18-20). "주와 같으신이 어디 있으리이까?"(미 엘 카모하)라고 고백하는 사람들이 바로 하나님의 구원 받은 백성입니다. 이들은 "죄악"과 "허물"의 용서를 체험하게 되었습니다. 하나님의 긍휼하심은 모든 죄를 용서해 주시는 것이며 영원히 긍휼을 입게 됩니다.

결론적으로 하나님은 죄인과 죄악의 세상을 반드시 심판하십니다. "…그들은 파수꾼의 날 곧 그들의 형벌의 날이 임하였으니 이제는 그들이 요란하리로다"(미 7:4).

이러한 하나님의 약속의 말씀을 보며, 종말론적 관점을 가지고 살아야 합니다.

나훔

악한 세력은 마침내 심판하시는 하나님

"너의 다친 것은 고칠 수 없고 네 상처는 중하도다. 네 소식을 듣는 자가 다 너를 인하여 손뼉을 치나니 이는 네 악행을 늘 받지 않은 자가 없음이 아니냐" (나 3:19).

악한 세력은 마침내 심판하시는 하나님

나훔은 "니느웨에 관한 경고"입니다. 이것은 요나서에 이은 다음 책이라고 볼 수 있습니다. 주전 8세기에 앗수르에 대한 심판을 하나님은 선포하였으나, 그들은 요나의 설교를 통해서 회개하였습니다. 하나님은 회개하는 자들에게는 비록 악한 자라도 그 영혼을 벌하시지 않았습니다. 그 이유는 하나님은 영혼들을 사랑하시는 "자비로우신 분"(욘 4:11)이시기 때문이었습니다. 니느웨 백성들은 사람들과 짐승까지도 회개하여 하나님의 심판을 돌이켰습니다(나 3:8-9).

나훔은 바로 그 후속편입니다. 악한 니느웨 백성들은 다시 죄악을 저질렀고 하나님은 진노를 더하는 백성을 반드시 멸하시는 분이십니다. 앗수르는 주전 612년에 바벨론에게 멸망했는데, 그전 대략 30년 전에 이 말씀이 전해졌습니다.

하나님의 심판은 너무나도 상세하게 앗수르의 수도 니느웨가 멸망 받을 것을 선포하고 있습니다. 하나님은 편협된 하나님이 아니십니다. 호세아에서 "사랑의 하나님"이시지만 동시대의 선지자, 아모스는 "공의와 정의의 하나님"이라고 말씀하십니다. 하나님께는 "사랑과 공의"가 같이 갑니다. 그와 같이 요나서에 "자비의 하나님"과 나훔의 하나님은 "악은 반드시 멸하시는 하나님"이라는 것을 보여주는 것입니다.

1. 하나님은 악을 반드시 보복 하십니다(나 1:2).

하나님은 악을 벌하실 수 밖에 없습니다. 더구나 "죄인은 결코 사하지 아니하시는 분"이십니다(나 1:3). 바다와 산들과 부위들도 그 진노 앞에서 깨어집니다(나 1:4-6). 그러나 이러한 심판 가운데서도 하나님은 "자기를 의뢰하는 자"를 기억하십니다(나 1:7). 악한 자들이 비록 "강하고 많아도" 이들의 최후는 반드시 멸망입니다(나 1:12-13). 따라서 악인은 모두 멸하고 의인 가운데 다니지 않을 것입니다(나 1:15).

1장에서 하나님은 "보복하시는 분"으로 강조되어 있습니다. "보복하다"(나캄, take vengeance)라는 단어가 3절에만 무려 3번이나 나타나 있습니다. 그리고 하나님의 심판이 강조되어 있습니다. "진멸하시며", "쫓아내시고"(나 1:8), "온전히 멸하십니다"(나 1:9). 하나님은 사랑이시고 영혼을 돌아보시며 회개하는 자들에게 자비하십니다. 그럼에도 악을 끝까지 행하고 하나님께 대항하는 세력들에 대해서는 공의로우신 분으로 악을 멸하실 수 밖에 없습니다. 바로 이런 면에서 하나님이 악한 세력에 대한 "보복자"로 묘사되어 있는 것입니다. 예수님이 이 세상에 오실 때 죄인을 구하러 오셨습니다. 그러나 이 세상에서 복음을 전하시고 마지막에 다시 심판주로 오십니다. 다시 오실 때는 그의 백성들을 구원하고, 몸된 교회와 그의 백성들을 대적하는 세력들을 반드시 멸하실 것입니다. 이 세상에는 아직도 하나님의 복음이 있어 이 복음 앞에 회개하는 자는 약속대로 다 구원을 받게 됩니다.

그러나 이러한 하나님의 구원의 복음에 끝까지 대적하고 그 복음을 받아들이지 않는 개인과 세력들은 하나님의 보복하심을 경험할 것입니다. 이 심판 앞에서 아무 것도 서지 못할 것입니다. 그리고 새 하늘과 새 땅을 이루시고 완전한 회복을 이루신 다음에는 "무엇이든지 속된 것이나 가증한 일 또는 거짓말하는 자"는 들어오지 못하고 생명책에 있는 자들만 있을 것이라고 약속하십니다(계 21:27).

하나님은 "자기를 의뢰한 자"들만 이러한 심판 가운데서 남아 있게 하실 것입니다. 하나님의 보복 앞에서 아무도 설자 없습니다(나 1:6). "그 분의 저주 앞에 누가 서겠으며, 그 분의 맹렬한 분노에 누가 맞설 것인가"(나 1:6). 악한 자들은 바로 "여호와를 거슬려 꾀하는 자"(나 1:9)입니다. 하나님을 대항하고, 하나님에 반대하는 모든 세력들입니다. 또한 이들은 "악한 조언자"(나 1:11) 들입니다.

2. 하나님은 약속하신 말씀대로 악한 자들을 멸하십니다(나 2-3장).

니느웨는 하나님의 백성을 대적한 악한 세력들입니다. 따라서 하나님은 이들을 멸하시고, 그분의 백성인 "야곱의 영광을 회복"하게 하십니다(나 2:2). 그리고 누구든지 하나님이 대적이 될 때 그 대상은 결코 남아나지 않게 될 것입니다(나 2:13). "내가 네 대적이 되어" 즉 하나님은 하나님의 교회와 나라에 대적하는 세력과 싸우실 것입니다.

이들의 최후는 너무 비참하여 수치와 욕을 당하며(나 3:5), 구경거리가 되어(나 3:6), 아무도 위로하지 않을 것입니다(나 3:7). 이 니느웨의 멸망은 3장 12절부터 자세히 묘사되었는데, 죤슨같은 학자는 실제로 니느웨가 멸망할 때 12가지나 성취되었다고 말합니다.

그들은 불로 파괴되며(나 3:15), 방백들은 도망가게 된다(나 3:17) 하셨는데 이 약속들도 다 이루어졌습니다. 지금도 성경에서 하나님이 약속하시는, 그리고 단언하시는 대로 이 세상의 마지막, 개인의 최후에는 다 이루어지게 됩니다. 그리고 종국적으로 하나님의 대적의 세력이 망하는 이 소식을 인하여 "손뼉을 치게됩니다"(나 3:19).

결론적으로 우리는 "피의 성", 하나님의 백성을 대적하고 피흘린 자들의 최후는 멸망인 것을 자명하게 압니다. 계시록 18장에서는 하나님의 백성을 대적한 "큰 성 바벨론"의 멸망을 약속하고 있습니다. "선지자들과 성도들과 및 땅 위에서 죽임을 당한 모든 자의 피가 이 성중에 보였느니라"(계 18:24).

하나님은 이스라엘을 멸망시킨 앗수르 그리고 그 도시인 니느웨라는 대상을 통하여, 회개할 때 그 악한 자들이라도 하나님의 자비하심으로 구원하시며 심판에서 돌이키시나 끝까지 하나님의 백성을 대적하고 그

들을 괴롭힐 때, 그들의 최후는 심판 밖에 없음을 우리에게 다시 확인시
켜 주십니다.

하박국

참 만족이 되시는 하나님

"비록 무화과나무가 무성치 못하며 포도나무에 열매가 없으며 감람나무에 소출이 없으며 밭에 식물이 없으며 우리에 양이 없으며 외양간에 소가 없을찌라도 나는 여호와를 인하여 즐거워하며 나의 구원의 하나님을 인하여 기뻐하리로다"(합 3:17-18).

이해할 수 없는 상황들

선지자 하박국은 부조리한 세상과 이해되지 못하는 상황들에 대해서 하나님께 두 가지 질문을 던지고, 하나님은 이 질문에 대해서 답해 줍니다(합 1-2장). 이 질문에 답을 받은 하박국은 새로운 용기의 삶을 가지게 되며 승화된 자세를 보여줍니다(합 3장). 하박국의 신앙을 통한 승화의 모습이 우리에게 어떠한 의미가 있습니까?

그리고 신약에서 이신득의의 기초가 되는 말씀인, "···그러나 의인은 그 믿음으로 말미암아 살리라"(합 2:4; 롬 1:17; 갈 3:11; 히 10:38)는 말씀의 배경은 무엇입니까? 하박국의 역사적인 배경은 대략 주전 626년에서 590년 사이로 봅니다. 이 때는 유다가 강대국의 이익 사이에서 앗수르는 멸망하게 되고(주전 612년), 애굽은 다시 후퇴하게 되며(주전 605년), 강력한 바벨론의 심판 아래서 하나님께 절망적인 상태를 호소하던 시기입니다.

하박국의 구조는 두 가지 질문(합 1:2-4; 1:12-17)에 대하여 하나님이 대답하시는 두 가지 대답(합 1:5-11; 2:1-5)의 내용으로 구성되어 있습니다. 물론 하박국 2장 5절에서 20절까지는 다섯 가지의 저주(합 2:6-8; 2:9-11; 2:12-14; 2:15-17: 2:18-20)로 구성되어 있으며, 3장은 기도를 통한 하나님의 현현에 대한 믿음의 고백입니다(합 3:16-19).

1. 우리는 세상 속에서 문제를 가지고 살아갑니다.

기독교인들에게도 문제가 있다는 것은 당연한 것입니다. 예수 그리스도를 믿으면 모든 근심과 걱정이 해결되는 것처럼 생각합니다. 그러나 예수님이 타고 있던 배에도 풍랑이 일었습니다. 예수 그리스도가 우리의 죄를 다 사해 주셨기 때문에 우리에게 전혀 문제나 어려움이 없다는 것은 사실이 아닙니다. 뿐만 아니라, 세상에는 이해될 수 없는 부조리와 괴리가 있는 것입니다. 바로 하박국의 고민도 여기에서 시작된 것입니다.

그는 첫 번째 질문(합 1:1-11)을 통하여, 유다 백성이 하나님께서 함께하는 백성임에도 불구하고, "하나님의 도우심과 구원 없음에 대한 탄식"(합 1:2)을 하며, "파괴와 폭력, 싸움과 더러운 모습'을 보게 됨을 탄식하여(합 1:3), 결국 이 사회는 정의가 없는 사회임을 한탄합니다(합 1:4). 더구나 싫어하는 백성인 갈대아인 바벨론까지 일으키시는 것입니다(합 1:6). 이 탄식은 바로 오랜 기간에 대한 하박국의 탄식이었습니다(합 1:2). "아드 아나 아도나이"(언제까지입니까, 주여). 신앙인이 세상 속에서 경험하는 부조리와 괴리는 생각보다 긴 기간에 거쳐 경험되어집니다.

시편 13장 1-2절에서도 같은 탄식을 하고 있습니다. 이 탄식은 또한 하나님의 "듣지 않으심"과 "구원치 않으심"에 대한 탄식입니다. 전혀 하나님이 관여하시지 않는 듯한 경험을 하는 것입니다. 그러나 무엇보다 하박국이 하나님께 탄식하는 것은 "공의가 굽어짐"(합 1:4)에 대한 것입니다.

세상에는 정직하게 살고, 법대로 살고 하나님의 뜻대로 사는 것이 때때로 당시에는 손해를 보는 것 같습니다. 학생들은 컨닝을 하지 않는 사람이 오히려 낮은 점수를 받는 일이 생기는데 바로 이것이 공의가 굽게 되는 것입니다. 또한 하박국이 바벨론을 통해 받는 심판에 대해서 의문을 가지는데 이것은 하나님이 세상의 심판을 그냥 두심과 연관됩니다. 세상은 약육강식의 원리로 서로 물고 먹습니다.

애굽과 앗수르를 강한 바벨론이 먹고, 나중에 바벨론은 페르시아에게, 그리고 헬라제국 다음엔 로마제국 등으로 역사는 강자에 의해서 물고 먹힙니다. 하박국 1장 11절에 "그 힘으로 자기 신을 삼는 자라"라고 하시는데 힘센 자신의 힘을 통하여 선 바벨론은 유다까지도 심판하는 도구가 되는 것입니다.

하박국의 두 번째 탄식은 바로 "악인이 의인을 삼키되 잠잠하십니까?"(합 1:13)입니다. 우리가 보기에 악인들이 마음대로 이 세상을 정복하는 것 같지만, 하나님은 종국적으로 하나님의 의지하는 자는 그 믿음으로 살 것이며, 하나님의 말씀을 반드시 이루어질 것을 약속하십니다(합 2:3-4). 모든 것이 때가 있으니 이 모든 것을 이루시는 하나님 앞에 온 천하 만물은 잠잠해야 할 것입니다(합 2:20).

2. 우리는 신실하신 하나님 말씀 속에서 답을 찾아야 합니다(합 2:3-4).

"이 묵시는 정한 때가 있나니 그 종말히 속히 이르겠고, 결코 거짓되지 아니하리라 비록 더딜지라도 기다리라 지체되지 않고 정녕 응하리라. 보라 그의 마음은 교만하며 그의 속에서 정직하지 못하니라 그러나 의인은 믿음으로 말미암아 살리라"(합 2:3-4).

세상에는 하나님의 종국적이 심판이 있다는 것을 알아야 합니다. 하나님은 과정 속에서는 비록 악한 자들이 횡행하는 것처럼, 그리고 그들이 괴롭히는 것을 가만히 보고 계시는 것 같지만 종국적으로 하나님은 말씀대로 모든 것을 이루시고 공의로운 심판을 이루실 것입니다. 그리고 이신칭의의 구절이 되는 하박국 2장 4절에서도 우리는 상황에 따라 어떻게 되느냐 하는 것에 너무 관심을 갖지만, 눈을 돌려 오직 진리의 말씀을 따라 신실하게 살아갈 것을 요구하고 계십니다.

신앙의 가장 중요한 특성은 바로 말씀, 즉 복음을 통한 것입니다. 인간의 노력이나, 공로나 율법에 의한 것이 아닙니다. 종말론적으로 끝까지 말씀을 의지하고 믿음을 지키는 것이 바로 의로운 삶으로 결론 짓는 비결입니다. 왜 우리에게 말씀을 의지하는 노력이 필요할까요? 그것은 시간적인 차이 때문입니다. 그리스도의 초림과 재림, 그리고 이 세상이 하나님의 심판 전까지는 하나님 "도대체 잠잠하시니이까?"(합 1:13)하는 상황을 경험하게 된다는 것입니다. 현재에 비록 세상이 하나님의 교회에 대해서 승리하는 것처럼 보여도 우리는 신실하게 말씀만을 의지하고 살아가는 것이 참 믿음입니다.

본문에서는 하나님의 저주를 받게 될 세상 사람들의 삶을 지적하고 있습니다. "화 있도다"라고 하여 다섯 번 강조하는데, 이들은 먼저 "남의 것을 빼앗아 자기 소유를 삼는 자들"입니다(합 2:6-8). 남의 것을 빼앗고, 침략하여 죽이는 자들은 하나님의 심판을 받을 것입니다. 오늘날 경제적으로 그리고 폭력적으로 남을 죽이는 자들은 자신들도 "노략을 당하고 사기를 당하게 될 것이다"(합 2:8)라고 말씀하십니다. 또한 "평안을 추구하는 자"들도 심판을 피하지 못할 것입니다(합 2:9-11).

자기를 성취하고 자신의 평안을 위해 노력하는 사람들, 더 편한 세상의 안정을 통해서 평안을 추구하지만, 이것이 교회의 목적은 아닙니다. 오히려 교회가 안정을 추구할수록 오히려 복음을 전하는데 등한히 할 수 있다는 사실입니다. 또 하나님의 저주가 있는 사람은 "강포를 행하는 자들"입니다. 이들은 폭력을 행하여 자신의 노력을 통해서 이 세상에서 영원할 것처럼 살아가는 사람들입니다.

그러나 인생들이 아무리 멋있게 만들어 놓은 것도, "불탈 것으로 수고하는 것"과 같이 될 수 있습니다. 하나님의 대적하는 모든 문화와 세력들은 사상누각과 같이 하나님의 심판을 받아 무너지게 될 것입니다. 또한 "이웃을 타락하게 하는 자들"(합 2:15-17)도 하나님의 심판을 받게 됩니다. 마지막으로 무엇보다, "우상숭배"하는 자들은 하나님의 벌을 받게 됩니다(합 2:18-20). 하나님보다는 자신의 힘과 권력, 그리고 "금과 은으로 입힌 것"(합 2:19)에 소망을 가지고 마치 이것들이 하나님처럼 다해 줄 것처럼 생각하는 사람은 바로 우상을 숭배하는 사람입니다. 이러한 가치관을 가지고 사는 사람들은 하나님의 심판을 받게 됩니다. 이렇게 "화를 당하는 사람"들과 세상은 하나님 앞에 잠잠해야 할 것입니다(합 2:20; 참조 계 21:28).

3. 신앙인은 기도로 하나님의 의를 바라보아야 합니다(합 3:17-18).

신앙인들은 삶 속에서 경험하는 부조리와 억울함을 아름답게 승화시켜 가야하며, 초월해야 합니다. 이 모든 것이 하나님의 의와 말씀의 약속에 근거한 것입니다. 이러한 탄식을 내는 상황 속에서 하박국은 말씀을 통해 다시 기도하고 하나님을 바라보는 성숙한 모습을 우리에게 보여줍니다.

주님이 승리하시며, 종국적으로 심판주로서 이 세상에 오실 것을 바라보면서 비록 우리가 억울하게 살 수도 있지만, 하나님의 약속과 의를 바라보아야 하는 것입니다. 따라서 하박국은 무화과나무, 포도나무, 감람나무, 식물, 양, 소가 없는 상황 속에서 만족하며, 여호와로 인하여 기뻐하는 신앙의 절정을 가지게 된 것입니다. 이 사속함은 오늘 시대의 고백으로 바꾸면, "비록 직업도 없고, 건강도 좋지 못하고, 자녀도 없고, 차도 없고, 아무 것 없어도 하나님으로 만족한다"는 고백과 같을 것입니다. 하나님만이 우리 소망과 기쁨의 근거가 됩니다.

결론적으로 이 세상이 주는 괴리와 고통 속에서도 우리는 하나님께 기도를 통하여 주시는 확신을 가지고 믿음의 삶을 살아야 할 것입니다.

그리고 그 믿음의 삶은 하나님이 주시는 기쁨으로 살아가는 성숙한 삶이
되어야 합니다.

스바냐

우리를 기뻐하시는 하나님

"너의 하나님 여호와가 너의 가운데 계시니 그는 구원을 베푸실 전능자시라 그가 너로 인하여 기쁨을 이기지 못하여 하시며 너를 잠잠히 사랑하시며 너로 인하여 즐거이 부르며 기뻐하시리라"(습 3:17).

우리를 기뻐하시는 하나님

선지서를 시대적으로 나눌 때 여러 가지로 견해가 있지만, 흔히 주전 9세기에는 오바댜, 요엘, 8세기에는 이사야, 미가, 호세아, 아모스, 요나, 그리고 7세기에는 예레미야, 나훔, 하박국, 스바냐, 6-5세기에는 다니엘, 에스겔, 학개, 스가랴, 말라기로 나눕니다.

여기서 주전 7세기 예언자들의 예언들은 주로 북 왕국 이스라엘이 멸망하고(주전 722년), 남 왕국 유다가 주위 나라들에 의해서 심판과 어려움을 당하는 것이었습니다. 예레미야는 심판으로 새롭게 하시는 하나님을, 하박국은 불의한 바벨론을 통해서 어려움을 당하지만 하나님의 말씀과 신실하심을 통해서 기뻐하는 마음을 가지게 되고, 나훔은 악한 자를 끝내 심판하시는 하나님의 공의로우심을 고백합니다.

하나님은 나훔과 비슷하게 스바냐에서도 역시 "여호와의 날"에 하나님이 종국적으로 행하실 것을 우리에게 약속하고 계십니다. 즉 어려움과 고난의 시대에 선지자들은 하나님의 뜻을 우리에게 전달하였는데, 하나님은 그의 백성을 심판하실 뿐만 아니라(예레미야, 하박국), 또한 악한 자들을 심판하시며(나훔), 여호와의 날(스바냐)에 벌하실 것이라고 약속하십니다.

1. 여호와의 날이 반드시 있을 것입니다(습 1장).

스바냐는 여호와의 심판을 강조하고 있습니다. 문장의 구조를 살펴보면, 개역 성경에서 1장 2절 "모든 것을 진멸한다"는 말은 "아소프 아세프"라는 강조형으로 되어 있는데, 이것은 "아사프"(모으신다, 옮기신다)는 단어로 심판으로 옮겨 없애버리심을 강조하고 있습니다. 3절에서도 "진멸한다"는 말이 두번 사용되었는데, 같은 의미입니다. 3절 후반절과 4절에 "멸절한다"는 말씀은 "카라트"(cut off)라는 뜻으로 "끝낸다"는 의미입니다. 그리고 개역에는 6절에 "멸절한다"를 의미상으로 넣고 있지만 이미 멸절의 대상만을 기록하고 동사는 4절과 계속 연속되어지고 있습니다.

하나님은 모든 것 즉 악인들, 그리고 우상을 숭배하고 여호와를 찾지 아니하는 자들을 멸절하실 것입니다. 이것은 바로 "여호와의 날"(욤 야웨)에 일어날 것입니다. "여호와의 날"(습 1:7, 14절 두번)은 "여호와의 분노의 날"(습 1:18; 2:3)로 묘사되어 있습니다. 이 날은 1장 15-16절에, "분노의 날, 환난과 고통의 날, 황무와 파괴의 날, 캄캄하고 어두운 날, 구름과 흑암의 날, 나팔과 함성의 날"이라고 심판의 날로 예비해야 할 날이라고 설명하고 있습니다. 이 날에는 남은 자들이 다스리며(습 2:7), 신실한 종들이 승리하는 날이 될 것입니다(습 3:12-13, 17). 이 하나님의 심판의 날은 개인적인 죽음과 그리고 우주의 심판의 날로서 지면의 모든 것을 멸하시는 날이며(습 1:2), 땅이 여호와의 질투의 불을 삼키게 되는 날입니다(습 1:18). 그리고 이 땅의 모든 거민들조차 다 진멸하실 것입니다.

.2. 여호와의 심판의 날에 여호와를 찾아야 합니다(습 2장).

우주적인 하나님의 심판의 날에는 하나님 앞에 숨김을 얻기 위해서 (2:3), "여호와를 찾는" 방법밖에는 없습니다. 인간은 죄인이며, 죄의 결과는 사망이며 심판입니다(롬 6:22). 이 심판 앞에서 살아남은 방법은 "여호와를 찾는 것" 밖에 없습니다. 구원은 바로 복음을 통해서만 일어나는데, 이것은 "여호와를 찾는 것"이라고 볼 수 있습니다. 스바냐 2장 3절에는 "구하라"(바케슈)고 3번이나 반복하고 있는데, 구할 것은 "여호와", "공의"(체테크), "겸손"(아나바)이라고 말씀하십니다. 즉 여호와는 의로우신 분으로 공의를 행하시는 분이시므로 그분 앞에서 우리는 겸손해야 한다는 것입니다. 종말에 사는 우리들은 자연 재해를 많이 경험합니다. 세계적으로 태풍, 홍수, 지진 등 많은 재앙이 나타나고 있습니다. 이러한 자연의 큰 재앙 앞에서도 겸허할 수 밖에 없는 인간이라고 한다면, 온 우주에 임하는 심판 앞에 우리는 겸손히 여호와를 찾을 수 밖에 없습니다.

하나님의 경고를 받는 백성들은 가사와 아스글론, 아스돗, 에그론(습 2:4-7), 모압과 암몬(습 2:8-11), 구스와 앗수르, 니느웨(습 2:12-13)로 유다 주위에 있는 백성들입니다. 오늘날 하나님의 복음이 교회를 통해서, 그리고 믿는 사람들을 통해서 주위 불신자들에게 경고로 주어졌습니다. 구원이 선포된 것입니다. 복음의 구원 소식이 다 선포되고, 살아남은 유일한 방법은 "여호와를 구하는 것"이라고 분명히 하나님은 알려 주었음에도(습 2:3) 불구하고 끝까지 대적하는 거민들은 없어질 것이며, 그들의 멸망은 비웃음의 대상이 될 것입니다. 이들은 "하나님의 백성을 훼방하고"(습 2:8), "교만"(습 2:10)하였기 때문입니다. 우리는 주위의 많은 멸망하는 사람들에게 "여호와 찾기"를 가르치고, 이 복음의 소식을 증거해야 할 것입니다.

3. 하나님의 심판의 날을 기다려야 합니다(습 3장).

우리는 종말론적인 하나님의 심판을 믿고 삽니다. 억울한 일, 부당한 일도 하나님이 종국적으로 다 판단해 주실 줄 알고 삽니다. 악인들은 교만하게 살아가나 우리는 말씀만을 의지하는 신실한 믿음의 삶을 살려고 노력합니다(합 2:4). 하나님은 여호와의 날에 열국을 다 끊어 버리실 것입니다(습 3:6). 그리고 하나님은 우리에게 "나를 기다리라"(습 3:8)고 명하십니다. 8절에 "일어나 벌할 날"이라고 했는데, 이 표현은 하나님이 일어나셔서, "먹이를 사로잡는 날"이라는 의미입니다. 마치 맹수가 먹이를 잡는 날과 같이 열국을 모아 심판하시는 마지막 날입니다. 이 날을 기다린다는 것은 종말론적인 신앙을 우리에게 요구합니다. 하나님의 공의로 우심과 하나님의 약속의 말씀을 믿는다는 것이 전제됩니다. 그리고 하나님의 날 앞에서 우리는 미리 예비하여 준비한다는 것을 의미합니다. 예수 그리스도의 재림의 날이 바로 이러한 날이 될 것입니다. 신앙이 돈독한 많은 분들은 예수님의 재림의 날을 사모했습니다. 오늘날 우리가 예수님의 재림을 사모하는 것은 바로 심판 앞에 준비된 종말론적인 삶을 산다는 것을 의미합니다.

종말에는 이방인들의 회심이 있을 것입니다. 열방(습 3:9)들이 구스 하수 건너편에서 예물을 가지고 올 것입니다(습 3:10). 하나님의 구원을 받는 많은 백성들이 있게 될 것이며, 복음을 영접하는 수많은 사람들이 마지막 날 전에 있을 것입니다. 회복과 하나님 나라 건설은 하나님이 하실 것입니다. 우리가 할 것은 하나님이 하시는 것을 기다리는 것(습 3:8) 밖에 없습니다. 우리가 할 것은 하나님의 구원을 보며 즐거워하며, 회복을 통하여 실망하지 말아야 할 것입니다(습 3:15-16). 그 이유는 하나님이 바로 "구원을 베푸시는 전능자"라고 하셨는데, "기보르 요시아" 즉 "구원하시는 용사"라는 의미입니다. 하나님이 용사되신다는 것은 그분은 우리를 위해 싸우시며, 대적들을 파하시는 분으로 출애굽기에 묘사되어 있습니다. "용사이신 하나님"(야웨 기보르)은 특히 15장에 보면, 대적이었던 이집트의 모든 군대를 물속에 수장시키고 구원하신 분이십니다. 이분을 모세는 찬양하고 있습니다. 우리를 구원하시는 용사이신 하나님은 우리와 함께 계시며, 우리를 사랑으로 잠잠히 바라보시며, 우리를 인해 환호성으로 기뻐하시는 분으로 묘사되어 있습니다(습 3:17).

그리고 이 "용사이신 하나님"은 마지막에 하나님의 백성을 회복케 하셔서 칭찬과 명성을 얻게 하실 것입니다(습 3:19-20).

결론적으로 하나님은 우리를 잠잠히 사랑하시며, 환호성으로 기뻐하시는 분이십니다. 우리를 인하여 기뻐하시는 하나님을 실망시켜서는 안될 것입니다. 올림픽이나, 여러 경기에서 자신을 기대하고 기뻐해 준 부모님들을 위해 최선을 다해 좋은 결과를 가져오는 것을 우리는 신문지상을 통해서 많이 보게 됩니다. 마찬 가지로 우리를 기뻐하시는 하나님을 신실하게 "기다리는"(습 3:8) 백성들의 삶을 살아야 할 것입니다.

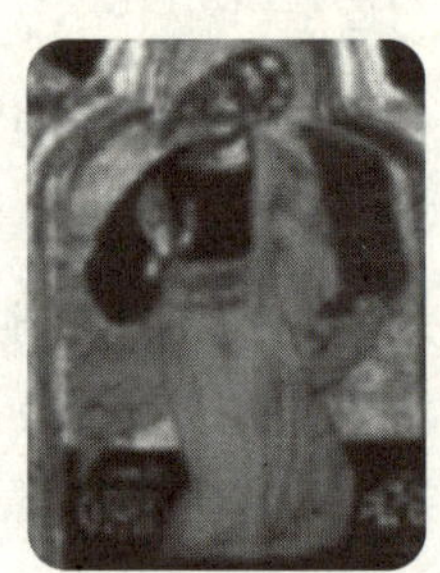

학개

영광을 받기 원하시는 하나님

"너희는 산에 올라가서 나무를 가져다가 전을 건축하라 그리하면 내가 그로 인하여 기뻐하고 또 영광을 얻으리라 나 여호와가 말하였느니라"(학 1:8).

하나님 나라 건설

학개서 본문은 교회 예배당을 건축하는 하는 것에 국한되어 전파되는 말씀이 아닙니다. 즉 성전 건축이, 오늘날 교회의 예배당 건축이라는 결론으로만 귀결되어서는 안된다는 말씀입니다. 먼저 결론부터 본다면, 이 스룹바벨 성전건축은 바로 오늘 우리가 건축하고 추구하는 "하나님 나라의 건설"의 한 예표이며, 상징적인 모습을 띱니다. 물론 하나님 나라 건설을 위해서 우리는 교회도 확장시키고 건물도 새로 지어 발전시킵니다. 그러나 본문은 분명히 하나님의 영광을 위한 "하나님 나라의 건설"에 대한 하나님의 뜻을 우리에게 가르쳐 주는 것입니다. 오스테렐리와 라빈슨이라는 신학자들은 "학개서의 내용이 단순히 솔로몬성전을 복구시키는 사건에 국한되어 있는 단순한 기록이 아닌가?" 하고 비판합니다. 이것은 지나치게 학개서가 종교적인 관점이라는 지적입니다. 그러나 이러한 비평들도 학개서의 참 뜻을 이해하지 못한 몰상식에서 나온 것입니다.

선지자 학개는 그 시대의 개혁자이었습니다. 자신들만의 관심으로 가득 차 있는 사람들의 하나님의 관점과 하나님의 나라건설을 촉구했던 위대했던 하나님의 사람이었습니다. 그리고 이 학개서를 시대 시대마다 이러한 개혁의 기치를 든 사람들이 전파해 왔습니다. 예를 들어 사보네롤라(Savonarola 종교개혁의 시발자)는 1494년 11월에 이 말씀씨리즈를 시작했습니다. 쟌 낙스는 스콜렌드를 개혁하는 데 이 말씀을 전파하였습니다.

시대 시대마다 잠자고 있는 사람들을 이 말씀으로 깨워 주신 것입니다. 왜냐하면 본문이 바로 이 "하나님의 나라"건설을 촉구하기 때문입니다. 본문에서 전체적인 학개서의 주제절이 있다면 이것은 1장 8절입니다. "너희는 산에 올라가서 나무를 가져다가 전을 건축하라 그리하면 내가 그로 인하여 기뻐하고 또 영광을 얻으리라"라고 말씀하고 계십니다. 하나님은 우리의 1)몸된 교회를 통하여, 2)우리들의 가정을 통하여, 3)우리 자신을 통하여 영광을 받으시기를 원하십니다. 우리가 하나님을 영화롭게 할 수 있는 방법은 바로 그 나라를 건설에 동참하는 것 뿐입니다. 물론 본문에서는 성전을 건축하는 것을 의미합니다. 신약에 와서 성전건축은 바로 하나님의 나라 건설을 의미하는 것입니다. "너희는 먼저 그의 나라와 그의 의를 구하라 그리하면 이 모든 것을 너희에게 더하시리라" (마 6:33). 하나님은 우리가 동참하여 그 나라를 위하여 일할 때 영광을 받으시는 것입니다. 그러면 하나님 나라를 건설하는 것은 무엇입니까? 성경이 명백히 말씀하고 계시듯, 복음전파와 하나님의 문화를 온 세상에 확장하는 것입니다. 개혁주의 신앙과 신학을 이 땅에 건설하는 것, 그리고 모든 영역에서 하나님의 영광을 나타내는 것입니다. 개혁주의의 원리는 1)하나님 중심사상과 2)하나님 절대적 주권입니다. 그러므로 우리는 모든 영역 속에서 타락해 가는 문화를 그리스도의 문화로 정복해야 합니다. 예를 들어 음악과 미술을 통해서 하나님은 영광을 받으실 수 있습니다. 예를 들어 오늘날 세속화되어가는 컴퓨터 문화로 그리스도의 문화를 정복하여야 하는 것입니다. 어떤 종교처럼 소극적으로 세상을 피해 가는 것이 아니라 적극적으로 참여하여 변화시키는 것입니다(창 1:28; 고후 10:4-5; 엡 1:22-23). 그러면, 본문을 통해서 하나님은 구체적으로 우리가 언제 무엇을 할 때 영광을 받으십니까?

1. 하나님은 우리가 우리의 역사적인 사명(영적인 본분)을 깨닫고 일할 때 영광을 받으십니다(학 1:1-1:14).

"나 만군의 여호와가 말하노니 너희는 자기의 소위를 살펴볼지니라" (학 1장 5, 7절).

우리 자신들을 한번 살펴보십시다. 본문에서 이스라엘 백성은 사명을 잊어버리고 있음을 3가지로 지적하고 있습니다. 개인적인 이기주의로는 이 사명을 깨달을 수 없고 참 축복을 체험할 수 없습니다. 그런데 이스라엘 백성들은 자신에 대해서 더 관심을 가졌습니다. 학개 1장 9절에 "자기의 집에 빨랐다"즉 하나님의 성전건축보다는 자신의 개인의 이익이나 영리를 추구했다는 것입니다.

그 결과 그들의 집은 황무(히, 하렙)하였고, 하나님은 그들에게 한재(히, 호렙)를 불렀습니다. 즉 이 말은 또한 "하나님의 집은 황무"(9절)한데, 자신의 것을 추구하기에 바빴다는 것을 의미합니다. 호렙(한재)라는 이 말은 70인 역에는 "칼"로 번역되었는데 이 말은 이스라엘 백성의 불순종으로 인한 하나님의 심판이라는 재해석인 것입니다. 그들의 불순종 자체가 축복을 마다하고 하나님의 징계를 자처한 것이 되었습니다. 하나님이 우리에게 사명을 주신 것은 이 사명을 통하여 하나님의 뜻을 이루고 우리에게 큰 축복을 주시려고 하는 것입니다.

우리는 우리의 문제로 머리가 복잡해서는 안됩니다. 하나님의 일 때문에 근심하고 고민할 때 우리들의 모든 문제는 해결되는 것을 우리는 경험하지 않습니까? 그러므로 우리는 내 교회, 내 가정, 내 자신이라는 좁고 이기적인 마음을 버리고 대의적인 하나님의 나라에 대한 관심을 가져야 합니다.

선지자 학개는 파괴된 주님의 성전이 자신의 아픔이었습니다. 느헤미야도 1장 3-4절에서 "예루살렘성이 훼파되고 성문들은 소화"되었다는 소식을 듣고 "수일 동안 슬퍼하며 금식하며 기도하였습니다" 이러한 하나님의 시각에서 관심 가지는 것을 의미합니다. 동일한 심정이었습니다. 시골의 작은 교회, 수십 만이 모이는 교회가 다 같은 주님의 몸입니다. "주님의 아픔이 나의 아픔이요, 주님의 관심이 나의 관심이 되어야 합니다". 하나님은 우리가 우리 자신들에게만 사고나 관심이 국한되어있음을 하나님의 뜻으로 바꾸시기를 원하십니다. 하나님은 하나님의 비전으로 사는 사람을 통해서 영광을 받으십니다. 자신의 생각과 자신의 야망으로 가득차있는 사람을 통해서는 영광을 받으실 수가 없습니다(허망,야망 등). 자신의 이익 추구와 영리를 실현하는 것은 이기적인 것입니다. 우리가 아무리 하나님의 사람이라 할지라도 하나님의 사명 의식이 약해지고 또한 은혜를 계속 유지하지 않을 때는 하나님이 주신 사명을 잊어버리고 살아갈 수 있는 것입니다. 오늘 본문에서 이스라엘 백성은 16년 전에 이미 70년 동안 포로에서 회복시켜 주셨는데, 그 은혜와 책임과 사명을 잊고 16년이나 살아갔다는 것입니다. 하나님이 우리를 구원해 주신 것은 우리 자신만 위해서 살라고 한 것이 아니라, 바벨론에서 포로로 돌아온 이들의 사명이 훼파된 성전건축이듯이 우리는 우리의 사명이 "하나님 나라의 건설"이라는 사실을 잊어서는 안됩니다.

하나님의 약속과 불신(하나님과의 관계에서 책임 불이행) 행동으로는 이 사명을 감당할 수 없고, 더 큰 은혜를 경험할 수 없습니다. 그들이 생각하였던 것은 "가뭄과 한재"(학 1:10-11)가 있었기 때문에 하나님을 섬기는 성전을 건축할 수 없다고 생각했습니다. 그러나 하나님은 그들이 말씀대로 순종하지 않았기 때문에 그 결과로 경제적인 어려움을 경험하고 있다고 말씀하고 있습니다. 물론 예수 믿는 사람은 다 축복을 받아 경제적인 부를 누린다고 성경은 가르치지 않습니다. 그러나 하나님이 주시는 축복을 경험하지 못한 이유가 우리의 불순종일 수도 있다는 말씀입니다. 하나님과 우리의 관계는 언약의 관계이며 이 언약은 이미 신명기에서 28장에서 15절부터 불순종하는 자가 경험하는 것 중에 "네가 많은 종자를 들에 심을지라도 메뚜기가 먹으므로 거둘 것이 적을 것이며, 네가 포도원을 심고 다스릴지라도 벌레가 먹으므로 포도를 따지 못하고 포도주를 마시지 못할 것이며"(38-39절)이라고 말씀하고 있는 불순종의 결과 이었습니다. 레위기 26장 14절부터 청종치 아니하는 저주로 26절에 "내가 너희 의뢰하는 양식을 끊을 때에… 너희가 먹어도 배부르지 아니하리라"라고 약속하고 있는 것입니다. 즉 그들의 생각은 "우리가 어렵기 때문에 하나님을 위해서 일하지 못한다"라고 생각하지만 하나님의 말씀은 "너희가 불순종하므로 어려운 상황을 초래했다"고 하시는 것입니다. 하나님과의 관계 속에서 우리들의 위치와 책임을 의식해야 합니다. 하나님과의 관계성을 잊어버릴 때 우리는 책임과 사명을 잊어버릴 수 있습니다. 예를 들어, 상황이 어려워서 하나님의 일을 할 수 없다는 것은 핑계에 불과합니다. "기도하고 말씀을 읽으십시다"하면 어떤 사람은 "시간이 없어서…"라는 말을 하고 합니다. 그러나 이것은 핑계에 불과합니다. 만약 우리가 하나님과 함께하는 시간을 게을리한다면 오히려 규모 있게 살지 못하는 것입니다.

바른 시기에 대한 몰이해로(우리의 때/헌신의 때) 사명을 감당할 수 있습니다. 대부분 사람들의 생각은 "여호와의 전을 건축할 시기가 이르지 아니하였다"(학 1:2)고 생각했습니다. 그 이유는 아직 자신들의 생활이 안정되지 않았고 여러 가지 "한재와 가뭄"(학 1:10–11)이 있었던 이유도 있었습니다. 신앙생활에서 우리는 우리가 가장 결단하기 어렵고 받아들이기 어려울 때에 하나님의 역사가 나타나는 경우를 많이 봅니다. 어떤 사람은 "우리가 하나님의 뜻으로 생각되지 않을 때 바로 그때가 하나님의 뜻인 경우가 많이 있다"고 합니다. 동감되는 이야기입니다. 결단하기 어렵고 포기하기 어려울 때 하나님은 우리에게 결단과 희생을 요구하십니다. 하나님 나라를 건설하는 사람은 이러한 개인적인 시기와 또한 전체적인 결단의 시기를 분명히 알아야 합니다. 역사적인 때 즉 우리 자신의 때를 바로 아는 신앙인이 되어야 합니다.

본문을 이해하기 위해서는 역사적인 배경이 참으로 중요합니다. 1절에 "다리오 왕 이년 유월 곧 그 달 초하루"라고 하는 연도가 적혀 있습니다. 다리오 왕은 역사적으로 기원전 522년에서 485년까지 약 37년간 통치하였던 왕입니다. 그러므로 오늘날 시간으로 본문의 배경은 기원전 520년 8월 29일이었습니다. 엘룰은 두 번째 달로 오늘의 시간을 이해하기 위해서 우리가 염두에 두어야 할 사실은 이스라엘 백성들이 포로에서 귀환하여 그들이 당연히 계속해야 할 성전 재건을 잊고 있었다는 사실입니다. 즉 그들이 처음 포로에서 귀환한 것이 기원전 536년이었습니다. 이것은 또한 예레미야가 예언했던 대로 "나 여호와가 이같이 말하노라 바벨론에서 칠십 년이 차면 내가 너희를 권고하고 나의 선한 말을 너희에게 실행하여 너희를 이곳으로 돌아오게 하리라"라고 29장 10절에서 약속을 지키셨던 해이었습니다. 이스라엘 백성들이 오늘 본문에서 중요한 사건 하나는 그들이 단순히 하나님의 일을 등한히 했다는 것 이상으로 그들이 하나님의 약속과 하나님 자신에 대한 불신앙을 보였다는데 심각성이 있다는 것입니다. 다시금 예레미야 25장 12절에서 약속한 대로 "나 여호와가 말하노라 칠십 년이 마치면 내가 바벨론 왕과 그 나라와 갈대아인의 땅을 그 죄악으로 인하여 벌하여 영영히 황무케 하되"라고 약속하셨던 것입니다. 이 말씀대로 성전을 중심으로 해도 유다가 바벨론에게 멸망한 586년에서 실제로 스룹바벨 성전이 완성된 516년까지 70년으로 성취되었으며, 또한 포로를 중심으로 해도 처음 포로 605년(대하 36:6-7; 단 1:1-3)부터 처음 귀환하였던 535까지 70년으로 성취되었던 것입니다.

성전 회복의 때로 볼 때 바로 지금이 520년 8월 29일(유대력)이었으니 불과 4년을 앞두고 있는 시점이었습니다. 그리고 비록 그들이 유월은 추

수 때로 가장 바쁜 시기였지만, 즉 이때는 바로 하나님의 약속을 보아서
도 성전을 건축할 시기였습니다. 그들에게는 분명히 성전을 재건할 때였
습니다. 그것이 그들의 사명이었습니다. 지금 역사적인 시점에서 하나님
나라를 위해서 나는 무엇을 할 것인가? 이것을 분명히 깨달아 알아야 합
니다. 나는 21세기 이 시점에서 어떻게 하나님 나라를 건설할 것인가? 각
자가 처한 환경에서 하나님 나라를 건설하는 것입니다. 이것을 깨닫고
일할 때 하나님은 영광을 받으시는 것입니다. 한국은 이제 선교의 대국
이 되고 있습니다. 1995년대에 한국 선교사 파송의 당시 상태는 3천 2백
4명으로 미국은 (39,951명), 영국은(5,368명), 캐나다는(3,638명) 그리고
한국은 3,204명으로 세계 4위였습니다. 한국이 세계 복음을 담당하는
사명을 다해야 할 때입니다.

　하나님의 나라 건설하는 방법은 개인에 따라 다르게 나타납니다. 어
떤 사람은 바로 현장에서, 어떤 사람은 준비를 할 수 있습니다. 준비의
때에는 준비하여야 합니다. 그리고 준비 없는 무조건적인 헌신을 해서는
안 됩니다. 하나님은 우리가 하나님의 때를 깨닫기 원하십니다. 하나님
이 기뻐하시고 영광을 받으시는 사람은 하나님의 때에 헌신하는 사람들
입니다.

　2. 하나님은 헌신된 자(순종하는자, 경외하는 자)들을 통해서 일하십
니다(학 2:1-9).

　1장 8절에서 "너희는 산에 1)올라가서, 2)나무를 가져다가, 3)전을 건
축하라. 그리하면 내가 그로 인하여 기뻐하고, 영광을 얻으리라." 즉 하
나님의 부름을 받고 그 부름에 응답하는 자들을 사용하십니다(학 1:2).

처음에는 무지해서 하나님의 나라 건설에 동참하지 못했지만 알고 난 후는 이것을 위해 전심전력해야 합니다. 우리는 산에 올라가는 노력이 있어야 하고, 산에 가서 나무를 베고, 그것을 가지고 옮겨, 깎고, 다듬는 우리들의 노력이 있어야 하며, 전을 건축하는 등, 나무로 집을 짓는 노동의 봉사가 있어야 한다는 것입니다. 이 모든 것은 하나님에 대한 우리의 헌신을 요구한다는 말씀입니다.

또한 마태복음 28장 19절에서도 "너희는 가서 제자를 삼으라"고 하셨습니다. 즉 하나님을 위해서 "가는" 우리의 노력과 헌신이 필요한 것입니다. 창세기 12장에서 아브라함은 하나님께 "본토 친척 아비 집을 떠나 내가 네게 지시할 땅으로 가라"라고 하셔서 고향을 떠나는 헌신을 하였고, 히브리서 11장 8절은 이 사건을 "아브라함은 갈 바를 알지 못하고 갔다"라고 믿음의 헌신을 평가하고 있습니다.

누가복음 18장 18-23절에서 부자 청년이 예수님께 영생에 대해 질문을 하자, 22절에서 예수님은 그 청년에게 한 가지 부족한 것(One thing you lack)이 있다고 했습니다. 그에게 참으로 버리지 못하는 것이 있었는데 그것은 바로 돈이었습니다. 예수님보다 더 중요한 것이 아무 것도 없어야 함을 가르치고 있습니다. 29절에 "내가 진실로 너희에게 이르노니 하나님의 나라를 위하여 집이나 아내나 형제나 부모나 자녀를 버린 자는 금세에 있어 여러 배를 받고, 내세에 영생을 받지 못할 자가 없느니라"고 말씀하십니다. 아무리 다 받고 은혜를 체험했다 하더라도 하나님께 드리기를 주저하고 헌신하기를 주저한다면 하나님은 영광을 받지 못하시는 것입니다.

이스라엘 백성은 하나님을 경외하였고(학 1:12) 학개 선지자의 말씀을 하나님의 말씀으로 받아들여 청종하였습니다(학 1:12) 하나님은 당신께 순종하는 자들에게 참된 위로와(학 2:4) 하나님의 임재로(학 2:5) 함께 해 주십니다. 계시록 21장 4절에 보면 새 하늘과 새 땅을 우리에게 주시고 "모든 눈물을 그 눈에서 씻기시매 다시 사망이 없고 애통하는 것이나 곡하는 것이나 아픈 것이 다시 있지 아니하리니"라고 말씀하시는데, "만약 우리가 주님을 위해 울어본 적이 없고 고생한 적이 없다면 어떻게 하나님이 위로하시겠느냐?"는 질문에 많은 도전을 받았습니다.

하나님의 위로는 하나님을 위해 헌신하고 일하는 자들에게 오는 것입니다("애통하는 자의 위로"(마 5:4)) 하나님은 하나님의 말씀을 두려워하고 말씀에 순종하는 자를 통해서 일하시면 영광을 받으십니다.

우리가 하나님의 일을 할 때 여기에는 큰 일, 작은 일이 없습니다. 그들이 건축하던 스룹바벨 성전은 솔로몬 성전에 비할 수 없이 보잘 것 없었습니다. 그러나 하나님은 오히려 이 성전을 통해서 드러난 영광이 크다(학 2:9)고 말씀하시며 평강을 주시겠다는 것입니다. "나중 영광이 이전의 영광보다 크리라"(학 2:9).

하나님 나라의 확장을 위해서 우리가 하는 헌신은 차이가 없는 것입니다. 주일날 부엌에서 봉사하는 것도 하나님의 나라를 확장하는 성전 건축이요, 일찍 와서 주보를 접는 일도 나라 확장을 위한 성전 건축이요, 기도와 물질로 헌신하는 우리들의 노력도 성전 건축입니다. 단지 선교지에 가서 복음을 전하는 것만이 하나님의 성전을 건축하는 것이 아닙니다. 학생은 공부를 통해서, 직장인은 직장생활을 통해서, 주부는 집안일을 통해서, 교인들은 교회봉사를 통해서 모든 일이 하나님의 성전을 건축하는 일이요, 하나님께 영광을 돌리는 일입니다. 경제적으로 바르게 벌어서 주를 위해 사용하는 것도 큰 헌신입니다.

다 주의 종이 될 필요는 없습니다(고전 12:28-30). 하나님은 성도들의 이러한 진심어린 헌신을 통해서 영광을 받으십니다. 하나님이 받으시는 영광이 되도록 하나님의 명령에 순종하여 경외함으로(학 1:12) "하나님의 나라"를 건설하십시다. 하나님은 일하는 자의(학 1:14) "영을 깨워주시고" "강하게 하십니다(학 2, 4장)"(흥분, 하자크 세 번이나 사용) 또한 지켜 주십니다(학 2:4-5). 그리고 하나님은 그들을 흥분(히/야알)시키셔서 일하게 하십니다.

3. 우리는 일을 할 때 거룩함으로 일해야 합니다(학 2:10-19).

학개는 제사장들에게 두 가지 질문을 합니다. 첫째는 제사 성물에 닿은 옷은 거룩해 지는가? 그리고 그 거룩해진 옷으로 다른 음식을 싼다 하면 거룩해 지는가? 이에 대한 답은 결코 제사의식으로 거룩하다 여김 받는 것이 다른 것을 거룩하게 하지 못한다는 말씀입니다(레 6:26-30). 둘째로는 시체를 만지면 율법대로 부정해 지는 것입니다(레 11:28). 즉 이 두 사건은 바로 이스라엘 백성이 그 제사의 의식으로 "거룩해 진다"고 한 착각과 죄를 가까이 하면 더러워진다는 것을 설명해 주는 것입니다. 즉 하나님께 드리는 것은 정결하고 거룩해야 한다는 것입니다(학 2:14).

우리는 이러한 거룩에 힘쓰면서 일해야 합니다. 그리고 주의 성전은 거룩한 자들이 세우는 깃입니다. 하나님의 일은 하나님의 서룩을 힘입은 자들이 해야 하는 것입니다. 이사야 52장 7절에 "좋은 소식을 가져오며 평화를 공포하며 복된 좋은 소식을 가져오며 구원을 공포하며 시온을 향해 이르기를 네 하나님이 통치하신다 하는 자의 산을 넘는 발이 어찌 그리 아름다운고"라고 말씀하신 뒤 11절에 "너희는 떠날지어다 떠날지어다 거기서 나오고 부정한 것을 만지지 말지어다 그 가운데서 나올지어다 여호와의 기구를 메는 자여 스스로 정결케 할지어다"라고 거룩을 요구하십니다. 일 자체도 중요하지만 누구를 위해서 어떻게 일하는 것도 중요합니다. 하나님의 뜻을 우리의 거룩입니다. "하나님의 뜻은 이것이니 너희의 거룩함이라"(살전 4:3)라고 말씀하십니다.

어떤 교회 목사님은 아무리 좋은 계획이 있어도 그 계획 때문에 불화나 분쟁이 생기면 그 계획을 관철시키지 않는다고 하는 말씀을 들은 적이 있습니다. 하나님의 나라 건설은 바로 거룩한 싸움입니다. 민수기에보면 성전(거룩한 싸움)의 원리가 나와 있는데 1)전투에 합당한 자의 조사를 하고(민 1:2,3, 26:2) 2)레위인을 구별(민 1:47)한 뒤 3)진을 깨끗하게 하고(민 5:1후), 4)성결과 제물로 드리고(민 7:1후) 5)전진을 위한 배진도(민 2:1)를 지시하고 6)승리하는 것을 볼 수 있습니다. 전쟁의 방법과하나님 나라의 건설 방법은 바로 거룩입니다. 늘 하나님의 건설에서 거룩을 이루도록 우리는 노력해야 합니다.

4. 하나님께서 종국적으로 하나님 나라를 친히 건설함을 알아야 합니다(학 2:20-23).

궁극적인 하나님 나라의 도래는 하나님이 친히 하십니다. 우리는 이건설을 위해서 참여하지만 우리들의 노력 자체가 하나님 나라의 궁극적인 도래를 결정 지우는 것은 아닙니다. 스룹바벨은 스알디엘(학 2:23) 즉다윗의 후손으로 앞으로 오실 예수 그리스도를 예표합니다. 그리스도가하나님 나라를 궁극적으로 완성하셨습니다. 우리는 이 완성과 시작에 동참하는 동역자들입니다. 이 인자, 메시야를 통하여 하나님 나라는 이미이루어졌으나, 재림 때까지는 완전히 완성된 것을 아니므로 이 사역을 계속해야 합니다. 따라서 바울은 "그리스도의 남은 고난"(골 1:24)이라고 말씀하시고, 그리스도의 사역이 불완전하다는 의미가 아니라 우리가 바톤을 이어받아 계속 이 역사를 해야 함을 말해 주십니다.

"가라사대 때가 찾고 하나님의 나라가 가까웠으니 회개하고 복음을 믿으라"(막 1:15)라고 하나님의 도래는 복음을 영접하는 것으로 시작하고 있습니다. 이 복음은 "하나님의 지혜에 있어서는 이 세상이 자기 지혜로 하나님을 알지 못하는 고로 하나님께서 전도의 미련한 것으로 믿는 자들을 구원하시기를 기뻐하셨도다"(고전 1:21).

이 복음은 엽서 한 장에 요약될 수 도 있는 간단하고 확실한 내용으로 교육을 받지 못한 사람도 이해할 수 있고, 지식인도 받아들일 수 있는 것입니다. 그리스도의 사역을 기초로 복음은 땅 끝까지 계속해서 전파되어 가는 것입니다(마 28:19-20).

대사명을 통해 보여 주시듯 "그러므로 너희는 가서, 모든 족속으로 제자를 삼아 아버지와 아들과 성령의 이름으로 세례를 주고 내가 너희에게 분부한 모든 것을 가르쳐 지키게 하라 볼지어다 세상 끝날까지 너희와 항상 함께 있으리라" 하십니다.

결론적으로 하나님은 시대 시대마다 하나님은 하나님의 나라에 관심을 가지고 헌신과 생활의 순결을 통해서 일하는 사람들을 기뻐하십니다.

1장 8절에 "산에 올라가서 나무를 가져다가 전을 건축하면 그로 인하여 기뻐하고 또 영광을 얻으리라"라는 하나님의 바람에 응답하여야 할 것입니다. 그리고 하나님의 마음을 참으로 시원하게 해 드려야 할 것입니다.

다시 한번 우리는 우리의 먹고 마시는 것을 염려하지 말고, 그의 나

라와 의를 구해야 합니다(마 6:33). 약속하신 하나님을 신뢰하여 하나
님 나라의 건설을 위해 노력해야 합니다.

스가랴

성전을 건축하시는 하나님

"그가 여호와의 전을 건축하고 영광도 얻고 그 위에 앉아서 다스릴 것이요
…"(슥 6:13).

성전을 건축하시는 하나님

선지자 학개와 스가랴는 동시대의 인물입니다. 메세지는 두 사람 모두
하나님의 성전 건축에 관심을 가지고 있습니다. 바벨론에 포로로 사로
잡혀간 백성들이 1차 포로에서 주전 536년에 귀환하였습니다. 16년 동안
백성들은 성전을 건축하다가 여러 가지 상황 속에서 낙심하고 절망 가운

데 있었습니다. 다리오 왕 2년은 주전 520년경이었으며, 이것은 실제로 스룹바벨 성전이 완성되었던 주전 516년에 4년을 앞두고 있던 시기였습니다.

학개와 스가랴는 동시대 인물이지만 메세지는 여러 가지 면에서 비교가 됩니다. 먼저 학개는 하나님의 성전을 건축하기 위해서 주로 사람들의 역할을 강조했습니다. "산에 올라가 나무를 가져다 전을 건축하라"고 강조했습니다(학 1:8). 그리고 성령의 도움을 강하게 하심을 통하여 사람들이 하나님의 성전을 짓도록 격려했습니다(학 2:4-5). 그러나 스가랴는 "여호와의 순"이 돋아나고(슥 3:8), 이 여호와의 순이 "여호와의 전을 건축할 것"이라고 약속하십니다(슥 6:12-13). 학개가 사람의 책임을 강조한다면, 스가랴는 하나님의 행하심을 강조한다고 볼 수 있습니다.

또한 스가랴의 구조는 1)하나님의 회개 촉구(슥 1:1-6), 2)스가랴의 8가지 밤의 환상(슥 1:7-6:8), 3)회복케 하시는 여호와(슥 6:9-8:23), 4)이스라엘과 이방나라(슥 7:1-11:17), 5)하나님의 왕국(슥 12:1-14:21)로 나누어집니다.

1. 궁극적으로 하나님이 하나님의 나라를 건설하십니다(슥 1:1-6:8).

하나님의 일을 위해서 사람의 역할이 중요합니다. 시대 시대마다 하나님의 위대한 종들을 통해서 하나님은 하나님 나라 건설을 해 오셨습니다. 하나님의 일을 함에 있어서 사람의 역할을 아무리 강조해도 부족함이 없습니다. 그러나 엄격한 의미에서 궁극적인 하나님 나라 건설은 바로 하나님 자신이 하십니다. 인간은 "악한 길과 악한 행동을 버리고 여호와께 돌아오는" 회개해야 할 존재입니다(슥 1:4). 하나님께 죄악을 저지른 모든 선조들을 향해서 하나님은 진노하실 수 밖에 없었습니다(슥 1:2). 따라서 하나님 앞에 솔직히 인정하고 인간은 회개해야 합니다(슥 1:6). 개역은 스가랴 1장 6절에 "돌쳐"라고 했는데, 이 말씀은 "바 야슈부", "그리고 그들은 회개하였다"라는 뜻입니다. 인간은 이와 같이 하나님의 구원하심에 대해보고 있을 수 밖에 없는 존재입니다. 인간은 구원을 위해서 그 어떤 일도 할 수 없습니다. 출애굽기 14장 13절에서 말씀하시기를 "모세가 백성에게 이르되 너희는 두려워 말고 가만히 서서 여호와께서 오늘날 너희를 위하여 행하시는 구원을 보라 너희가 오늘 본 애굽 사람을 또 다시는 영원히 보지 못하리라" 이러한 회개에 대한 삶은 스가랴 8장 16-17절에서도 나타나 있습니다. 바로 하나님의 말씀대로 사는 실제 삶을 요구하고 있습니다.

스가랴는 하나님의 8가지 환상을 통하여 하나님의 뜻을 깨닫게 됩니다. 첫 번째 환상(슥 1:7-17)은 홍마를 타고 세상을 둘러보며, 훼파된 예루살렘이 멸망한 지 70년이 되어 다시 회복될 것을 약속받습니다(슥 1:12, 17). 두 번째 환상(슥 1:18-21)은 네 개의 뿔과 네 명의 공장을 통해서 유다를 친 열국의 뿔을 심판하실 것을 약속하십니다(슥 1:21). 세 번째 환상(슥 2:1-13)은 척량 줄을 잡은 사람이 예루살렘을 척량하고, 하나님의 도성인 시온, 예루살렘과 유다를 소유 삼으며, 영광으로 거하시니 열방은 여호와께 속하며 하나님의 백성이 된다는 것을 보여주십니다(슥 2:7, 11-12). 따라서 심판하시러 일어나는 분께 모두 잠잠해야 합니다(슥 2:13). 네 번째 환상(슥 3:1-10)은 대제사장 여호수아가 더러운 옷을 입고 예루살렘은 "불에서 꺼낸 그슬린 나무" 같으나(슥 3:2), 하나님이 정한 관을 씌우시고 옷을 입히며, 하나님이 친히 "종 순"을 나게 하십니다(슥 3:4, 8). 인생은 하나님의 구해 주심이 없으면, 정말 해결점은 없는 죄인이기 때문입니다(롬 3:23). 하나님만이 구원과 의로움을 주실 수 있기 때문입니다(슥 3:4). 다섯 번째 환상(슥 4:1-4)은 순금 등대와 두 감람나무에 대한 것인데, 순금등대는 기름을 나오게 하는 것을 강조하며, 하나님의 성령 충만을 강조하기도 하며, 두 감람나무는 여호수아와 스룹바벨을 의미합니다.

하나님의 사역은 여호수아와 스룹바벨을 통해서 하지만, 여호수아는 죄악으로 가득 차 있어 하나님의 정결함으로 가능하며, 오직 "내 종 순"(슥 3:8)으로 가능하며, 스룹바벨 앞에서 큰 산이 평지가 되는 일을 감당하지만, 이 힘의 근거 역시 "오직 나의 신" 즉 성령님입니다(슥 4:6). 성령의 도우심으로 "큰 산이 평지가 되는" 이러한 경험을 하게 되는 것입니다(참조 빌 4:13). 하나님은 하나님의 능력을 통해서 일하는 사람을 통해 일을 시작하시며 또한 마치십니다(슥 4:9).

여섯 번째 환상(슥 5:1-4)은 날아가는 두루마리의 사건인데, 하나님의 말씀이 심판의 말씀임을 보여주십니다. 일곱 번째 환상(슥 5:5-11)은 에바를 가진 여인은 악 때문에 시날(즉 바벨로니아)로 가게 됩니다. 파인버그는 6, 7번째 환상은 하나님의 백성들이 죄악을 저지르면 어떻게 심판하는가를 보여주시는 환상이라고 주장합니다.

참으로 이들의 죄악의 결과는 심판 밖에 없습니다(슥 5장). 마지막 환상(슥 6:1-8)은 네 병거가 온 땅에서 승리하는 내용입니다. 이 환상은 성령에 관한 것입니다. 개역성경은 "북방에서 내 마음을 시원케 하였다"고 번역하였으나, ESV는 "Behold, those who go toward the north country have set my Spirit at rest in the north country", "북쪽 땅에서 북쪽으로 간 자들이 내 영을 쉬게 하였다"고 번역하고 있습니다. 하나님의 영이 모든 땅에서 승리하시는 분으로 묘사하고 있습니다. 그리고 성령님은 지금 온 세상에서 구원의 역사를 위해서 승리하고 계십니다.

2. 하나님께만 영광이 돌아가야 합니다(슥 6:9-9:24).

하나님은 여호수아에게 은과 금으로 면류관을 만들어 주며, 이것은 상징으로 "여호와의 순"이 여호와의 전을 건축할 것을 약속하십니다. 그리고 그 만든 면류관은 "여호와의 전" 안에 두게 하십니다. 이것은 앞으로 소망을 가지기 위해서 성전 안에 둔 것입니다. 궁극적으로 하나님의 면류관을 쓰실 분은 예수 그리스도이십니다. 하나님의 사역자들은 그분의 사역을 통해서 영광을 경험하지만, 이 모든 영광은 "여호와의 전" 즉 하나님께 돌려져야 합니다(슥 6:14). 신앙생활은 왕이신 그리스도와 함께 경험되는 것입니다. 에베소서 2장 5절에, "함께 살리셨다"는 말은 "수쪼오 포이에오"라는 말로, "순"이라는 접두어가 사용되었고, 6절에서도 "순에게로"(함께 일으키사), "수그 카티조"(함께 앉히시고)라고 접미어가 사용되어 그리스도와 철저하게 함께하는 삶을 강조하고 있습니다. 이것이 복음입니다. 바로 그리스도의 사역을 철저히 인정하고 강조하고 높이는 것입니다. 이것은 또한 하나님과 함께하는 삶으로 스가랴는 강조하고 있습니다. 스가랴 8장 8절에, "…그들은 내 백성이 되고 나는 성실과 정의로 그들의 하나님이 되리라", 또한 13장 9절에, "…나는 말하기를 이는 내 백성이요 할 것이요, 그들은 말하기를 여호와는 내 하나님이시라 하리라"고 하십니다. 우리는 하나님과 함께 누리며, 축복을 경험합니다(슥 8:12).

하나님은 어떠한 형식 보다는 진실한 삶을 원하십니다. 형식적인 금식 보다는(슥 7:1-7), 삶 속에서 하나님의 뜻을 이루시기를 원하십니다(슥

7:8-14). 이러한 형식적인 예루살렘을 회복케 하실 것을 약속하십니다 (슥 8장). 하나님의 백성을 먼 곳에서 돌아오게 하시니 완전한 관계가 회복하게 하실 것입니다(슥 8:7-8). 그리고 많은 나라들이 여호와를 찾는 회복의 역사가 있게 될 것입니다(슥 8:22). 하나님의 나라를 건설하고 참여하는 자들에게도 하나님께서 면류관을 씌워주시는 축복과 위로를 주십니다. 그러나 참 면류관을 받으시고 영광을 받으실 분은 하나님이십니다. 다니엘서 3장에 보면 느부갓네살이 우상을 만들어 모든 사람들로 경배하도록 강요합니다. 그러다가 교만해져 정신이 이상하게 됩니다. 사도행전에서는 헤롯이 하나님께 영광을 돌리지 않아 충이 먹어 죽었다고 말씀합니다. 바울과 바나바는 전도하다, 자신들을 허메와 쓰스라고 하여 높이고 경배하려 하자, 완전히 옷을 찢고 사람들을 만류합니다. 하나님의 나라를 건설하는 일에는 비록 사람이 큰 일이 있더라도 오직 하나님께 영광을 돌려야 합니다.

3. 영원한 하나님의 통치가 있을 것입니다(슥 9-14장).

스가랴 9-14장은 미래에 대해서 말씀하시는데, 특히 메시야적 왕과 통치를 약속하십니다. 왕이 임하셔서 통치하시며, 자기 백성을 보호하시고 구원하시며, 잘못 다스린 자들과 열국들을 심판하게 될 것입니다. 이러한 하나님의 영광을 백성들도 함께 경험하게 됩니다(슥 9:11-17). 이 왕의 나귀를 탄 겸손과 평화의 왕이십니다(슥 9:9). 종말에 하나님의 백성에게는 "은혜와 간구하는 영"(슥 12:10)을 부어 주실 것이며, 참목자이신(슥 10:1-11:3) 그리스도를 통하여 슬퍼하게 될 것입니다. 하나님 나라의 완전한 회복을 위하여 참 목자이신 왕이 오시며, 백성들은 죄를 용서받음으로 새롭게 되고(슥 13:1-6), 대적들은 다 심판을 받게 되는(슥 9:11-17), 완전한 하나님의 통치를 이루게 될 것입니다. 오직 죄를 용서해 주는 샘이 다윗의 족속을 위해 열릴 것입니다(슥 13:1). 여호와만이 천하의 왕이 되셔서 다스릴 때에(슥 14:9) 완전한 하나님의 통치가 있을 것입니다. 이 세상에는 아직도 이런 통치가 없습니다. 그리고 세상 모든 족속인 "열국 중에 남은 자"가 와서 여호와를 섬기게 될 것입니다(슥 14:16).

결론적으로 하나님 나라의 완전한 성취는 백성과 왕 그리고 영원한 땅에서 대적들이 멸하고 여호와의 통치가 영원히 있음으로 일어날 것입니다. 천국은 바로 이러한 곳입니다. 우리를 대적하는 모든 세력들이 다 물러가고 하나님과 우리가 함께 영원히 거하는 곳입니다. 이 날은 바로 "여호와의 아시는 한 날"(슥 14:7)이며, 모든 것이 "여호와께 성결"(슥 14:20)이라고 기록되어 하나님의 성물이 될 것입니다. 하나님 나라의 완전한 회복을 바라보면서 오늘도 하나님의 일에 동참하는 사역자들이 되시기를 간구합니다.

말라기

변역지 않으시는 하나님

"나 여호와는 변역지 아니하나니 그러므로 야곱의 자손들아 너희가 소멸되지 아니하느니라"(말 3:6).

변역지 않으신 하나님

신앙은 하나님과의 관계입니다. 그러므로 신앙생활을 바르게 유지하려면 우리는 하나님과의 관계를 바르게 유지해야 합니다. 또한 하나님 안에서 한 자녀인 형제와 자매들과도 바른 관계를 유지해야 합니다. 우리는 우리 사회 속에서도 좋은 관계를 유지 하지 못해서 많은 어려움을 겪는 경우가 많습니다. 반대로 좋은 관계를 유지할 때 우리는 많은 부분에서 좋은 결과를 가져올 수 있습니다. 한 선교사님이 중국에서 선교를 하고 보고회하는 것을 들어보았습니다. 중국사회는 관시 즉 사람과의 관계가 중요해서 관계를 통하지 않고는 일이 이루어지기 힘들다는 것이었습니다. 사람들은 인맥이나, 지연이나, 학연 등의 관계로 모이게 됩니다. 그러나 교회생활이 힘든 것은 인간적으로 볼 때 이러한 인맥, 지연, 학연 등 모든 것을 초월해서 하나님 안에 모였다는 사실입니다. 오늘 본문에 이스라엘도 하나님과의 관계에서 성공적으로 좋은 관계를 유지하지 못했습니다. 이런 이유를 통해서 우리는 하나님과의 바른 관계와 또한 형제들과의 좋은 관계를 유지할 수 있는 원리들을 발견하게 됩니다. 먼저 하나님과 형제의 관계 속에서, 관계 인식이 약해질 때 위기가 생긴다는 사실을 발견해야 합니다. 즉 이스라엘은 하나님과의 사랑의 관계를 바르게 확인하지 못했습니다(말 1:2). 본문 2절에, "주께서 야곱(우리)를 사랑하셨다"고 말씀하십니다. 즉 우리는 주님과의 사랑의 관계를 가지고 있다는 사실입니다. 그리고 관계는 아버지와 자녀라는 사실입니다.

1. 신앙 생활은 관계성이 중요합니다.

첫째로, 우리가 어떠한 문제를 당해도 주님은 우리의 아버지이시므로 받아 주십니다(요일 3:1; 1:9). 아버지가 아들을 사랑하는 관계에서는 비록 그 아들이 실패를 하거나, 여러 가지 문제를 저질렀다고 해도 아버지는 아들을 받아주듯이 하나님은 우리를 언제나 어디서나 사랑해 주시고 받아 주신다는 사실입니다. "만일 우리가 우리 죄를 자백하면 저는 미쁘시고 의로우사 우리 죄를 사하시며 모든 불의에서 우리를 깨끗케 하실 것이요"(요일 1:9). "보라 아버지께서 어떠한 사랑을 우리에게 주사 하나님의 자녀라 일컫음을 얻게 하셨는고…"(요일 3:1). 우리를 사랑하시는 하나님 아버지는 우리가 아버지께 자백만 하면 들어 주시고, 용서하시고 깨끗하게 하게 해 주십니다. 아버지께 우리는 어떠한 모습을 가지고 있던지 우리 모습 그대로 나아가야 합니다. 사탄은 늘 우리에게 하나님께 나아가는 것을 막고 싶어합니다. 사탄은 죄를 짓게 하고 죄책감을 인해 하나님께 가지 못하게 하는 것입니다. 나아가기만 하면 눅 15장에서 나타난 탕자를 기다리고 계신 우리 아버지의 사랑을 경험할 것입니다. 탕자 아들이 오자 거리가 먼데, 보고 측은히 여기고 달려와 안아 주시고 입을 맞추어 주시는 하나님이십니다. 우리가 아는 대로 큰아들은 아버지 집에 함께 있던 탕자였습니다(눅 15:29-30). 이스라엘 백성은 이러한 하나님의 사랑에 대한 바른 인식을 하지 못하였으므로 하나님께 나아오지 못했던 것입니다.

둘째로, 이러한 하나님 아버지 안에서 우리는 서로 형제 자매, 즉 가족 관계이라는 사실을 잊지 말아야 합니다. 즉 하나님이 나를 받아 주듯이 하나님은 우리 형제 자매도 다 받아 주신다는 사실입니다. 따라서 우리는 하나님과의 바른 관계를 유지할 뿐 아니라, 형제 자매와의 좋은 관계를 유지하도록 노력해야 합니다. "형제를 미워하는 자마다 살인하는 자니…"(요일 3:15). 또한, 형제들의 사망에 이르지 아니하는 범죄를 위하여 우리는 기도해야 합니다(요일 5:16-17). 우리는 형제의 모습을 받아들이고 부족한 부분을 위하여 기도해야 합니다. "우리 강한 자가 마땅히 연약한 자의 약점을 담당하고 자기를 기쁘게 하지 아니할 것이라"(롬 15:1), "그리스도께서 자기를 기쁘게 하지 아니하셨다…"(롬 15:3)고 말씀하십니다. 우리는 형제의 모습 그대로를 받아 들여야 합니다. 우리는 때로,

성숙하지 못한 형제들에게 말로 상처도 받고 괴로워서 잠 못 이루는 밤도 지내게 됩니다. 많은 선교사들이 고백하는 것을 들어보았습니다. 선교사가 선교지에서 여러 가지 환경이 어려워서 어려운 것도 있지만, 가장 어려웠던 것은 동료 선교사들 간의 관계였다는 고백을 들었습니다. 사망의 위험, 배고픔의 위험이 아니라, 바로 사람들과의 관계였다는 고백이었습니다. 우리는 교회 안에서 이러한 갈등을 경험하기도 합니다.

형제와 문제가 생기면 마태복음의 원리와 같이 1)한 형제가 죄를 범하거든 상대하여 권고하고, 2)듣지 않으면 증인을 증참하여 말하고, 3)교회에 말하여도 듣지 않으면, 이방인 같이 취급하라는 원리로 권고해야 할 것입니다(말 18:15-20). 하나님은 때때로 우리에게 형제나 자매들이 주는 상처를 통해서 신앙이 성숙해지고, 하나님의 무조건인 사랑에 동참하기를 원하십니다.

셋째로, 우리의 문제는 이러한 관계 의식을 바로 가지지 못하기 때문이다. 이것이 문제 해결의 실마리입니다. "하나님은 나를 사랑하십니다. 우리를 사랑하십니다. 우리 형제자매를 사랑하십니다." 비록 내가 문제가 있어도, 비록 형제가 여러 면에서 장애가 있어도 말입니다. 우리는 생각하기에 모두가 나 같이 정상적이길 바라나, 우리는 주위에 많은 비정상적인 장애인, 결핍적인 신앙인을 만나게 됩니다. 상처를 주든지 받든지 우리는 한 아버지의 자녀라는 사실을 잊지 마십니다. 이러한 결핍하고 부족한 형제들을 도와주고, 이해해 줌으로 우리의 신앙이 성숙하고 그리스도를 더 알아가도록 하나님이 은혜를 주신 것입니다.

2. 관계 개선 또는 회복을 위한 방법을 발견하십시다.

우리 자신들의 모습을 바르게 직시하십시다. 관계는 쌍방적인 것입니다. 쌍방적인 관계는 인격적인 대화를 필요로 합니다. 내가 생각하는 것이 진리가 아닙니다. 내 자신을 주장하고 옳다고 생각하는 것은 독단이 될 수가 있습니다. 이스라엘의 독단 또는 착각을 살펴보십시다. 오기(傲氣)나 도전의식을 버리십시다(말 1:4). 에돔(이스라엘의 아니지만)은 하나님께 도전했습니다(말 1:4) 우리는 바른 관계인식이 없을 때 고집과 오기로 점철할 때가 많습니다. "나는 나대로 하겠다", "나는 내 방식대로 하겠다" 우리가 먼저 알아야 하는 것은 어떤 일을 하는 것보다 사람을 더 중요하게 생각해야 합니다. 비록 우리가 어떤 일을 결정할 수 있어도 그것이 형제에게 치명적인 상처를 준다면, 우리는 그 일보다는 형제 한사람과의 관계를 중요하게 생각해야 합니다. 이것이 기독교 윤리입니다. 바울은 자신에게 권리가 있고 그 특권을 누릴 수도 있었지만 그것을 쓰지 않은 것이(고전 9:15) 바로 복음과 사람을 얻고자 함이었다고 고백했습니다(고전 9:19).

공경함 없이 인격을 무시하는 태도를 우리는 버리도록 해야 합니다(말 1:6, 7, 12). "…자기보다 남을 낫게 여기고"(빌 2:3). 인격은 상대를 인정하고 존중하는 데서 생깁니다. 하나님은 인간에 대해서 인격적이십니다. 하나님과 사람은 비교할 수 없이 높고 낮은 관계이지만, 하나님은 우리를 존중하십니다. 요한복음 8장에서 간음하다가 잡힌 여자를 모든 사람들이 다 손가락질 하면서 죽이려고 했을지라도, 예수님은 "나도 너를 정죄하지 아니하노라"며 용서하신 인격적인 분이십니다. 잘못했다고, 자신의 권위를 이용해 무시하거나 위세를 부리는 그런 분이 아니십니다. 우리는 때로 잘못한 사람을 향하여 돌을 던지는 무자비하고 비인격적인 행동을 할 때가 있습니다. 비록 초등학생이라도 옳은 진리를 이야기하면 들을 수 있는 사람이 되어야 합니다. 하나님은 인격적인 분이시기 때문에 우리가 기도를 통하여 하나님과 대화하는 것을 기뻐하십니다. 대화라는 것은 한 사람의 의견을 관철시키는 일방통행이 아닙니다. 우리가 인간과의 관계에서도 특히 서로의 생각을 수렴하기 위해서는 서로를 돌아보아야 하듯이, 하나님과의 관계에서도 나의 입장만 볼 것이 아니라 하나님이 원하시는 것을 다시 한 번 생각해 보아야 하는 것입니다.

싫어하는 태도(불친절한 태도, 귀찮아하는 태도)를 버립시다(말 1:13). 우리는 하나님과의 바른 관계를 유지하지 못할 때 우리의 신앙생활에는 억지와 귀찮아하는 태도가 생깁니다.

버티고, 변명하는 자세를 버리십시다(말 2:14). 관계에서 제일 버려야 할 것 중에 한 가지가, "내가 뭘 잘못했습니까?"하는 것입니다. 그것은 "나는 나다. 내가 옳다"는 자기주장입니다. 우리는 관계 개선을 위하여 우리 자신을 돌아보아야 합니다. 나의 잘못을 보고 시인할 수 있는 사람이 정말 용기 있는 사람이요, 자신감 있는 사람입니다. 하나님과의 깊은 관계를 유지하는 사람은 사람에 대해서도 기꺼이 잘못을 시인할 수 있습니다. "잘못했다"고 하면 끝나는 일은 너무나 많습니다.

불신의 자세를 버리십시나(말 2:17). "너 이상 신뢰할 수 없다"고 하는 것은 결론적인 발언입니다. 이스라엘 백성이 하나님이 어디에 계시냐 했던 것은 더 이상 하나님의 말씀에 신뢰를 할 수 없다는 그들의 주장입니다. 하나님과의 관계에서 우리도 여기까지 가지 않기를 바랍니다. 형제들 간의 관계에 있어서도 우리든 서로를 신뢰할 수 있어야 합니다. 하나님이 엉망인 나를 기대하고 사랑하는 것처럼, 나보다 나은 형제를 기대하고 사랑하지 않겠는가 하는 생각입니다.

고집이나 아집을 버리십시다(말 3:7). 하나님은 이스라엘에게 해결점을 주셨습니다(말 3:7). 그것은 하나님께로 돌아오면 모든 관계가 회복된다는 것입니다. 그러나 이스라엘은 어떻게 돌아가리이까 하면서 고집하고 있습니다. 우리는 말씀 앞에, 하나님의 명령 앞에서 어떠한 일이 있어서도 고집을 부려서는 안됩니다. 가장 미련하게 하나님께 고집을 부린 사람이 바로 바로 왕이었습니다(출 7:20-11장). 끝까지 하나님은 모세를 통하여 거듭 이스라엘 백성을 놓아 주라고 말씀하셨는데, 끝까지 버티다가 자녀를 잃고 신하들도 다 잃게 되지 않았습니까?

조소하는 자나 회의론자가 되지 맙시다(말 3:8, 13, 14, 15). 하나님께 이스라엘은 "하나님을 섬기는 것이 헛되다"라는 회의적인 자세를 가지게 되었습니다. 여기에는 소망이 없습니다. 우리가 하는 모든 일들에 의미가 없어 집니다.

하나님을 바르게, 그의 뜻을 바르게 의식하십시다. 하나님이 원하시는 것은 우리의 잘못된 의식을 버리는 것입니다. 그리고 구체적으로 진정한 사랑을 나타내기 원하십니다(말 3:8). 하나님께서 돈이 부족해서 경제적으로 요구하시는 것이 아닙니다(말 3:8-9). 하나님은 우리가 번폐스럽게(=하기 싫어서 말 1:13) 드리는 것이나, 억지로 더럽게 드리는 것은(말 1:7) 더러워서 받으실 수 없습니다. 오히려 하나님은 우리의 사랑과 헌신을 통하여 축복을 내려 주기 원하십니다(말 3:10). 하나님은 입술로 순종하기를 원하십니다(말 3:13). 말로 하나님을 대적하는 것은 우리의 생각과 행동의 표현입니다. 하나님은 진실한 사랑의 표현과 아울러 진실한 태도로 하나님을 대적하지 않기를 바라십니다. 회의적인 태도가 아니라 공의로우셔서 심판하시고, 또 치유하시며 응답하시는 하나님임을 믿어야 합니다(말 3:16).

3. 하나님은 변역지 않으시니 우리는 망하지 않습니다(말 3:6).

우리가 망하고 되지 않는 것은 상황이 어려워서가 아니라, 우리들의 잘못된 의식 때문입니다(말 3:6). 하나님은 변역지 않으십니다(말 3:6) 우리가 변하고 우리가 불순종하여 멸시와 천대를 받는 것입니다(말 2:9). 윌리암 벡커스(William Backus)라는 기독교 상담학자가 있습니다. 그는 많은 사람들이 문제가 생기는 것은 잘못된 의식(Misbelief) 때문이라고 했습니다.

우리가 하루에도 수십 번 생각하고 머리 속에서, 마음속에서 말하는 것이 있습니다. 자기대화(Self-talk)를 하게 되는데 여기서 우리는 잘못된 의식을 가질 수 있다는 것입니다. "나는 멍청해, 나는 머리가 나빠, 뭐가 안돼"이러한 자기 대화를 통해 우리는 우리 자신에게 사로 잡혀 심한 사람은 자살까지 이르게 됩니다. 또한 침체에 빠질 때, "나는 잘 하지 못해. 매일 나의 삶은 행복하지 못해. 따라서 나의 미래는 희망적이지 못해" 이런 잘못된 의식으로 간다는 것입니다. 이런 경우는 의식을 사실로 바꾸어 주어야 합니다. 우리 그리스도인은 절대 망하는 법이 없습니다.

사업이니, 학업이니, 어떤 어려움도 실패가 아닙니다. 단지 훈련일 뿐입니다. 하나님은 본문에서 "나 여호와는 변역지 아니하나니 그러므로 야곱의 자손들아 너희가 소멸되지 아니하느니라"(말 3:6)라고 약속해 주십니다.

우리는 변치 않는 하나님을 의뢰해야 합니다(말 3:6). 우리는 이 하나님을 늘 의식하고 인정해야 합니다. 그분의 인격과 그분의 존전을 의식하는 것이 예배입니다. 기도입니다. 사탄은 이러한 하나님과의 관계를 늘 방해합니다. 하나님에 대한 불신과 형제자매에 관계에서 우리의 믿으음을 흐리게 합니다. "사단이 일어나 이스라엘을 대적하고 다윗을 격동하여 이스라엘을 계수하게 하니라"(대상 21:1). 사단은 하나님과 다윗과의 관계가 불편하게 하듯 늘 우리를 격동시킵니다. 우리가 하는 모든 실수가 사단의 역사라는 말은 아닙니다. 그러나 분명히 사단이 우리를 격동시키는 역사가 있다고 성경은 보여 주십니다. 관계를 방해하고, 잘못된 의식을 주는 것이 바로 사탄의 역사입니다. 그러므로, 우리가 어떠한 어려움을 당해도 잊지 말아야 할 것은 "하나님은 변역지 않으신다" 는 사실입니다. 확실히 이 사실을 믿을 때 우리는 어떠한 어려운 시험이나, 환란 가운데에서도 넘어지지 않을 것입니다. 문제는 우리가 변해서이지 하나님은 변함없이 우리를 사랑하시고 우리와 늘 함께 하여 주십니다.

결론적으로 하나님의 말씀과 법도를 기억합시다(말 4:4). 기도와 말씀으로 지도하십니다. 말씀을 의지합시다. 부부끼리 어떠한 다툼이 있어도, "기도하자. 같이 예배드리자!"하며 하나님께 나아가는 해결점에 있어서는 고집이나, 아집을 부려서는 안됩니다. 말씀 앞에 조용히 겸손히 나아갑시다. 겸손한 모습으로 날마다, 하나님의 뜻으로 가득 채우지 아니할때에 우리들의 부패한 생각은 죄로 가득차서, 나를 위해 스스로 변호하다가, 덧없이 갈 수 있다는 것을 인정합시다. 하나님이 세상의 많은 지식을 사용하시지 않은 것은 이 지식들이 스스로 높아져 하나님을 대적하고 자신을 주장하며 변호하기 때문입니다. 우리는 말씀을 늘 기억하고 하나님의 지혜를 간구합시다.

그리고 회개합시다(말 4:5). 회개는 우리의 잘못을 살피고, 솔직히 시인하여, 하나님의 인도를 바라는 것입니다. 이렇게 회개할 때 우리와 하나님과의 관계, 형제와의 관계가 회복되어질 수 있습니다. 하나님은 변함이 없으시고 그분의 약속(=언약)도 신실하므로 우리는 늘 그분께 나아갈 수 있습니다. 은혜가 흘러넘치는 교회가 되어야 됩니다(엡 5:27). 억지로, 강요로 되어지는 것이 아니라, 저절로 기쁨으로 자발적으로 되어야 합니다. 또한 성전에서 흘러나오는 물은 교회를 통한 복음의 전파를 의미합니다. 이 성전에서 생명의 물이 흘러나옵니다. 죽은 생명들을 살리고, 생명을 줄 수 있는 것은 다른 소식이 아니라 죄와 사망에서 생명과 천국을 주시는 복음의 소식 밖에 없습니다. 올림픽에서 금메달을 땄다는 것도 좋은 소식입니다. 그러나 이런 소식이 우리에게 생명을 주는 것은 아닙니다. 오직 우리에게 생명을 줄 수 있는 것은 바로 생명의 복음입니다.

하나님의 영광이 우리들을 지켜주시는 보증이 되는 것이 아닙니다. 오히려 우리는 죄악으로 하나님의 영광을 막을 수 있습니다. 이 영광이 떠난 모습은 메마른 뼈와 같습니다. 그러나 하나님은 이 영광을 회복하기 원하십니다. 우리 모두 영광을 회복하는 성도들이 되십시다.

1) John H Sailhamer, "Genesis," in Frank Gaebelein (Ed), *The Expositor's Bib le Commentary: Vol 2* (Grand Rapids: Zondervan Publishing House, 1990), pp. 16-18. 세일헤머 같은 경우에도 1-11장, 그리고 12-50장을 통하여, 아브라함(11-25:10; 이스마엘(25:12-18), 이삭(25:19-35장), 에서(36장), 야곱(37장-50:14), 그리고 요셉이야기의 결론(50:15-26)으로 이해하고 있다. 여기서 창세기 구조의 그의 공통점은 1-11장의 전족장, 12-50장 족장시대로 구분 짓는다고 해도 과언이 아니다.

2) Willem VanGemeren, *The Progress of Redemption* (Grand Rapids: Academie Books, 1988), pp. 105. 족장언약이라고 하는 이 약속은 바로 이 네가지의 약속과 연관된다. 특히 마지막 언약인, 천하만민이 복을 얻는 언약은 선교의 시발점이라고 볼 수 있다.

3) Willem VanGemeren, *The Progress of Redemption* (Grand Rapids: Academie Books, 1988), pp. 118-121.

4) Walter C. Kaiser Jr, "Exodus," in Frank Gaebelein (Ed), The Expositor's Bible Commentary: Vol 2 (Grand Rapids: Zondervan Publishing House, 1990), pp. 297-299. 출애굽기 구조에 대해서는 많은 학자들이 3단락으로 보고 있다.

5) Willem VanGemeren, The Progress of Redemption (Grand Rapids: Academie Books, 1988), pp. 149-150.

6) Walter C. Kaiser Jr, "Exodus," in Frank Gaebelein (Ed), *The Expositor's Bible Commentary: Vol 2* (Grand Rapids: Zondervan Publishing House, 1990), pp. 341. 출애굽기에 계시된 하나님의 이름은 구원하시는 하나님으로 6-8절에서 설명하고 있다.

7) George Eldon Ladd, *A Theology of the New Testament* (Grand Rapids:

William B. Eerdmands Publishing Company, 1989), pp. 518-519.

8) 손석태, 『출애굽기 강의』(서울: ESP, 2005), pp. 51. 구원을 통한 예배와 섬김을 하나님이 우리에게 요구하신다는 데 동의하고 있다.

9) Fredrick C. Holmgren and Herman E. Schaalman (Eds), *Preaching Biblical Texts* (Grand Rapids: William B. Eerdmands Publishing Company, 1995), pp. 118-119.

10) Derek Tidball, *The Message of Leviticus* (Leicester: Inter-Varsity Press, 2005), pp. 6. 가장 최근에 출판된 레위기에 관련된 책에서도 17-26장을 거룩의 매뉴얼로 이해하고 있다. 즉 사회적인 삶이 거룩의 중요한 요소임을 보여주는 것이다.

11) Ronald B Allen, "Numbers," in Frank Gaebelein (Ed), *The Expositor's Bible Commentary: Vol 2* (Grand Rapids: Zondervan Publishing House, 1990), pp. 672.

12) Ronald B Allen, "Numbers," in Frank Gaebelein (Ed), *The Expositor's Bible Commentary: Vol 2* (Grand Rapids: Zondervan Publishing House, 1990), pp. 822. 이 열 번의 시험에 대해서는 많은 견해가 있으나, 이 책을 참고하고 성경에 나타난 사건을 필자가 나름대로 제시한 것들이다.

13) R. L. Harris, G. L. Archer, and B. K. Waltke, *Theological Wordbook of the Old Testament Vol 1* (Chicago: The Moody Bible Institute, 1980), pp. 51.

14) 윌리엄 라솔(박철현 역), 『구약개관』(서울: 크리스챤다이제스트, 1999), pp. 270. 실제로는 신명기를 언약 구조로 이해하는 것이 더 좋다. 그러나 설교를 쉽게 이해하기 위해서 3가지 설교의 구조로 본문을 쉽게 제안한다.

15) R. K. Harrison, *Introduction to the Old Testament* (Grand Rapids: WEPC, 1969), pp. 665. Brevard S. Childs, *Introduction to the Old Testament as Scripture* (Philadelphia: Fortress Press, 1979), pp. 242-244. C. F. Keil Delitzsch, *Joshua, Judges, Ruth, 1 and 2 Samuel* (Peabody: Hendrickson

Publishers, 1989), pp. v-vi.

16) 윌리엄 라솔(박철현 역), 『구약개관』(서울: 크리스챤다이제스트, 1999), pp. 343. 여호와가 사사가 되셔야 하는 것을 강조하는 것은 바로 "다윗 왕조를 변호하려는 것"이라고도 하나, 분명히 여호와의 주권이 없이 사사기는 혼란을 가지게 됨을 보여준다.

17) 김진회, 『새롭게 읽는 사사기』(서울: 그리스도대학교 출판국, 2005), pp. 24. 하나님의 주권을 위해 모든 것을 새롭게 하신다는 관점으로 서술하고 있다.

18) 김지찬, 『요단강에서 바벨론 물가까지』(서울: 생명의 말씀사, 1999), pp. 417.

19) 변종길, 『은혜로 회복되는 인생』(서울: 두란노, 2003), pp. 13. 하나님의 전적인 은혜가 룻기의 주제임을 동의하고 있으며, 은혜로 룻기를 풀어가고 있다.

20) Ronald F. Youngblood, "1, 2 Samuel," in Frank Gaebelein (Ed), *The Expositor's Bible Commentary: Vol 3* (Grand Rapids: Zondervan Publishing House, 1992), pp. 566. 대부분의 학자들은 사무엘상의 구조를 세 인물의 구분으로 보고 있다.

21) Ronald F. Youngblood, "1, 2 Samuel," in Frank Gaebelein (Ed), *The Expositor's Bible Commentary: Vol 3* (Grand Rapids: Zondervan Publishing House, 1992), pp. 580-581. 한나의 기도의 특성은 "뿔"(1, 10)로 시작해서 뿔로 마친다. 즉 수미쌍관법(inclusio) 같은 방법으로 뿔이 높이시는 하나님을 노래하고 있다.

22) William F. Arndt and F. Wilbur Gingrich, *A Greek-English Lexicon of the New Testament and Other Early Christian Literature* (Chicago: The University of Chicago Press, 1979), pp. 658, 박영돈, 『성령론 강의안』(천안: 고려신학대학원, 2002), pp. 34.

23) R. L. Harris, G. L. Archer, and B. K. Waltke, *Theological Wordbook of the Old Testament Vol 2* (Chicago: The Moody Bible Institute, 1980), pp. 550.

24) 월터 카이저(최종진역), 『구약성경신학』(서울: 생명의 말씀사, 1978), pp. 210. 월

터카이저는 강의를 통하여서도 "다윗의 언약"을 특히 강조한다. 그리고 이 언약
은 온 인류를 위한 언약임을 강조한다.

25) Jung Ju Kang, *The Persuasive Portrayal of Solomon in 1 Kings 1–11*
(Bern: Peter Lang, 2003) 이 연구를 통하여 동료 강정주 교수는 솔로몬의 타락
이 이미 본문을 통하여 예고되었으며, 말년에 한번의 실수가 아니라, 하나님의
말씀의 점진적인 불순종을 통한 타락이라는 것을 수사학적인 분석을 통하여 증
명하고 있다. 솔로몬 왕의 예는 또한 열왕기 전체에 나타나는 왕들에 대한 경고
성도 있음을 보여준다고 하겠다.

26) J. Barton Payne, "1, 2 Chronicles," in Frank Gaebelein (Ed), *The
Expositor's Bible Commentary: Vol 4* (Grand Rapids: Zondervan
Publishing House, 1988), pp. 323–324.

27) J. Barton Payne, "1, 2 Chronicles," in Frank Gaebelein (Ed), *The
Expositor's Bible Commentary: Vol 4* (Grand Rapids: Zondervan
Publishing House, 1988), pp. 319.

28) J. A. Thompson, 1, 2 Chronicles: *The American Commentary Vol 9* (USA:
Broadman & Holman Publishers, 1994), pp. 371. 탐슨이 지적하듯이 왕하
21:7-8에서는 므낫세가 악한 왕이었다고 기록한다. 그러나 역대기에서는 회개
하고 돌이킨 왕을 강조함으로 포로 후기 백성들에게 소망을 주는 메시지를 준다
고 본다.

29) Mervin Breneman, *Ezra. Nehemiah, Esther: The American Commentary
Vol 10* (USA: Broadman & Holman Publishers, 1993), pp. 65, pp. 125.

30) 이학재, 『구약성경에서 배운다』(서울: 이레서원, 2001), pp. 213-214.

31) Jack Murray, *Bible Evangelism Nehemiah* (Sellersville: RMC). 느헤미야 강
해설교이며, 다섯 개의 테이프로 되어 있다. 느헤미야에 대한 새로운 시각을 제
시해주는 좋은 강해이다.

32) Donald A. McGavran, *Understanding Church Growth* (Grand Rapids:
William B. Eerdmans Publishing Company, 1980), pp. 188–193.

33) 안이숙, 『죽으면 죽으리라』(서울: 기독교문사, 1968), pp. 58-190.

34) Elmer B. Smick, "Job," in Frank Gaebelein (Ed), *The Expositor's Bible Commentary: Vol 4* (Grand Rapids: Zondervan Publishing House, 1988), pp. 848.

35) Elmer B. Smick, "Job," in Frank Gaebelein (Ed), *The Expositor's Bible Commentary: Vol 4* (Grand Rapids: Zondervan Publishing House, 1988), pp. 922-925. 엘머 스믹은 교역학 석사 때 은사였다. 수업을 통하여 이 본문이 욥의 절망이라기보다는 오히려 소망하는 본문으로 강조하였고, 같은 관점으로 해석하려고 한다.

36) Willem A. VanGemeren, "Psalms," in Frank Gaebelein (Ed), *The Expositor's Bible Commentary: Vol 5* (Grand Rapids: Zondervan Publishing House, 1991), pp. 21.

37) Allen P. Ross, "Proverbs," in Frank Gaebelein (Ed), *The Expositor's Bible Commentary: Vol 5* (Grand Rapids: Zondervan Publishing House, 1991), pp. 894-896.

38) John M. Frame, *The Doctrine of the Knowledge of God* (Phillipsburg: PRPC, 1987). Ronald H. Nash, *The Word of God and the Mind of Man* (Grand Rapid: Zondervan Publishing House, 1982). Cornelius Van Til, The Defense of the Faith (Phillipsburg: PRPC, 1967). R.C. Sproul, John Gerstner, and Arthur Lindsley, *Classical Apologetics* (Grand Rapids: Zondervan Corporation, 1984). 특히 네쉬, 스프롤 등은 고전적 이성론과 이성을 통하여 신앙을 우월성을 증명하려고 한다. 이 책들을 참고하여야 한다.

39) Andrew Hill and John Walton, *A Survey of the Old Testament* (Grand Rapids: Zondervan Publishing House, 1991), pp. 296-298.

40) 이학재, 『구약성경에서 배운다』(서울: 이레서원, 2001), pp. 293.

41) 이학재, 『구약성경에서 배운다』(서울: 이레서원, 2001), pp. 299-302. 아가서에 대한 해석은 대략 9가지가 있다. 그러나 여기서는 복음주의적 견해만 소개하

였다.

42) Andrew Hill and John Walton, *A Survey of the Old Testament* (Grand
Rapids: Zondervan Publishing House, 1991), pp. 321-322.

43) Eugene H. Merrill, *An Historical Survey of the Old Testament*
(Phillipsburg: PRPC, 1993), pp. 246-247.

44) Geoffery W. Grogan, "Isaiah," in Frank Gaebelein (Ed), *The Expositor's
Bible Commentary: Vol 6* (Grand Rapids: Zondervan Publishing House,
1986), pp. 62.

45) J. A. Thompson, *The Book of Jeremiah* (Grand Rapids: WBEPC, 1980),
pp. 125-130. 탐슨은 몇 단락을 더 상세히 나누고 있으나, 종국적으로는 위 구조
와 유사함을 알 수 있다.

46) Andrew Hill and John Walton, *A Survey of the Old Testament* (Grand
Rapids: Zondervan Publishing House, 1991), pp. 336.

47) 이학재, 『에스겔 어떻게 읽을 것인가』(서울: 성서유니온, 2002), pp. 7-8.

48) Daniel Block, *The Book of Ezekiel Chapter 25-48* (Grand Rapids:
WBEPC, 1998), pp. 700.

49) Tremper Longman III, *Daniel: The NIV Application Commentary* (Grand
Rapids: Zondervan, 1999), pp. 19.

50) Derek Kidner, *The Message of Hosea* (Great Britain: Inter-Varsity Press,
2003), pp. 6-7. 일반적은 1-3장 4-14장 두 단락으로 이해하고 있다. 그러나 필
자는 11-14장의 부분을 회개와 하나님의 사랑의 단락으로 구분하여 이해한다.

51) 손석태, 『여호와, 이스라엘의 남편』(서울: 솔로몬, 1997), pp. 61-62.

52) George Eldon Ladd, *A Theology of the New Testament* (Grand Rapids:
William B. Eerdmands Publishing Company, 1989), pp. 329.

53) 안토니 후크마 (유호준역), 『개혁주의 종말론』(서울: 기독교문서선교회, 1986),
pp. 25-37.

54) Wayne A. Grudem (ed), *Are Miraculous Gifts for today?* (Grand Rapids:

Zondervan Publishing House, 1996), 이 책 전체가 이 네가지 견해를 제시하는 것이다.

55) 최갑종, 『예수. 교회. 성령』(서울: 기독교문서선교회, 1992), pp. 35.

56) 고재수, 『성령으로의 세례와 신자의 체험』(서울: 개혁주의 신행협회, 1989), pp. 25.

57) Willem VanGemeren, *Interpreting the Prophetic Word* (Grand Rapids: Zondervan Publishing House, 1990), pp. 130-131.

58) Brevard S. Childs, *Introduction to the Old Testament as Scripture* (Philadelphia: Fortress Press, 1979), pp. 414-415.

59) 이학재, 『구약성경에서 배운다』(서울: 이레서원, 2001), pp. 451.

60) Andrew Hill and John Walton, *A Survey of the Old Testament* (Grand Rapids: Zondervan Publishing House, 1991), pp. 392.

61) 이학재, "미가서의 구조와 신학,"「그말씀」5월호 (목회와 신학, 2001)와 이학재, "이스라엘 지도자들의 죄악상" 3장 주해를 참고하라. 미가서를 특히 신약의 로마서와 연결시키고 있다는 면이 새로운 제안이라고 볼 수 있다.

62) 이학재, 『구약성경에서 배운다』(서울: 이레서원, 2001), pp. 468.

63) Elliot E. Johnson, in John F. Walvaoord and Roy Zuck (Eds), *The Bible Knowledge Commentary: Old Testament* (Colorado Springs: Chariot Victor Publishing, 1999), pp. 1495.

64) David Prior, The Message of Joel, Micah and Habakkuk (Great Britain: Inter-Varsity Press, 1988), pp. 209-234.

65) 이학재, "하박국의 기도,"「그말씀」4월호 (목회와 신학, 2005)를 참고하라. 하박국의 기도는 기도의 절정을 보여준다. 구약에서의 기도는 하나님을 찾는 것, 자신의 변화를 기하는 것, 그리고 주위 사람들을 위해서 간구하는 것 등이 있다. 특히 하박국 3장의 기도는 하나님에 대한 바라 봄, 하나님을 알게 됨으로 오는 완전한 기쁨의 회복과 만족이 핵심적이 요소이다.

66) 레온우드(김동진 역), 『이스라엘의 선지자』(서울: 이레서원, 1990). 레온우드는 9세기부터 5세기 까지 이와 같은 연대기로 본다.

67) Willem VanGemeren, *Interpreting the Prophetic Word* (Grand Rapids: Zondervan Publishing House, 1990), pp. 175-176.

68) Walter C. Kaiser Jr., *Micah-Malachi: The Communicator's Commentary* (Dallas: Word Books Publishers, 1978), pp. 243.

69) Walter C. Kaiser Jr., *Micah-Malachi: The Communicator's Commentary* (Dallas: Word Books Publishers, 1978), pp. 244.

70) 이학재, "학개 스가랴서의 역사적 배경과 신학적 이해," 「그말씀」 6월호 (목회와 신학, 2003), pp. 18-25. 특히 pp. 25. 스가랴서의 강조점은 철저하게 하나님이 하나님 나라를 건설한다는 데 있다.

71) Willem VanGemeren, *Interpreting the Prophetic Word* (Grand Rapids: Zondervan Publishing House, 1990), pp. 194-195.

72) Kenneth L. Barker, "Zechariah," in Frank Gaebelein (Ed), *The Expositor's Bible Commentary: Vol 7* (Grand Rapids: Zondervan Publishing House, 1985), pp. 629.

73) Kenneth L. Barker, "Zechariah," in Frank Gaebelein (Ed), *The Expositor's Bible Commentary: Vol 7* (Grand Rapids: Zondervan Publishing House, 1985), pp. 635.

74) William Backus, *Telling the Truth to Troubled People* (Minneapolis: Bethany House Publishers, 1985), pp. 77.

75) William Backus, *Telling yourself the Truth* (Minneapolis: Bethany House Publishers, 1980), pp. 39. 최근 기독교 상담학자들의 견해는 ABC로 나누고 있다. 즉 감성적 접근(Affectionist), 행동교정적 접근(Behaviorist), 이성주의적 접근(Cognist)등이다. 감성적 접근으로는 솔로몬, 행동 교정적 접근은 제이 아담스의 방법, 그리고 이성주의적 접근은 백커스 같은 접근이다. 그리스도인이 말씀에서 떠나는 부분을 통해서 전면적으로 접근해야 한다는 것이 통합적인 기독교 상담학 접근이라고 볼 수 있다.

1. 구약 각 권의 주제와 주제절

구약성경	주제	주제절
창세기	창조, 선택의 하나님	1:1; 12:1 (태초에 하나님이…)
출애굽기	구원자 하나님	6:6-7 (구속하여 너희로 내 백성)
레위기	거룩하신 하나님	19:2(거룩하라 내가 거룩함)
민수기	인도하시는 하나님	15:41 (.애굽땅에서 인도하여 낸)
신명기	신실하신 하나님	7:9 (여호와는 신실하신 여호와)
여호수아	땅을 주시는 하나님	21:43 (온 땅을 이스라엘에게)
사사기	사사가 되셔야 할 하나님	11:27 (사사이신 여호와는)
룻기	고엘되신 하나님	4:14 (네게 기업 무를 자가 없게)
사무엘상	기름을 부으시는 하나님	2:35 (그가 나의 기름 부음 앞에서)
사무엘하	주권자로 세우시는 하나님	7:8-9 (내가 너를 주권자로 삼고)
열왕기상하	성을 보호하시는 하나님	왕하 19:34 (다윗을 택하여 보호)
역대상하	겸비하기를 원하시는 하나님	대하 7:14 (겸비하고 기도하여)
에스라	성전 재건을 원하시는 하나님	7:10; 9:9 (하나님의 전을 세우게)
느헤미야	성벽 재건을 원하시는 하나님	2:5; 20 (성벽을 건축하려니와)
에스더	섭리의 하나님	4:16 (죽으면 죽으리이다)
욥기	의로우신 하나님	42:5-6 (내가 회개하나이다)
시편	찬양과 기도를 받으시는 하나님	150:6 (호흡이 있는 자마다)
잠언	지혜를 주시는 하나님	8:33 (지혜를 얻으라)
전도서	본분을 알기 원하시는 하나님	12:13 (경외하고 – 사람의 본분)

아가서	우리를 사랑하시는 하나님	7:10 (나의 사랑하는 자에게)
이사야	구원자를 주시는 위로의 하나님	40:1 (너희는 내 백성을 위로하라)
예레미야	심판으로 새롭게 하시는 하나님	1:10 (건설하며 심게 하였느니라)
예레미야애가	자비와 긍휼이 무궁하신 하나님	3:22-23 (새로우니 성실이 크심)
에스겔	영광으로 충만하신 하나님	37:7, 10 (뼈들이 서로 연락하더라)
다니엘	역사의 주인이신 하나님	2:47 (왕의 주재시로다)
호세아	구속하시는 사랑의 하나님	2:1 (자매는 루하마라 하라)
요엘	성령을 주시는 하나님	2:28-32 (여호와의 이름)
아모스	공의로우신(정의의) 하나님	5:24 (정의를 하수같이)
오바댜	역전의(뒤집기의) 하나님	1:21 (나라가 여호와께 속하리라)
요나	자비의 하나님	1:6; 4:11 (하물며 십이만 여명)
미가	비교할 수 없는 하나님	3:8; 7:18(구원하시는 하나님이)
나훔	악한 세력은 마침내 심판하시는 하나님	3:19 (네 악행을 – 없음이 아니냐)
하박국	참 만족이 되신 하나님	3:17, 18 (비록 무화과나무가)
스바냐	우리를 기뻐하시는 하나님	1:7; 3:17(여호와의 날에)
학개	영광을 받기 원하시는 하나님	1:8 (전을 건축하라 그리하면)
스가랴	성전을 건축하시는 하나님	6:13; 10:9; 12:10; 13:2(기억치)
말라기	변역지 않으시는 하나님	3:6 (나 여호와는 변역지 아니)

2. 구약 39권의 각 권 개요

1. 창세기 –창조주 하나님(창 1:1)

1-11장　　　　전 족장 시대

12-50장 족장시대

　　　　　12-24 아브라함

　　　　　25-26 이삭

　　　　　27-36 야곱

　　　　　37-50 요셉

2. 출애굽기-구원의 하나님(출 6:6-7)

1-18장   구원 7-12장 열 가지 재앙

19-24장   말씀 20장 십계명 21-23장 언약서

25-40장   예배 25-30장 성막을 위한 지시

35-40장   성막을 건출 32-33장 금송아지 숭배

3. 레위기-거룩하신 하나님(레 19:2)

1-15장   하나님과의 거룩

               1-7장 제사(번제, 소제, 화목제, 속건제, 속죄제)

               8-10장 제사장의 성별

               11-15장 정결과 부정

16장   대속일

17-27장   사람과의 거룩

               19장 사회 생활 속에서

               23장 절기를 통해서

4. 민수기-인도하시는 하나님(민 15:41)

1-10:10   시내산에서

10:11-21장   시내산-모압광야까지

               20장 40년째 신광야에서

22-36장   모압광야에서

5. 신명기-신실하신 하나님(신 7:9)

1:1-5   서론

1:6-4장   역사적 회상

5-26장   명령

               5-11장 일반적 명령

               12-26장 특별한 명령

27-30장   축복과 저주

31-34장   증거

6. 여호수아-땅을 주시는 하나님(수 21:43장)

1:1-5:12   건너라(아바르)

5:13-12장   취하라(라카흐)

13-21장   나누라(할라크)

22-24장   섬기라(아바드)

7. 사사기-사사가 되신 하나님(삿 11:27)

1-16장   열두 사사 시대

                1:1-2:5 서론

                2:6-16장 열두 사사 3:7-11

                옷니엘 3:12-30

                에훗 3:31 삼갈

                4-5장 드보라

                6-8장 기드온

                10:1-2 돌라

                10:3-5 야일

                10:6-12:7 입다

                12:8-10 입산

                12:13-15 압돈

                13-16장 삼손

17-21장   무정부시대

8. 룻기-   고엘이신 하나님(룻 4:14)

1:1-5   서론

1:6-22   나오미와 룻이 베들레헴으로 돌아감

2장   룻이 보아스를 만남

3장   나오미의 계획과 성공

4:1-17   룻과 보아스의 결혼

4:18-22   베레스의 족복

9. 사무엘상-기름을 부으시는 하나님(삼상 2:35)

1-6장   사무엘

7-15장   사울

16-31장   다윗

10. 사무엘하-주권자로 세우시는 하나님(삼하 7:8-9)

1-10장   다윗의 성공   1-5장 정치적 성공

6-7장   영적 승리   8-10 장군사적 승리

11-12장   다윗의 범죄   13-24장 다윗의 실패

13장-자녀의 비극 15장-배신   16:5-14 백성에게 조롱

16:20-17:10   신하에게 배신   18장 압살롬의 죽음

11-12. 열왕기상하-성을 보호하시는 하나님(왕하 19:34)

1-11장   연합왕국(솔로몬 통치)

12-왕하 17장   분열왕국

왕하 18-25장   유다왕국

13-14. 역대상하-겸비하기를 원하시는 하나님(대하 7:14)

대상 1-9장   족보적 자료

10-29장   다윗의 통치

대하 1-9장   솔로몬의 통치

10-36장   유다의 후대 역사

42:7-17   결론

19. 시편-찬양과 기도를 받으시는 하나님(시 150:6)
1-41편   1권
42-72편   2권
73-89편   3권
90-106편   4권
107-150편   5권

20. 잠언-지혜를 주시는 하나님(잠 8:33)
1:1-7   서론
1:8-9:18   아버지의 훈계
10-22:16   솔로몬의 잠언의 첫째 모음집
22:17-24장   지혜자의 잠언
25-29장   솔로몬의 잠언 둘째 모음집
30장   아굴의 잠언
31장   르무엘의 잠언

21. 전도서-삶의 본분 알기를 원하시는 하나님(전 12:13)
1:1 제목
1:2-11   인생 무상
1:12-2장   삶의 의미를 찾음에 대한 실패
3:1-15   시간에 대한 시
3:16-6장   하나님을 경외하라
7:1-14   시간에 대한 시
7:15-10:19   지혜의 실패
10:20-12:8   인생 무상
12:9-14   결론

22. 아가서-우리를 사랑하시는 하나님(아 7:10)

1:1   제목
1:2-3:5   구애
3:6-11   결혼행진
4:1-5:1   결혼식
5:2-8:7   사랑의 삶
8:8   결론

23. 이사야-구원을 주시는 위로의 하나님(사 40:1)

1-12장 심판과 소망의 예언들
1; 2-5; 6; 7-12장
13-23장   열방에 대한 예언
24-27장   종말론적 예언
28-35   심판과 구원
36-39장   역사적 추가(이사야와 히스기야)
40-48장   영광스런 하나님의 왕국
49-55장   회복의 사역
56-66장   영광스러운 왕국

24. 예레미야-심판으로 새롭게 하시는 하나님(렘 1:10)

1-25장   첫 번째 책
26-29장   첫 번째 자서전적인 추가
30-33장   두 번째 책(위로의 책)
34-45장   두 번째 자서전적 추가
46-51장   세 번째 책(열방에 대한 예언)
52장   역사적인 추가

25. 예레미야애가-자비와 긍휼이 무한하신 하나님(애 3:22-23)

1장	예루살렘의 황폐
2장	하나님의 심판
3장	예레미야의 반응
4장	하나님의 분노
5장	남은 자들의 반응

26. 에스겔-영광으로 충만하신 하나님(겔 37:7, 10)

1-24장	예루살렘에 대한 예언	
1-3장 소명	4-7장 심판의 이유	8-11장 영광이 떠남;
25-32장	열방에 대한 예언	
33-39장	이스라엘의 심판과 회복	
40-48장	새로운 성전과 땅	

27. 다니엘-역사의 주인이신 하나님(단 2:47)

1장	서론
2-7장	아람어 단락
	네 왕국 환상(2, 7장); 순교자 이야기(3, 6장); 느부갓네살(4장), 벨사살의 교만(5장)
8-12장	히브리어 단락
	두 왕국 환상(8장 페르시아와 그리이스, 10-12장), 70이레(9장)

28. 호세아-구속하시는 사랑의 하나님(호 2:1)

1-3장	하나님과 이스라엘의 관계
4-8장	교만과 우상숭배
9-10장	심판의 확실성
11:1-11	삽입문
11:12-13장	이스라엘의 파괴의 심판
14장	회개하는 자에 대한 긍휼

29. 요엘-성령을 주시는 하나님(욜 2:28-32)

1장　　　　　메뚜기 재앙

2:1-17　　　　주의 날

2:18-3장　　　주님의 대답

30. 아모스-정의의(공의로우신) 하나님(암 5:24)

1-2장　　　　이방에 대한 예언

3-6장　　　　다섯 가지 예언(3장; 4장; 5:1-17; 5:18-27; 6장)

7-9:10　　　　다섯 가지 환상

　　　　　　　(7:1-3 메뚜기; 7:4-6 불; 7:7-9 다림줄; 8장

　　　　　　　여름과실; 9:1-10 황폐한 성소)

9:11-15 결어

31. 오바댜-역전의(뒤집기의) 하나님(옵 1:21)

1-4절　　　　에돔의 패배

5-7절　　　　에돔의 약탈

8-11절　　　에돔의 멸절

12-14절　　　그 이유

15-16절　　　종국적 심판

17-18절　　　에돔을 삼키는 이스라엘

19-21절　　　이스라엘의 승리

32. 요나-자비의 하나님(욘 4:11)

1장-요나의 도망

2장-요나의 회개

3장-요나의 사명

4장-하나님의 자비

33, 미가-비교할 수 없는 하나님(7:18)

| 1-5장 | 심판과 구원(1-3장 | 백성들의 죄악; 4-5장 소망) |

1-5장　　　　　심판과 구원(1-3장　　　　　백성들의 죄악; 4-5장　소망)

6-7장　　　　　심판과 구원

　　　　　　　심판(6:1-8 이스라엘과 하나님의 논쟁; 6:9-16;

　　　　　　　이스라엘의 죄악 책망; 7:1-17 이스라엘에 대한 탄식)

구원(7:8-20 소망과 찬양)

34, 나훔-용사 되신 하나님(나 3:19)

1장　　　　　　하나님의 정해진 심판

2장　　　　　　니느웨 심판 1

3장　　　　　　니느웨 심판 2

4장　　　　　　니느웨 심판 3

35, 하박국-참 만족이 되시는 하나님(합 3:17,18)

1:1-4　　　　　첫 번째 질문

1:5-11　　　　　대답

1:12-17　　　　두 번째 질문

2장　　　　　　대답

3장　　　　　　하박국의 요구와 대답

36. 스바냐-우리를 기뻐하시는 하나님(습 1:7)

1:1-2:3　　　　유다에 대한 예언

2:4-3:8　　　　이방 민족들에 대한 예언

3:9-20　　　　　구원의 예언

37. 학개-영광을 받기 원하시는 하나님(학 1:8)

1장　　　　　　첫 번째 예언(성전을 건축하라)

2:1-9　　　　　두 번째 예언(굳세게 하라)

2:10-19　　　　세 번째 예언(복을 주리라)

3. 중요 연대

주전	사건
1010-970	다윗의 40년간의 통치
970-930	솔로몬의 40년간의 통치
930	북 왕국과 남 왕국의 분리
740	웃시아가 죽던 해
735-15	아하스의 통치(이사야 7-9장과 연관)
732	시리아 에브라임 전쟁
722	북왕국 이스라엘의 멸망
701	히스기야의 기도와 앗수르 산헤립의 침입(이사야 36-39장)
686	앗수르의 2차 침공
640-09	요시야 왕의 통치
612	앗수르(수도 니느웨)의 멸망(바벨론과 메데의 연합군에 의해)
609	요시야의 죽음(애굽왕에 의해)
609-605	애굽에게 조공을 바치며 여호와하스는 애굽으로 잡혀감
605	바벨론에 의한 1차 포로-다니엘과 포로가 이때 잡혀감
597	바벨론에 의한 2차 포로-여호야긴과 에스겔 등
586	3차 포로기와 예루살렘 멸망
538	바벨론은 페르시아에 의해 멸망, 고레스 칙령
536	1차 귀환과 성전재건 시작(세스바살)
520	2차 귀환과(스룹바벨과 여호수아) 성전 재건(학개의 설교)
458	3차 귀환(에스라)
445	4차 귀환(느헤미야)

4. 예언서들의 연대적 구분

9세기	오바댜, 요엘(주전 9세기),
8세기	이사야(아하스, 히스기야등),
	미가, 요나, 호세아, 아모스

7세기　　　　　예레미야(요시야의 죽음, 여호아하스, 여호야김, 여호야긴,

　　　　　　　시드기야등의 유다 왕들의 사건과 멸망)

　　　　　　　나훔, 하박국, 스바냐도 같은 시대

6-5세기　　　다니엘(1차 포로)

　　　　　　　에스겔(2차 포로)

　　　　　　　학개(스룹바벨 성전건축 촉구)

　　　　　　　스가랴, 말라기

5. 왕들의 통치 연도

	영어이름	한글이름	관련구절	김지찬(99)	Constable	Merrill(87)	Thiele(83)	Bright(81)
1	Jeroboam	여로보암1세	왕상 12장-14:20	930-909 B	931-910	931-910	931-910	922-901
2	Nadab	나답	15:25-32	909-908	910-909	910-909	910-909	901-900
3	Baasha	바아사	15:33-16:7	908-886	909-886	909-886	909-886	900-877
4	Elah	엘라	16:8-14	886-885	886-885	886-885	886-885	877-876
5	Zimri	시므리	16:15-20	885	885	885	885	876
6	Tibni	디브니	16:21	885-880	885-880			
7	Omri	오므리	16:21-28	885-874	885-874	885-874	885-874	876-869
8	Ahab	아합	16:29-22:40	874-853	874-853	874-853	874-853	869-850
9	ahaziah	아하시야	22:51-왕하 1:18	853-852	853-852	853-852	853-852	850-849
10	Joram	여호람(요람)	3장-8:15	852-841	852-841	852-841	852-841	849-843/2
11	Jehu	예후	9-10장	841-814	841-814	841-814	841-814	843/2-815
12	Jehoahaz	여호아하스	13:1-9	814-798	814-798	814-798	814-798	815-802
13	Jehoash	요아스	13:10-25	798-782	798-782	798-782	798-782	802-786
14	Joroboam	여로보암2세	14:23-29	793-753	793-753	793-753	793-753	786-746
15	Zachariah	스가랴	15:8-12	753	753	753	753	746-745
16	Shallum	살룸	15:13-16	752	752	752	752	745
17	Menahem	므나헴	15:17-22	752-742	752-742	752-742	752-742	745-737
18	Pekahiah	브가히야	15:23-26	742-740	742-740	742-740	742-740	737-736
19	Pekahiah	베가	15:27-31	752-732	752-732	752-732	752-732	736-732
20	Hosea	호세아	17:1-41	732-723/2	732-722	732-722	732-722	732-724

	Judah							
1	Rehoboam	르호보암	왕상 14:21-31	930-913	931-913	931-913	931-913	922-915
2	Abijam	아비얌	15:1-8	913-910	913-911	913-911	913-911	915-913
3	Asa	아사	15:9-24	910-869	911-870	911-870	911-870	913-873
4	Jehoshapr	여호사밧	22:41-50	872-848	873-848	873-848	872-848	873-849
5	Jehoram	여호람(요람)	왕하 8:16-24	853-841	848-841	848-841	853-841	849-843
6	Ahaziah	아하시야	8:25-29	841	841	841	841	843/2
7	Athaliah	아달스	11:1-20	841-835	841-835	841-835	841-835	842-837
8	Joash	요아스	11:21-12:21	835-796	835-796	835-796	835-796	837-800
9	Amaziah	아마샤	14:1-22	796-767	796-767	796-767	796-767	800-783
10	Azariah	아사래(웃시이)	15:1-7	792-740	790-739	792-740	792-740	783-742
11	Jotham	요담	15:32-38	750-732	750-735	750-731	750-732	750-735
12	Ahaz	아하스	16:1-20	735-715	735-715	735-715	735-716	735-715
13	Hezekiah	히스기야	18-20장	729-686	715-686	729-686	716-687	715-687/6
14	Manasseh	므낫세	21:1-18	697-642	697-642	696-642	697-643	697/6-642
15	Amon	아몬	21:19-26	642-640	642-640	642-640	643-641	642-640
16	Josiah	요시야	22:1-23:30	640-609	640-609	640-609	641-609	640-609
17	Jehoahaz	여호아하스	23:31-35	609	609	609	609	609
18	Jehoiakim	여호야김	23:36-24:7	609-598	609-598	609-598	608-598	609-598
19	Jehoiachir	여호야긴	24:8-17	598-597	598-597	598-597	598-597	598/7
20	Zedekiah	시드기야	24:18-25:30	597-586	597-586	597-586	597-586	597-587